KB129924

아이디어
물량공세

스탠퍼드대 디스쿨의 조직 창의성 증폭의 과학

제러미 어틀리
페리 클레이반
지음

이지연 옮김

— Ideaflow —

아이디어 물량공세

The Only Business Metric
That Matters

리더스북

✺

저자 페리는
마음에서 우러난 아이디어가 가장 중요하다는 사실을 일깨워준
애니, 파커, 피비에게 이 책을 바칩니다.

✺

저자 제러미는
끝없이 영감靈感을 찾아다니는 모습이 경이로웠던
미셸에게 이 책을 바칩니다.

"훌륭한 아이디어 하나마다 형편없는 아이디어 천 개가 있다.
가끔은 둘을 구분하기 힘들다."

― 마크 랜돌프(넷플릭스 공동 창업자), 『절대 성공하지 못할 거야』 중에서

현재 대기업의 수장으로 있든, 이제 막 고등학교를 졸업했든 '디스쿨' 신입생이 가장 크게 놀라는 것 중 하나는 '양量이 질質을 만든다'는 개념이다.

스탠퍼드대학교에 오는 사람들은 '질'을 찾아서 오는 경우가 많다. 흔히 디스쿨d.school이라고 부르는, '하소 플래트너 디자인 연구소Hasso Plattner Institute of Design'에서 세상을 바꿀 획기적 아이디어를 내놓는 방법을 배울 수 있기를 바란다. 하지만 우리는 처음부터 이렇게 말한다. "초기 단계에서 좋고 나쁜 건 무시해라. 오히려 아이디어를 많이 내는 걸 목표로 삼아라. 아이디어의 질에 대한 평가가 마음에 자리 잡기 전에, 일단 양부터 늘려놓아라." 아이디어 생성과 선별을 분리한다는 이 개념은 꽤 충격적일 수도 있다.

이 학생들도 곧 배우겠지만, 세계 최고 수준의 무언가를 만들어내는 사람들은 알고 있다. 실제 상황에 던져놓고 무슨 일이 일어나는지 직접 확인해보기 전까지는 좋은 아이디어와 나쁜 아이디어를 구분하는 게 결코 쉽지 않다는 사실을 말이다. 믿을 만한 현장 실험 프로세스가 없다면 새로운 솔루션 중 어느 걸 먼저 추진해야 할지, 나중에 그게 어떤 식으로 발전될지 알기 어렵다. 제일 확실한 방법은 일단 허접한 솔루션이라도 최대한 많이 만들어놓고, 그걸 현장에서 빠르게 테스트해보는 것이다.

디스쿨 학생들이 배우듯, 이는 곧 창의성을 하나의 '습관'으로 만들어야 한다는 뜻이다. 우리는 학생들에게 얌전히 앉아 있다가 영감이 떠오르면 그때부터 달려나가라고 가르치지 않는다. 세상의 골치 아픈 문제는 내 기분이 내킬 때까지 기다려주지 않기 때문이다. 우리 학생들은 아이디어가 꾸준히 생산될 수 있도록 다양한 영감의 원천을 찾아내는 방법을 배운다. 그래야 테스트할 아이디어가 끊이지 않는다. 이렇게 아이디어가 끊임없이 쏟아져 나오게 하는 연습이 학생들에게는 큰 전환의 계기가 된다. 이는 창의적인 일을 할 때뿐만이 아니라 일상생활에서도 유용하다.

이렇게 중요한 내용을 알려주고, 비범한 창의성을 발휘하는 데 도움이 될 여러 습관과 절차를 가르쳐줄 사람이 필요하다면, 제대로 찾아왔다. 제러미 어틀리Jeremy Utley와 페리 클레이반Perry Klebahn은 가르치는 재주를 타고난 사람들이다. 두 사람은 지금도 여러 기업과 경영진이 현장의 문제를 해결할 수 있게 열심히 돕고 있다. 두 사람은 벌써 10년 넘게 디스쿨 학생들의 역량을 키워주고 있다. 또 본인들도 현직에서 노련한 창의적 결과물을 왕성히 만들어내고 있다. 두 사람은 어떻게 해야 창의성이 발휘되는지 잘 알고 있다. 그걸 명쾌하게 풀어낸 결정체가 바로 이 책이다.

어틀리와 클레이반이 힘을 합쳐 쓴 이 책은 창업가나 발명가, 경영자, 학생, 리더 할 것 없이 안정적인 방법으로 더 좋은 아이디어를 더 많이 내놓고 싶은 사람이라면 누구에게나 아주 귀한 자산이 되어줄 것이다.

– 데이비드 켈리·도널드 휘티어, 스탠퍼드대학교 기계공학과 교수

아이디어의 흐름을 늘려야 코앞에 있는 문제를 해결할 가능성이 생긴다. 『아이디어 물량공세』는 엉뚱한 짓은 그만두고 진짜 할 일을 시작할수 있는 검증된 방법을 알려준다.

— 세스 고딘, 마케팅 전문가·『보랏빛 소가 온다』 저자

아이디어가 얼마나 자유롭게 흐르는가에 따라 팀의 성공이 결정된다. 이 책을 읽는다면 당신 자신과 타인에게서 최고의 모습을 끌어낼 수 있을 것이다.

— 스콧 갤러웨이, 뉴욕대학교 스턴경영대학원 교수·『플랫폼 제국의 미래』 저자

눈이 번쩍 뜨이는 테크닉과 실용적 지혜를 주는 책. 누구나 창의성을 일상 속에서 매일 실천할 수 있을 것이다.

— 프레더릭 페르트, 구글 최고혁신책임자·스탠퍼드대학교 겸임교수

지난 10년간 두 사람은 내가 혁신이 필요할 때마다 찾아가는 구루였다. 뛰어난 창의성이 필요한 조직을 운영하는 사람이라면 반드시 읽어야 할책이다. 일단 한번 읽기 시작하면 아이디어가 밀물처럼 밀려들 것이다!

— 마크 호플러메이지언, 하얏트호텔 CEO

그 어떤 조직이든 꾸준히 창의성을 발휘하는 방법을 가르쳐주는 데 도가 튼 저자들의 인사이트.

– 크리스 플링크, IDEO 전 이사

"의도적으로 마음을 닫고 새로운 아이디어를 거부하려는 사람은 본 적이 없다. 대부분의 사람은 무의식적으로 본인의 창의성을 저지한다. 어클리와 클레이반은 당신 자신과 타인들에게 잠재된 혁신의 정신을 촉발시킬 실질적 방법을 알려준다."

– 킴 스콧, 리더십 컨설턴트·『실리콘밸리의 팀장들』 저자

"아이디어플로라는 개념은 간단하지만 강력하다. 아이디어는 어디서나 떠오를 수 있다. 이런 사고방식을 더 많이 채용할수록 더 큰 도움을 얻을 것이다. 리더가 사람들 혹은 혁신가라면 누구나 반드시 읽어야 할 책이다."

– 엘리자베스 스폴딩, 스티치 픽스 CEO

창업가의 비밀 무기. 『아이디어 물량공세』에는 끊임없이 혁신하고, 조심스럽게 쌓아올리고, 빠르게 성장하고 싶은 모든 사람이 활용할 수 있는 툴로 가득하다.

– 디아라 부소, 디아라블루 설립자 겸 CEO

창의성을 기르고 혁신을 이루고 싶은 개인과 기업이 반드시 읽어야 할 책. 의욕 없던 직원들이 눈을 반짝거리며 빛나는 아이디어를 뿜어내는 모습을 목격할 수 있을 것이다.

신수정, KT 전략 신사업 부문장·「일의 격」 저자

아이디어가 없으면 '죽는' 시대, 저자들이 제시하는 방법들을 하나씩 따라해 보라. 어느 새 회사를 살리는 아이디어를 쏟아내는 사람이 되어 있을 것이다.

– 안성은, 브랜드보이앤파트너스 대표·「믹스」 저자

빛나는 아이디어 뒤에는 수많은 실험과 연습이 숨어 있다. 새로운 기획과 발상이 끊임없이 필요한 나에게 이 책은 혁신적인 아이디어를 위한 신선하고 실용적인 접근을 가능케 했다.

– 드로우앤드류, 유튜브 크리에이터·「프리 웨이」 저자

차례

1부
창의성의 절벽을 뛰어넘을 도움닫기

1장 세상의 모든 문제는 아이디어 문제다

2장 아이디어플로 늘리기의 첫걸음

3장   아이디어가 쏟아지는 팀의 비밀

4장   최고의 아이디어를 가려낼 검증 프로세스

5장   시장의 목소리를 이끌어내는 테스트 설계하기

2부
현실의 문제를 해결해줄 아이디어 회로들

아이디어는 누구에게 필요할까?

"우리 회사, 내 일, 내 인생에
돌파구 따위는 필요 없다."
– (라고 말한 사람은 역사상 한 명도 없음)

이 책이 나한테 필요한가 싶은 사람도 있을 것이다.

'필요하다.'

우리 두 사람이 기업가나 회사 중역, 온갖 기관의 리더를 가르치거나 컨설팅하다 보면, 아주 당당하게 창의성의 중요성, 심지어 '필요성'을 의심하는 사람들이 가끔 있다.

그런 사람들은 우리의 발표 내용이나 수업을 듣다가 이렇게 말한다. "물론 이 방에 있는 분들 중에는 업무에 창의성이 필요한 사람도 있을 겁니다. 예컨대 그래픽 디자이너 같은 분이요. 그런 분들은 끝까지 들어야겠죠. 하지만 저 같은 리더들은 돌파구가 되어줄 획기적 결과물이 필요하거든요."

디자이너나 작가, 엔지니어뿐만 아니라 세계 최고 수준의 결과물을 내놓고 싶은 모든 사람에게 창의성이 실제로 얼마만큼의 가치를 갖는지 이야기하려면, 창의성이라는 말의 정의부터 제대로 내리고 시작해야 한다. 우리 두 사람이 들어본 최고의 정의는, 한 친구가 중학교 선생님인 지인에게서 들었다고 하는, 오하이오주의 어느 중학생이 내린 정의다. "창의성이란 머리에 제일 먼저 떠오르는 게 있지만, 더 많은 걸 해보는 것이다." 다시 말해 창의성이란 '그런대로 괜찮은' 아이디어가 하나 떠올랐음에도 계속해서 아이디어를 생성할 수 있는 능력이다.

그렇다면 아이디어란 또 무엇인가? 논의의 바탕이 될 이 용어부터 정의하지 않고서는 다음으로 넘어갈 수 없다.

우선 한 가지 알아야 할 것은, 우리 뇌가 무언가를 '완전히 처음부터' 만들어내는 경우는 없다는 사실이다. 뇌는 언제나 '경험'을 재료로 사용한다. 따라서 세상 모든 아이디어는 머릿속에 있던 두 가지를 새롭게 연결한 것에 불과하다. 당신이 본 것, 들은 것, 느낀 것을 새로운 방식으로 연결했을 뿐이다. 다음 두 문장을 살펴보자.

A. 샌프란시스코에는 언덕길이 많아서, 어린아이가 있는 부

부들이 무거운 유모차를 밀고 올라가느라 애를 먹는다.

B. 어릴 적 우리 집에는 전동식 잔디 깎기 기계가 있었다.

치지직. 방금 아주 작은 스파크가 튀는 걸 느꼈는가? 그게 바로 아이디어다! 전동식 유모차라는 게 대단한 사업 아이템이 아닐 수도 있다. 전혀 안전하지 않은 아이템일 수도 있다. 하지만 일단 퍼즐 조각이 눈앞에 보이면, 우리의 뇌는 어떻게든 그걸 끼워 맞추려고 한다. 이는 뇌가 제일 잘하는 일이다. 문제를 명확히 파악하고, 재료를 던져주면, 뇌는 이리저리 연결점을 찾기 시작한다. 그렇게 할 수 있도록 가만히 내버려두기만 한다면 말이다.

이 책을 읽고 우리가 알려주는 몇 가지 원칙과 테크닉을 배워둔다면, 아이디어가 부족해서 주눅 드는 일은 없을 것이다. 아이디어가 더 이상 필요 없다고 생각하는 일도 없을 것이다. 아이디어는 대체 어디서 나오는지, 어떻게 해야 더 좋은 아이디어를 찾아낼 수 있는지, 찾아낸 아이디어는 또 어떻게 해야 하는지 고민할 일도 없을 것이다. 앞으로 반복해서 말하겠지만 획기적 결과물을 만들어내는 과정은 전혀 모호하거나 신비롭지 않다. '창의적 문제 해결'이라는 건 대부분 그냥 우연히 벌어지는 일인 것 같지만, 사실 이는 여느 능력과 마찬가지로 배우고 마스터할 수 있는 하나의 '기술'이다. 개인도, 팀도, 조직도 이 기술을 배울 수 있다.

아이디어란 '아이디어를 내야지'라고 생각한다고 해서 떠오르지 않는다(한번 해보라. 안 될 것이다). 아이디어를 떠올리려면 문제를 명확히 파악하고, 뇌가 작업할 수 있는 재료를 충분히 수집해야 한다. *치지직.* 우리 자신을 하나의 '물길'이라 생각하고, 최대한 많은 아이디어가 지나갈 수 있게 한다고 생각하면 편하다. 또 하나 흔한 오해를 바로잡자면, 획기적 결과물을 내려면 아이디어 목록에서 '정답'을 골라내야 하는 게 아니다. 오히려 현장 실험을 반복하면서 아이디어 목록을 추려나가면 뚜렷한 승자가 절로 모습을 드러낸다고 표현하는 편이 적절하다.

이게 전부다. 이게 '모든' 일의 성공 공식이다. 지금 우리는 겨우 18쪽까지 왔다. 물론 당장은 답보다 의문이 더 많을지도 모르겠다. 괜찮다. 계속 읽어보라. 아이디어가 무엇이고, 어디서 나오고, 승자나 패자가 될 아이디어는 어떻게 구분하는지까지 온전히 이해하고 나면, 당신도 아이디어의 벼락을 한번 맞아 보겠다고 피뢰침을 들고 서 있는 게 아니라 '번개'를 직접 만들어 낼 수 있을 것이다.

지금 당신의 조직에
창의성의 핵분열이 절실하다면

"흔해빠진 게 똑똑한 사람이고,
그마저도 결국에 가면 별 볼일 없는 경우가 많다.
중요한 것은 창의성과 풍부한 상상력이다.
이게 진짜 혁신가를 만든다."[1]
– 월터 아이작슨Walter Isaacson

이 책은 당신이 창의성이나 혁신과 관련해서 읽는 첫 번째 책일 수도 있고, 열다섯 번째 책일 수도 있다. 어느 쪽이든 당신이 고심하는 문제는 '어떻게 하면 잠재된 창의성을 폭발시켜 현실 세계에 강력한 파급효과를 낼까' 하는 점일 것이다. 그 잠재력이 깃든 곳이 당신의 내면이든, 당신이 속한 팀이든, 조직 전체든 상관없다. 중요한 것은 잠재된 창의성을 깨울 수만 있다면, 그래서 더 많은 창의력이 발휘될 수만 있다면 얼마나 더 많은 일이 실현될지 상상조차 할 수 없다는 사실이다.

여기저기 살짝살짝 손을 보며 점진적 개선을 이루자는 얘기가 아니다. 우리가 바라는 것은 아이디어가 꾸준하고 안정적으로 공급되게 하는 것이다. 그래서 성공적인 제품이나 서비스, 솔루션 등이 쏟아지도록 말이다. 여러분 혹은 주위 사람들의 잠재력을 폭발시켜 획기적 사고가 주는 구체적 혜택을 흠뻑 누려보자는 얘기다. 이렇게 큰 뜻을 품었다면, 이 책을 고른 것은 아주 잘한 선택이다.

여러분이 스스로를 창의적인 사람으로 태어났다고 생각하느냐 아니냐는 중요하지 않다. 사실 우리는 그런 사람이 있다고 생각하지도 않는다. 그저 일련의 강력한 창의적 '기술'을 익힌 사람과 아직 익히지 못한 사람이 있을 뿐이다. 창의성이란 몇몇 사람에게만 허락된 재능이 아니다. 창의성이란 '배우는' 것이다. 아직 못 배웠다면 시간과 노력, 지식의 문제일 뿐이다. 그중 마지막 문제는 우리가 도와줄 수 있다. 나머지 둘은 여러분에게 달렸다.

마찬가지로 창의적인 조직도 우연히 만들어지는 게 아니다. 창의적인 조직은 목적을 가지고 건설하는 것이다. 나이키와 애플을 만든 사람들은 어떻게 해야 창의성이 발휘되는지 제대로 이해하고 있었다. 필 나이트Phil Knight와 스티브 잡스Steve Jobs는 창의성이 융성할 수밖에 없는 환경을 조성했다. 두 사람은 창의성이 꽃피는 데 필요한 요건을 이윤이나 성장의 요건 못지않게 중시했다. 창의성이 곧 이윤과 성장을 먹여 살린다는 사실을 알고 있었기 때문이다. 나이키나 애플 같은 혁신의 발전소가 드문 이유는 창의성을 갖춘 비즈니스 리더가 워낙 드물기 때문이다. 그렇기 때문에 리더의 자질에서 창의성은 너무나 중요하다. 리더의 자질 중 창의성만큼 남들과 차별화되는 것은 없다.

스티브 잡스는 1970년대에 리드 칼리지Reed College에서 공부한 캘리그래피가 미적 감수성을 발전시키는 데 큰 도움이 됐다고 말했다.[2] 젊은 시절에 한 이 경험은 1세대 매킨토시 운영체제에 적용한 서체 외에도 많은 곳에 영향을 미쳤을 것이다. 펜과 잉크를 직접 사용해본 경험은 잡스에게 창의성이 실제로 어떻게 작동하는지 알려주었다. 잡스는 직접 경험한 것을 바탕으로 창의성이 발휘되는 과정을 이해했고, 덕분에 타인의 창의성과 혁신을 자극하는 촉매 역할도 훨씬 잘할 수 있었다.

창의성이 작동하는 원리를 이해하지 못하는 리더는 타인의 잠재적 창의성을 키워주지 못하고, 조직을 위해 창의성을 활용할 수도 없다. 그런 맹점을 보여주는 사례를 이 책 곳곳에서 확인하게 될 것이다. 대부분 아이디어의 원활한 공급을 가로막는 사람은 팀원이 아니라 리더다. 의도는 훌륭하지만 무언가 잘못 알고 있는 리더 말이다. 이런 리더는 실행 가능성과 사업 관련성에 고착된 나머지, 무엇이든 현 상태에서 조금만 벗어나도 즉각 진압해버린다. 스티브 잡스가 이렇게 말했다고 상상해보라. "저기요, 다들 휴대전화 얘기는 이제 그만 좀 해줄래요? 우리는 '컴퓨터' 회사라고요!" 잡스는 목표를 겨냥하기 전에 먼저 시야를 넓히고 오랫동안 탐색해야 한다는 걸 본능적으로 알고 있었다.

창의성이 중요하다고 믿는 CEO들조차 창의성을 보호하고, 지원하고, 창의성에 인센티브를 주지 못하는 경우가 많다. 본인 스스로가 창의적으로 일하지 않는 경우다. 좋은 의도에도 불구하고, 튼튼한 창의성이 자리 잡기 위해서는 무엇이 필요하며 그런 요건이 얼마나 중요한지 잘 모른다. 무슨 수로 알겠는가? 실수 없는 효율성을 최우선으로 생각하는 전통적 리더십 및 경영 교육은 창의성에 완전히 역행한다. 창의성은 옆길로 새고 막다른 골목에 이르기도 해야 하기 때문이다. 다른 모든 영역에서는 효과가 있는 접근법이 유독 창의성이라는 영역에서는 효과가 없다. 회사에 창의성이 설 자리를 만들어주려면, 창의성이 작동하는 원리에 대한 이해가 필요하다. 창의적 습관을 들이고 나면 창의성에 대한 이해의 폭도 넓어진다. 스탠퍼드대학교의 전설인 밥 매킴Bob McKim 교수에게 학생이 찾아와서 자신의 아이디어에 대한 피드백을 부탁하면, 매킴은 다음과 같이 말하며 거절한다. "3개는 가지고 오세요." 엔지니어이기도 한 매킴은 아이디어가 작동하는 근본 원리를 알고 있다. 그렇기 때문에 남들의 창의성도 일깨울 수 있는 것이다.

스스로 창의적이지 않다고 생각하는 사람에게 이 모든 이야기는 아주 좋은 소식일 것이다. 창의성은 배울 수 있다. 그 과정에서 남들의 창의성을 제대로 지원하는 방법도 절로 알게 된다. 여러분도 세계 최고 수준의 창의성과 혁신 능력을 가진 기업을 세우거나 경영할 수 있다는 뜻이다. 그러려면 창의성과 관련한 과거의 잘못된 미신을 모두 내다 버려라. 창의성이란 문제 해결의 기술이다. 그림을 그리거나 시를 쓸 때도 창의성이 필요하지만 인수 합병을 할 때도 창의성이 필요하다. 비즈니스에서 창의성이란 복식부기만큼 기본적이고 실용적인 것이다. 창의성은 우리가 이루고 싶은 일을 키우고 앞당겨준다.

다음과 같이 생각하면 편하다. 어떻게 해결해야 할지 알고 있는 문제라면, 그건 '문제'가 아니다. 어찌 되었든 우리가 생각하는 종류의 것은 아니다. 해결 방법을 아는 문제는 그저 '과제'이며, 일정한 시간과 노력을 들여 조치를 취하면 종료된다. '트렁크에 가득 실어놓은 식료품을 어떻게 내릴 것인가' 하는 것은 그 자체로는 문제가 아니다. 박박 문질러서 씻어야 할 것 같은 욕조도 '문제'는 아니다. 이런 일을 '해결'한다는 말은 어떻게 하면 최대한 빠르고 효율적으로 그 일을 처리할 수 있을까 하는 이야기에 불과하다. 그러나 평소에 사용하던 방법이 실패하면, 그때는 어쩔 수 없이 무언가 새로운 것을 생각해내야 한다. 집에 전기가 나가서 냉장고가 미지근해지고 있다. 어떻게 할 것인가? 이제는 식료품이 '문제'가 된다. 진짜 문제는 오직 한 가지에만 응답한다. '아이디어' 말이다. 이렇게 보면 모든 문제는 아이디어 문제다. 따라서 창의성이란 단지 '새로운 광고 문구'나 '신제품'에만 해당되는 얘기가 아니다. '이 계약을 어떻게 성사시키지?' 혹은 '중요한 이메일을 어떤 식으로 쓰지?' 하는 것도 모두 창의성과 관련된 문제다. 창의성을 발휘하면 약간의 개선을 이루는 게 아니라 비약적인 발전이 가능하다.

우리가 개발한 혁신 시스템은 전 세계 최고 기업들의 신뢰를 받고 있다. 그들도 의지하는 이 시스템을 활용하면 리스크는 최소화하고 성공 확률은 극대화함과 동시에 그 어떤 문제든 효과적으로 공략할 방법을 정확히 알 수 있다. 나아가, 크든 작든 여러분이 속한 집단에도 이 시스템을 전파할 수 있다. 혁신에 대한 꼼꼼한 접근법을 팀이나 조직에 접목해 결과적으로 모든 구성원이 들인 노력의 결실을 몇 배로 키울 수 있다.

창의성에 대한 우리의 접근법이 특히 차별화되는 부분은,

'아이디어플로ideaflow'라는 개념에 끊임없이 초점을 맞춘다는 점이다. 이 용어는 1장에서 더 구체적으로 정의하겠지만, 핵심은 '양이 질을 이끈다'는 것이다. '물량공세'라는 말처럼 결과물이 더 많다는 건, 결과물이 더 좋다는 뜻이다. 현실에서 얼마나 질 높은 결과물이 얼마나 꾸준히 나올 수 있느냐 하는 점은 재능이나 천재성, 행운 등과는 생각보다 별 관련이 없다.

장기적으로 보면 구체적인 방법이 영감을 이긴다.

아이디어플로는 창의성에 대한 하나의 개념이자 접근법이다. 아이디어플로가 좋은 것은 생성하는 아이디어 개수를 늘림으로써 아이디어 생성이라는 과정 전반에 걸친 압박감과 스트레스를 극적으로 줄여주기 때문이다. 그러면서도 성공 확률은 높이고 비용과 리스크는 최소화한다.

당신이 바라는 게 본인의 창의력을 개발하는 것이든, 아니면 '포천 선정 500대 기업'에 제대로 된 혁신 연구소를 하나 차리는 것이든, 이 책은 당신이 "'문제 해결'이라는 문제"를 영구히 해결할 수 있게 도와줄 것이다.

모두 듣기 좋은 소리이긴 한데, 당신은 이 말을 왜 다 믿어야 할까?

우리 두 사람은, 그러니까 제러미 어틀리와 페리 클레이반은 스탠퍼드대학교의 하소 플래트너 디자인 연구소에서 혁신과 리더십, 기업가 정신을 가르치고 있다. 흔히 '디스쿨'이라고 알려진 이 연구소는 특별한 곳이다. 이곳 덕분에 우리 두 사람이 만났고, 그 어디에서도 찾아볼 수 없는 세계 최고의 실무자 및 교육자들과 협업하고 그들에게서 배울 기회를 지속적으로 얻고 있다. 우리가 이 책을 쓸 수 있었던 것도 현재, 그리고 이전의 놀라운 동료와 학생들 덕분이다. 모두에게 감사드린다.

페리 클레이반은 1996년부터 스탠퍼드대학교에서 제품 디자인을 가르쳤다. 당시 페리는 본인이 설립한 스노슈즈 snowshoes(눈밭에 발이 빠지지 않게 만든 신발-옮긴이) 회사를 운영하고 있었다. 이후 백팩으로 유명한 가방 전문 브랜드 팀벅2Timbuk2와 의류 회사 파타고니아Patagonia의 경영진으로 자리를 옮기면서도 짬을 내 학생들을 가르쳤고, 2006년에는 휴직하고 디스쿨 설립에 힘을 보탰다.

2010년에 스탠퍼드대학교는 연구원 과정을 끝내가던 제러미 어틀리에게 디스쿨의 경영자 교육 프로그램 확대를 도와달라고 했다. 설레는 기회였지만, 제러미는 디스쿨의 다른 프로그램들은 보통 보완적인 두 교수가 서로 짝을 이루고 있다는 걸 알고 자신과 협업할 사람을 구해달라고 했다. 당시 페리는 스탠퍼드대학교 교수직에 전념하려고 이제 막 팀벅2의 CEO를 그만둔 뒤였다. 우리 둘은 즉각 의기투합했다. 그리고 세계적인 디자인 교육자 및 실무자로 구성된 어마어마한 팀과 함께 디스쿨의 경영자 교육 프로그램을 미국 최고의 경영자 교육 프로그램으로 키워냈다.

스탠퍼드대학교의 대학원생을 가르치는 일 외에도, 지난 10년간 우리 두 사람은 온갖 업종의 크고 작은 기업 리더 및 경영자, 창업가에게 '파괴적 혁신disruptive innovation'을 추진하는 법을 알려주었다. 여기서 '파괴적disruptive'이라는 말에는 구체적인 의미가 있다. '파괴적'이기 위해서는 새로운 방식이 반드시 옛날 방식을 전복시켜야 한다. 불에 타버리기 쉽다는 기존 진공관의 문제점을 보완한 새로운 진공관을 설계하는 것은 '보통'의 혁신이다. 진공관을 결국 한물간 기술로 만들어버릴 트랜지스터를 설계하는 것은 '파괴적' 혁신이다. 이는 솔직히 겁나는 일이다. 여러분이 진공관 제조업자라면 말이다. '진짜' 혁신이 일어나면, 어쩐지 이 회사가 얼마 못 갈 것 같은 기분이 든다. 좋은 의미에서 말이다.

오늘날에는 모든 사업이 1900년대 초 디트로이트에서 마차 제조업을 하는 것과 같은 처지다(1903년 디트로이트에 포드의 첫 자동차 공장이 세워졌다.-옮긴이). 이제 트랜지스터 같은 파괴적 혁신은 예전처럼 10년마다 일어나는 게 아니다. 우리는 '끊임 없는 파괴'의 시대에 들어섰다. 스탠퍼드대학교에서 우리가 가르치는 기술은 더 이상 실리콘밸리의 기업이 성공하는 데만 필요한 게 아니다. 그 어느 기업이든 살아남기 위해서는 이 기술을 익혀야 한다. 첨단 기술이 질주하는 만큼, 기업도 그 어느 때보다 빠른 속도로 적응하고 진화해야 한다. 이 속도는 더 빨라지기만 할 것이다.

스탠퍼드에서는 학생들을 실제 기업에 투입해 혁신을 이끌어보게 한다. 학생들은 이 프로그램으로 확실한 통찰을 얻어간다. 또한 여러 다국적기업의 경영자들에게 혁신을 가르치는 우리 두 사람에게도 이 프로그램은 다양한 교수법과 학습법을 모색할 수 있는 더없이 훌륭한 실험실이 되어준다. 마지막으로 우리는 '론치패드Launchpad'라는 인큐베이터incubator(스타트업의 출범 과정을 전문적으로 도와주는 회사나 기관을 일컫는 말-옮긴이) 프로그램을 운영한다(론치패드 졸업생들이 지금까지 모집한 벤처 자금만 11억 달러가 넘는다). 이 프로그램 역시 우리가 연구할 수 있는 현장 결과를 끊임없이 만들어내는 원천이라는 사실이 증명되었다. 현재 65개의 론치패드 기업이 시장에서 활동 중이다. 우리는 성공한 론치패드 기업에서도 배우지만, 실패한 기업에서도 똑같이 많은 것을 배운다. 이 모든 경험으로 '창의성은 누구에게나, 어떤 상황에서나, 거의 똑같은 방식으로 작동한다'라는 우리의 기본 신념이 옳다는 사실을 확인했다. 이 말은 곧 우리가 개발한 우수 사례를 여러분이나 여러분의 기업에도 적용할 수 있다는 뜻이다. 여러분이 이제 겨우 혼자 스타트업을 준비 중이든, 아니면 수백 명으로 구성된 팀을 이끌고 있든 상관없이 말이다.

우리 두 사람의 협업이 성공할 수 있었던 데는 협업 초기에 만난 우연한 기회도 한몫했다. 당시 경영학과의 전설적 인물 밥 서턴Bob Sutton 교수가 싱가포르의 어느 기업에서 자문 의뢰를 받았다. 서턴 교수는 우리에게 합류를 제안했다. 우리 둘은 할 일이 산더미였지만, 누구라도 서턴 교수의 요청을 거절할 수 없었을 것이다. 그런데 막상 이 자문 업무를 해보니, 경영자들에게 현장의 아이디어 문제를 보다 효과적으로 해결하는 법을 가르치는 일이 생각보다 즐거웠다. 어느 틈에 우리는 러시아, 대만, 뉴질랜드, 말레이시아, 이스라엘 등 전 세계를 누비고 있었다.

온갖 종류의 기업에서 우리가 혁신 작업을 진행한 지도 벌써 10년이 되었다. 지나고 보니 이는 정말 특별한 선물이었다. 대학에서 진행하는 프로그램도 재미있을 수 있지만, 무언가를 배울 수 있는 학습 사이클이 제한적이다. 즉 새로운 걸 시도할 기회가 그리 많지 않다. 그런데 교수들이 정해진 커리큘럼을 따라야 하는 교실 환경과는 달리, 기업 환경에서는 보다 유동적인 접근이 가능하다. 기업 리더들은 회사마다 니즈가 다르다는 사실을 잘 이해하고 있고, 그렇기 때문에 우리가 무언가를 시도하는 족족 완벽하게 들어맞을 거라고 기대하지 않는다.

그래서 우리는 모험적인 시도를 해볼 수 있다. 우리는 고객사를 상대로 실험을 한다. 가르치는 방법을 바꾸어가면서, 서로 다른 팀과 시나리오에 적용해도 꾸준히 살아남는 방법이 무엇인지 지켜본다. 그렇게 현장에서 알게 된 내용은 다시 디스쿨의 대표적인 프로그램에 적용한다(좀 더 읽어보면 알겠지만, 이는 효과적인 혁신의 실험실이 갖춰야 할 요소를 모두 구비한 것과 비슷하다). 최고의 자료를 구할 수 있는 곳은 현장이다. 이 책이 소개하는 대부분의 사례는 대학원생이나 경영자, 리더, 창업가와 함께 실제 프로젝트를 추진하면서 우리가 직접 겪은 내용이다.

캠퍼스에서 우리에게 혁신 수업을 듣는 학생들은 기업 경영자뿐만 아니라 변호사, 의사, 저널리스트, 컴퓨터 과학자에 이르기까지 매우 다양하다. 그들이 장래에 택할 직업도 각양각색일 것이다. 하지만 이 책에서 소개하는 창의적 툴의 가치에 대해서는 모두가 인정한다. 우리 프로그램은 진공 상태에 존재하는 게 아니다. 만약 우리의 접근법이 획기적 결과를 내지 못했다면 학생들은 하버드대학교나 프린스턴대학교로 발길을 돌렸을 것이다. 그러나 우리 프로그램은 늘 문전성시를 이룬다. 대형 은행과 제조 기업, 소매업체 등이 끊임없이 우리의 문을 두드린다. 우리가 개설한 온라인 수업은 스탠퍼드대학교에서 가장 인기 있는 수업 중 하나다. 잘난 척하고 싶어서 하는 이야기가 아니다. 창의성과 관련해 무작위적이거나 신비로울 것은 아무것도 없다는 증거로 이야기하는 것이다. 제대로 된 테크닉을 사용한다면 누구든 창의성을 마스터할 수 있다. 당신도 마찬가지다.

❋

1장부터 11장까지 이 책은 획기적인 아이디어를 내고, 테스트하고, 실행하는 데 필요한 여러 습관과 테크닉을 알려줄 것이다. 이 책을 손에 잡았다가 놓았다가 할 수도 있겠지만, 가장 효과적인 방법은 첫 페이지부터 끝 페이지까지 한 번에 다 읽고, 여기에 적힌 조언을 순서대로 따라 해보는 것이다.

이 책은 2부로 나뉜다. 1부 '창의성의 절벽을 뛰어넘을 도움닫기'에서는 아이디어 생성부터 실험에 이르기까지 혁신의 전

과정을 설명한다. 2부 '현실의 문제를 해결해줄 아이디어 회로들'에서는 창의적 결과물을 향상시킬 수 있는 강력한 테크닉을 소개한다. 어떤 업종에 종사하는 사람이든, 이 책을 읽고 나면 창의성이나 문제 해결에 대한 접근법이 완전히 달라질 것이다. 또 동료나 부하 직원의 업무를 조직하고, 지시하고, 확대하고, 개선하는 데도 도움을 얻을 것이다. 궁극적으로 이 책의 시스템을 확대 적용한다면 조직 전체의 혁신 성과를 극대화할 수 있을 것이다. 창의성이란 결코 혼자 달성할 수 있는 위업이 아니다. 주로 혼자 작업하는 사람이라고 해도 마찬가지다. 우리는 남들과 함께 작업할 때 가장 큰 영향력을 발휘할 수 있다. 우리 시스템의 가장 좋은 점 중 하나는 서로에게서 최고의 모습을 끌어내고, 더 큰 목표를 향한 저마다의 노력을 결집할 수 있게 도와준다는 점이다.

"직원들이 이렇게 신나 하다니 어안이 벙벙하네요." 우리가 컨설팅을 제공한 하얏트Hyatt의 최고 인사 책임자 롭 웹Robb Webb은 언젠가 제러미 어틀리에게 그렇게 소곤거렸다. "추진 중인 프로젝트에 대해 직원들이 이처럼 열정적으로 임하는 걸 마지막으로 본 게 언제인지 기억도 나지 않아요." 수년 후 그의 말을 인용하려고 다시 연락했더니, 롭은 시간이 지난 시점에서 느끼는 이야기를 들려주었다. "이 방법은 누구나 지니고 있는 욕구를 잘 활용하는 것 같아요. 의도한 것은 아니지만, 우리는 인간성을 고갈시키는 방식으로 일상 업무를 보고 있었거든요. 우리 호텔 지배인 중 한 명이 자기가 어쩌다 호텔업과 사랑에 빠졌는지 기억이 났다고 하더라고요. 그 말을 들으면서 창의성이 얼마나 중요한지 새삼 깨달았어요."

시작은 당신부터다. 협업을 할 때든, 조직의 리더든, 누구나 말은 쉽게 할 수 있다. 그러나 나부터 행동을 바꾸면 그 무엇과도 비교할 수 없을 만큼 의미 있고 오랫동안 지속될 변화를 남들에게서 이끌어낼 수 있다. 다음번 전체 회의에서 이 책을 추천하더라도 크게 바뀌는 것은 없을 것이다. 이 책을 꼭 읽어보라고 회사 전체에 이메일을 보내도 마찬가지다. 변화를 만들어내고 싶다면 행동으로 보여줘라.

우리는 수많은 팀과 조직이 변화에 성공하고 실패하는 모습을 오랫동안 지켜봐왔다. 그런 경험을 바탕으로 부탁하고 싶다. 동료들에게 요구하기 전에, 이 책이 제시하는 방법들을 당신부터 먼저 받아들이겠다고 약속하라. 혁신이라는 힘든 작업에 당신이 무언가를 투자하는 모습을 보여주지 않는다면, 남들도 그에 필요한 노력을 들이지 않을 것이다. 본보기가 돼라. 선봉에 서라. 두려움에 맞서겠다는 의지를 보여줘라. 그래, 맞다. 두려움이다. 발전을 가로막는 것은 사실 두려움이기 때문이다. 만약 성공이 보장되어 있다면 과연 새로운 시도를 망설일까? 당연히 아닐 것이다. 그러나 현실에 그런 것은 없다. 그 어떤 신제품과 신규 서비스도 고객의 마음을 사는 데 실패할 수 있다. 프로세스를 개선했는데 예기치 못한 부작용이 있을 수도 있다. 아이디어는 원래부터 리스크를 안고 있다. 새로운 것을 시도했을 때의 리스크와 정체 상태가 초래할 위험을 서로 비교하는 법을 배우지 않는다면 두려움이 늘 발목을 잡을 테고, 커다란 성취는 이룰 수 없을 것이다.

세상에서 가장 위험한 조치는 아무것도 하지 않는 것이다. 주변 상황은 늘 바뀐다. 겁이 나서 다음 얼음 조각으로 건너뛰지 못한다면, 결국 발밑의 얼음 조각이 다 녹아 없어지고 말 것이다. 만약 '혁신'을 생각할 때 노력은 어마어마하게 많이 들고 리스크는 아주 크며 결과는 변변찮은 어떤 것을 떠올린다면 맨날 어중간한 선택밖에 하지 못할 것이다. 그러나 전 세계에서 가장 성공한 기업가나 기업은 이미 알고 있다. 효과적 접근법을 통해 문제를 창의적으로 해결한다면 노력은 '줄이고', 리스크는 '최소화'하고, 결과는 '극대화'할 수 있다는 사실을 말이다. 우리 말을 못 믿겠다면 세계에서 가장 혁신적인 기업의 목록과 세계에서 이윤을 가장 많이 내는 기업의 목록을 한번 비교해보라. 화석연료 기업(이들 역시 자체적으로는 어느 정도 파괴적 혁신이 가능하다)을 제외하면, 사실상 동일한 목록을 보게 될 것이다. 그리고 이는 결코 우연이 아니다.

창의성은 이렇게 작동할 것이다, 아이디어에는 이런 리스크가 따를 것이다, 새로운 접근법을 사용해봤자 이 정도일 것이다 등의 선입견은 이제 좀 내다 버려라. 오늘날 기업 앞에 펼쳐진 난관은 그동안 한 번도 보지 못한 수준의 혁신을 요구한다. 이는 당신 회사에도 해당되는 이야기이고, 당신 자신에게도 해당된다. 소매를 걷어붙여라. 한번 덤벼보자.

1부

창의성의
절벽을
뛰어넘을
도움닫기

1장

세상의 모든 문제는
아이디어 문제다

"사람들은 군대의 공격에는 저항하면서,
아이디어의 공격에는 저항하지 않는다."

—빅토르 위고Victor Hugo[1]

아이디어가 바닥났다는 사실을 페리가 깨달은 것은 캘리포니아주 벤투라의 쌀쌀한 4월 아침이었다.

의류 회사 파타고니아의 본사 주차장에서 플리스 풀오버의 지퍼를 턱까지 바짝 채우고, 손에는 뜨거운 커피를 든 채 차에서 내린 페리는 자신감에 차 있었다. 2002년이었다. 파타고니아는 이단아적 등반가이자 대장장이(이본 취나드는 등반 장비를 직접 제작하려고 대장장이 일을 배운 적이 있다.-옮긴이)인 이본 취나드Yvon Chouinard가 설립한 아웃도어 의류 회사다. 전 세계인의 사랑을 받는 이 회사에서 페리는 세일즈와 사업 운영의 한 축을 책임지고 있었다. 비극적인 9·11 테러가 발생한 후 몇 달간 전 세계는 극심한 스트레스를 겪었다. 하지만 적어도 지금 이 순간 이곳은 다시 정상으로 돌아왔다고 느껴졌다. 운 좋게도 페리는 뛰어난 가치를 추구하는 훌륭한 회사에서 일하고 있었고, 동료들 역시 더할 나위 없이 훌륭했다. 그날 아침은 어쩐지 짭짤한 바닷바람을 가슴 깊숙이 들이쉬며, 봄을 환영해도 좋을 것 같았다.

그러나 이런 낙천적 분위기는 손에 든 커피보다 더 빨리 식어버렸다. 페리는 새로 도착한 내년 봄 시즌 의류를 하나씩 넘겨보고 있었다. 여기 이 장례식 복장이 전국의 파타고니아 대리점과 수많은 매장으로 간다고? 여기 이 칙칙한 무채색 옷이 봄날의 탐험과 생기에 대한 파타고니아의 아이디어라고? 페리는 미지근해진 자바 커피 한 모금을 억지로 꿀꺽 삼켰다.

페리는 아무렇지 않은 척하려고 애쓰면서(실패였다), 제품 팀 품평회를 준비하느라 여념이 없는 MD 팀 차장을 돌아보았다.

"안녕하세요, 에이드리엔." 페리는 억지로 숨을 들이쉬었다. "제품 라인이 좀… 봄 상품치고는 어둡지 않은가요? 신규 색상 라인업은 어디 있나요?" 잠시 불편한 침묵이 흐른 뒤 에이드리엔이 답했다.

"'신규' 색상 라인업이요?"

페리는 억지로 더 크게 미소 지으며 검정과 회색 옷이 잔뜩 걸린 우울한 옷걸이를 향해 고갯짓을 해 보였다. 마치 '지금 여기에는 없지만, 오는 중임이 틀림없는 신규 색상 라인업 말이에요'라고 말하는 듯했다. 그 순간 에이드리엔의 얼굴에 사라진 색상 중 몇 가지가 떠올랐다.

"페리, 팔리는 상품에 집중하자고 하셨잖아요."

페리는 뭐라고 쏘아붙이려다가 겨우 참았다. 사실이었다. 페리 본인이 그렇게 말했다. 왠지 모르게 당시에는 몸을 사리는 게 맞는 것처럼 보였다. 그런데 파타고니아의 봄 라인업이 온통 장례식장이 되고 보니, 도저히 옳은 선택 같지 않은 것이다. 여기도, 저기도 죄다 검정과 회색 옷만 걸려 있는 것을 보니, 환하고 따뜻한 분위기를 풍기는 파타고니아 매장에 이 옷들이 얼마나 안 어울릴지 상상이 갔다. 이보다 더 음침할 수 있을까. 다른 것도 아니고 '리스크'를 피하려고 내린 의사 결정의 결과였다. '안전한' 노선을 찾아 선택지를 좁혔던 것인데, 더 끔찍한 리스크를 떠안은 것이다.

"색상을 좀 더 다양화하려면 시간이 얼마나 걸릴까요?" 억지 미소를 얼굴에 덕지덕지 붙인 채 페리가 물었다. "분위기가 정상화되고 있어요. 고객들이 다시 매장을 찾고 있고요. 내년 봄쯤이면 색상이 좀 있는 옷도 입을 것 같아요."

"지금 농담하시는 거죠?" 에이드리엔이 답했다. 에이드리엔은 페리처럼 억지 미소를 지으려는 노력조차 하지 않았다. "우리 리드 타임 lead time(제품 발주부터 납품까지 소요되는 총 기간-옮긴이)이 18개월인 거 아시잖아요."

'18개월!' 페리는 속으로 생각했다. '대체 어떻게 해야 오늘의 아이디어를 어제의 회사에 반영해서 회사의 내일을 만들 수 있을까?' 페리는 차갑게 식은 커피가 반쯤 남은 컵을 쓰레기통에 던져버렸다. 소매를 걷어붙일 차례였다.

그때 그렇게
창의성을 틀어막지 않았더라면

앞서 말했듯 아이디어란 이미 우리 머릿속을 떠다니고 있는 두 가지를 새롭게 연결한 것에 불과하다. 풀어야 할 문제를 제시하면, 뇌는 작업을 시작한다. 저 뒤에서 전구가 꺼질 때까지 전혀 다른 지식과 경험의 단편들을 이리저리 끼워 맞춘다. '이거면 될까요?' 글쎄, 될 것 같기도 하고 아닌 것 같기도 하지만, 우리는 아이디어의 흐름을 끊고 싶지 않아서 이렇게 말한다. '뇌야, 잘했어! 다른 건 또 없어?'

문제란 뭐가 되었든 '우리가 아직 방법을 모르는' 어떤 것이다. '다음 분기 매출 목표를 어떻게 맞출까?'부터 '이번 시즌 스노 팬츠는 무슨 색으로 할까?'에 이르기까지, 무엇이든 문제가 될 수 있다. 잠재적 솔루션이 현장에서 효과가 있을지는 테스트를 해보기 전까지는 알 수 없다. 따라서 세상 모든 아이디어는 그 자체가 리스크다. 특별히 대참사를 빚을 가능성을 얘기하는 게 아니다. 많은 경우 우리가 내놓는 아이디어는 그냥 '효과가 없다.'

그렇기 때문에 익숙하지 않은 문제와 씨름할 때는(혹은 익숙한 문제에 대한 더 나은 솔루션을 찾을 때는) 독창성뿐 아니라 기꺼이 위험도 감내하겠다는 용기가 필요하다. 무언가를 과감하게 들이밀고, 가끔은 실패도 할 의지가 있어야 한다. 창의성과 관련해 아이러니한 점은, 창의성이 가장 필요할 때 우리 스스로 창의성을 제한한다는 점이다. 페리가 파타고니아에서 겪은 일처럼 말이다. 압박감을 느낄 때 우리는 널리 알려져 있고 익숙한 방법을 선택하는 게 디폴트처럼 되어 있다. 그걸로 충분하지 않은 게 분명할 때조차 말이다. 뻔한 행동을 해서 실패하는 편이 새로운 걸 시도해서 바보처럼 보이는 것보다는 안전하다고 느끼는 것이다.

이 책에 소개한 시스템을 사용한다면 그렇게 방어적인 본능을 내려놓을 수 있을 것이다. 또 불리한 환경에서도 새로운 아이디어가 꾸준히 공급되게 할 수 있을 것이다. 우리는 자신의 창의성을 신뢰하는 법을 배워야 한다. 좋을 때나 나쁠 때나 잠재적 해결책을 찾을 수 있는 프로세스를 가동한다면 어떤 어려움도 이겨낼 수 있다. 풍부한 창의성과 그걸 실행에 옮길 수 있는 능력은 대단한 경쟁 우위 요소다. 왜 그런지, 파타고니아로 다시 돌아가보자.

단순히 '힘든 시기'라는 말로는 부족한, 대참사가 벌어지기도 한다. 2001년 9월 11일의 비극이 벌어진 후, 그 누구도 감히 어떻게 반응해야 할지 몰랐다. 당시 많은 사람이 느낀 미국에 대한 실존적 위협, 이유 없이 수천 명의 민간인이 살해된 것에 대한 정신적 충격을 넘어, 이 테러 공격은 모든 미국인의 일상을 흔들어놓았다. 모든 게 멈춰 섰다. 하늘에 비행기가 한 대도 없다는 사실은 그저 이 집단적 마비 사태의 가장 가시적인 일면에 불과했다. 쌍둥이 빌딩이 무너져 내린 후 며칠이 지나고 몇 주가 지나도 '정상'이라는 건 아주 먼 기억처럼 느껴졌다. 사람들은 끊임없이 신경을 곤두세웠다. 대체 누가 공격한 거야? 추가 공격이 더 남았나? 다음에는 무슨 일이 벌어지는 거야?

9·11 테러 이후에는 자연스레 '비용 절감'이라는 말이 유행했다. 전 세계 기업들은 연거푸 힘든 선택을 해야 했다. 경기

둔화가 몇 해 동안 이어질 수도 있었다. 특히 추가 공격이 일어 난다면 말이다. 기존 목표를 달성하기는커녕 다음 분기에는 어떻게 살아남아야 하나? 파타고니아에서는 페리를 비롯한 경영 진이 결단을 내려야 한다는 압박을 받고 있었다. 회사는 다음 시즌에 사용할 원자재 수백만 달러어치를 구매해야 했다. 마냥 잘될 거라고 믿고 도박을 하기에는 위험해 보였기에, 그해 가을 페리도 모든 경쟁자와 마찬가지로 수요 급감에 맞춰 원자재 주문을 대폭 축소했다. 그러면서 어느 부문을 축소할지에 대해 MD 팀에 분명한 가이드를 주었다. "팔릴 게 확실한 제품을 가지고 갈게요."

군이 테러가 줄줄이 이어지지 않아도, 사람들은 단기적으로 자멸적인 의사 결정을 내릴 수 있다. 사람들은 대부분 정말로 절박할 때만 새로운 걸 시도한다. 사람들은 잠재적 이득보다 잠재적 손실을 훨씬 더 무겁게 생각한다. 소위 '손실 회피 loss aversion' 편향이 존재하는 데는 그럴 만한 이유가 있다. 선사 시대의 인간이 수풀 더미를 사자로 착각한 경우에는 그냥 한번 웃고 말면 된다. 하지만 사자를 수풀로 착각했다면? 사자만 수지맞은 날이 되었을 것이다. 그렇기 때문에 뼛속 깊이 새겨진 우리의 본능은 "그냥 수풀에서는 멀찌감치 떨어지는 게 안전해"라고 이야기한다. 가끔은 그 수풀에 아주 맛난 과일이 숨어 있다고 해도 말이다. 새로운 걸 시도하려면 뇌의 편향을 거슬러 싸워야 한다. 그러나 문제는 직접 시도해보기 전까지는 우리가 미래의 승자와 패자를 구분하는 데 매우 서툴다는 사실이다. 이 책에서 그런 예를 수도 없이 보게 될 것이다. 우리 두 사람의 경험에 비춰보면, 노련하고 성공한 혁신가일수록 자신이 겉만 보고 승자를 골라낼 수 있다고 생각하지 않는다. 테스트가 가능할 때는 절대로 직접 고르지 마라.

파타고니아 같은 아웃도어 의류 회사에 검정과 회색의 기본 아이템은 '안전한' 선택지다. 그런 그들이 '승자'를 선택하라는 얘기를 들었다면, 결코 새로운 것이나 컬러풀한 걸 고르라는 뜻은 아니다. 개발 중이던 신상품 수십 종이 보류됐다. 무지갯빛 색상은 물 빠진 색으로 변했다. 당시에는 이게 합리적인 전략이었다. 내년 봄에 다들 마음이 불안해서 적갈색을 원하지 않으면 어떻게 한단 말인가? 아니면 적갈색은 좋지만 청록색은 싫다고 하면? 그러나 검정에는 누구나 동의할 수 있다.

하지만 내부 품평회를 위해 봄 신상품 라인업이 도착했을 즈음에는 미국인의 삶이 이미 정상으로 되돌아가고 있었다. 그리고 더 중요한 것은, 많은 사람이 테러와의 전쟁이 주는 무기력한 기분을 탈피하기 위해 다시 등산화를 신고 모험에 나설 준비가 되어 있었다는 점이다. 그렇게 바람을 좀 쐬려고 고객들은 그에 맞는 옷을 사러 파타고니아 매장에 들렀는데, 거기서 마주치게 될 것은 제발 좀 벗어나고 싶은 세상에 속한 것 같은 암울한 옷들뿐인 것이다. 이쪽 끝에서 저쪽 끝까지 온통 검은색 우비처럼 생긴 재킷만 걸려 있을 테니 말이다. 그해 봄에 사람들이 간절히 바랄 새로운 시작이나 부활의 느낌과 이보다 더 동떨어질 수가 있을까. 파타고니아의 안전한 선택이 결코 안전하지 않은 것으로 증명된 순간이었다.

반대 방향으로 가도 너무 갔다는 사실을 깨달은 페리는 디자이너들의 창의성을 틀어막은 탓에(그 자체로는 완벽한 사업적 결정이었지만) 이제 자신에게는 아무런 선택지도 남지 않았다는 걸 알았다. 그는 예기치 못한 상황을 받아들일 방법이 없었다. 영감을 떠올리는 데서부터 아이디어를 생성하고 실험을 하고 제품을 만드는 데까지, 창의성이 활약할 수 있는 통로 자체를 좁혀놓았기 때문에 매장에 더 산뜻한 옷을 걸려면 지독하게 긴 시간이 걸릴 수밖에 없었다. 물론 페리는 불리한 환경에서 회사를 보호할 수 있는 조치를 취했어야 했다. 그렇지만 앞으로 보게 되듯, 페리는 여러 시나리오를 내다보고 몇 가지 선택지를 남겨놓을 수도 있었다. 그해 봄 파타고니아 매장을 방문한 사람은 많지 않았다. 그러나 다행히 경쟁자들 역시 똑같은 덫에 걸려 허우적댔기 때문에 별 탈 없이 넘어갈 수 있었다. 그때

만약 파타고니아가 다른 선택지를 좀 남겨놓았더라면, 경쟁자들을 완전히 추월하고 독보적 위치를 확보하는 것도 가능했을지 모른다.

뒤에서 살펴보겠지만, 전망이 어떻고 외부 여건이 어떻든, 새로운 아이디어의 흐름을 완전히 틀어막아버리는 것은 절대로 안전한 조치가 아니다. 혁신을 잠깐만 멈춰도 영구적인 부작용이 남는다. 우리는 긍정적 보상보다는 리스크를 더 무겁게 여기기 때문에 창의성을 북돋기보다는 꺾어버리기가 훨씬 쉽다. 창의성을 키우려면 참을성 있게 꾸준히 노력해야 한다. 아이디어는 하루아침에 생기지 않는다. 시절이 좋을 때나, 나쁠 때나 아이디어는 끊임없이 이어져야 한다. 아이디어는 미래의 문제에 대한 해결책이며 미래의 이윤을 상징한다. 아이디어가 없다는 건 미래가 없다는 뜻이다. 조직의 혁신 능력을 측정해보면 그 조직의 향후 성공 가능성을 가장 잘 가늠할 수 있는 것은 바로 이 때문이다.

문제는 오직 하나에만 반응한다

당신은 얼마나 창의적인가? 당신의 팀이나 조직은 얼마나 창의적인가? 선문답처럼 들릴지도 모르겠다. '한 손으로 내는 박수 소리는 어떠한가?'처럼 심오하게 들릴지도 모른다. 그러나 창의성은 구체적이다. '신제품 광고 문구를 뭐라고 해야 할까?'나 '어떻게 해야 다음 분기를 잘 넘길까?'처럼 창의성이 문제의 모습으로 나타나면, 새로운 아이디어가 있든지, 없든지 둘 중 하나다. 아직까지 아이디어가 좋은지, 나쁜지에 대한 판단은 들어가지 않는다. 대부분 현장에서 테스트를 해보기 전까지는 어느 아이디어가 얼마나 가치 있는지 제대로 판단할 수 없다. 처음에는 그냥 아이디어가 '많이' 필요하다. 아주 많이. 창의성에 관한 한 양_量이 질_質을 끌어올린다.

우리가 찾아낸, 창의성을 측정할 수 있는 가장 유용한 지표는 이것이다. '주어진 시간 동안 주어진 문제에 대해 개인이나 집단이 생성할 수 있는 새로운 아이디어의 수.' 우리는 이 지표를 '아이디어플로ideaflow'라고 부른다. 아이디어플로가 낮은 조직은 문제가 있다. 필수 자원이 바닥나고 있다는 뜻이기 때문이다. 그런 조직의 리더는 조직에 문제가 있다는 사실을 알고, 발전이 더디다는 건 알아볼 수 있지만, 정확히 뭐가 부족해서 잠재력이 꽃피지 못하는지는 집어내지 못한다. 아이디어를 제대로 구현하는 것도 중요하지만, 그 기초는 아이디어플로다. 아이디어플로는 앞으로의 '모든' 성공을 이끌 원동력이다.

앞으로 어떻게 될지 모를 새로운 아이디어를 생성하는 데 그처럼 많은 관심을 쏟는 게 과연 실용적일까 하는 의문이 들 수도 있다. 차라리 특허출원 수나 신규 광고 캠페인 수처럼 실적과 밀접한 지표에 신경 쓰는 게 더 실용적이지 않을까? 문제는 그런 후행後行 지표는 문제 해결이 필요한 시점을 한참 지난 후에야 문제가 있음을 알려준다는 점이다. 혁신과 관련된 이슈를 제때 진단할 때 아이디어플로보다 더 유용한 지표는 없다. 신제품이나 신규 서비스를 추적해 회사의 혁신 프로세스에 문제가 있음을 알아챘을 땐 너무 늦었다. 파타고니아의 리드 타임 18개월을 떠올려보라. 그리고 결과가 나타나는 방식도 회사마다 다르다. 레코드 회사라든가 장난감 제조사, 스타트업 인큐베이터처럼 신제품이나 신규 서비스를 늘 출시하는 회사도 있다. 반면 자동차 회사나 법률 회사, 은행처럼 몇 안 되는 핵심 상품을 끊임없이 개선해야 하는 회사도 있다. 창의성을 북돋아야 할 때가 언제인지 꾸준하게 그리고 분명하게 알고 싶다면, 더 위로 올라가 그 원천을 살펴야 한다.

아이디어플로는 전체적인 혁신 능력을 측정하는 데 유용한 대용 지표다. 필요할 때 아이디어를 홍수처럼 쏟아낼 수 있느냐 여부는 전체적으로 건강한 창의성을 유지하느냐 여부와 깊은 관련이 있기 때문이다. 말하자면 일종의 바로미터다. 기압

계는 구름 하나하나가 어디에 있는지 알려주지 않지만 폭풍이 몰려온다는 건 알려줄 수 있다. 페리가 '팔리는 상품'에 집중하기로 하면서 직원들의 의견 제시가 멈춰버렸듯, 아이디어플로가 감소한다면 창의성과 관련된 조직 문화에 더 큰 문제가 있다는 뜻이다. 예를 들어 디자인 팀에 아이디어플로가 감소한 걸 감지했다면 페리는 디자인 팀에 가서 주문 감소에 대응할 새로운 아이디어를 요청할 수도 있었을 것이다. 봄 상품 라인업을 온통 칙칙한 색상으로 구성하는 것도 방법이지만, 고려해볼 수 있는 다른 방안이 훨씬 더 많이 있었을지도 모른다.

아이디어플로는 모든 리더의 레이더망에 잡히는 핵심 성과지표KPI, Key Performance Indicator가 되어야 한다. 개인과 조직의 아이디어플로를 꾸준히 관리한다면, 쉽고 빠르게 창의성의 기준을 정하고 발전 정도를 판단할 수 있다.

오랫동안 아마존의 이윤과 시가총액 사이에는 큰 괴리가 있었다. 월 스트리트는 제프 베이조스Jeff Bezos가 구축하려는 미래에 베팅 중이었다. 우리는 아마존의 주가가 아마존의 월등한 아이디어플로를 반영하고 있었다고 생각한다. 상장 기업에 투영된 이런 가치가 전통적인 사업 지표로 드러나려면 아주 오래 걸린다. 그러나 아마존의 무시무시한 잠재력은 처음부터 눈에 띄었다. 아마존은 어마어마한 아이디어를 홍수처럼 쏟아냈고, 투철한 실험 정신으로 무장하고 있었다. 늘 그렇듯이 기업의 창의적 사고방식은 위에서부터 아래로 확산된다. 베이조스는 아마존을 창립하기 전부터 '늘 들고 다니는 노트에 끊임없이 아이디어를 기록했다. 급하게라도 써두지 않으면 아이디어가 머릿속에서 흩어져버릴 것처럼 말이다.'[2] 하지만 그는 이런 아이디어를 지나치게 애지중지하지도 않았다. 리더로서 베이조스는 '더 좋은 선택지가 나타나면 지난 생각은 얼른 내다 버리고 새로운 생각을 적극적으로 받아들였다.' 훌륭한 창의적 습관의 모범을 보여주는 것은 창의적인 팀 또는 조직을 일구고 거기에 에너지를 불어넣는 가장 효과적인 방법이다. CEO인 베이조스가 몸소 보여준 접근법은 회사 전체로 전파됐고, 아마존의 꿈은 단순히 인터넷으로 책을 파는 것을 뛰어넘어 무궁무진하게 확장됐다.

이렇게 생각하는 사람도 있을지 모른다. '이건 비교가 잘못됐어. 이커머스 같은 분야에서는 파괴적 혁신이 일어나는 게 당연하잖아.' 그래서 당신의 상황은 다른가? 당신의 조직이 속한 분야에서는 아무런 파괴적 혁신도 일어나지 않고 있는가? 만약 세계 경제를 쥐락펴락하는 거대한 힘이 유독 당신네 업종에만 미치지 않는다면, 제발 우리한테 알려주길 바란다. 내일 아침까지는 우리 두 사람의 이력서를 받아볼 수 있을 것이다.

제프 베이조스가 커리어를 통해 어마어마한 선견지명을 보여준 것은 틀림없다. 그러나 노력과 기술로 이뤄낸 것을 재능이나 운 덕분이었다고 치부하지 마라. 미래를 볼 수 없어도 회사에 성공적인 미래를 건설할 수는 있다. 100개 이상의 이탈리아 스타트업을 대상으로 한 무작위 대조 연구 결과를 보면, 비즈니스 아이디어를 생성하고 검증하는 방법을 철저히 훈련받은 창업가는 대조군보다 실적이 앞섰다.[3] 스탠퍼드대학교의 론치패드 인큐베이터 프로그램을 통해 수백 명의 창업가와 함께 일해본 우리로서는 전혀 놀랍지 않은 결과다.

아이디어플로가 혁신의 원동력임을 인정하면서도 여전히 '나한테는 필요 없다'고 생각할지 모른다. 과연 이 책이 나한테 맞나, 창의적 업무 분야에서 촉망받는 젊은이들이나 읽어야 하지 않을까 생각할 수도 있다. 디자인 부서의 인턴처럼 지 말이다. 전형적인 기업에서 그림을 그리고, 신제품에 이름을 붙이고, 광고 캠페인에 사용할 슬로건을 만드는 등 전통적 의미에서 '창의적인' 일을 하라고 명시적으로 요구받는 사람은 소수다. 나머지 우리에게는 '작업대' 같은 것도 없다. 마케팅 팀장이든, 미국 항공우주국NASA 팀장이든, 이제 겨우 1라운드 자금 모집에 성공한 스타트업에서 일하든, 이제 겨우 기반 공사에 들어간 부동산 개발업체에서 일하든, 당신의 하루에서 많은 부분을 차지하는 것은 이메일과 미팅, 전화 통화다. 물론 의사 결정을 내릴 일도 있겠지만, 말 그대로 새로운 아이디어가 필요한 일이 얼마나 많을까? 창의적인 사색이 필요해서 루빅 큐브 같은 걸 손에 들고 사무실 소파에 드러눕는 일이 얼마나 자주 있을까? 당신의 하루는 그렇지 않다. 대부분은 그렇지 않다. 하지만 창의성 역시 그런 게 아니다. 진짜 창의성은 당신이 생각하는 것보다 훨씬 덜 극적이고, 훨씬 더 많은 곳에 존재한다.

기업에서 창의성이 필요한 부서와 그 밖의 부서 사이에 뚜렷한 선이 그어져 있는 것은, 창의성이 무엇이고, 어떻게 작동하고, 왜 필요한가를 단단히 오해하기 때문이다. 스탠퍼드대학교 디스쿨에 신입생이 들어올 때마다 우리가 제일 먼저 하는 일이 창의성에 대한 학생들의 잘못된 개념을 바로잡는 것이다. 특히 디스쿨에 새로 들어온 회사 중역은 창의성이란 고위 경영진에게는 필요 없고, 예술가나 작가한테나 필요한 기술이라고 생각한다. 그러나 인트로에서 이야기했듯, 문제를 해결할 때 창의성이 필요하다.

지금 내가 안고 있는 게 '과제'가 아니라 '문제'라는 사실은 어떻게 알 수 있을까? '문제'는 밤잠을 이루지 못하게 만든다. 출퇴근길에 곰곰이 고민하게 만들고, 가족과 즐겁게 보내야 할 주말에도 마음을 무겁게 한다. 어떤 글을 끝까지 다 읽으려고 했는데 집중이 안 되어 계속 같은 문장을 읽고 있다면, 무언가 '문제'가 있는 것이다. 세상 모든 '문제'는 오직 하나에만 반응한다. 그 하나란 노력도, 시간 투자도, 의지도 아니다. 그건 '해결책'이다. 그리고 모든 해결책의 시작은 '아이디어'다. 수많은 아이디어 중 하나 말이다. 그래서 우리는 간단하지만 깊이 있는 통찰을 하나 얻었고, 이 통찰이 스탠퍼드 디스쿨에서 우리가 하는 여러 작업의 원동력이 되었다. 이 책의 핵심 내용이기도 한 그 통찰이란 바로 '모든 문제는 아이디어 문제다'라는 사실이다.

이게 왜 그토록 중요할까? 우리 두 사람이 매일 아침 밖에 나와 학생들을 가르치고, 책을 쓰고, 전 세계 유수의 기업 리더와 협업하게 된 것도 모두 이 통찰에서 비롯되었다. 왜냐하면 체계적으로 아이디어를 생성하고, 테스트하고, 개선하고, 실행하는 방법을 알면 회사 일을 비롯한 삶의 모든 일이 더 쉬워지기 때문이다. 즉 숨은 잠재력을 펼칠 수 있게 해주는 '기술 위의 기술'이자 '만능열쇠'다. 실망스러운 이메일, 겁나는 대화가 '창의적 사고가 필요한 아이디어 문제'임을 알아보지 못하면 마주하기가 두렵다. 앞으로 어떻게 해야 할지 모를 때, '내 손에는 당연히 답이 쥐어져 있어야 하는데'라고 잘못 생각할 때, 사람들은 아무것도 하지 않고 차일피일 일을 미룬다. 하지만 그런 일을 새로운 사고가 필요한 '아이디어 문제'라고 생각하면, 우리에게는 도구 상자가 마련되어 있는 것이나 다름없다. 이제는 뭘 해야 하는지 안다. '창의적으로 생각'하면 된다. 왠지 속이 불편할 때 그게 '창의성을 발휘하라'는 내 안의 신호임을 알아채려면 연습이 필요하다. 그러나 일단 한번 능숙해지고 나면, 아직 실제로는 아무것도 해결되지 않았는데도 입에서 "아하"라는 말이 튀어나온다. 내가 모른다는 사실을 아는 것은 얼마나 마음 놓이는 일인가.

지금까지 당신의 '창의성 도구 상자'에는 평생에 걸친 시행착오 과정에서 닥치는 대로 수집한 갖가지 힌트와 요령과 테크닉 등이 들어 있었다. 하지만 이 책을 다 읽고 나면 잘 정돈된 '문제 해결 종합 세트'가 생길 것이다. 전 세계 최고의 기업가와 최고 책임자급 리더가 체계적으로 기회를 포착하고 장애물을 깨부술 때 사용하는 '통합 혁신 시스템'이 생길 것이다.

만약 세상 모든 문제가 아이디어 문제라면, '나한테는 도움이 필요 없다'고 생각할지도 모른다. 당신은 이미 그 '아이디어 비즈니스'라는 걸 꽤 잘하는 게 틀림없기 때문이다. 당신은 평생토록 매일같이 문제를 해결하며 살아간다. 그렇지 않은가? 연습이 완벽을 만든다는 말이 있다. 그러나 여태 잘못된 걸 연습하고 있었다면? 결코 완벽해질 수 없을 것이다. 지금 당장 당신을 힘겹게 만드는 문제를 떠올려보라. 이 책에 집중하지 못하게 만드는 바로 그 문제 말이다. 은행과의 오해, 상사와의 충돌, 취업, 프레젠테이션, 협상, 뭐든 좋다. 그 문제를 고민할 때면 어떤 기분이 드는가? 잠시 한번 떠올려보라. 그 문제와 씨름하는 게 설레는가? 그 문제에 어떻게 접근해야 하는지 순서대로, 단계별로 정확히 다 알고 있는가? 이제 스스로에게 정직해져보라. 당신은 지금 창의성이 샘솟고 있는가? 아니면 그 어느 때보다 속이 불편한가?

사람들은 대부분 문제를 만나면 본능적으로 '회피'한다. 도망가거나 회피하고 싶어 한다. 그럼에도 끝까지 밀고 나가 마침내 골치 아픈 문제를 성공적으로 해결한다고 치자. 그 해결책에까지 도달한 길은 불확실하고 우연적이라고 느껴질 것이다. 아무 소득 없이 발을 헛디딘 적도 많고, 솔루션이 나와 있다는 걸 미처 모르고 처음부터 다시 만들어내기도 했을 것이다. 검증된 진짜 '창의적 기술 세트'가 없다면, 연습이란 그저 미루고, 턱턱 막히고, 결정 장애에 빠지는 걸 더 잘하게 됐다는 뜻일 뿐이다. 이는 효과적이고 즐거운 창의적 문제 해결법이 아니다. 다행히 평생 몸에 밴 잘못된 본능적 반응도 지우고 바꿀 수 있다. 이탈리아 스타트업 연구가 발견한 내용이 바로 이것이다. 사람들에게 혁신의 방법을 가르쳐주면 결과가 극적으로 좋아진다. 그저 몇 가지 테크닉만 배우면 된다.

'타고난 재능'이라는 오해

그렇다면 아이디어플로는 정확히 어떻게 측정할까? 머리에 전극을 꽂거나 해야 하는 것은 아니다. 지표로서 아이디어플로는 개인 또는 팀의 창의성이 '상대적으로' 얼마나 튼튼한지를 간단히 측정할 뿐이다. 이걸 측정하는 이유는 오로지 현재 수치를 과거 또는 미래의 수치와 비교하기 위해서다. 아이디어플로는 다음과 같이 계산한다.

$$\frac{\text{아이디어 양}}{\text{시간}} = \text{아이디어플로}$$

측정법은 간단하다. 종이와 펜을 꺼내라. 이메일 수신함에서 받은 이메일을 하나 골라라. 답장이 필요한 중요 메일이면 더 좋다(이미 답장을 보낸 것이라도 상관없다). 이제 휴대전화 타이머를 사용해 2분을 설정하라. 그리고 2분간 답장 제목으로 사용할 수 있는 문장을 최대한 많이 써보라. 고민하지 말고, 멈추지도 말고, 이미 쓴 문장을 평가하거나 수정하지도 마라. 생각할 시간을 주지 마라. 그냥 손이 움직일 수 있는 한 최대한 빠르게 써 내려가면서 머리에 떠오르는 문장을 모조리 적어라. 진지하게, 편안하게, 유머러스하게. 심지어 말이 안 되는 문장이어도 괜찮다. 내용은 같은데 여러 버전으로 쓰는 것도 상관없다. 질이 아니라 오직 '양'에 집중하라. 시간이 다 되면 다시 이 책으로 돌아오라.

이제 제목이 몇 개나 나왔는지 세어보라. 제목을 몇 개나 생성할 수 있었는가? 그걸 2로 나눈 것이 당신의 분당 아이디어 비율이고, 이 연습에서 사용할 당신의 아이디어플로다. 덧붙이자면 5분 동안 광고 슬로건을 생성해도 되고, 10분 동안 신제품 아이디어를 생각해내도 된다. 중요한 것은 동일한 측정 방법을 주기적으로 사용하는 것이다. 동일한 시간마다 비슷한 주제를 가지고, 가능하면 평소 업무에 도움이 될 만한 같은 종류의 아이디어를 생각해보라. 이렇게 하면 하루 중 언제 아이디어플로가 높고 낮은지, 이 책의 특정 테크닉이 얼마나 효과가 있었는지 측정 가능하다.

아이디어플로라는 개념이 지나치게 간단해 보일지도 모른다. 그러나 각자의 전문 분야에서 현재 사용하고 있는, 믿기지 않을 만큼 간단한 측정법이나 어림짐작법을 한번 떠올려보라. 예를 들어 물리치료사라면 허리를 구부려 손끝을 최대한 땅에 가깝게 뻗는 간단한 동작 하나만 시켜봐도 고객의 전반적 건강 상태를 상당 부분 파악할 수 있을지도 모른다. 마찬가지로 어느 분야가 되었든, 아주 가끔만 사용할 수 있는 복잡한 진단법보다는 간단한 지표라도 자주 업데이트하는 것이 훨씬 큰 도움이 된다. 아이디어가 넘쳐나든 아니든, 여러분의 첫 수치는 그 자체로 의미가 있다. 이 책에 나오는 여러 기술을 배우고 직접 사용하면서 본인의 수치가 어떻게 바뀌는지 지켜본다면 그 중요성을 더 분명히 알 수 있을 것이다.

아이디어플로는 지능이나 재능을 측정하는 지표가 아니다. 오히려 어찌 보면 우리의 마음 상태를 평가한다고 할 수 있다. 다양한 대안을 빠르게 생성하려면 잠시 '자각'을 멈추어야 한다. 실패나 창피함을 두려워해서는 안 된다. 본인의 아이디어플로를 온전히 발휘하기 위해서는 하버드 비즈니스 스쿨의 에이미 에드먼슨Amy Edmondson 교수가 '심리적 안전psychological safety'이라고 부르는 것이 필요하다. 에드먼슨 교수는 우리가 마음 놓고 지적인 리스크 혹은 정서적인 리스크를 감수할 수 있어야 "'실패로부터 배운다'는 말을 온전히 다 실현할 수 있다"고 말한다.[4] 새로운 시도(와 잠재적 실수)의 사회적, 재무적 비용보다 잠재적 이득이 더 클 때만 우리의 뇌는 창의성이라는 수문水門을 개방한다. 만약 내가 내놓은 아이디어를 남들이 비웃을까

봐 겁이 덜컥 난다면 심리적 안전이 확보되지 않은 것이다.

마음이 놓이지 않는데 손가락을 튕긴다고 창의성이 갑자기 '활성화'되는 것은 아니다. 심리적으로 안전하지 않은 이유는 당신이 잘못된 믿음을 가진 탓일 수도 있고, 당신이 속한 조직 사람들의 보수적 사고방식 때문일 수도 있다. 만약 당신의 아이디어플로가 낮다면 창의적인 사고방식을 차용해 필요한 내면의 회복력을 키워야 한다. 부하 직원들의 아이디어플로가 낮다면, 그건 그들의 문제가 아니다. 바로 당신의 문제다. 창의적 프로세스를 통해 이윤을 높이고 싶다면(문제를 해결하고, 계획을 실행하고, 제품을 배에 선적하고 싶다면), 프로세스의 시작점에서부터 팀 전체에 심리적으로 안전하다는 분위기가 조성되어 있어야 한다.

아이디어플로는 분명 '스펙트럼 형태'로 존재할 텐데, 밖에서 보면 마치 누구는 아이디어플로가 '있고' 누구는 '없는' 것처럼 보일 수 있다. 문제가 제시되었을 때 팀원 한 명이 의견을 우수수 쏟아내고 나머지 팀원들은 조용히 앉아 있을 수 있다. 창의성을 마치 '타고난 재능'처럼 여기는 함정에 빠지지 마라. 아이디어플로를 이용해서 팀 내에 병목현상이 일어나고 있는 지점을 확인하고 조치를 취하라. 한 명의 스타플레이어가 창의성의 짐을 모두 짊어지게 하지 마라(그렇게 해서 도출되는 대안은 범위가 좁고 뻔하다). 이 책에 나오는 테크닉을 활용해 다른 팀원들도 본인의 잠재적 창의성을 발휘할 수 있게 도와라. 그러면 재능 있는 예비 선수들이 늘어날 테고, 창의성의 수문이 유례없는 수준으로 열릴 것이다. IQ처럼 고정된 지표와 달리, 아이디어플로는 상황에 따라 오르내린다. 아이디어플로는 끌어올리는 게 가능할 뿐만 아니라 반드시 그렇게 해야 한다. 우리가 하는 일도, 이 책도, 바로 이 목적을 위한 것이다.

지금 여기 출발점에서 여러분의 아이디어플로를 적어두고 주기적으로 확인하라. 수면이나 스트레스 같은 여러 요인에 따라 수치는 달라지겠지만, 이 책에서 제시한 여러 습관과 행동, 테크닉을 실천하는 데 투자한 노력에 비례해 전체적으로 우상향하는 경향성을 보게 될 것이다. 아이디어플로를 높이기 위해 이전에는 상상조차 해보지 못한 방식으로 호기심을 좇고 인풋input(원래 인풋은 입력 데이터, 투입 자원 등 유·무형적 투입물을 가리키는 말이지만, 이 책에서는 주로 '영감을 줄 수 있는 다양한 자료나 의견' 등을 가리킨다.-옮긴이)을 찾아다니게 될 것이다. 이렇게 자신의 사고방식이 바뀌고 그 이점을 알게 되면, 남들의 창의적 아웃풋output(어느 시스템에 인풋을 넣으면 아웃풋이 나온다. 즉 원래 아웃풋은 출력 내용, 생산량, 결과물 등 유·무형적 산출물을 가리키는 말이지만, 이 책에서는 주로 인풋의 결과로 나온 '참신한 아이디어' 또

는 '최종 해결책', '결론' 등을 가리킨다.-옮긴이)을 늘릴 수 있게 돕
는 일도 훨씬 잘할 수 있을 것이다.

비즈니스의 목숨줄 '아이디어플로'

회사가 궤도를 이탈하는 게 꼭 혁신에 실패해서만은 아니다.
그러나 아이디어플로가 낮은 기업은 반드시 휘청거리게 되어
있다. 아이디어가 곧 '미래의 이윤'이기 때문이다. 당신이 속한
업종이 아무리 안정적이고, 당신 회사의 시장 내 지위가 아무
리 확고하다고 해도 결국 내일이 오늘이 되는 날이 온다. 아이
디어가 없으면 내일도 없다.

  창의성의 샘이 말라버렸을 때, '심리적 안전'처럼 주관적인
것을 탓하는 리더는 드물다. 그러나 창의성이라는 리스크를 감
수하려면 심리적 안전이 필요하다. 사람들은 안전하다고 느끼
지 않으면 리스크를 감수하지 않는다. 모험을 하지 않으면 얻
는 것도 없다. 그런데 위기 때 흔히 동원되는 각종 조치(목표를
더 높이 잡고, 기간을 더 짧게 잡고, 몇 차례씩 일시 해고를 단행하는 것
등)야말로 창의성을 얼어붙게 만든다. 리더들은 안전을 확보하
려고 허둥대다 오히려 공포를 조성해 혁신을 죽여버리는 경우

가 많다(만약 직원들의 창의성을 침몰시켜 위기를 모면한 기업이 하나라도 있다면, 부디 우리에게 알려주기 바란다). 기업들이 파괴적 혁신의 소용돌이 속에서 살아남기 위해서는 겁 없고 거침없는 창의성이 필요하다.

리더들이 회사를 구해줄지도 모를 유일한 자원인 창의성을 막아버리는 것도 이해 못할 일은 아니다. 만약 어느 리더가 창의성에 꼭 필요한 것을 우선시하지 않는다면, 그건 그냥 뭐가 필요한지 잘 모르기 때문이다. 실제로 사람들이 창의성을 발휘하고 있을 때라면 '겉으로는' 전혀 창의적으로 보이지 않는다. 예를 들어 오후에 동네 한 바퀴를 산책하면 큰 수익을 낼 방법이 떠오를 수도 있다. 하지만 우리는 힘든 시기일수록 책상 앞을 지키며 야근하는 사람을 칭찬한다. 눈앞의 것에만 코를 박고 있는데 어떻게 저 멀리 지평선이 보이겠는가? 현대 직장 문화를 점령하고 있는 '공장식 사고방식' 때문에 기업들은 정작 회사를 구원해줄 수 있는 여러 형태의 행동을 좌절시키고 있다.

아이디어플로가 높은 기업(예컨대 넷플릭스나 테슬라 같은 기업)을 어떻게 세우고 육성해야 하는지 진정으로 이해하는 리더는 경쟁자에 비해 어마어마한 우위에 선다. 우리는 모르는, 그들만이 알고 있는 비결이 대체 뭘까? 우선, 그들은 창의성이 '모든' 비즈니스의 목숨줄임을 제대로 알고 있다. 낙서나 낮잠

같은 행동을 권장하는 광고업계나 디자인업계처럼 '창의적인' 업종에서만이 아니라 '모든' 업종에서 창의성은 목숨줄임을 아는 것이다. 오랫동안 안정적인 세월을 보낸 분야에서는 혁신의 필요성을 우습게 여기기 쉽다. 리더들은 가끔 혼란이 발생했을 때, 필요할 때만 리스크를 감수하고 혁신에 투자하면 된다는 잘못된 믿음을 버리지 못한다. 이런 사고방식 때문에 나머지 기간에는 그저 리스크를 최소화하고 단기 이익을 최대화하는 데만 초점을 맞춘다. 지난 수십 년간 미국의 수많은 기업을 중독시킨 '분기分期 중심'의 사고방식에 빠져드는 것이다.

사람과 달리 기업은 타고난 수명이라는 게 없다. 자리 잡은 브랜드가 유행의 중심에서 점점 멀어진다면, 이는 불가피한 일이 아니라 정체된 창의성이 빚어낸 결과다. 살아남아 번창하고 싶다면 기업은 끊임없이 쇄신하고 거듭나야 한다. 새로운 것을 시도하고 위험을 감수해보라고 직원들을 격려하면서 인센티브를 줘야 한다. 어느 기업의 접근법에 혁신이 필수 요소로 포함되지 않는다면, 그 기업은 가만히 서 있는 게 아니라 점점 더 뒤처지는 것이다. 반면에 혁신의 불꽃이 계속 밝혀져 있다면 기업의 나이는 무의미하다. 지멘스Simens(1847년 설립), 굿리치Goodrich(1870년 설립), 닌텐도Nintendo(1889년 설립), P&G(1837년 설립), 볼 코퍼레이션Ball Corporation(1880년 설립) 같은 기업은 오래되었지만, 멈추지 않고 부단히 거듭남으로써 이윤을 창출하고 있다. 개인에게 아이디어플로가 경쟁 우위 요소라면 기업에 아이디어플로는 '젊음의 샘'이다.

전통적 의미의 창의적 업무에 종사하거나 창작과 관련된 취미가 있는 사람이라면 지금쯤 아마 고개를 끄덕일 것이다. 아이디어플로는 근육과 같아서 정기적으로 단련해야 한다는 사실을 경험으로 알고 있기 때문이다. 창의성을 꾸준히 실천할수록 정말로 필요할 때 아이디어를 내기가 더 쉬워진다. 반면 한번도 스스로를 창의적인 사람이라고 생각해본 적이 없다면, 그리고 직장에서 획기적인 사고를 해보라고 요구받아본 경험이 없다면, 이 책은 문제 해결에 관해 당신이 알고 있다고 생각하는 모든 걸 바꿔놓을 것이다. 이 책으로 창의적 사고방식을 키운다면 당신이 하는 모든 일이 상상을 초월할 만큼 즐거워질 테고 좌절할 일도 줄어들 것이다.

한마디로 '문제 해결'이라는 과정에 창의적으로 접근하려면 사고방식의 일대 전환이 필요하다. 고개가 절레절레 저어지는 딜레마를 '이건 아이디어 문제야!'라는 생각으로 새롭게 보려면, 문제 해결에 대한 평소의 비생산적 접근법을 완전히 뒤집어엎어야 한다. 단 하나의 완벽한 해결책을 생각해내려고 끙끙댈 것이 아니라 다음과 같이 방향을 바꾸어야 한다.

- 질質에서 양量으로

- 애지중지에서 대충대충으로

- 완벽에서 연습으로

- 완료에서 진행으로

- 나의 시각에서 남의 시각으로

- 고립에서 협업으로

- 중요도에서 무작위로

- 집중에서 산만으로

- 질서에서 혼돈으로

- 전문 분야에서 낯선 분야로

- 아웃풋 중심에서 강박적일 만큼 인풋 중심으로

이런 사고방식의 전환 중에는 평범한 비즈니스 환경에는 적합하지 않은 것도 있을 것이다. 그러나 앞으로 살펴보겠지만, 창의성으로 성공하려면 창의성이 가진 특수성을 알아야 한다. 세상에 없던 무언가를 만들어내려면 중세의 카니발(중세는 종교의 시대였지만 카니발 기간만큼은 엄숙함을 비웃고 금기를 깨는 행동들이 허용되었다.-옮긴이)과 마찬가지로 규칙을 전복해야 한다. 회사가 돌아가는 데 꼭 필요한 요소, 즉 집중, 효율, 품질 유지, 위계질서 같은 것은 창의성을 발휘하는 데 방해만 된다. 평소의 사업 모드에서 혁신 모드로 바뀔 때 이런 사고방식의 전환을 더 빠르고 완벽하게 해낼수록 그 시간을 더 효과적으로 활용할 수 있다.

우리 두 사람의 업무 대부분은 기업과의 협업이 차지하기 때문에, 남들이 이런 사고방식의 전환을 이룰 수 있게 도와주는 방법에 대해 해줄 이야기가 많다. 만약 동료나 회사 전체를 이런 전환에 동참시킬 수 있다면, 창의적 협업과 뜻밖의 여러 발견으로 어마어마한 혜택을 누릴 것이다. 만약 팀원 중 이런 사고 전환의 필요성을 이해하는 사람이 단 한 명도 없다고 해도, 여러분은 본인의 접근법을 바꿔 이런 혜택을 누릴 수 있다. 이런 보상을 염두에 두고 창의적인 사고방식을 뒷받침해줄 습관과 행동, 루틴 등을 하나씩 차근차근 살펴보자.

지금 당장 책상을 떠나야 하는 이유

아이디어플로를 높이려면 시간을 두고 지속적으로 노력해야 한다. 하지만 시작은 이 과정을 꼭 실천하겠다고 굳게 마음먹는 것이다. 획기적인 아이디어를 찾기 위해 기꺼이 일반적인 사업 방식에서 벗어나보겠다는 의지가 필요하다. 기필코 창의성을 발휘하겠다는 결심이 섰는가? 아니면 스스로 최고의 아이디어를 낼 수 있음에도 남들이 창의성을 발휘하는 것을 늘 밖에서 평가만 하겠는가?

수영장의 가장 깊은 곳을 향해 뛰어들어보는 것도 괜찮다. 아이디어플로를 늘리면 여러분 자신도, 여러분의 팀도 양적으로 더 좋은 성과를 낼 뿐만 아니라 회사에 있는 시간의 질적 경험까지 개선될 것이다. 훨씬 더 편안하고, 즐겁고, 몰입될 것이다. 그리고 결국 그 어느 때보다 나은 실적을 올리게 될 것이다.

이전에 창의적인 조직에서 일해본 적이 없다면, 이렇게 새로운 업무 방식이 표면적으로는 이상하게 보일 수도 있다. 처음에는 익숙하지 않아서 좀 거슬릴지도 모른다. 예를 들어 창의적으로 일하는 사람은 책상을 더 자주 비우는 경향이 있다. 남들과 대화를 더 많이 하고, 시간이 오래 걸리는 정식 회의는 덜 진행한다(효과적인 문제 공략법을 알고 있으면 대부분의 회의에서와 같은 뻔한 시간 낭비를 참아내기 힘들다). 어쩌다 여는 회의는 신속하고 즉흥적이거나 초점이 아주 뚜렷하고, 구체적인 행동 위주의 결과를 염두에 둔다. 창의적인 회사에서 일하는 사람들이 한자리에 모이는 이유는 에너지나 영감을 얻기 위해서 혹은 혼자서는 풀 수 없는 문제를 해결하기 위해서다. 이메일로 보내도 충분했을 업무 진행 결과를 다 함께 리뷰하려고 회의를 열지는 않는다. 또 회의를 한다면 보통 하루의 고민이 끝난 오후에, 답답한 회의실이 아닌 밖에서 모인다.

　마지막으로 창의적인 조직에서는 사람들이 종종 멍을 때리거나 가장 흔하게는 낙서를 한다. 내버려둬라. 이런 장면을 발견한 리더나 간부는 마음을 좀 편하게 먹어야 한다. '업무를 할 때는 이런 모습이어야 해!'라는 뿌리 깊은 고정관념을 놓아줄 필요가 있다. 현대 직장이라면 으레 밟아야 할 절차처럼 인식되는 일을 그만 고집하고, 팀원들이 창의성을 발휘할 수 있게 고삐를 늦출 필요가 있다. 조직 내 다른 사람들에게서 내 사람들을 보호해주는 것도 중요하다. 팀원들에게 심리적 안전을 확보해주려는 당신의 노력을 남들이 훼손시킬 수도 있기 때문이다. 그렇게 해서 아이디어플로가 커진다면, 결국 그 어떤 '이상한' 행동도 정당화하고 남을 만큼의 결과를 보게 될 것이다. 하지만 이렇게 새로운 행동이 조직 전체에 걸쳐 '정상'으로 인식되려면 시간과 노력, 신뢰가 필요하다.

　프로 운동선수가 내 몸에 필요한 것과 내 몸의 한계를 정확히 알고 있듯, 창의적 업무에 종사하는 사람도 내가 어떻게 해야 최고의 사고를 하고 최상의 성과를 낼 수 있는지 차츰 알게 된다. 이들은 내적 성찰을 더 많이 하고, 본인의 기분이나 에너지 레벨을 더 자세하고 깊이 있게 감지한다. 이는 본인의 시간을 최대한 활용하는 데도 도움이 된다. 아이디어플로가 높을 때는 참신한 아이디어 생성에 주력한다. 에너지 레벨이 떨어지면 일상적 업무를 하면서 에너지를 회복한다. 재충전이 필요할 때는 산책을 하고, 커피를 사러 가고, 햇빛과 바람을 쐰다. 구체적인 내용은 사람마다 다르겠지만, 팀장이 팀원에게 가장 큰 도움을 줄 수 있는 방법은 팀원 스스로 본인의 성과를 조절하도록 내버려두는 것이다. 창의적인 조직을 방문해보면 모든 직원이 아무 생각 없이 계속 바쁘기만 한 것이 아니라, 결과 중심의 의도적인 노력과 회복을 위한 휴식을 번갈아 행한다. 그런 팀의 구성원은 자신의 두뇌를 '고성능 아이디어 엔진'처럼 존중하는 법을 깨친다. 이 엔진이 최적의 결과를 내기 위해서는 세심한 유지·관리가 필요하다.

창의적인 조직에서는 더 이상 상사를 기쁘게 하거나 주주를 달래는 게 주된 업무가 아니다. 맡은 일을 제대로(효과적으로, 깔끔하게, 야심 차게) 해냈다는 생각에서 비롯되는 성취감과 자부심이 가장 큰 동기부여 요소가 된다. 직원들은 창의성의 엔진이 불을 뿜는 게 얼마나 기분 좋은 일인지 깨닫게 된다. 혁신과 협업과 실험은 그 자체로 보상이다. 내가 하는 모든 일에 창의성을 동원하면, 무언가를 마스터하고 자아를 실현했다는 깊은 만족감을 느낄 수 있다. 에이브러햄 매슬로Abraham Maslow가 말한 인간의 욕구 단계에서 최상위에 속한다고 한 '바로 그것' 말이다. 이것은 우리 모두에게 필요한 일이다. 창의적인 조직에서는 사업 성과와 직원 만족도가 손을 잡고 함께 올라간다.

※

혁신은 점점 더 어려운 일이 되고 있다. 스탠퍼드대학교의 한 논문에 따르면 연구 생산성research productivity(자원 투자 대비 기대 가능한 혁신의 속도를 말한다)은 수십 년째 줄곧 내리막이다.[5] 100년 전에는 소규모 팀으로도 전신電信이나 증기기관 같은 어마어마한 진보를 이루어낼 수 있었다. 그러나 지금처럼 기본적 혁신이 끝난 아주 복잡한 세상에서는 점진적 개선조차 달성하는 데 어마어마한 노력이 필요하다. 이 논문에 따르면 어느 경제가 동일한 성장률을 유지하려면 13년마다 연구 활동을 2배로 늘려야 한다고 한다. 이런 전 세계적 트렌드는 개인과 조직 모두에게 해당한다. 혁신 노력을 키우는 것은 우리 모두의 책임이다. 이 시대적 명령을 무시하는 사람들에게 역사는 결코 친절하지 않을 것이다.

이만하면 왜 아이디어플로에 노력을 기울여야 하는지 충분히 이해했기를 바란다. 어떻게 해야 우리 팀을 개선할 수 있을까 고민하는 리더라면 이제 그만 고민하라. 답은 간단하다. 당신부터 변하면 된다. 당신이 먼저 창의적 습관을 키우고, 모든 문제를 아이디어 문제로 접근하는 법을 배우면 된다. 그렇지 않고서는 결코 남들에게서 그런 태도를 이끌어낼 수 없을 것이다. 그러면 당신 조직의 아이디어플로는 계속해서 끊어질 듯 졸졸 흐르는 수준을 면치 못할 테고, 구성원들은 계속 벽에 머리를 찧을 것이다. 스스로 해결책을 만들어내지 못하고, 우주의 기운이 해결책을 가져다주기만을 기다리면서 말이다.

　다음 장에서는 주위 사람들에게 확고한 본보기가 되면서, 간단하지만 효과적으로 아이디어플로를 높일 수 있는 창의적 습관에 대해 알아보자.

2장

아이디어플로 늘리기의
첫걸음

"천재성이란 매일 출현한다는 것 말고는
아무런 실체가 없다."[1]
—마리아 포포바Maria Popova, 작가

아이디어플로를 늘리려면 어디서부터 시작해야 할까? 더 좋은 브레인스토밍 기법을 찾아야 하는 걸까? 그렇지 않다. 아이디어플로를 늘리는 첫걸음은 잠에서 깨는 순간부터 시작된다. '한정된 시간을 어디에 투자하느냐'는 '창의적 아웃풋을 얼마나 내놓을 수 있느냐'에 어마어마한 영향을 끼친다. 좀 더 알기 쉽게, 우리가 가상의 두 인물과 함께 하루를 보낸다고 상상해보자. 제니퍼와 제임스는 우리 두 사람이 아는 리더 몇 명을 합쳐놓은 캐릭터다. 둘은 비슷한 직책을 맡고 있지만 매우 다른 성과를 낸다.

제임스는 소프트웨어 개발 회사의 마케팅 부서를 책임지고 있다. 회사는 작년 초에 처음 모바일 앱을 출시한 이후 줄곧 성장 궤도에 올라 있다. 팀도 키워야 하고 꼬리에 꼬리를 무는 긴급한 요구에도 응해야 하는 제임스가 업무에 접근하는 방법은 매일매일 '부상자 분류 시스템(전쟁이나 재해 등이 일어날 때 중증도에 따라 환자를 분류하는 체계─옮긴이)'과 비슷하다. 아침에는 온갖 알림 폭탄이 그를 기다리고 있다. 그 순간부터 제임스가 화면에서 눈을 떼는 것은 오직 어쩔 수 없는 순간, 즉 샤워할 때와 운전할 때, 드라이브스루 매장에서 에그 샌드위치와 커피를 받을 때뿐이다. 제임스는 일종의 무아지경 상태에서 마치 불난 집 같은 이메일과 업무 채팅을 살피며 정신없이 '불'을 끈다. 회사 주차장에 들어설 때까지 말이다.

아침 9시면 이미 팀은 탈탈 털리고 있다. 아직도 해결해야 할 이슈로 넘쳐나는 이메일 수신함과 미팅으로 꽉 들어찬 캘린더를 보면 짜증스럽고 초조하다. 매일매일 하루 종일 무언가에 반응해줘야 한다는 건 마치 트레드밀에서 내려오지 못하는 것 같은 기분이다. 어쩌면 성장의 동력이 될 수도 있는 적극적 조치도 있겠지만, 뭔가 새로운 걸 시도한다는 건 귀중한 시간과 에너지, 자원을 할당해야 한다는 뜻이다. 시간과 에너지가 너무 부족하기 때문에 결과가 보장되지 않는 무언가에 노력을 투자한다는 건 지나친 모험처럼 느껴진다.

새로운 마케팅 캠페인 중에서 과연 어느 게 성공할지 제임스가 무슨 수로 미리 안단 말인가? 한두 시간 정도야 어떻게 짬을 내볼 수 있겠지만, 무언가 확실히 결과가 나온다는 걸 모르는 상태에서는 절대로 몇 주 혹은 몇 달씩 노력을 투입할 수 없다. 야심 찬 아이디어는 그만큼 많은 시간이 필요할 테니, 그가 그 시간을 확보할 때까지 기다리는 수밖에 없다. 방해받지 않는 시간만 확보되면 제임스도 작정하고 뭔가 '대단한' 걸 생각해낼 것이다.

제임스가 바쁘게 처리하는 모든 업무는 분명 중요하다. 그는 미팅에 참석하고, 이메일 문의에 답하고, 성장 중인 팀을 관리하면서 부가가치를 생산하고 있다. 제임스는 뭔가 대단한 일을 해낸 건 아니지만, 회사는 믿기지 않을 만큼 빠르게 성장 중이다. 기존 아이디어가 잘 작동하고 있다면 새로운 아이디어는 필요 없다. 제임스는 이 맹렬한 성장 속도가 잦아들 때쯤 미래에 대해 걱정하면 된다. 지금 당장은 캘린더가 다 비워질 때까지 이 미팅에서 저 미팅으로 뛰어다닐 것이다. 그러고 나면 퇴근할 수 있겠지. 실은 저녁 먹고 나서 계획을 좀 세워볼 참이기도 하다(물론 매일 저녁 집에 도착하면, 몸은 이미 파김치에 정신적으로는 멍하고 정서적으로도 허전한 느낌이다. 한두 시간 회복하고 나면 내일 또 처음부터 다시 시작해야 하기 때문에 그가 새로운 아이디어를 생각해낼 일은 절대로 없다. 이런 부정할 수 없는 사실에도 제임스는 계속해서 자신에게 똑같은 약속을 하고 있다.).

제임스가 또 그렇게 하루를 영혼 없이 자동조종 모드로 보내고 있을 때 회사의 창업주가 전체 회의를 소집한다. 예정되었던 벤처 캐피털 자금 모집이 뜻대로 되지 않았다는 사실을 알리기 위해서다. 그렇다면 예상보다 빨리 이윤을 내야 할 것이다. 상황이 변했으니 대담한 사고가 필요하고, 특히 마케팅 부서의 역할이 크다.

"제임스, 우리 마케팅 라인에 뭔가 변화가 있을까요?"

회의실이 갑자기 조용해진 것을 눈치챈 제임스가 휴대전화에서 고개를 들어보니 모두가 자신을 보고 있다. 창업주가 같은 질문을 반복한다.

'마케팅 라인? 라인을 작업할 시간이라도 줬냐고.' 물론 제임스는 이 생각을 입 밖으로 낼 만큼 바보는 아니다. "많죠." 제임스가 말한다. "따로 이야기하시죠. 최근에 나온 아이디어를 하나씩 설명해드릴게요." 그렇게 2시간을 벌었다. 2시간이면 뭐라도 생각해낼 수 있겠지.

두 리더 이야기

제임스의 상황을 어디선가 들어본 듯한가? 당신의 하루가 겉으로는 이와 달라 보일지 몰라도, 당신 역시 직장에서 많은 시간을 정신없이 뛰어다니며 보낼 가능성이 크다. 제임스와 마찬가지로 당신도 좀 더 주도적이고, 창의적이고, 생산적이기를 내심 바랄지 모른다. 당신이 속한 조직이나 업계에서 빠르게 부상하는 사람들은 기대치 이상의 일을 해내는 사람들임을 알고 있을 것이다. 그들은 눈에 띄도록 야심 찬 새 아이디어를 생각해내고 그 아이디어를 끝까지 추구한다. 일상 업무도 다 해내면서 말이다.

대체 어떻게 그럴 수 있는 걸까? 높은 성과를 내는 혁신가들은 당신이 모르는 뭔가를 아는 걸까? 그들의 캘린더에는 당신에게는 없는 두어 시간이 더 있는 걸까? 당신은 늘 신화에나 나오는 '그때'만을 기다리고 있다. 대단한 것을 생각해내고 실행할 수 있을 만큼 오랫동안 모든 게 잠잠해지는 때 말이다. 이번에는 제발. 하지만 언제나 그래 왔듯 오늘도 당신은 혼돈의 한가운데에 있고, 정말로 새로운 무언가는 어디서부터 시작해야 할지조차 알 수 없다.

창의적 문제 해결과 혁신은 주로 협업 형태로 진행된다. 앞으로 보겠지만 팀장이든, CEO든, 스타트업 창립자든 새로운 문제 해결은 보통 남들과 함께 해야 한다. 혁신이 진행되는 전체 과정은 앞으로 하나씩 차근차근 설명할 것이다. 날것 상태의 영감을 수집하는 법부터 다양한 대안을 생성하고, 잠재적 솔루션을 현장에서 검증하는 법까지, 이 모든 내용은 여러분이 어떤 일을 하는 사람이든 도움이 될 것이다. 그러나 모든 조직, 모든 위치, 모든 단계의 기초가 되는 것이 하나 있다. 너무나 쉽게 간과되는 그 기초란 바로 '당신'이다. 굳이 '영감'에 비유할 필요도 없다. 당신은 결코 '안테나' 같은 게 아니다. 저기 어디 우주에 있는 아이디어가 당신이 '수신'해주기만을 기다리고 있는 게 아니다. 아이디어는 '머리'에서 나온다. 셰프는 항상 자신이 쓰는 칼을 날카롭게 갈아둔다. 음악가는 자신의 악기를 극도로 세심하게 관리한다. 2장에서 우리는 당신이 가진 툴을 잘 조율해두는 법을 설명할 것이다.

당신도 살면서 적어도 한 번은 아이디어의 홍수를 겪어보았기 때문에 '내가 무언가를 창작할 능력이 있다'는 사실을 알고 있다. 그래서 당신은 업무량을 탓하거나 가정생활을 탓한다. 아니면 다른 무언가를 탓한다. 만약 당신이 창의적 결과물을 내놓지 못하는 이유가 해야 할 일이 계속 늘어나기 때문이라면, 바쁜 일에서 벗어나는 순간 당신은 더 창의적이 될 것이다.

그래서 당신은 기다리고, 또 기다린다. 운이 좋다면 직장에서 한가한 시기가 정말로 생길 수도 있다. 심지어 그보다 더 운이 좋다면, 예기치 않게 일시해고를 당할 수도 있다. 이게 행운인 이유는 당신이 마침내 진실을 받아들일 수 있는 유일한 길이기 때문이다. '그래 봐야 아무 일도 생기지 않더라'는 진실 말이다. 홍수처럼 쏟아질 훌륭한 아이디어가 그동안 억눌려 있었다거나 하는 일은 없다. 이미 보유한 아이디어를 추진할 동기나 설렘 같은 것도 특별히 밀려오지 않는다. 당신은 여전히 아무것도 하지 못한다. 그저 핑곗거리만 사라졌을 뿐. 오직 이때에만 당신은 본인의 가정을 의심해볼 것이다. '그동안 내가 아이디어의 작동 원리를 잘못 알았었나 봐.'

궁극적으로 누구나 자신의 목표를 향한 눈에 보이고 의미 있는 발전을 이루고 싶어 한다. 그러나 계속해서 제임스처럼 일한다면 그런 날은 결코 오지 않을 것이다. 그토록 바랐던 잠잠한 시기는 경고도 없이 찾아오고, 느긋하게 반성 따위는 하게 되지 않는다. 잠잠한 시기란 보통 그 자체가 비상사태다. 9·11 테러 이후 파타고니아의 주문이 정체된 시기를 생각해보라. 사업이 느려진다면 내일을 위한 계획을 세우기 시작할 때는 절대로 아니다.

대부분의 사람들이 제임스처럼 창의성에 접근하고 있다면,

대체 대안은 뭘까? 실행은 차치하더라도 뭔가 대단한 구상은 대체 어떻게 하는 걸까? 우리 두 사람의 경험에 비춰보면, 대부분의 기업에서 대형 성과를 내는 사람은 소수의 스타플레이어다. 몇 안 되는 이 사람들이 지속적으로 중대한 결과물을 내놓는다. 전문 분야가 무엇이었든 간에 이 사람들이 공통적으로 보여주는 특징과 행동이 있다. 아이디어플로가 엄청나다는 것이다. 참을성 있게 테스트를 하고 다듬는다. 그리고 검증된 아이디어를 꾸준히 실행한다. 이 사람들은 생각을 하면서 일한다. 본인의 시간과 에너지가 고부가가치 업무에 투입되게끔 관리한다. 이들은 '보여주기식'이 아니라 '실제 성과'를 극대화할 수 있도록 모든 것을 최적화한다. 이들과 같은 반열에 오르고 싶다면, 생산성에 관련된 팁이나 동기를 부여해줄 명언 같은 것 덕분에 저렇게 일하는 게 아니라는 사실을 알아야 한다. 핵심은 사고방식을 완전히 바꾸는 것이다. 각종 문제에 대해 완전히 새로운 방식으로 접근해야 한다.

스타플레이어는 실제로 어떤 모습일까? 아까 그 전체 회의로 되돌아가서, 제임스의 왼쪽 몇 칸 옆에 앉아 있던 제니퍼를 클로즈업해보자. 제임스의 동료인 제니퍼는 갑자기 흔들리는 이 소프트웨어 스타트업에서 세일즈 팀장을 맡고 있다. 제니퍼는 책임지고 있는 팀의 규모도 제임스와 비슷하고, 맡은 직책도 똑같이 압박감이 크다. 그러나 제니퍼는 본인이 맡은 업무를 느긋하면서도 생각을 가지고 처리한다. 제니퍼는 제임스가 늘 그러는 것처럼 '나 좀 괴롭히지 마'라는 제스처를 하는 경우가 절대로 없다. 눈살을 찌푸리지도 않고, 다른 사람과 대화하는 도중에 휴대전화로 문자메시지를 보내지도 않고, 행여나 회사에서 누가 나의 존재감을 의심할까 회의실까지 과장되게 힘찬 걸음으로 걸어가지도 않는다. 그냥 하나씩 착착 프로모션 계획을 성사시킬 뿐이다.

중요한 것은 그렇다고 제니퍼가 일상 업무를 소홀히 하는 것도 아니라는 점이다. 다른 부서들과 마찬가지로 세일즈 팀도 꺼야 할 '불'이 잔뜩 있다. 그러나 세일즈 팀은 불필요한 호들갑을 떨지 않고 빨리빨리 일을 해결한다. 그건 바로 제니퍼가, 크게 보면 제니퍼가 이끌고 있는 세일즈 팀이 업무에 '전략적으로' 접근하기 때문이다. 제니퍼는 미리 계획을 세우고, 비슷한 업무는 서로 묶어서 처리하고, 지금 당장 필요한 일과 앞으로 필요할 만한 일을 함께 생각해서 우선순위를 정한다. 그러면 혁신에 필요한 시간과 에너지를 확보할 수 있다. 시간이 지나면 제니퍼의 부하 직원들 역시 그의 업무 방식을 배우게 된다. 제임스가 의심하는 것과는 달리, 제니퍼의 캘린더에도 하루는 24시간이다. 제니퍼가 그 24시간을 얼마나 다르게 쓰는

지 한번 살펴보자.

　아침이다. 불필요한 알림이 오지 않게 설정해두었기 때문에 제니퍼는 알람을 끄면서 휴대전화를 더 들여다볼 필요가 없다. 그러고 나서 제니퍼는 1시간 동안 맑은 정신을 유지할 수 있게 몸과 마음을 준비한다. 명상하고, 운동하고, 조용히 생각을 정리하며 다이어리를 쓴다. 제니퍼는 이 시간을 자기 자신을 점검하는 시간이라고 생각한다. 이렇게 집중적인 준비 시간이 필요한 이유는, 하루 중 그때그때 요구되는 일에 그저 '반응'하는 수준이 아니라 적극적으로 '행동'하고 싶기 때문이다. 제니퍼는 차분하고 명료한 기분으로 영양가 있는 아침 식사를 하면서 업무와 무관한 분야의 책을 읽는다. 뇌를 깨우고 새로운 사고를 촉진하기 위해서다.

　회사로 출발하기 전에 제니퍼는 늘 옆구리에 끼고 다니는 커다란 노트를 확인한다. 특별히 회사의 시스템을 따르는 것은 아니고, 이 노트는 회의에서 나온 과제라든가, 지금 작업 중인 혹은 잠재적인 프로젝트에 대한 아이디어라든가, 가끔 낙서 같은 것을 끄적이는 조용한 공간이다. 말하자면 제니퍼는 종이 위에 생각을 펼쳐놓는다. 어제의 아이디어를 다시 훑어보다 보면 새로운 아이디어를 툭 건드릴 때가 있는데, 그러면 제니퍼는 판단하지 않고 일단 착실히 적어둔다. 창의성을 발휘할 만반의 준비를 갖추고 넘치는 아이디어를 가지고 출근하는 제니퍼는 운전하는 내내 도로를 주시한다.

잘 쉬고 회복된 상태로 회사에 도착한 제니퍼는 캘린더에 적힌 스케줄 중 첫 1시간이 비어 있는지 확인한다. 거의 매일이 그렇다. 제니퍼는 팀원들의 아침 근무시간이 방해받지 않게 보호한다. 어쩔 수 없는 긴급 상황이 아닌 이상, 그리고 가끔 있는 전체 회의가 아닌 이상, 첫 1시간은 계획을 세우고, 세일즈 문구를 써보고, 프레젠테이션을 준비하고, 가끔은 그냥 '생각'을 하는 시간이다. 세일즈 팀의 이런 정적에 갓 입사한 사람들은 호기심 어린 표정을 짓는다. 다른 부서들은 대체로 혼돈에 빠져 있는데, 이와 극명한 대조를 이루는 세일즈 팀은 눈에 띨 수밖에 없다. 마치 다른 회사가 세 들어 사는 것처럼 보일 지경이다. 하지만 신입들은 세일즈 팀이 이 회사의 심장이라는 것을 금세 알아차린다. 세일즈 팀은 꼭 필요할 때 필요한 걸 해주는 팀이다. 심지어 남들은 미래에 필요할 거라는 사실을 모르고 있는 것까지 해주는 팀이다.

마케팅 팀에서는 뭔가를 요청할 때마다 예기치 않게 지연되거나 뜻밖의 문제가 발생한다. 엄밀히 말해 누구의 잘못이라고 할 수는 없지만 매번 문제가 불쑥 튀어나온다. 끊임없이 이리 뛰고 저리 뛰고, 서서 회의를 하고, 생산성을 높이려고 애쓰는 시늉은 하는데 말이다. 마케팅 팀에서 뭘 하나 받아내려면 끊임없이 옆에 가서 졸라야 한다는 걸 이내 알게 된다. 그러니 다들 시간을 소모하고 지친다. 그런데도 제임스나 마케팅 팀은 요청받은 것 말고도 중요한 일이 산더미라고 떠들어댄다. 그렇게 바쁜 척을 하면서 구체적으로 결과를 낸 적은 한 번도 없다. 겉으로는 뭔가를 많이 하는 것 같은데, 실속이 전혀 없다(문제를 해결하기 위해 누군가 또 마라톤 회의를 열자고 하면 이 말을 기억하길 바란다. "생활을 좀 규칙적이고 질서 있게 해봐. 그러면 강렬하고 독창적인 작품이 나올지도 몰라." 『보바리 부인』을 쓴 귀스타브 플로베르가 친구에게 했던 조언이다.[2]).

반면 세일즈 팀은 미덥고 회신도 빠르기 때문에 굳이 세일즈 팀에 가서 귀찮게 조를 필요가 없다는 걸 알게 된다. 그렇지 않았다면 이메일마다 세일즈 팀을 참조로 넣고 회의마다 참석하라고 부르느라 귀중한 시간과 에너지를 낭비했을 것이다. 사람들은 세일즈 팀이 조용한 건 중요한 일을 하고 있기 때문임을 안다. 제니퍼와 세일즈 팀은 회사의 미래를 살필 뿐만 아니라 미래를 만들어나가고 있다. 세일즈 팀은 다른 부서 사람들이 내년에도 잘리지 않고 일할 수 있도록 애쓰고, 그래서 사람들은 그 점을 존중한다.

설명을 좀 하자면, 제니퍼는 플로베르가 말한 '질서 있는 규칙적인 삶'을 하루아침에 얻은 것은 아니다. 제임스와 달리 제니퍼는 따로 시간을 투자해서 업무를 적절히 위임하고 우선순위를 정한다. 당장 급하다고 생각하는 일에 마구잡이로 뛰어들지 않는다. 제니퍼는 반복되는 업무에 대해서는 시간을 절약할 수 있게 시스템과 프로세스를 만들어둔다. 제니퍼는 꾸준히 효율을 높인다. 그래야 본인 시간의 많은 부분을 앞으로 필요한 일에 효과적으로 대처하는 데 사용할 수 있기 때문이다. 이렇게 앞을 내다보는 사고방식은 제니퍼가 왜 (물론 종종 위기 상황이 발생하거나 어쩌다 아침 회의를 소집할 때도 있지만) 제임스처럼 혼돈을 겪지 않는지 설명해준다.

아까 그 전체 회의에서 제임스가 깜짝 놀라 얼어붙자 제니퍼는 자신의 노트 중 한 페이지를 펼친다. 창업주가 제니퍼를 돌아보았을 때, 제니퍼는 이미 몇 가지 안을 낼 준비를 마쳤다. 이런 변화를 예상하고 제니퍼의 세일즈 팀이 그동안 열심히 테스트하고 있던 대안이다. 제임스와 제니퍼 모두 조만간 회사가 자사의 애플리케이션에 과금 모델을 적용할 것임을 알고 있었다. 제니퍼는 그 시기를 더 빠르게 봤다. 창업주는 실험에 더 많은 자원을 투자해도 좋다고 기꺼이 승인하면서, 검증된 아이디어 중 하나는 실행에 옮겨보라고 한다. 제니퍼와 세일즈 팀은 내일의 난관을 해결하는 일에 착수한다. 제임스는 다시 돌아가 어제 난 불을 끄면서 무력하게 앞날을 걱정한다.

제니퍼와 제임스는 우리가 조합해서 만들어낸 캐릭터이지만, 전 세계 수백 명의 기업 리더와 함께 일하면서 보고 들은 경험을 바탕으로 한 것이다. 크든 작든, 조직에서 일해본 경험이 있는 사람이라면 분명히 두 사람에게서 각각 누군가를 떠올렸을 것이다. 제임스 밑에서 일해본 경험이 분명히 있을 것이다. 어쩌면 '당신이' 바로 제임스일지도 모른다. 운이 좋다면 제니퍼 밑에서 일해본 경험도 있겠지만 가능성은 떨어진다. 그렇지만 잘 따져보면 우리라고 제니퍼가 되지 말란 법은 없다. 이유가 궁금하다면 계속 읽어보길 바란다.

발전이 멈추는 순간, 패닉에 빠진 리더는 그 자리에서 즉각 솔루션을 요구한다. 수많은 의견이 쏟아져 나왔으나 구체화되는 게 없으면 리더는 본인이 만든 반反창의적 조직 문화가 아니라 사람들을 탓한다. 이게 여러분의 이야기라면, 이제는 창의성을 결과로 생각하는 버릇을 고칠 때다. 솔루션에 초점을 맞추는 것은 망원경을 거꾸로 보고 있는 것이나 마찬가지다. 창의성은 과정이지 결과가 아니다. 효과적인 혁신가는 1시간

동안 밖에 나갔다가 마법처럼 아이디어를 한 꾸러미 들고 돌아오는 사람이 아니다. 효과적인 혁신가가 필요할 때 창의적 사고를 할 수 있는 이유는, 평소에 창의적 습관을 키우고 유지해두기 때문이다. 창의성에 시간과 에너지를 꾸준히 투자한다면 결과물은 저절로 나올 것이다.

토마토와 마찬가지로 아이디어가 자라려면 비옥한 토양과 긴 시간이 필요하다. 토마토와 달리 새로운 아이디어는 퇴근길 마트에서 그냥 집어 올 수 없다. 잘 익은 새빨간 토마토 같은 아이디어는 평소에 정성스레 돌보던 정원이 내주는 하사품 같은 것이다. 밭을 갈거나 씨앗을 뿌린 적도 없는데 어떻게 무언가가 자랄 수 있겠는가? 영감이라는 게 미스터리하게 느껴질 수도 있지만, 아이디어는 마트에 그냥 뿅 하고 나타나지 않는다. 만약 그렇게 보였다면 아이디어가 나타나는 경로를 제대로 인식하지 못했기 때문이다. 그 전에 씨앗은 이미 뿌려졌다. 경험과 정보라는 비옥한 퇴비가 씨앗이 뿌리를 내리도록, 즉 다른 아이디어나 사실, 개념과 귀중한 연결 고리가 생기도록 도왔다. 그런 다음에야 조그만 녹색 조각이 우리의 의식에 모습을 드러낸다. 필요할 때 풍부한 아이디어플로를 꾸준히 생산하려면, 어쩌다 길가에 핀 잡초를 하나씩 뽑는 수준에서 벗어나 잘 가꾼 풍성한 정원을 일구는 쪽으로 옮겨 가야 한다.

'문제와 프로젝트' 중심에서 '프로세스와 실천' 중심으로 사고방식을 바꿔야 한다. 혁신에 우연은 없다. 창의성은 신체적 힘이나 유연성처럼 단련하고 키울 수 있는 능력이다. 적합한 테크닉과 꾸준한 노력 없이 아이디어를 생성한다는 것은 진 빠지는 일일 뿐만 아니라 비생산적인 경우가 많다. 그렇기 때문에 매일 실시하는 가벼운 워밍업이야말로 창의성을 발휘하기 위한 기초다.

매일 아침 할당량 채우기 프로젝트

뻣뻣해진 창의성의 근육을 매일 아침 풀어주면 아이디어를 생각해내야 할 때 질 중심의 사고에서 양 중심의 사고로 전환하는 데 도움이 된다. 다음에 소개하는 아이디어 할당량 채우기를 일과 중 하나로 만들면, 창의성 폭발을 저해하는 완벽주의에 대한 무의식적 압박감을 덜어줄 것이다.

이제부터 매일 아침 아이디어를 10개씩 적어라(무슨 아이디어인지는 잠시 후에 이야기할 것이다). 아이디어의 질은 중요하지 않다. 일부 사람들의 생각과는 반대로, 어느 아이디어가 머릿속에 있을 때는 가치를 판단할 수 없다. 창의적 프로세스에서 아이디어 '검증'은 아이디어 '생성'만큼 중요하다. 하지만 검증은 나중에 할 것이다. 일단은 맥이 빠진 사고를 다시 산뜻하게 만드는 게 목표다.

아이디어 할당량을 채우는 방법은 간단하다.

1. 씨앗을 뿌려라: 문제를 하나 골라서 공부한다.

2. 잠을 자라: 무의식이 문제를 처리하도록 내버려둔다.

3. 해결하라: 문제에 아이디어의 홍수를 퍼붓는다.

이제 각 단계의 원리를 좀 더 자세히 알아보자.

① 씨앗을 뿌려라

아이디어는 무無에서 창조되지 않는다. 인식을 하든 못하든, 우리의 뇌는 보이지 않는 곳에서 여러 문제를 처리한다. 우리는 늘 '무작위로' 아이디어를 줄줄이 생성할 수 있지만, 그 아이디어들은 틀림없이 그동안 뇌의 관심을 끌었던 무언가에서 힌트를 얻은 것이다. 그런데 이 아이디어들은 다소 짜증 나는 것인 경우가 많다. 그런 아이디어들을 계속 고민해봤자 문제 해결 능력을 유용하게 쓸 수 있는 게 아니다. 무의식은 급한 것과 중요한 것을 구분하지 못한다. 따라서 무의식이 어느 쪽으로 노력을 기울여야 할지, 의식적으로 방향을 잡아줘야 한다. 그렇지 않으면 사고는 제일 먼저 생각난 것에 붙들려 있을 것이다. 우리가 세운 장기적 목표와는 무관하게 말이다.

이제부터 우리는 중요도가 높은 문제를 뇌에 알려주고, 새로운 사고가 우리의 목표에 도움이 되도록 뇌의 방향을 잡아줄 것이다. 이제부터 당신의 뇌는 지나가는 사람이 무례한 말을 던진 것을 고민하고, TV 드라마의 줄거리나 정리하면서 시간을 보내는 게 아니라, 업무 프로젝트에 걸림돌이 되는 문제를 열심히 풀 것이다. 회사에서 생긴 대인 관계 문제를 열심히 해결할 것이다. 나아가 당신의 커리어에 비전이 없는 이유를 고민할 것이다. 기억하라. '과제'란 우리가 당장 하고 있지 않더라도 방법을 아는 일이다. 그러나 '문제'란 어떻게 접근해야 할지조차 모르는 무언가다. 진짜 문제는 오직 새로운 아이디어에만 반응한다. 매일 밤 잠자리에 들기 전에 '자는 동안 고민해볼 가치가 있는 문제'를 마음에 씨앗으로 뿌려라.

- 어떻게 하면 이번 분기 비용을 절감할 수 있을까?

- 올해는 아이들과 어디로 휴가를 갈까?

- 상사에게 연봉 인상을 어떻게 요구할까?

- 세일즈 콘퍼런스에서 프레젠테이션을 어떻게 시작하는 게 최선일까?

완벽한 문제를 찾아내려고 고민하지 마라. 문제를 고르는 데 2분 이상 쓰지도 마라. 누군가의 이메일을 읽었지만 당장 처리할 수 없어 수신함에 '읽지 않음'으로 표기해놓았다면 '아이디어 문제'라는 전형적인 신호다. 어쩐지 두려운 마음이 드는 작은 일 하나를 기피하려고 계속 이메일 수신함만 비우고 있다면, 그것도 마찬가지다. 잠자리에 들 때까지 기다리지 말고 표시해둬라. 다급한 아이디어 문제가 하나 이상이라면 문제 목록을 만들어라. 고민할 만한 좋은 문제는 많을수록 좋다.

자려고 누웠을 때 문제 목록에서 하나를 골라, 굳이 집중하지 말고 느긋하게 마음이 그 문제를 가지고 놀게 두어라. 몇 분 정도 관련된 글을 읽어도 좋다. 그렇지만 억지로 해결책을 생각해내려고 하지 마라. 지금 우리가 원하는 것은 무의식의 관심을 끄는 것이다. 관련된 세부 사항을 이리저리 생각해보되, 아직은 모든 걸 끼워 맞추려고 하지 마라.

② 잠을 자라

자는 동안 의식이 없지만 뇌는 분주하게 움직인다. 연구에 따르면 수면은 인지 기능과 일상적인 뇌 기능의 관리 및 유지에 매우 중요한 역할을 한다고 한다.[3] 의식적 생각은 쉬고 있지만 뇌는 당신이 낮 동안 경험한 것을 느슨하고 직관적인 방식으로 처리한다. 그리고 처리 방식은 믿기지 않을 만큼 강력할 수 있다. 이런 비범한 능력을 왜 낭비하는가?

놀라운 통찰은 종종 꿈속에 나타나곤 한다. 유명한 사례로 화학자 아우구스트 케쿨레August Kekulé가 있다. 케쿨레는 꿈에서 뱀이 자신의 꼬리를 삼키는 모습을 보고 벤젠 분자의 고리 모양을 생각해냈다고 한다. 비슷한 사례로, 노벨상 수상자 오토 뢰비Otto Loewi도 꿈에서 정확한 접근법을 본 이후에 뇌의 신경 자극은 전기적 방식이 아니라 화학적으로 전송된다는 사실을 증명했다.[4] 그렇지만 꿈에 완결된 솔루션이 나오는 경우는 드물다. 오히려 잠에서 깨고 보니 진부한 사고가 참신한 사고로 대체되는 식이다.

연구에 따르면 수면은 낮에 어려운 문제를 해결할 수 있는 능력도 향상시킨다.[5] 따라서 열악한 수면은 이중으로 타격을 준다. 새로운 통찰을 얻지 못하고, 깨어 있을 때 효과적으로 혁신할 준비도 갖출 수 없다. 나아가 수면 부족은 '주의력과 작업 기억working memory(인지 기능을 수행할 수 있게 감각기관으로 입력된 정보를 1~4초 정도 짧게 기억하는 것-옮긴이)을 손상시킨다.' 또 '장기 기억이나 의사 결정 같은 다른 기능에도 영향을 미친다.'[6]

수면에 문제가 있다면 검증된 치료법이 있다. 음주량을 줄이고, 잠자리에 들기 전에 많은 양의 식사를 하지 않고, 마그네슘

같은 보충제를 먹는 것이다. 수면무호흡증후군이나 불면증 같은 더 심각한 수면 문제라면 전문가와 상담하라. 뭐가 되었든, 적정 시간 동안 푹 자고 밤에는 계속 잠들어 있어야만 낮에도 최고의 상태로 활동할 수 있다.

③ 해결하라

샤워를 하고 식사를 준비하고 조깅을 하는 것처럼 가볍게 주의력을 빼앗아 갈 신체 활동을 하는 시간에, 느긋한 태도로 문제를 곰곰이 생각해보라. 그리고 집을 나서기 전에 몇 분간 해결책을 휘갈겨 적어보라. 최소 10개를 목표로 삼되, 반복되거나 비슷비슷한 것도 모두 개수에 포함시켜라. 예를 들어 새로운 로고에 알맞은 색상을 떠올리고 있다면 아콰마린(옥색-옮긴이)과 콘플라워 블루(보랏빛이 감도는 밝은 파랑-옮긴이)를 모두 개수로 치는 것이다.

매일 아침 아이디어 10개를 생각해낸다는 게 아주 큰일처럼 들릴 수도 있지만, 디스쿨의 교육 프로그램에 참석하는 사람들은 일상적으로 3분 내에 10개의 아이디어를 생성하는 법을 배운다. '좋은' 아이디어를 생각해내려고 애쓰지 않으면 된다. 질을 따지느라 마음에 먹구름이 드리우면 빈 페이지만 앞에 놓고 반나절 동안 괴로워할 수도 있다. 아이디어 생성이라는 과정은 늘 '양' 중심이어야 한다. '질'이 아니다. 아침에 아이디어 할당량 채우기를 실시하면 '나쁜' 아이디어를 적을 때 드는 불편한 마음이 좀 둔감해지고, 따라서 아이디어플로가 강화된다. 기억하라. 우리에게는 유력한 아이디어와 형편없는 아이디어를 첫눈에 구별하는 재주가 없다. '정답'을 맞히겠다는 욕구를 놓아주면, 아이디어의 흐름이 더 빨라진다. 아이디어 최소 할당량 10개를 채우고 나면 과제를 이행했다고 표시한 다음 남은 하루를 시작하면 된다.

우리가 협업하는 싱가포르의 어느 기술 기업 임원은 아이디어 할당량 채우는 것이 매번 너무나 괴롭다고 털어놓았다. '시작할 때'는 말이다. 처음에는 마치 뇌에서 막힌 파이프를 청소하는 것처럼 따분하고 뻔한 아이디어가 몇 개 떠오른다. 하지만 그러고 나면 더 흥미롭고 풍부한 아이디어가 솟아난다. 아무리 터무니없고, 말도 안 되고, 어쩌면 불법적인 아이디어까지 적어도 된다고 자신에게 허락하는 순간, 마치 달리기를 할 때 엔도르핀이 솟구치는 순간처럼 아이디어의 수문이 개방된다. 그렇게 쏟아지는 아이디어 중 가장 가치 있는 아이디어는 마지막 두세 개라고 한다.

'검열의 유혹'에서 벗어나라

아이디어 중 어느 것을 선택할지 판단해보고 싶은 유혹을 물리쳐라. 앞으로 계속 이야기하겠지만, 아이디어플로에서 가장 큰 장애물은 아이디어가 '없는' 게 아니라 '내면의 검열'이다. 뇌는 아이디어를 잘 만들어내기도 하지만, 그보다 훨씬 더 잘하는 건 '퇴짜를 놓는 것'이다. 그것이 우리가 성인이 된 이래 늘 단련해온 근육이기 때문이다. 사실 우리는 유력한 아이디어가 하나 떠올랐는데도 어떨 때는 그것을 온전히 인식하기도 전에 의심한다. 매일 아이디어 할당량을 채우면 이런 본능적 검열 성향을 느슨하게 만드는 데 도움이 된다.

'자기 검열'은 유용한 인지적 반응이다. 하루 종일 막무가내로 새로운 아이디어가 끊임없이 떠오른다면, 시작한 일을 끝내기는커녕 집중하기조차 힘들 것이다. 문제는 이 '거절' 근육이 과도하게 발달한다는 점이다. 나 자신을 의심해보는 성향은 초등학교 때부터 장려된다. 아무 교실이나 들여다보라. 아이들이 이상한 제안을 했다고, 심지어 '예/아니요'로 답할 수 없는 어려운 질문을 했다고 꾸중을 듣는 게 보일 것이다. 이는 선생님들을 비난할 일이 아니라 시스템을 탓해야 한다. '현상 유지'를 원할 때 아이디어는 방해가 된다. '최적의 효율'이란 새로운 생각이 떠오를 때마다 쳐낸다는 뜻이다. 그러나 창의성이 필요한 순간이라면, 특히 위기가 닥쳤거나 파괴적 혁신이 일어났다면 '효율'을 따지는 것이야말로 비생산적인 일이다. 아이디어플로를 늘리고 싶다면, 독창적 사고를 순식간에 진압해버리는 성향을 풀어주어야 한다.

의사면서 음악가이기도 한 찰스 림Charles Limb 박사는 본인의 여러 관심사를 아주 매력적으로 결합했다. MRI 스캔을 가지고 재즈 뮤지션과 힙합 아티스트를 연구한 것이다. 그는 사람들이 즉흥적으로 무언가를 만들어낼 때 뇌에 정확히 무슨 일이 일어나는지 알아보려고 했다. 림 박사의 발견에 따르면, 즉흥연주를 할 때는 뇌에서 우리가 무언가를 자각할 때 활성화되는 부위가 조용해진다. 작곡을 하거나 프리스타일 랩을 하거나 새로운 광고 문구에 대한 아이디어 10개를 끄적일 때 창의성을 발휘하려면, 뇌가 스스로를 면밀히 모니터링하는 행동을 그만두어야 한다. 어느 인터뷰에서 림 박사는 이렇게 말했다. "만약에 재즈 뮤지션이 '내가 실수를 하면 어떻게 될까' 끊임없이 생각한다면 리스크를 줄이는 선택을 할 수밖에 없습니다. 그러니 정말로 새로운 음악을 만들어내고 싶다면 스스로를 제지하는 성향을 줄여야 해요."[7] 특히 림 박사는 창의성을 발휘하는 상태와 꿈꾸는 상태가 아주 비슷한 부분이 있다고 말한다. "꿈을 꿀 때도 계획되지 않은 결말과 자유로운 연상을 감당해야 합니다. 우리가 가장 창의적인 순간 중 하나가 꿈을 꿀 때예요. 제지하는 사람이 없으니 믿기지 않을 만큼 상상력이 풍부해지죠."

아이디어 할당량 채우기 연습을 계속해나간다면, 필요할 때 새로운 아이디어를 내놓는 능력이 발달할 것이다. 부지런히 연습한다면 새로운 것을 싫어하는 비생산적 성향을 없애고, 마음만 먹으면 뇌에서 생각을 제지하는 부분의 긴장을 풀도록 훈련할 수 있을 것이다. 아무리 바보 같고 터무니없게 느껴지더라도 머리에 떠오른 '모든' 아이디어를 편안하게 표출할 수 있을 것이다.

아침에 마중물을 부어놓으면 하루 종일 창의적 사고가 더 풍부하고 빠르게 돌아간다는 걸 느끼게 될 것이다. 보스턴 아동병원Boston Children's Hospital 신생아 집중 치료실 실장 캐서린 앨런Catherine Allan도 최근에 그런 경험을 했다고 알려주었다. "오늘 아침에는 환자 침상 머리맡에 있는, 치료에 방해가 되는 물건을 치울 방법을 고민하고 있었어요. 전선이며 대형 장비 같은 것들이죠." 앨런은 아이디어 할당량 채우기를 하면서 잠재적 해결책을 몇 가지 생각해봤다. 그리고 출근하려고 복도를 지나는데 평소에 열쇠를 걸어두는, 벽에 붙이는 고리가 눈에 들어왔다. 환자 침상도 저렇게 만들어두면 되겠다는 생각이 번쩍 들었다. "빙고!"

귀뚜라미 단백질 식품 스타트업 첩스Chirps 설립자 로라 다사
로Laura D'Asaro는 벌써 1년째 매일 혼자서 새로운 아이디어를 생
성하는 챌린지를 진행하고 있다. 몇 주, 몇 달간 이 툴을 규칙
적으로 연습했더니 사업가적 감각이 더 예리해졌다고 한다.
"저는 문제를 굉장히 잘 인식해요. 짜증이 날 때마다, 그러니
까 '아, 이거 짜증 나는데' 하는 느낌이 들 때마다 속으로 이렇
게 생각합니다. '우아, 이게 나한테 문제라면 남들한테도 문제
가 되겠는걸?'" 그해 핼러윈에 다사로는 캘리포니아에서는 늙
은 호박의 속을 파내고 나면(미국에서는 핼러윈에 늙은 호박의 속
을 파내 '잭 오 랜턴'이라는 등불을 만든다.-옮긴이) 금세 썩어버린
다는 사실을 깨달았다. 그래서 속을 파낸 호박을 오래 보존할
수 있는 소금 성분의 스프레이를 개발했다. 다사로에게는 흔한
365일 중 하루였다.

해결되지 않은 문제는 우리를 초조하게 만든다. 초조함이란
뇌가 아직 해결하지 못한 문제 쪽으로 의식적 관심을 유도할
때 쓰는 방법이다. 그런데 우리는 이 경고를 따르기는커녕 초
조함이라는 아주 유용한 감정이 창의적 아웃풋이 나오는 것을
방해하도록 내버려두는 경향이 있다. 해결책을 찾으려면 창의
적 아웃풋이 필요할 텐데 말이다. 나를 초조하게 만드는 문제

가 있으나 분명한 해결책이 보이지 않을 때, 우리는 다른 쪽으로 관심을 돌려 그 문제에 대한 생각 자체를 회피한다. 불편한 감정을 지연시키는 것이다. 그러나 안타깝지만 소셜 미디어를 휙휙 넘기며 잠시 마음을 달래보아도 기저에 깔린 초조함은 오히려 강화될 뿐이다. 이런 회피 습관은 악순환의 고리를 만들어내서 대처를 질질 끌게 하고, 우리를 정신적, 정서적으로 지치게 만든다. 우리를 문제 자체가 아니라 나 자신과 싸우게 만든다. 불확실성에 직면했을 때 어떻게 하면 되는지 정확히 알려줄, 믿을 만한 문제 해결법이 있다면 오히려 초조함을 우리에게 이롭게 적절히 활용할 수 있을 것이다.

디스쿨의 두 가지 기록 원칙

디스쿨에는 이런 말이 있다. "캡처하지 않으면, 없었던 일이다."

기억력이란 생각만큼 미덥지 않다. 사람들은 몇 분만 지나도 내가 어디까지 기억할 수 있을지를 늘 과대평가한다. 차를 어디에 주차했는지, 아내나 남편이 오다가 뭘 사 오라고 했는지 같은 단순한 사실보다 내가 떠올린 아이디어의 경우라면 더욱 더 기억력을 신뢰해서는 안 된다.

그냥 문을 나서는 것만으로도 뇌에는 '작업 기억을 내다 버려라'라는 신호가 된다.[8] 방에 무언가를 가지러 갔다가 내가 뭘 가지러 왔는지 기억하지 못하는 것은 이 때문이다. 이렇게 잊는 것은 결코 우연이 아니다. 기억에는 인지적 노력이 필요한데, 바로 그 노력 때문에 새로운 환경에 들어섰을 때 뭐가 어디에 있는지 빠르고 정확하게 파악하는 걸 방해할 수 있다. 그래서 유용하지 않은 정보는 내다 버리는 것이다. 그리고 뇌는 우리가 어느 정보에 기초해서 즉각 행동하지 않으면 그 정보가 유용하지 않다고 치부하는 경향이 있다. 그러면 기억은 쓰레기통으로 휙 던져버린다.

무언가를 기억하고 싶다면 지금 당장 적어라. 펜을 꺼내는 동작으로 뇌에 이것이 중요하다는 사실을 알려줘라. 그렇지 않으면 나중에 핵심 아이디어는 기억한다고 해도, 그걸 왜 그렇게 중요하고 흥미롭다고 생각했는지 맥락이나 세부 사항은 잊어버리고 말 것이다. 당장 적어두는 것은 창의적 습관의 핵심이다. 우리는 이걸 '기록 원칙'이라고 부른다. 기록 원칙은 디스쿨에서 제일 먼저 가르치는 내용이다. 주기적으로 아이디어를 사용해 작업하는 직업인이라면 누구나 본인의 메모를 훼손되지 않게 소중히 보관하는 법을 익히게 된다. 지갑을 잃어버리면 ATM에서 돈을 더 찾으면 된다. 돈은 대체할 수 있다. 그러나 어떤 아이디어는 다시는 떠오르지 않는다. 그리고 아이디어가 없다면 애초에 무슨 수로 돈을 벌겠는가? 아이디어는 우리에게 가장 귀중한 화폐다. 과학자나 엔지니어, 수학자, 작가, 음악가, 디자이너는 본인의 메모에 광적으로 집착하는 경향이 있다. 대문호 빅토르 위고의 아들 중 한 명에 따르면, 위고는 사람들이 하는 말을 거의 다 기록하려 했다고 한다. 그리고 그런 대화의 상당 부분이 위고의 소설에 녹아들었다. 위고의 아들은 이렇게 말했다. "결국은 다 활자가 됩니다."[9] 심지어 샤워 부스에 붙일 수 있는 방수 메모장도 시중에 나와 있다. 언제든지 메모할 수 있다는 건 창의성을 발휘하는 사람에게 중요한 일이다.

메모를 할 때는 본인의 아이디어뿐만 아니라 언젠가 필요할지 모를 흥미로운 인용문이나 사실, 스토리, 통계, 기타 인풋까지 모두 기록하라. 무엇을 수집할 것인가는 당신이 무엇을 만들 것이냐에 따라 달라질 것이다. 반대도 마찬가지여서, 우리가 뭘 만들어낼 수 있느냐는 각자의 수집 습관에 따라 달라진다. 영화감독 데이비드 린치David Lynch는 녹음기를 가지고 흥미로운 소리나 무언가를 떠올리게 하는 소리를 수집한다.[10] 나중에 어느 프로젝트에서 유용하게 쓰일 수도 있는 것들이다. 이런 '땔감'을 수집할 때 린치 감독은 구체적인 장면이라든가 특정 영화는 염두에 두지 않는다. 단순히 다양한 가능성을 지닌 소리를 모아둔다. 흥미를 끄는 것이라면 무엇이든 나중을 위해 저장해두어야 한다.

과학 분야에서는 메모를 할 때도 따라야 할 구체적인 방법이 정해져 있다. 하지만 대부분의 사람들에게는 특별한 기준이 없다. 이 말은 곧 스스로 기록 원칙을 세워야 한다는 뜻이다. 가이드를 몇 가지 제시하면 다음과 같다.

① 큰 게 좋다

적을 수 있는 면적이 제한되면 생각도 제한된다. 우리의 경우, 단체로 아이디어를 생성할 때는 항상 해당 건물에서 글을 쓸 수 있는 면적이 가장 넓은 곳으로 간다. 가능하다면 화이트보드를 여기저기에서 가져와 둥그렇게 이어서 세워놓는다. 집이나 사무실이라면 벽 하나에 특수 페인트를 칠해 화이트보드나 블랙보드를 만들 수도 있다. 우리 대학원생들 중에는 기숙사 방 벽을 이렇게 칠해놓는 친구도 있다. 벽 하나를 전부 아이디어에 투자할 수 없다면 테이블에 큰 종이를 까는 것도 한 방법이다. 빈 공간이 많을수록 우리의 마음은 그걸 채우려고 더 많은 걸 생각해낸다. 그렇게 적은 내용을 보관할 때는 휴대전화로 사진을 찍어두면 된다.

책상에는 최소한 편지지 크기의 메모 용지를 준비해둬라. 물론 더 크면 더욱 좋다. 그보다 작은 크기는 휴대용으로만 사용하라.

② 아날로그가 좋다

컴퓨터나 휴대전화, 태블릿에도 메모를 할 수 있지만, 훌륭한 아이디어나 생각이 떠올랐는데 다른 기기는 모두 꺼져 있고, 그렇다고 전화기를 만지작거리기에는 부적절한 상황이 틀림없이 있을 것이다. 예컨대 고객과의 중요한 미팅 도중처럼 말이다. 마주 앉은 사람 몰래 이메일을 확인하는 것처럼 보이고 싶지는 않을 것이다. 메모용 소프트웨어의 백업으로라면 종이가 안전하다.

이 방법보다 더 중요한 것이 있다. 아이디어를 생성할 때 수렴적 사고convergent thinking(분석하고 평가해서 하나의 정답으로 수렴하는 사고-옮긴이)에서 확산적 사고divergent thinking(정해진 답이 없이 다양한 가능성을 탐색하는 사고-옮긴이)로의 전환을 목표로 하는 것이다. '정답'을 찾으려고 하기보다는 최대한 여러 방향을 생각해보도록 노력하라. 평소처럼 디테일에 사로잡히면 실천하기 쉽지 않을 것이다. 우리에게 자문받는 스코틀랜드의 어느 세일즈 담당 임원은 실물 노트가 메모 앱만큼 편리하지는 않지만, 딱 맞는 마음가짐을 만들어준다는 측면에서는 훨씬 낫다는 걸 발견했다고 한다. 끊임없이 날아오는 '알림'의 방해를 받지 않는 게 정말로 자유로운 경험이었다고 말이다. 또 전화기는 그를 현재에 붙들어 매지만 실물 노트는 가능성을 탐색하게 해주더라고 했다.

이런 것들이 모두 불필요하거나 유치하게 보일 수도 있다. 그렇지만 펜 한 자루가 없어서 훌륭한 아이디어를 놓친 괴로운 경험을 했다면 미리미리 준비해두는 게 좋다는 걸 알 것이다. 회의실이나 방 벽을 온통 글을 쓸 수 있는 재질로 덮는 것도 그 방에 들어서는 모든 사람의 창의성을 북돋을 수 있는 좋은 방법이다. 사람들은 무언가 다른 느낌을 받을 테고 창의성에 불이 붙을 것이다. 빈 공간을 보면 뭐라도 채워 넣고 싶은 게 사람 마음이기 때문이다.

'이전의 나'를 활용하는 법

기업가이자 벤처 캐피털리스트이기도 한 헨리크 베르델린_{Henrik} Werdelin은 자신이 주로 쓰는 노트 한 권을 열흘이면 다 채운다. 그러면 노트를 찬찬히 훑어보면서 좋은 내용만 골라 다음 노트 의 첫 페이지에 옮겨 쓴다. "이렇게 하면 이전 노트에 써놓았던 모든 생각을 핵심만 추려서 보관할 수 있어요." 이쪽 노트에 써 놓은 아이디어를 저쪽 노트에 옮겨 쓴다는 것 자체가 아이디어 에 대한 그의 열정을 증명한다. 뒤에서 다시 이야기하겠지만, 창의적인 의사 결정 프로세스에서 열정은 아주 중요한 지표다. 사람이 평생 시작할 수 있는 사업의 수에는 한계가 있다. 이처 럼 주기적으로 아이디어를 추려내면 베르델린의 관심사나 가 치관, 목표에 가장 잘 맞는 아이디어가 절로 드러난다.

아이디어를 모조리 적는 것만으로는 충분하지 않다. 기록 원 칙을 지키면서도 '엄밀 검토'를 잊지 마라. '아무리 희미한 잉 크도 가장 날카로운 기억력보다 낫다'는 옛말이 있다. 하지만 적어놓은 것을 다시 읽을 일이 없다면 아무 의미 없는 얘기다.

어느 프로젝트와 관련된 메모는 자연히 프로젝트를 진행하 는 내내 살펴보게 된다. 어쩌면 프로젝트가 끝나도 사후 평가 의 일환으로 다시 보게 될 수도 있다. 그러나 당장 하는 일과 관련되지 않거나 프로젝트에는 결국 사용되지 않았다고 하더라도 나름의 장점을 지닌 아이디어가 있다면 버리지 마라. 보관할 아이디어들을 별도로 하나의 파일로 만들어도 좋고, 아니면 베르델린처럼 후속 노트에 옮겨 적는 방식으로 계속해서 추려나가도 좋다. 이렇게 아이디어 저장고를 만들어두면 나중에 무언가를 생각할 때 요긴하게 쓰인다.

스탠퍼드대학교 경영학과 교수 제임스 G. 마치James G. March는《하버드 비즈니스 리뷰》와 나눈 인터뷰에서 이렇게 말했다. "문제와 해결책이 서로 연결되는 것은 '동시에 생각났느냐'에 크게 의존한다."[11] 아이디어는 타이밍이 전부다. 오늘 어느 아이디어를 적는 당신과 내일 그걸 다시 꺼내 보는 당신은 서로 다른 사람이다. 그 사이에 어떤 경험을 하고 어떤 문제를 겪느냐에 따라, 같은 아이디어도 아주 다르게 느껴질 수 있다. 지난달에는 '아하!'라고 생각했던 아이디어가 이번 달에는 시시하게 느껴질 수 있다. 반대로 작년에 무심코 적어놓은 아이디어가 지금 당신이 고민하는 바로 그 문제에 딱 필요할 수도 있다. 메모를 주기적으로 검토하라. 그러면 과거의 당신과 현재의 당신이 조우해 우연히 좋은 발견을 할 가능성이 커질 것이다.

메모를 해두고 검토하는 당신만의 방법이 있다면 신중하게 개선해나가라. 스탠퍼드에서 우리가 조언하는 방법은, 매주 일주일 동안 쓴 메모를 검토해서 흥미로운 내용은 모조리(아날로 그든 디지털이든) 영구적인 기록으로 바꾸라는 것이다. 그런 다음 분기에 한 번씩 날을 잡아 이렇게 보관된 기록을 검토하라. 이걸 기회로 이전에 했던 생각과 메모 이후에 알게 된 내용을 서로 연결해보라. 새로운 생각의 길을 열어주는 아이디어가 있다면 망설이지 말고 그 아이디어를 더 발전시켜보라.

매주 10분에서 20분, 분기마다 2시간 정도는 바쁜 직장인도 일부러 내야 하는 시간이다. 하지만 우리가 발견한 바에 따르면, 엄청나게 부담되는 수준은 아님에도 투자수익률이 어마어마했다.

분기마다 메모를 검토하는 것 외에도 새로운 프로젝트를 만나면 항상 여러분이 만들어놓은 파일을 꺼내 보라. 특히 낯선 영역의 프로젝트를 맡게 되었다면 말이다. 익숙하지 않은 난관에 부딪히면 어디서부터 손대야 할지조차 알 수 없어 주눅이 들 수 있다. 그렇게 숨이 턱 막히는 경험은 작가만 겪는 일이 아니다. 그럴 때 메모를 주르륵 넘겨보면 뇌 신경에 워밍업이 될 수 있다. 창의적 활동을 할 때 '엄밀 검토'가 루틴의 일부가 된다면 '이전의 나'를 아주 유용한 자원으로 활용해서 조언이나 영감을 얻을 수 있을 것이다.

금요일을 사수하라

뭔가를 늘 똑같은 방식으로 했을 때 흥미로운 발견을 할 가능성이 얼마나 될까? 뭔가 새로운 걸 알아내고 싶다면 새로운 시도를 해야 하고, 실험에는 언제나 실패라는 리스크가 따른다. 하루 종일 99퍼센트의 효율만 좇아서는 리스크를 자주 감수할 수 없다. 일분일초를 최대한으로 활용하겠다고 마음먹으면 공장의 조립라인에서는 좋겠지만, 창의적 탐구의 여지가 남지 않는다. 귀중한 리스크를 감수할 수 있게 스스로에게 여지를 만들어줘라.

세계 최대의 부동산 프랜차이즈 켈러 윌리엄스Keller Williams CEO 칼 리버트Carl Liebert는 매주 금요일을 여분으로 떼어놓는다. 리버트는 우리에게 이렇게 말했다. "무궁무진한 탐구를 할 수 있는 시간이에요." 금요일에 그는 책을 읽을 수도 있고, 조직의 어느 측면을 집중적으로 조사할 수도 있고, 아니면 그냥 회사 소속 중개사 한 명과 하루 동행하면서 그들이 현장에서 고객을 상대하는 모습을 지켜볼 수도 있다. 그는 이렇게 말했다. "일주일 동안 시간이 없어서 손대지 못하는 것들을 따로 모아둬요. 하고 싶은 일이나 배우고 싶은 것, 끝내고 싶은 일 같은 것들 말이죠." 리버트는 금요일에는 미팅에 참석하지 않으며 전화도 긴급한 내용이 아니면 받지 않는다. 그 무엇보다 금요일은 그에게 획기적 사고에 반드시 필요한 인풋을 수집하고 생각을 정리할 기회다.

시간을 따로 떼어놓는 것은 그 어느 CEO에게도 쉬운 일이 아니다. 하지만 리버트는 무슨 수를 써서라도 이 여유 시간을 방어하는 게 그만한 가치가 있다는 걸 알게 됐다. 스케줄 잡기 어려운 행사 등이 흔히 그렇듯 방문 일정이나 회의 같은 게 자꾸만 뒤로 밀리면, 리버트는 금요일에 일정을 잡느니 아예 다음 주로 미뤄버린다. 정말로 어쩔 수 없을 때는 차라리 주말을 희생한다. 그는 이렇게 말했다. "채용 면접을 보는 건 어차피 토요일이 낫더라고요. 면접에 올 사람들도 주중에는 다른 곳에서 일하고 있으니까요." 어찌 되었든 그에게 금요일은 신성불가침의 시간이다. "그날은 제가 창의성을 발휘하는 날이에요. 앞으로도 지켜낼 겁니다."

페리 역시 가방 브랜드 팀벅2 CEO로 있을 때 비슷한 깨달음을 얻었다. 격변의 시기에도 이사진과 팀벌랜드Timberland의 COO(최고 운영 책임자) 켄 퍼커Ken Pucker는 페리에게 금요일은 종일 쉬라고 했다. 회사가 곤란을 겪고 있는데, 이사진 중 한 명이 CEO에게 그런 제안을 한다는 게 페리는 이상하게 느껴졌다.

페리가 말했다. "켄, 무슨 말씀인지 알겠어요. 생각할 시간을 가지라는 거죠. 그날은 이메일을 보지 않고 생각에 집중하도록 할게요."

퍼커가 대답했다. "아니요, 제 말은 출근하지 마시라고요. 아예 일을 하지 마세요. 나머지 4일 동안 알게 된 것을 머릿속에서 처리할 시간이 없다면 절대로 상황을 반전시킬 수 없을 거예요. 계속해서 불만 끄고 있다면 무슨 수로 참신한 아이디어를 내겠어요? 금요일에는 아예 일을 하지 마세요." 페리는 시키는 대로 했고, 혼자 있는 시간은 다른 100만 가지 문제와 정말로 페리의 관심이 필요한 문제를 구별할 수 있게 해주었다. 그렇게 큰 그림을 그린 덕분에 페리는 명확한 판단으로 팀벅2의 실적 전환을 이뤄냈다.

구글은 직원들이 회사에 있는 동안에도 개인적 관심사를 추구할 수 있게 '20퍼센트의 시간'을 주는 것으로 유명하다. 3M은 수십 년간 직원들에게 15퍼센트의 시간을 내주면서 개인적으로 좋아하는 일을 할 수 있게 해준다. 스탠퍼드대학교 역시 모든 교수진에게 상당히 많은 자유재량 시간을 준다. 우리 두 사람은 늘 이 여유 시간을 기업 자문 업무에 투자해왔다. 매년 40일 정도에 불과하지만 우리가 해마다 가장 많은 걸 배우는 시기이기도 하다. 실제로 이 책에 담은 거의 모든 스토리가 자유재량 시간에서 나왔다. 작은 일탈이 큰 보상으로 돌아온다.

결국 창의성도 습관이다

창의적인 사람처럼 '행동'하면 창의적으로 일하거나 남들에게 창의성을 북돋아주는 게 좀 더 편안하게 느껴진다. 우리가 자문해주는 사람들을 보더라도, 업종과 직책을 불문하고 이런 습관을 들였을 때 모든 면에서 더 큰 만족과 성취감을 경험한다. 삶이 내주는 창의적인 문제를 겁내는 게 아니라 즐기는 법을 배운다. 주기적으로 창의성을 발휘해보면 언제든지 더 좋은 솔루션을 찾아낼 수 있다는 자신감이 생긴다. 낯선 문제를 만났을 때 느끼는 불안감이 좋아하는 게임을 할 때 느끼는 흥분으로 대체된다.

평소에 창의성을 발휘하지 않으면 아이디어가 무섭게 느껴지는 게 당연하다. 모든 아이디어에는 실패라는 리스크가 따른다. 문제가 있는데도 계속 무시하면 결국에는 그 문제가 가져올 리스크가 새로운 시도보다 더 커지겠지만, 아무 시도도 하지 않고 가만히 있으면 적어도 잘못된 시도를 했다고 비난받을 일은 없다. 만약 리더가 내일 틀림없이 생길 일보다 오늘 당장 필요한 것을 앞세운다면, 근시안적 조치로 결국은 낭패를 보게 됐을 때도 경제를 탓하고, 기술 혁신을 탓하고, 굶주린 경쟁자를 탓할 수 있다. 상장 기업 중 고전하고 있는 회사를 아무거나 하나 골라서 분기 실적 보고서를 살펴보라. 이런 수동적이고 회피적인 태도가 결국 어떤 결과를 낳는지 잘 볼 수 있을 것이다. 반면에 야심 찬 아이디어를 옹호했다가 실패하면 결과의 책임은 온전히 당신 어깨 위로 떨어진다.

이 문제에 대한 진정한 해결책은 혁신을 회피하는 게 아니라, 2배로 늘리는 것이다. 혁신적인 기업은 단순히 실패를 용서하기만 하는 게 아니라 수많은 실패를 '기대'한다. 자주 실패하고 있지 않다면 아이디어 탐색이 충분하지 않다는 신호다. 더 많은 아이디어를 내놓고, 더 많은 실험을 하고, 더 많이 수정하고 반복해야 한다. 타석에 서면 당연히 삼진을 당할 수도 있다. 그러나 종일 벤치에만 앉아 있다면 결코 홈런을 칠 수 없을 것이다. 홈런의 수와 삼진의 수가 함께 올라가면 더 이상 큰 스윙도 두려워하지 않게 된다.

아이디어플로는 처음에는 서서히 늘어난다. 특히 당신이 평생을 '나는 창의적이지 않은 사람'이라고 생각했다면 말이다. 참을성을 가져라. 이 기본 습관을 제대로 정착하라. 그런 다음에 남들에게도 권하라. 당신이 아이디어를 캡처하는 모습을 동료나 부하 직원들이 본 적이 없다면, 그들도 연필을 꺼내기가 망설여질 것이다. 말로만 하지 말고 행동으로 보여줘라.

　개인적 습관이 정착됐다면 이제는 집단 차원으로 눈을 돌릴 차례다. 창의성과 관련해서 거의 모든 회사가 채택하고 있는 단 하나의 기술, 바로 '브레인스토밍'으로 말이다. 몇몇 사람을 제외하면 거의 모두가 브레인스토밍을 두려워한다. 거기에는 그럴 만한 이유가 있다. 실제로 여럿이서 함께 아이디어를 내봤자 각자 낼 수 있는 아이디어를 능가하지 못한다고 주장하는 전문가도 있다. 그러나 뒤에서 보듯, 제대로 된 방법으로 여럿이서 브레인스토밍을 진행한다면 어마어마하게 다양한 아이디어를 효과적으로 생성할 수 있다.

3장

아이디어가 쏟아지는
팀의 비밀

"좋은 아이디어가 하나 나오려면
나쁜 아이디어가 몇 곱절 필요하다."[1]
– 케빈 켈리Kevin Kelly, 《와이어드Wired》 매거진 초대 편집장, 『인에비터블』 저자

이메일 수신함에 회의 참석 공지가 도착했다. 획기적인 아이디어가 필요한 긴급 사안이 있는데, 당신도 참석 대상이다. 다음 주에 열리는 대형 세일즈 콘퍼런스와 관계된 듯하다. 아니면 대형 고객이 새로 나타났거나. 그도 아니면 최근 옐프Yelp(동네 식당, 병원, 가게 등의 소비자 리뷰를 볼 수 있는 지역 기반 서비스 사이트-옮긴이)에 쏟아지고 있다는 우리 회사에 대한 부정적 리뷰가 문제인가? 어느 것이든 상관없다. 중요한 것은 당신도 참석할 거라는 점이다. 어느 조직에 아이디어가 필요할 때, 마지막으로 절박하게 매달리는 수단이 바로 민주주의다. 누구든 해결

책을 제시해도 된다. 실행할 수 있을 것처럼 들리고, 회의에 참석한 높으신 분들께 아무 리스크가 없기만 하면 된다.

브레인스토밍 시간이 찾아왔다. 역시나 이렇게 큰 회의가 오후 어정쩡한 시간 중간에 끼여 있다. 다들 에너지가 고갈되었을 법한 시간이다. 더 최악은 퇴근 시간 직전 다들 집에 갈 생각만 하고 있을 때 회의를 잡는 것이다. 다들 '내가 대체 여기 왜 있지?'라는 의문을 품으며 휴대전화를 슬쩍 내려다보면, 점점 더 심해지는 퇴근길 교통 정체 상황에 절로 얼굴이 찡그려진다.

이 문제(판매 정체, 비용 증가, 홍보 참사)를 어떻게 풀어야 할지 아는 사람이 있었다면 애초에 '문제'가 아니었을 것이다. 그랬다면 그건 그냥 프로젝트였을 테고, 적절한 개인이나 팀에게 배정됐을 것이다. 모두를 한자리에 불러 모았다면 분명한 해결책이 보이지 않는다는 뜻이다. 해답은커녕 정확한 문제조차 파악되지 않는다. 결국 기업의 브레인스토밍이란 단순히 절박함에서 나오는 제스처다. '이 문제를 처리할 방법을 아는 사람이 누군가 있겠지. 난 도저히 모르겠으니까!'

이런 식으로 혁신을 강요당하는 것보다 더 주눅 드는 일이 또 있을까? 익숙하지 않은 문제에 괜히 한마디 끼어들었다가 바보같이 보이거나 무지하게 비칠 가능성을 고려하면, 조금이라도 특이하거나 야심 찬 발언을 하는 것은 위험해 보인다. 그냥 아무 말 하지 않고 있다가 남들 의견에 편승하는 쪽이 더 안전해 보인다.

퇴근 지하철을 놓치는 게 정말로 싫다면 최고의 방법은 이 모든 상황과 향후 5년 전망을 아우르는 완벽한 전체 데이터가 없다는 사실을 지적하는 것이다. 전형적인 지연 전략이다. 그러면 리더는 어느 불쌍한 영혼에게 이 문제를 다시 던져주면서 '더 조사해보라'고 할지도 모른다. 그러면 한동안은 아무도 이 문제에 대해 다시 들을 일이 없을 것이다.

편승이나 지연 전략이 먹히지 않는다면 오늘은 운이 다했다. 하는 수 없다. 사랑하는 이들을 다시 보고 싶다면, 아이디어를 한 뭉텅이 생성하는 수밖에.

흔한 기업의 브레인스토밍 규칙 1: 부정적인 발언은 안 된다. 아이디어의 결함을 지적한다거나 '할 수 없다'는 말을 해서는 안 된다. 우리 CEO는 '안 된다'와 비슷한 말에 알레르기가 있다. 회사가 뭘 할 수 없는지 절대로 입 밖에 내지 마라. 과거에 똑같은 시도가 아무리 많이 실패했다 하더라도 말이다.

흔한 기업의 브레인스토밍 규칙 2: 야심 찬 계획은 안 된다.

누군가는 여기서 나온 계획을 실행해야 한다. 그런데 새로이 커다란 골칫거리를 떠안고 싶은 사람은 아무도 없다. 그러니 수고가 많이 들 것 같은, 천우신조가 필요한 허황된 이야기로 남들을 겁주지 마라. 빠르고 값싼 해결책을 모색하라. 브레인스토밍에서 가장 큰 점수를 따는 방법은 다음과 같은 말로 살포시 고양이 목에 방울을 다는 것이다. "그냥 X를 해보기로 하고, 오늘은 이만 회의를 끝내는 게 어떨까요?" 이거지. 업무 끝. 누가 이렇게 말하자, 뚜렷한 안도의 기색이 회의실을 휩쓸고 지나간다. '휴우! 하마터면 여기 있는 포스트잇 다 쓸 뻔했네.'

브레인스토밍 논리에 따르면 좋은 아이디어란 (a) 실행하기 간단하면서도 (b) (스케이트화를 신고도 넘을 수 있을 만큼 기준이 아무리 낮게 설정되어 있다 해도) 절대로 실패하지 않을 아이디어다. 이런 맥 빠지는 기준을 충족시키는 의견이 하나라도 나오면 회의는 사실상 끝난다. 가끔은 리더가 참석자에 대한 신임의 의미로 몇 분간 더 의견을 구할 때도 있다. 그러나 저 깊숙한 곳에서는 대단한 아이디어를 낼 타이밍은 지났다는 걸 모두가 알고 있다.

이 설명이 힘 빠지고 비효과적인 방식으로 소심한 아이디어 몇 개를 만들어내는 과정처럼 보였다면, 맞게 보았다. 그러나 우리 경험에 비춰보면 많은 기업, 어쩌면 대부분의 기업에서 아직도 이것을 브레인스토밍의 표준으로 삼는다. 브레인스토밍을 잘못되게 하는 수많은 방법은 아직 언급조차 하지 않았는데 말이다. 위계질서와 밥그릇 다툼, 기존 어젠다, 도무지 포기할 줄 모르는 '최애' 아이디어, 만날 트집만 잡는 사람 등등. 효과적인 방지책과 가이드라인이 없다면, 집단 브레인스토밍은 창의성이 필요할 때 사람들이 보이는 최악의 습관을 끄집어낼 뿐이다.

다른 방법이 있을까? 문제 해결을 위해 더 많은 사람의 아이디어가 필요하다면, 일단 사람들을 한자리에 모아놓고 봐야 하는 것 아닌가?

브레인스토밍을 유행시킨 사람은 수십 년 전 광고사 임원이던 알렉스 페이크니 오즈번Alex Faickney Osborn이다. 그는 창의적 사고에 관한 여러 권의 책을 써내면서, 브레인스토밍이라는 기법을 사용하면 개인이 각자 혼자서 이룰 수 있는 것보다 훨씬 좋은 아이디어를 많이 낼 수 있다고 주장했다. 원래 브레인스토밍 기법은 병목현상을 제거하기 위해, 즉 모든 참석자의 지식과 경험, 권한을 한자리에 모아놓으면 어떤 재미난 우연한 발견이 튀어나오는지 보기 위해 설계되었다. 그러나 집단 브레인스토밍에 관한 연구 결과는 오락가락했다. 예를 들어 1987

년 《사회심리학 저널》에 발표된, 브레인스토밍과 관련한 연구의 메타 분석에 따르면 브레인스토밍이 긍정적 효과를 낸다는 확실한 증거는 거의 없다.[2]

만약 브레인스토밍이 별 효과가 없다면 사람들은 왜 아직도 브레인스토밍을 할까? 팀원 전체가 1시간짜리 회의에 참석한다면 회사 입장에서는 상당한 자원 투자다. 모두의 시간을 그렇게 잡아먹어놓고 보잘것없는 결과밖에 내놓지 못한다면 도저히 합리적이라고 할 수 없다. 그런데도 대부분의 회사는 급히 아이디어가 필요하면 일단 브레인스토밍부터 한다. 그냥 직원들의 사기를 북돋아주려는 걸까? 집단 브레인스토밍을 실시하면 대단히 예리한 창의적 결과물이 나오지 않을 수도 있지만 일단 책임이 분산된다. 혼자 리스크를 짊어지느니 집단으로 실패하는 편이 낫다는 것이다. 우울한 이야기지만 대부분의 조직에서 횡행하는 창의성이나 리스크에 대한 태도를 감안하면 충분히 이해가 가는 일이다.

오즈번이 이야기했던 효과를 누리는 것도 불가능한 일은 아니다. 우리가 디스쿨과 전 세계 여러 기업에서 가르치는 집단 아이디어 생성법은 아마도 여러분의 경험과는 아주 다른 결과를 낼 것이다. 3장에서 설명하는 방법을 따르면 모든 참석자가 마치 원자로 속 방사성동위원소처럼 된다. 누가 아이디어를 하나 내놓으면 그게 다른 모든 참석자의 지식 및 경험과 충돌하면서 추가적인 아이디어에 불을 붙인다. 그리고 서로 의견을 주고받는다. 부지불식간에 연쇄반응을 일으키면서 창의성의 핵분열이 일어난다. 겨우 1시간 회의를 한다고 해도 제대로 운영한다면 투자한 시간과 에너지를 훨씬 뛰어넘는 다양한 사고가 나온다.

만약 브레인스토밍을 효과적으로 실시할 수 있다면 어느 쪽이 더 좋을까? 집단 회의일까, 혼자서 하는 것일까? 둘 다. 연구 결과, 팀의 창의적 결과물을 극대화하려면 개인의 아이디어 생성과 협업적 아이디어 생성을 번갈아 실시해야 하는 것으로 드러났다. 혼자서 작업하는 것과 집단 브레인스토밍, 그리고 이 두 가지를 번갈아 실시하는 혼합 모형을 서로 비교해보았더니, 마지막 접근법이 가장 많은 아이디어를 도출했다고 한다.[3] 실제로 오즈번도 자신의 책에서 그렇게 이야기했다. 세월이 흐르면서 이 메시지는 유실된 것으로 보이지만 말이다. 최고의 결과를 내고 싶다면 혁신에 접근할 때도 샌드위치 작전을 사용하라. 먼저 사람들을 한자리에 모아서 각자 알고 있는 내용을 공유하고, 거기서 우연히 멋진 아이디어가 나올 수 있는지 살핀다. 그리고 사람들을 각자 자기 자리로 돌려보내서 논의한 내용을 혼자 조용히 생각해보게 한다. 마지막으로 사람들을 다시 불러 모아 생각을 공유하고 더 많은 불꽃이 튀게 한다.

창의성과 관련해서 빠지기 쉬운 함정이 하나 있다. 사회심리학자 아리 크루글랜스키Arie Kruglanski가 '인지적 종결cognitive closure'이라고 부른 심리적 욕구다.⁴ 하나 이상의 그럴듯한 답이 나왔는데도 판단을 미루고 계속해서 새로운 대안을 생각해내려고 하면 점점 더 마음이 불편해진다. '뭔가'가 생각난 이상, 일단 그걸로 추진해보려 하는 게 인간의 강력한 본능이다. 그결과 사람들은 다양한 아이디어가 흘러나오는 것을 너무 빨리 중단시킨다. 집단 논의를 중간에서 끊고 회의 참석자들에게 혼자서 고민할 시간을 주면, 그런 식으로 지나치게 빨리 한 가지 의견으로 수렴되는 경향을 막을 수 있다.

샌드위치식 혁신 전략은 프리랜서나 기업가 혹은 혼자 아이디어 문제를 맞닥뜨린 경우에도 효과가 좋다. 남들의 도움 없이 그처럼 폭넓은 대안을 생각해낼 수는 없을 것이다. 팀의 경우에도 팀원들이 혼자서 숙고할 시간을 주어야 하듯, 개인의 경우에도 창의성을 발휘하는 중간에 본인의 아이디어를 친구나 동료, 배우자 등에게 들려주고 반응을 듣는 기회를 가져야 한다. 아이디어가 필요하면 지원을 요청하라.

그런데 이렇게 많은 아이디어가 필요하긴 할까? 좋은 의견이 하나 나왔는데도 계속 아이디어를 내야 할까? 결국은 문제

하나에 해결책 하나면 족하다. 그 하나가 나왔는데 왜 멈추지 않는 걸까?

어디서나 통용되는 '2,000 대 1'의 법칙

흔히 생각하는 것과는 반대로, 창의성을 성공적으로 발휘하는 사람들은 단순히 훌륭한 아이디어를 생각해내는 사람이 아니다. 보통의 경우 톱클래스에 속하는 사람이 내놓은 아이디어 하나는, 가능성이나 흥미로움이라는 측면에서 그 방에 있는 다른 사람들이 내놓은 아이디어와 크게 다르지 않다. 심리학 교수 딘 키스 사이먼턴Dean Keith Simonton이 제안한 '동일 확률의 규칙equal-odds rule'에 따르면, 한 사람이 내놓은 창의적 결과물이 성공하는 횟수는 그가 작업한 횟수와 비례한다.[5] 즉 교향곡을 더 많이 작곡하면 훌륭한 교향곡이 더 많이 나온다. 수학적 정리를 더 많이 내놓으면 획기적 정리가 더 많이 등장한다. 동일 확률의 규칙은 놀랄 만큼 많은 영역에 적용되는 걸로 보인다.

사이먼턴의 연구에 따를 때(우리 두 사람의 경험을 봐도 마찬가지다) 승자가 돋보이는 점은 '양'이다. 세계 최고의 혁신가는 일상적으로 보통 사람들보다 훨씬 더 많은 대안을 만들어낸다.

더 좋은 결과를 원한다면, 혁신이라는 깔때기 입구에 그걸 달성해줄 아이디어를 훨씬 더 많이 들이부어야 한다. 또 가능성 있는 아이디어를 스펙트럼 저쪽 끝부터 이쪽 끝까지 최대한 다양하게 수집하는 것도 중요하다.

얼마나 더 많이 들이부어야 충분할까? 훌륭한 아이디어에 도달하려면 실제로 몇 개의 아이디어가 필요할까? 우리 경험으로는 '2,000개' 정도다. 그래, 맞다. 2 다음에 0이 3개가 오는 그 숫자 말이다. 2,000 대 1. 우리는 이걸 아이디어 비율idea ratio 이라고 부른다.

좀 더 자세히 설명하면, 지금 당장 방에 들어가 그 자리에서 아이디어 2,000개를 생각해내라는 얘기가 아니다. 창의성은 수정과 반복이다. 우리가 '2,000개의 대안에서 1개의 최종 솔루션'이라는 비율을 제시할 때는 혁신의 전 과정에 걸쳐 모든 대안과 그것들이 서로 조합된 버전, 변형된 버전, 개선된 버전까지 각각 개수로 친 것이다.

이런 아이디어 비율을 처음으로 제시한 사람은 우리 동료인 밥 서턴 교수다. 서턴 교수가 2,000 대 1이라는 비율을 처음으로 확인한 것은 디자인 컨설팅 회사 아이디오IDEO에서 일할 때였다. 당시 그는 장난감 제조업체와 협업 중이었는데, 그 회사의 발명가들이 4,000개의 제품 아이디어를 검토해 200개의 작동 가능한 시제품을 만들었다. 그중 상업적으로 출시된 것은 10여 개였고, 제대로 '성공작'이라고 부를 수 있는 것은 두세 개였다.[6] 이런 패턴을 확인하고 나니 훌륭한 창작물을 꾸준히 내놓는 회사라면 어디서나 이런 현상이 나타났다.

우리는 서턴의 수치를 2로 나누고 약간의 반올림을 해서 기억하기 쉽게 만들었다. 성공한 제품 1개가 나오려면 2,000개의 아이디어를 가지고 100개의 작동 가능한 시제품을 만든다. 100개의 시제품 중 5개가 상품으로 출시된다. 최종 상품 5개 중에서 1개가 성공한다. 그러나 2,000:100:5:1이 뜻하는 내용을 정말로 이해하고 싶다면, 지금 우리가 장난감에 관해 이야기하고 있다는 사실은 잊어라. 아니, 제품 일반에 관한 생각조차 잊어라. 우리 두 사람이 정말로 다양한 유형의 혁신가들과 협업하며 알아낸 바로는, 이 비율은 '어디에나' 통한다.

성공한 혁신 사례들을 살펴보면 이 아이디어 비율이 계속해서 반복적으로 등장한다. 타코벨Taco Bell의 인사이츠 랩스Insights Labs가 초대형 히트작 도리토스 로코스 타코Doritos Locos Taco를 개발한 과정도 마찬가지다. 처음에 타코벨은 30여 개의 핵심 레시피로 시작해 '어마어마한 수의 변형 버전'을 만들었다.[7] 그 하나하나 모두 시식이 필요했다. 제품 개발 매니저 스티브 고메즈Steve Gomez는 시장의 판도를 바꿔놓을 이 신제품을 완성할 때까지 과연 몇 개의 변형 버전을 먹어봤을까? 어느 저널리스트에게 고메즈는 이렇게 말했다. "2,000개 정도라고 하면 과장인 줄 알겠죠?" 타코벨이 패스트푸드업계에서 혁신의 화신으로 인정받는 이유는 바로 이 아이디어플로 덕분이다. "저는 한 달에 아이디어 콘셉트를 50개씩 작성합니다." 선임 마케팅 매니저 캣 가르시아Kat Garcia가 이 저널리스트에게 한 말이다(많은 사랑을 받는 더블 데커 타코Double Decker Taco도 바로 캣 가르시아의 작품이다). "저희는 기획 단계에서 1년에 300개에서 500개 정도의 아이디어를 검토합니다. 그걸 추리고 추려서 실제로 출시되는 건 20~30개 정도고요. 중간에 폐기되는 게 많죠."

이렇게 많은 양을 시도하는 게 어떻게 가능할까? 답은 '프로세스'다. 직원들이 계속 드나드는데도 애플이나 픽사, 타코벨 같은 회사가 한결같은 모습을 유지할 수 있는 것은 굳건한 혁신 프로세스를 갖추었기 때문이다. 반면에 다른 회사들은 최고의 인재를 채용하고 보유하는 데 많은 투자를 하고 있음에도 주기적으로 시장에 히트작을 내놓지 못한다(퀴비Quibi(미국의 숏폼 스트리밍 플랫폼으로, 서비스를 출시한 지 1년도 안 되어 문을 닫았다.-옮긴이)를 기억할 것이다.). 직감과 경험이 만나 멋진 결과물을 탄생시킬 수도 있지만 이는 사상누각沙上樓閣과 같은 것이다. 마냥 믿으면 안 된다. 아이디어 비율을 실현 가능하고 지속 가능하게 만들어주는 것은 '프로세스'다.

올바른 프로세스는 질에 대한 판단 없이 최대한 많은 대안을 생각해내서, 거르고 검증하는 단계에 끊임없이 투입한다. 이 부분은 4장에서 자세히 다룰 것이다. 핵심은 아이디어가 '계속해서 움직여야' 한다는 것이다. 우리가 원하는 건 아이디어의 '흐름'이지, 아이디어의 '웅덩이'가 아니다. 실험을 하고, 이를 통해 알게 된 내용을 활용해서 더 많은 대안을 생성해야 한다. 그래야 날것 상태의 아이디어가 구체적인 데이터와 만나 새로운 통찰이 생겨난다. 회의실에 백날 앉아 있어 봐도 얻지 못했을 통찰 말이다. 체계적으로 이런 접근법을 따른다면 프로세스가 끝났을 때 변형 버전 2,000개는 손쉽게 도달할 것이다.

2,000이라는 숫자에 뭔가 마법 같은 게 있는 걸까? 그런 건 아니다. 일부 업종에서는 이 숫자가 2,000보다 더 크다. 일본의 제약 회사 에자이Eisai에서 일하는 울프강 에벨Wolfgang Ebel에 따르면, 제약 회사가 하나의 솔루션을 찾기 위해 시도해보는 후보 물질은 약 1만 개에서 2만 개에 이른다고 한다. 전자 제품 회사 다이슨 창립자 제임스 다이슨James Dyson 경은 먼지 봉투 없는 진공청소기를 만들기 위해 5,127개의 시제품을 만들었다고 한다[8](시제품을 이 정도 개수로 만들려면 대체 구상 단계에서 얼마나 많은 아이디어를 냈던 걸까? 생각조차 하고 싶지 않다.). 한편 다른

분야에서는 성공적 결과를 내기 위한 아이디어 비율이 '겨우' 500 대 1이나 1,000 대 1일 수도 있다.

그러나 아이디어 비율이 '절대로' 2 대 1이나 10 대 1 혹은 20 대 1은 될 수 없다. 훌륭한 아이디어를 생각해내는 비결은 아이디어를 '더 많이' 생각해내는 것이다. 연습하고 실험해보면 각자의 분야에 가장 적합한 아이디어 비율이 도출될 것이다. 그때까지는 우선 아이디어 생성 과정에 평소보다 훨씬 더 많은 시간을 쏟아라. 그 아이디어들을 테스트하고 검증해보면 세상의 '모든' 아이디어는 그저 출발점에 불과하다는 것, 하나의 스파크에 불과하다는 걸 금세 알게 될 것이다. 아주 그럴듯한 아이디어가 현장에 투입해보면 처참하게 실패하기도 한다. 또 어떤 아이디어는 정말 비현실적이고 심지어 바보처럼 보였는데, 실험해보니 몇 군데만 살짝 손보면 되는 경우도 있다.

충분히 그럴 가치가 있기에 다시 한번 말하지만, 양을 확실히 늘리기 위해서는 질에 대한 기대치를 좀 낮춰라. 아이디어 할당량 채우기를 해보면 알 수 있듯이, 많은 아이디어를 생성하기 위해서는 판단을 내리지 말아야 한다. 언제나 새로운 아이디어의 주된 가치는 다른 아이디어에 불똥이 튀도록 만들어주는 데 있다는 걸 곧 알게 될 것이다. 기억하라. 우리의 목표는 '창의성의 핵분열'을 일으키는 것이다.

작가 앤 라모트Anne Lamott는 『쓰기의 감각』에서 초고草稿는 보통 끔찍하다는 사실을 받아들이라고 수많은 작가에게 촉구한다. 형편없는 초고는 '훌륭한 두 번째 원고와 끝내주는 세 번째 원고'에 도달하기 위한 수단이다. 이게 정상이다. 신인 작가들이 한 발도 앞으로 나아가지 못하고 꼼짝하지 못하는 이유는 지금 당장 '제대로' 쓰기를 기대하기 때문이다. 수정과 반복의 필요성은 비단 예술에만 해당되는 얘기도 아니다. 토머스 에디슨은 최종 제품에 도달하기 위해 수많은 아이디어를 검토한 것으로 유명하다. 자주 인용되는 문구로, 그는 "나는 실패한 게 아니다. 전구에 불이 켜지지 않는 1만 가지 이유를 찾아낸 것이다"라고 말했다고 한다. 하지만 에디슨이 실제로 한 말은 약간 다르다. 당시 에디슨은 새로운 배터리를 개발하려고 몇 달째 작업하고 있었다. 친구가 찾아와보니 에디슨은 수많은 실패작의 잔해에 둘러싸여 있었다.

"자네가 그토록 많은 노력을 쏟아부었는데도 아무 결실이 없다니 정말로 안타깝군." 친구의 말에 에디슨이 답했다. "결실! 무슨 말이야, 나는 수많은 결실을 얻었다네! 나는 효과가 없는 재료를 수천 가지나 알아냈어."[9] 에디슨은 실패한 시도도 '결실'이라고 불렀다. 수천 개의 아이디어에 도달하려면 집요함이 필요하다. 그러나 에디슨이 강철 같은 의지만으로 그처럼 많은 아이디어에 도달한 것은 아니었다. 그는 그 과정을 놀이처럼 즐기기도 했다. 그는 대안을 생각해내고 테스트하는 것을 '좋아했다.' 그가 실패할 때마다 벽에 머리를 박았다면 해결책을 찾을 때까지 계속하지 못했을 것이다. 그가 상업적 성공작을 그처럼 많이 내놓을 수 있었던 것은 바로 이런 사고방식 덕분이었다. 에디슨은 수정과 반복을 되풀이할 때마다 '실패'라고 생각하지 않고 승리를 향한 한 걸음이라고 생각했다.

전형적인 브레인스토밍이 실패하는 이유

우리 경험에 비춰보면 전형적인 브레인스토밍 회의로는 기껏해야 몇 개의 아이디어밖에 내지 못한다. 그럴듯한 대안이 두어 개라도 나오면 열정은 금세 사그라든다. 부지불식간에 논의는 실행 쪽으로 방향을 옮긴다. 조금 전까지만 해도 여기저기서 의견이 난무했는데, 어느새 예산을 짜고 하위 과제를 할당하고 있다.

평소 같으면 똑똑하고 성공한 사람임에 틀림없는 리더가 몇 개 되지도 않는 아이디어를 내놓고 충분하다고 생각한다. 그들의 눈에는 1시간 동안 8개나 9개 정도의 대안을 생각해낸 게,

60분을 아주 잘 쓴 것처럼 보이는 모양이다. 어느 대형 은행 사람들은 우리에게 이렇게 묻기도 했다. "여기 이 6개의 신사업안 중에서 어느 걸 이사회에 제출해야 할까요?" 6개라니! 각각의 신사업안을 실행하려면 대규모 팀이 달려들어 몇 달씩 작업하고 몇천만 달러를 투자해야 할 텐데 말이다. 그 사람들이 몇 분만 더 고민했다면, 일곱 번째 아이디어로 과연 뭐가 나올 수 있었을지 생각해보라. 그런데도 그들은 여섯 번째 아이디어에서 자신 있게 '이만하면 됐다'라고 선언해버렸다.

만약 출발점에서 올바른 아이디어 개수가 6개가 아니라 600개 이상이라면, 사람들이 필요하다고 '생각'하는 숫자와 세계 최고 수준의 결과물을 내는 데 '실제로' 필요한 숫자의 간극을 대체 어떻게 메워야 할까? 먼저 하나는, 허락된 시간을 끝까지 모조리 쓰는 것이다. 우리가 스탠퍼드대학교에서 작업을 해보면, 창작을 직업으로 삼는 사람들조차 주어진 시간이 끝나기 전에 아이디어 생성을 그만두는 경향이 있다. 사람들은 대부분 첫 번째 좋은 아이디어가 나오는 순간, 거기에 생각의 뿌리를 내린다. 그러고 나면 회의실 분위기가 바뀐다. 회의 참석자들은 본인이 붙잡은 그 아이디어가 훌륭한 것이라고 스스로를 안심시키는 데 나머지 시간을 쓴다. '여러분, 정말이지 저는 우리가 훌륭한 아이디어를 찾아냈다고 생각해요!'

대안을 고작 8개 생각해내서, 가장 마음에 드는 3번 안으로 되돌아갔다가, 다시 4번 안으로 돌아가는 식으로는 결코 회사의 명운을 구할 전략이나 초대형 히트작에 이를 수 없다. 그럼에도 엄격한 브레인스토밍 프로세스가 없다면 상황은 늘 이런 식으로 흘러간다. 여기에는 몇 가지 이유가 있다.

① 압박감

지금 제시된 문제가 즉각적 해결책이 필요한 진짜 긴급 상황이 아니라 하더라도 회의실에서 보내는 일분일초는 상당한 투자다. 사람들이 양과 질의 상관관계를 알지 못하면, 좋은 아이디어가 하나 나왔는데도 자꾸 다른 의견을 묻는 게 마치 '완벽주의'처럼 비칠 수 있다. 낭비로 보이는 것이다. 다수의 의견이 합치했는데, 누구 한 사람이 계속해서 새로운 아이디어를 내면 짜증이 난다. 동료들의 의견을 소중하게 생각한다면 '그럭저럭 괜찮은' 아이디어가 하나 나왔을 때 그만 입을 닫아야 한다는 걸 누구나 배우게 된다. 가능성 있는 대안이 하나 나오면 불확실성에서 비롯된 초조함이 완화되어 다들 긴장이 풀린다. 건성으로 아이디어를 좀 더 낼 수도 있지만, 회의가 지속될수록 앞서 나온 아이디어 쪽으로 쏠리는 게 눈에 보인다. 말하자면 '수렴 충동'이다.

② 창의성 절벽

이때 작용하는 또 다른 인지 편향이 '창의성 절벽 착각creative cliff illusion'이다.[10] 이 현상을 알아낸 사람은 심리학 교수 브라이언 루커스Brian Lucas와 로런 노드그런Loran Nordgren이다. 두 사람은 연구를 통해 브레인스토밍을 하는 사람들이 아이디어를 생성할 때 본인의 창의성이 '고갈되는' 것처럼 느낀다는 사실을 발견했다. 그러나 시간이 지나면 고갈될 수도 있는 인내력이라든가 의지 같은 다른 인지 자원cognitive resource과 달리, 창의성은 우리가 사용해도 그대로 남아 있거나 오히려 증가한다.

창의성 절벽 착각 때문에 사람들은 본인이 지속할 수 있는 최대 시간 근처에 가기 전에 아이디어 생성을 멈춘다. 사실 사람들은 가장 흥미로운 아이디어에 근접했을 때 아이디어 생성을 그만둔다. 그러나 '멈추라'는 내면의 명령을 무시한 이후에 생각나는 것이야말로 최고의 아이디어인 경우가 많다.

이는 '재능'과는 무관하다. 기대치가 문제다. 루커스와 노드그런은 창의성에 대한 생각(예컨대 처음 생각난 아이디어가 최고의 아이디어라고 (잘못) 믿는다든지)이 창의적 과제를 지속할 수 있는 시간과 관계가 있다는 사실을 발견했다. 다시 말해 창의성 절벽 착각이 무엇인지 알면, 그 착각을 떨치는 데도 도움이 된다.

그러나 프로세스 없는 단순한 지식만으로는 충분하지 않다.

인지 편향은 꽤 집요하기 때문이다. 우리가 신체적 한계라고 생각하는 중량도 트레이너가 옆에서 도와주면 들 수 있듯, 우리가 '창의성 절벽'이라고 생각하는 것도 창의성을 하나의 프로세스로 정착시켜두면 극복할 수 있다. 뒤에서 살펴보겠지만, 뻔한 아이디어를 모조리 쏟아낸 후에야 최고의 아이디어가 떠오르기 시작한다. 예상을 뛰어넘는, 이례적이고 전례가 없는 아이디어는 우리가 벼랑 끝이라고 생각하는 곳의 반대편에서 대기 중이다.

③ 기준점 편향

아이디어의 흐름을 막는 세 번째 요인은 기준점 편향anchoring bias이다.[11] 기준점 편향이라는 개념을 처음으로 제시한 사람들은 행동 경제학을 창시하는 데 핵심적 역할을 한 아모스 트버스키Amos Tversky와 대니얼 카너먼Daniel Kahneman이다. 의사 결정을 내릴 때 사람들은 내가 처음에 참조한 것, 즉 '닻anchor'을 좀처럼 떠나지 못하는 경향이 있다. 예를 들어 사람들을 모아놓고 어느 물건의 크기를 물었을 때, 첫 응답자가 본인이 어림짐작한 숫자를 말하고 나면 나머지 사람들은 첫 숫자를 중심으로 뭉치는 경향이 있다. 첫 숫자가 완전히 엉뚱한 수치였다고 하더라도 말이다. 첫 숫자가 중심점, 즉 과학에서 말하는 '사건의 지평선ₑᵥₑₙₜ ₕₒᵣᵢᵤₒₙ'이 되어 나머지 참가자들은 인지적으로 이 지평선을 벗어나기 힘들다. 설상가상으로 기준점 편향은 모든 참가자가 이 편향이 무엇인지 알고 있다 하더라도, 자신이 추측할 때는 여전히 영향을 받을 수 있다.

눈에 띄지 않으면서도 강력한 힘이 있는 기준점 편향은 창의적 문제 해결 과정에 상당한 영향을 미칠 수 있다. 브레인스토밍을 해보면 어쩔 수 없이 처음에 나온 몇 개의 의견이 이후에 제시될 의견의 방향을 결정짓는다.[12] 경험이 많은 사람도 기준점 편향의 먹잇감으로 전락해, 무의식적으로 앞서 나온 의견과 관련된 의견을 내놓는다. 즉 모든 대안을 폭넓게 검토할 수 없다. 그렇기 때문에 애초에 '닻'이 내려지지 않게 체계적으로 막아줄 프로세스가 필요하다.

④ 아인슈텔룽 효과

압박감을 오랫동안 버텨내며 창의성 절벽을 뛰어넘었다고 해도 마지막 장애물이 하나 더 남아 있다. 바로 심리학자들이 수십 년간 관찰해온 '아인슈텔룽 효과Einstellung effect'다. 아인슈텔룽 효과는 가능성 있는 솔루션이 하나 나오고 나면 더 이상 다른 솔루션이 눈에 보이지 않는 현상이다. 특정 방향으로 접근하겠다고 생각만 해도 벌써 다른 수많은 대안이 보이지 않을 수 있다.

단어 찾기 게임을 하면서 스스로 계속 같은 단어를 찾아내는 걸 눈치챈 적이 있다면, 아인슈텔룽 효과가 얼마나 강력한지 알 것이다. 미로를 빠져나가는 길을 뇌가 일단 한번 보고 나면, 그 길을 무시하고 다른 길을 고려하기는 매우 어렵다.

메림 빌랠릭Merim Bilalić과 피터 맥클라우드Peter McLeod는 체스 선수들에 관한 참신한 연구에서 눈의 움직임을 추적하는 카메라를 사용해 이 사실을 증명한 적이 있다.[13] 체스 선수들은 문제의 답을 찾기 위해 보드 전체를 훑고 있다고 주장했지만, 실제 그들의 눈은 계속해서 똑같은 패턴을 좇고 있었다. 이전에 비슷한 문제를 풀었을 때 해답을 찾아낸 패턴 말이다. 이전의 접근법이 새 문제에는 효과가 없는데도 선수들은 그 패턴을 벗어나지 못했다. 선수들은 본인이 쳇바퀴를 돌고 있다는 사실을 전혀 눈치채지 못했다.

아인슈텔룽 효과는 혼자서 아이디어를 생성하는 게 기대만큼 결과를 낼 수 없는 이유를 알려준다. 모든 대안을 폭넓게 검토하기 위해서는 나 자신이 갇혀 있는지조차 알지 못하는 쳇바퀴를 벗어날 수 있게 우리를 밀쳐줄 사람들이 필요하다.

스파크를 불러일으키는
브레인스토밍의 여섯 가지 조건

문제 해결을 위해 사람들을 소집한다면 시간과 에너지를 투자한 만큼 최대한 '다양하면서도 많은' 아이디어를 얻고 싶을 것이다.

브레인스토밍 회의의 결과물로 나온 아이디어는 그 방에 모인 모든 사람의 경험과 배경, 사고방식이 온전히 반영되어 있어야 한다. '자기 목소리 듣는 것을 즐기는' 소수만이 아니라 모든 참석자의 적극적 참여가 필요하다.

다음에 설명하는 가이드라인은 업종이나 기업의 규모와 관계없이 효과가 있는 것으로 검증된 방법이다. 원격 회의가 필요하다면 화상회의에 특화된 훌륭한 온라인 툴이 다양하게 나와 있다. 다음 방법은 디지털 화이트보드나 디지털 포스트잇을 쓰는 회의에도 놀랄 만큼 잘 맞을 뿐만 아니라, 뭐니 뭐니 해도 화상회의를 택했을 때 가장 좋은 점은 자기 자리에 가만히 앉아 있지 못하고 스낵 봉지를 들고 회의실을 왔다 갔다 하는 사람 때문에 신경 거슬릴 일이 없다.

① 핵심 멤버만 모아라
리더들은 브레인스토밍 회의에 사람을 마구잡이로 불러 모으는 경우가 많다. 사람이 많을수록 더 좋아한다. 다양한 시각을 모았을 때 다양한 사고를 자극할 수 있는 이유에 대해서는 뒤에서 다시 살펴볼 테지만, 거기에도 신중한 접근이 필요하다. 참석자를 잘 구성하는 것은 회의의 성공과 직결된다. 자칫하면 핵심 멤버는 한쪽에 모여 있고, 다른 쪽에는 아웃사이더만 모일 수도 있다. 그렇게 되면 맥락을 잘 알지 못하는 아웃사이더는 실현 가능성이 전혀 없는 아이디어를 가지고 핵심 멤버의 주의만 산만하게 만들거나 그런 결과를 빚을까 두려워서 아무 말도 못할 수 있다.

다음번에 아이디어가 필요할 때는 수신자 참조 목록에 '전 직원'을 넣고 싶은 충동을 억눌러라. 적은 인원으로도 충분하다. 해당 문제에 대해 통찰력 있는 사람 셋만 있어도 브레인스토밍 효과를 볼 수 있다. 참석자가 6명이 넘는다면, 결국에는 기다란 회의실 책상에 앉아 가까운 자리의 몇 사람과만 이야기를 나누게 될 것이다(만약 브레인스토밍에 6명 이상이 모이게 된다면 다음에 설명하는 것처럼 3명에서 6명 정도로 팀을 나눠라).

모든 참석자는 현실성 있는 의견을 제시할 만큼 관련 경험과 전문 지식이 충분해야 한다. 물론 그렇다고 해서 모든 참석자가 같은 부서 사람이어야 한다는 말은 아니다. 7장에서 시각을 발굴하는 이야기를 할 때 보겠지만, 전혀 다른 일을 하는 부서에 있으면서도 우리 문제를 '들여다볼 수 있는' 사람을 초대하면 아주 큰 도움이 될 것이다.

그렇다고 해서 초보자의 시각이 아무 도움도 될 수 없다는 얘기는 아니다. 논의에 신선한 시각을 도입하고 싶다면 일부러 내용을 전혀 모르는 사람을 초대할 수도 있다. 그렇지만 나중에 생각나서 인턴 사원을 장식처럼 한 무더기 앉혀두지 말고, 구체적인 목적을 염두에 두고 사람을 골라라.

농기계 및 건설기계 등을 생산하는 내비스타Navistar는 전기버스와 관련된 문제로 획기적인 사고가 필요했다. 안타깝게도 이 문제를 가장 잘 아는 직원들은 방어적인 태도를 취했기 때문에 점증적인 개선안밖에 내놓지 못했다. 문제를 너무 잘 안다는 게 오히려 약점이 된 것이다. 이를 보완하기 위해 경영진은 조직 내 곳곳에서 일하는 직원을 한자리에 모았다. 그리고 문제를 간단히 설명해주고 하루의 시간을 주면서 최대한 많은 아이디어를 내보라고 했다. 이 초보자들은 해당 프로젝트와 아무런 이해관계도 없었고, 덕분에 훨씬 더 크게 생각할 수 있었다. 이들은 60개의 신중한 아이디어를 내놓았고, 결국은 그게 해결책으로 이어졌다.

관성을 극복하는 고급 기술로 초보자의 시각을 활용하는 전략은 7장에서 더 자세히 다룬다. 대부분은 각자의 경험과 전문 지식을 온전히 활용할 수 있는 사람들을 모으는 게 좋다.

② 최초 의견을 수집하라

여러 사람이 모인 상황에서 자유롭게 이야기하라고 하면 외향적인 사람에게 유리하다. 그리고 그런 상황에서는 모든 참석자가 '기준점 편향'에 취약해진다. 처음에 나온 몇몇 의견이 이후 모든 의견의 방향을 결정함으로써 결국 의견의 범위가 좁아질 것이다. 참석자를 한자리에 모으기 전에, 간단한 형태로 문제를 제시하고 적어도 두 가지 이상의 의견을 미리 달라고 하라. 이 최초 의견들은 나중에 아이디어를 생성할 때 씨앗 역할을 할 뿐만 아니라, 기준점 편향이 교묘히 작동하는 일이 없도록 막아줄 것이다. 그러면 최대한 넓은 스펙트럼에 걸쳐 다양한 아이디어를 탐구할 수 있다.

문제를 제시하는 방식은 보통 '어떻게 하면 ~할 수 있을까?'의 형태가 될 것이다. "어떻게 하면 고객들이 우리 모바일 앱에서 제품을 더 쉽게 찾을 수 있을까요?"처럼 말이다(문제 제시 방법에 관해서는 9장에서 더 자세히 다룬다). 이 경우뿐만 아니라 여러 목적으로 디스쿨에서는 미리 '틀'을 만들어놓곤 한다. 특정 연습을 할 때마다 재활용할 수 있는 일종의 템플릿이다. 만약 '집단 브레인스토밍 템플릿'이라면, 최상단에는 '어떻게 하면

~할 수 있을까?' 형태로 질문을 쓰고, 그다음에는 다음과 같은 가이드를 줄 것이다. "당신만의 경험과 시각을 살려 새로운 해결책을 추천하신다면?" 만약 참석자들의 배경지식이 부족하다면 이때 기본적인 사항을 몇 가지 알려주는 것도 도움이 될 것이다. 그다음에는 열 줄 이상의 빈 공간을 남겨 최소한 2개 이상의 의견을 제시하게 만들어라.

분명한 지시 사항이 적힌 템플릿을 프린트해서 나눠주면 이메일로 보내는 것보다 참여율이 높다. 효과적인 템플릿은 수정해서 다음에 또 사용할 수 있으니 문서를 반드시 보관하도록 하라.

회의 전날 저녁에 참석자들이 템플릿을 작성할 수 있다면 가장 좋다. 하지만 시간이 없다면 몇 가지 대안을 생각나는 대로 쓰는 데는 점심시간으로도 충분할 것이다. 뭐가 되었든 회의 시작과 동시에 질문을 제시하는 것보다 낫다.

③ 워밍업 과제로 뇌를 깨워라

테니스 경기를 시작하기 전에 파트너와 워밍업하듯, 처음 10분에서 15분 정도는 다 함께 워밍업 시간을 가진다. 워밍업 과제를 함께 풀어보면, 각자가 사전에 가지고 있는 숨은 어젠다나 염두에 둔 애착 아이디어 등을 제거하면서 머리를 맑게 할 수 있다. 또 참석자들이 일할 때 주로 사용하는 전형적인 수렴적 사고방식을 벗어나는 데도 도움이 된다.

일할 때 사람들은 실수를 알아채고, 리스크를 최소화하고, 혼돈을 정리하고, 하나에 집중하는 데 최적화되어 있다. 그러나 함께 아이디어를 생성하는 과정은 그와는 다른 방식의 작업을 요한다. 변수를 지우고, 리스크를 줄이고, 의사 결정을 내리면서 하나의 길로 수렴할 것이 아니라, 허락된 시간 내에 서로 최대한 광범위하게 흩어져 최대한 많은 방향을 탐색해야 한다.

일본의 어느 회사 경영진에게 우리가 이런 구분을 설명해줬더니, 고위 경영자 한 명이 참신한 해석을 내놓았다. "확산적 사고를 할 때는 아무거나 제안해도 된다는 말씀이죠? 수렴적 사고를 할 때는 '책임감 있게' 생각해야 하지만 말이에요." 영어가 모국어인 사람이었다면, 아마도 창의적 사고가 어떤 식으로든 '무책임하다'는 암시를 하지 않았겠지만, 그래도 이 해석은 아주 정확하게 들렸다. 직장에서 무모하거나 리스크가 있는 아이디어를 내놓는 것은 무책임하게 느껴지는 게 사실이기 때문이다. 우리는 훌륭한 관리자가 되고 싶어 한다. 회사의 자원을 관리하는 측면에서든, 자신의 평판을 관리하는 측면에서든 말이다. 그렇지만 창의성을 발휘해야 하는 상황에서는 평범한 하루 중에는 결코 떠오르지 않을 법한 새로운 사고가 필요하다. 즉 이 시간 동안만큼은 스스로에게 '무책임한' 사고를 허락해야 한다. 확산적 사고를 할 때는 '실수'라는 것이 없다. 훌륭한 창의성 전문가이자 풍경 화가 밥 로스Bob Ross의 표현대로 오직 '행복한 작은 우연'이 있을 뿐이다.

훌륭한 워밍업 과제는 회의 분위기를 좌우할 뿐만 아니라 창의성을 발휘하는 과정의 '교전 원칙'을 설정하는 역할을 한다. 타인의 의견에 대한 판단은 나중으로 미루고, 양을 우선시하고, 의견은 짧게 말하고, 타인의 아이디어를 더 발전시키자는 것 같은 원칙 말이다. 흔히 사용하는 '아이스 브레이킹' 요령은 아마 잘 알고 있을 것이다. 사람들은 아이스 브레이킹을 위해 서로의 몸짓을 흉내 내기도 하고, 가위바위보 토너먼트를 할 때도 있다. 뭐가 되었든 신체와 정신을 동시에 '깨울' 수 있는 내용이면 된다. 그러나 우리 경험에 비춰보면, 최고의 워밍업은 본 회의에서 하게 될 논의와 똑같은 형태면서 위험부담은 적은 과제를 하나 골라 미리 논의를 해보는 것이다.

예를 들어 새 버전이 나올 때마다 앱을 새로 구매할 것이 아니라, 월 이용료를 내고 앱을 정기 구독하도록 고객을 설득할 방안을 찾고 있다고 치자. 참석자들에게 다음과 같이 비슷한 과제를 내준다면 훌륭한 워밍업이 될 것이다. "어떻게 하면 앨런의 자녀들이 채소를 먹게 만들 수 있을까요?"

만약 모인 사람들이 방법을 잘 모른다면, 다음과 같은 규칙을 알려주고 논의를 시작하면 된다. 모든 참석자는 앞서 나온 아이디어에 대해 '아니요'라고 말해야 한다고 말이다.

"채소를 넣은 스무디를 만들면 되지 않을까요?"

"아뇨. 효과가 없을 거예요. 구워야 돼요."

"아뇨. 구우려면 시간이 너무 많이 걸려요. 그러지 말고 채소가 안 보일 정도로 드레싱을 듬뿍 뿌려요."

1, 2분 정도 참석자들이 이런 식으로 이야기를 나누고 나면, 이번에는 서로의 아이디어를 긍정하면서 그걸 더 발전시켜달라고 요청한다. "맞아요, 그리고…"로 발언을 시작하는 것이다.

"맞아요. 그리고 저칼로리 유기농 드레싱을 사용하면 건강에도 더 좋을 거예요."

"맞아요. 그리고 드레싱을 두 가지 주면서 아이들이 선택할 수 있게 하면 더 주도적이라는 느낌이 들 거예요."

이런 식으로 말이다. 워밍업을 끝낼 때는 참석자들에게 "아니요"에서 "맞아요. 그리고…"로 바꾸고 나서 논의의 내용이 더 좋아진 것을 눈치챘는지 물어본다. "아니요"는 불필요한 말이다. 우리는 아이디어 선별 작업을 하는 게 아니기 때문이다. "아니요"는 흐름을 방해할 뿐이다. "맞아요. 그리고…"라고 말한다면 다른 사람의 결과물을 나의 인풋으로 활용해서 확산적 사고를 통해 새로운 방향을 탐색할 수 있다. 다시 말하지만 워밍업을 하는 이유는 참석자들의 사고방식을 올바른 모드로 전환하기 위해서다.

④ 팀을 나누고 진행자를 배치하라

만약 참석자가 너무 많다 싶으면, 참석자들을 3명에서 6명 정도의 팀으로 나눠라. 결혼식 피로연에 가보면 하객들이 새로운 사람들과 어울리기 쉽게 웨딩 플래너가 테이블 좌석을 짜놓은 것을 본 적이 있을 것이다. 여러분이 웨딩 플래너가 됐다고 생각하라. 어떤 식으로든 관련이 있는 사람들은 서로 다른 팀에 속하도록 떨어뜨려놓아라. 그래야 최대한 다양한 관점을 만들어낼 수 있다. 이때 나이나 인종, 성별뿐만 아니라 직책과 부서, 직위까지 다양한 사람들이 서로 어울릴 수 있게 팀을 구성하라. 참석자들의 이름을 종이 위에 펼쳐놓고 팀을 짜도 좋고, 아니면 스프레드시트를 이용해 무작위로 섞어도 좋다. 팀을 다 짰으면 팀별 진행자를 정하고, 필요한 경우 잠시 시간을 내서 각 진행자에게 다음과 같은 지시 사항을 알려줘라.

각 팀의 진행자는 참석자들에게 네임펜과 포스트잇을 나눠주면서 회의를 시작한다. 가능하다면 참석자마다 다른 색상의 포스트잇을 나눠주면 누가 어떤 의견을 냈는지 구분할 수 있다. 그리고 모든 팀원의 좌석을 화이트보드에 팔이 닿는 거리에 배치하는 게 좋다. 이렇게 좌석을 배치해놓으면 모든 팀원이 동등한 의견 개진 기회가 있는, 동등한 참여자임을 강조할 수 있다.

중요한 것은 진행자는 결코 '상사'가 아니라는 점이다. 이는 진행자가 실제 부서의 상사일 경우에도 마찬가지다. 아이디어를 생성할 때 직책이나 직위 등은 무관하다. 필요하다면 배지나 계급장처럼 참석자의 지위를 상징하는 표식은 제거하라. 진행자는 모든 참석자가 적극적으로 논의에 참여하고 회의장의 활력이 떨어지지 않게 신경 쓰면서 회의를 진행하면 된다.

진행자는 팀원들이 작성한 템플릿을 검토해 아이디어 생성을 자극할 수 있는 '씨앗' 대여섯 개를 고른다. 최대한 폭넓게 다양한 해결책을 생성하는 게 목표이기 때문에 모든 참석자의 아이디어를 적어도 하나씩은 택한다. 그 외에는 참신함과 현실성 사이에서 균형을 맞추면 된다. 현실과 완전히 동떨어진 아이디어를 택하면 지나치게 가볍거나 엉뚱한 대안이 나와서 회의에 도움이 되지 못할 것이다. 그렇다고 너무 뻔하거나 평범한 아이디어를 고르면 논의가 제자리를 맴돌 것이다.

화이트보드에 세로로 줄을 그어서 상단에 각각 씨앗 아이디어를 썼다면, 이제 본격적으로 논의를 시작하라.

⑤ 빠르게 진행하라

혼히 이런 회의에는 1시간 정도가 할당된다. 위밍업에 필요한 10분에서 15분 정도까지 포함해서 말이다. 만약 시간이 더 있는 편이 도움이 될 것 같으면 그 시간을 1시간 이하 단위로 쪼개고, 각 시간의 마지막에는 5분 정도를 남겨서 아이디어를 취합하고 간단하게 마무리 논의를 갖도록 한다.

타이머가 시작되면 진행자는 화이트보드의 첫 번째 칸에 있는 씨앗 아이디어와 관련해 아이디어를 구한다. 의견을 말하고 싶은 참석자는 (a) 포스트잇에 본인의 아이디어를 쓰고 (b) 큰 소리로 참석자들에게 읽어준 후 (c) 화이트보드에 가져다 붙이면 된다. 회의 중에는 진행자 자신도 아이디어를 내놓으면서 다른 참석자들을 독려한다. 그리고 항상 아이디어의 '질'이 아니라 '양'을 강조하도록 한다.

상황이 빨리 전개되면, 사람들이 자신의 아이디어를 찬찬히 평가할 시간이 없어진다. 그러니 모든 참석자가 본인의 아이디어를 두 번 생각할 틈조차 없도록 가벼운 분위기로 아주 빠르게 회의를 진행하라. 회의 내내 진행자는 참석자들에게 아이디어에 대한 판단은 나중으로 미루고, 타인의 아이디어에 살을 보태 더 발전시켜보자고 말하라. '유력한 아이디어'를 중심으로 아이디어가 수렴되려는 기미가 보이거나, 누구 한 사람이 참석자들의 생각을 특정 방향으로 몰아가려고 하면 즉각 조치를 취해야 한다. 중요한 것은 내가 특정 아이디어를 어떻게 생각하느냐가 아니라, 우리가 생각해내는 모든 아이디어가 다른 사람이 새로운 아이디어를 떠올리는 데 도움을 주어야 한다는 점이다.

화이트보드가 조금씩 채워질 때마다 포스트잇 색깔을 유심히 관찰하라. "빌, 화이트보드에 녹색 포스트잇이 하나도 안 보이네요. 빌도 의견을 좀 내주세요." 가능하면 최대한 모든 참석자의 아이디어를 받아야 다양한 사람으로 팀을 구성한 이점을 충분히 누릴 수 있다. 만약에 한두 사람이 계속해서 화이트보드를 점령한다면 순서를 정해주거나 한 번에 한 가지 의견만 내달라고 하라. 보통은 이렇게 단호한 진행이 꼭 필요한 것은 아니지만 특히 화상회의 같은 경우에는 다음이 내 차례라는 사실을 알지 못하면 사람들은 입을 열지 않는다. 마찬가지로 사람들에게 네임펜을 사용하라는 얘기도 계속 해주어야 한다. 앞서 말했듯 '적지 않으면, 없었던 일이다.' "빌, 멋진 아이디어네요. 포스트잇에 써서 화이트보드에 붙여주세요(이 말을 '아주 많이' 해야 할 수도 있다)!"

아이디어 생성은 전자레인지로 팝콘을 만드는 과정과 비슷하다. 처음에는 직관적인 아이디어 몇 개가 잇따라 빠르게 '튀어오를' 것이다. 그다음에는 더 다양한 아이디어들이 꾸준히 등장하면서, 뻔한 방향은 줄어들고 창의성 절벽도 뛰어넘을 것이다. 아이디어 생성이 완전히 멈추기(보통 5~6분 정도 걸린다) 전에 진행자는 다음 칸으로 사람들의 관심을 돌리는 게 좋다. 그래야 에너지도 활발하게 유지되고 주어진 시간에 마지막 칸까지 모두 채울 수 있다. 한 칸당 6분으로 6칸을 채운다면, 처음에 워밍업을 하고 나중에 마무리할 시간까지 모두 확보될 것이다.

⑥ 캡처하고, 숙성시키고, 다시 모여라

회의가 끝나면 모든 팀을 한자리에 모아서 그동안 나온 결과와 그것이 의미하는 내용에 대해 5분간 대화를 나눈다. 모든 화이트보드는 반드시 사진을 찍어둔다. 어느 아이디어가 가장 가능성이 있을지 알아내려는 시도조차 하지 마라. 뒤에서 보겠지만, 사람들은 그런 걸 잘 판단하지 못한다. 특히 아이디어를 낸 당장에는 말이다.

그다음에는 분명한 미션을 주고 참석자들을 내보낸다. "우리가 함께 상상한 해결책은 물론이고, 제시된 문제를 계속해서 고민해주시기 바랍니다." 그리고 이렇게 설명하라. "이 회의가 끝난 후에 아주 참신한 생각이 떠오르는 경우가 있습니다. 향후의 방향을 논의하기 위해 다시 모일 때, 그 사이 떠오른 생각이나 아이디어를 들려주시기 바랍니다."

흩어지기 전에 각 팀이 생성한 아이디어의 총 개수를 세어본다. 예를 들어 60분 동안 참석자들이 200~300개 이상의 아이디어를 생성했다는 사실을 알게 되면, 모든 참석자에게 믿기지 않을 만큼 큰 동기부여가 될 수 있다. 이는 참석자들이 사용한 시간의 투자수익률을 강조해준다.

시간이 지나면 여러분이 하는 일에서 적절한 아이디어 비율이 어느 정도인지 감이 생길 것이다. 그러면 그때부터는 매번 그 비율을 목표로 삼으면 된다. 우리의 뇌는 창의성 절벽이라는 '착각' 때문에, 실제로는 그렇지 않을 때도 자꾸만 아이디어가 다 떨어졌다고 말한다는 사실을 기억하라. 아이디어 비율 같은 지표가 있으면 그렇지 않다는 걸 더 쉽게 알 수 있다. 따라서 우리의 기대치가 달라지고, 그런 만큼 다음번에는 더 쉽게 더 오랫동안 아이디어를 생성할 수 있다.

이렇게 간단하더라도 체계적인 방법이 있으면 1시간으로도 상상 이상의 성과를 거둘 수 있다. 한 번에 아이디어가 2,000개씩 나오지는 않겠지만, 우선은 수십 개 혹은 수백 개의 아이디어로 시작할 수 있을 테고, 실험을 통해 데이터가 나오면 나머지 아이디어에도 불이 붙을 것이다.

결과를 극대화하고 싶다면 좋은 의미의 경쟁적인 분위기를 만들어라. 팀을 여럿으로 나눴다면 어느 팀이 가장 많은 대안을 생성했는지 보라. 또는 각 팀에게는 씨앗 아이디어의 칸을 하나씩 옮겨 갈 때마다 앞 칸보다 더 많은 수의 아이디어를 내보라고 격려하라. 재미있게 진행하라. 냉전 시대 미국과 소련 사이의 체스 게임 결승전처럼 진행하지 말고, 자선 모금 마라톤 대회처럼 운영하라.

그리고 마지막으로 스탠퍼드대학교 즉흥 연극 동아리 심스 SImps, Stanford Improvisers의 회장 댄 클라인Dan Klein의 조언을 따라라. "굳이 창의적으로 생각하려고 애쓰지 마라. 오히려 과감하게 뻔한 길로 가라." 누군가에게는 '뻔하다'고 느껴지는 것이 다른 사람들에게는 참신할 수 있으며, 새로운 영감을 불러일으킬 수도 있다. 묵시적인 것을 명시적으로 만들어라. '말하지 않고' 그냥 넘어가는 게 하나도 없도록 하라. 앞서 말했던, 원자로를 날아다니는 창의적 중성자를 기억할 것이다. 현실 밖의 무언가를 꾸며내려고 하기보다는 즉각 떠오르는 대로 이야기하고 연쇄반응이 시작되는 것을 지켜보라. 과감하게 뻔한 길로 가라.

나머지 팀원들이 환상적인 결과를 만들어낼 거라고 믿어라.

이게 바로 여럿이 모여서 작업할 때의 핵심적인 이점이다. 쇠로 쇠를 더 날카롭게 만드는 과정이다. 아이디어를 생성할 때 우리가 각자 자리에 콕 박혀서 혼자 작업하지 않는 이유가 바로 이것이다. 여럿이 모여 작업하면 혼자서 창의적 영웅이 되는 짐을 질 필요가 없다. 편안하게 긴장을 풀고 서로에게 스파크를 일으켜주는 것만으로도 앞으로 나아갈 수 있다.

회의가 끝나면 흥분은 가라앉고 현실이 대두된다. 판단하지 않고 우선 양만 추구하는 과정은 재미있다. 하지만 양은 원래 질을 위한 게 아니었던가? 참석자들은 틀림없이 다음과 같이 질문할 것이다. "이 중 하나라도 훌륭한 아이디어인지 어떻게 알 수 있나요?" 4장에서는 바로 이 질문에 대한 답을 알아볼 것이다. 현장에서 아이디어를 검증할 수 있는 혁신의 프로세스를 구축하고 나면, 실험 결과를 가지고 더 많은 창의적 사고가 자극되는 걸 보게 될 것이다. 길을 하나 그려놓고 맹목적으로 따라가는 것이 아니라, 이렇게 더듬거리면서 앞으로 나아가는 게 핵심이다.

아이디어 문제를 해결할 때 집단 회의가 귀중한 툴인 것은 틀림없지만, 아이디어 생성이 반드시 어느 프로젝트의 시초에만 일어나는 것은 아니다. 테스트, 개선, 추가적 탐색이라는 사이클은 혁신의 전 과정에 걸쳐 계속된다. 이 사이클이 끝나는 것은 오직 목표를 달성했을 때뿐이다. 아니면 더 풍부한 기회를 발굴하기 위해 해당 목표를 폐기했을 때나.

4장

최고의 아이디어를 가려낼
검증 프로세스

"우리는 우리가 틀렸다는 걸 최대한 빨리 증명하려고 노력 중이다.
우리가 발전할 수 있는 방법은 오직 그 길뿐이기 때문이다."[1]
— 리처드 파인먼Richard Feynman, 이론 물리학자

실리콘밸리 은행 SVB, Silicon Valley Bank은 캘리포니아주 샌타클래라에 본사를 둔 대형 상업은행이었다. 1983년 설립된 이래 실리콘밸리 은행은 이 지역 대표 상품에 특화된 사업을 했다. 바로 '첨단 기술 스타트업' 말이다. 실리콘밸리 은행은 미국 내 가장 큰 은행 중 하나였고 전 세계적으로 영업을 했다. 여러 사업을 하지만 실리콘밸리 은행의 성공에는 여전히 기술과 벤처 캐피털, 즉 혁신이 핵심적인 역할을 했다. 2016년 아직 성장에 목말랐던 CEO 그레그 베커Greg Becker는 사내 리더들과 협업을 진행해달라고 우리를 초대했다. 베커는 조직 내 9개 팀을 구성해

기회를 탐색해야 할 전략 부문을 하나씩 나눠주었다.

새로운 조직과 협업하게 되면 우리는 보통 교육 목적으로 가상의 프로젝트를 도입한다. 베커가 9개 전략 부문을 정해주었기 때문에 우리는 그중 하나로 시작해보기로 했다. 실리콘밸리 은행의 핵심 사업과도 여러모로 연결된, 채권 발행을 통한 스타트업 자금 조달 문제가 좋아 보였다. 이 팀은 스타트업 창업자들이 신규 사업을 론칭하기 위해 돈을 어떻게 빌리는지 살펴볼 예정이었다. 이들 고객이 예상하는 조건은 어떤 것인가? 이들 고객은 공통적으로 어떤 문제에 직면하는가? 어떻게 하면 실리콘밸리 은행이 채권 발행을 통한 자금 조달을 더 설득력 있게 제시할 수 있을까? 이런 문제의 답을 찾는다면 커다란 파급효과를 노릴 수 있었다.

3장에서 설명한 아이디어 생성 프로세스에 대해 알려준 다음, 우리는 그들을 9개 팀으로 나누어 작업을 시작했다. 각 팀은 사흘 동안 아이디어를 생성하고, 시안을 만들고, 사용자 피드백을 수집했다. 사흘째가 끝나갈 무렵, 모든 팀이 한데 모여 결과를 공유했다. 결국 이 문제의 해결을 맡게 될 팀이 배심원단이 되어 가장 유망한 대안을 고르면, 그것으로 테스트와 검증을 진행하기로 했다.

포트폴리오 리뷰의 시작은 좋았으나 시간이 지나면서 배심원단이 장점보다는 리스크 회피를 중시한다는 사실이 점점 더 분명해졌다. 프레젠테이션이 끝나자 배심원단이 앞으로 나가 본인들의 선택을 발표했다. 우려했던 대로 리스크는 가장 적지만 흥미롭지도, 유망하지도 않은 대안을 골랐다. 사람들의 반응이 기대와 다르자 배심원단은 흔들렸다. 우리는 손을 한번 들어보라고 했다. "배심원단에 속한 분들을 제외하고 이 아이디어에 투표한 분이 있나요?" 잠깐 아무런 반응이 없다가 40명 중 2명의 손이 올라갔다.

"진심이세요?" 배심원단 중 하나가 소리쳤다.

"그쪽이야말로 진심이세요?" 저 뒤편에서 누군가 소리쳤다.

배심원단에 속한 사람들은 하나같이 본인이 '명백한 정답'을 골랐다고 생각했다. 하지만 그들을 제외하고는 아무도 그렇게 생각하지 않았다. 대체 어찌 된 일일까?

우리는 호랑이를 피하도록 만들어졌다

다들 알겠지만 미식축구 슈퍼볼Super Bowl 게임이 벌어지고 있을 때 TV에 대고 "(이렇게 또는 저렇게) 했어야지!"라고 외치는 사람이 있다. 어딜 가나 '방구석 쿼터백('쿼터백'은 미식축구에서 공격의 리더 역할을 하는 포지션-옮긴이)'이 있다. 지나간 선택을 놓고 이러쿵저러쿵하기를 좋아하는 사람들이 있다. 잘못된 선택을 내가 책임져야 하는 때가 아니라면 말이다.

이게 꼭 나쁘다고만은 할 수 없다. 선택의 결과를 내가 책임져야 한다면 생각에 영향을 받을 수밖에 없다. 내가 투자한 게 있으면 선택지가 달라 보인다. 내가 담당자면 본능적으로 시야가 좁아진다. 수명을 재촉하는 해로운 직장에 친구가 다니고 있다면 당장 그만둬야 한다는 게 빤히 보인다. 하지만 그게 내 직장이라면 그렇게까지 그림이 또렷하지 않다. 회사를 그만두거나 커리어를 바꾸었을 때 수반될 리스크와 수고가 훨씬 더 위협적으로 보인다. '그래, 어떻게 보면 우리 부장이 꼭 비정상인 것만은 아냐.' 내가 당사자가 되면 큰 그림을 보는 게 결코 쉽지 않다.

실리콘밸리 은행에서 있었던 일도 바로 이런 긴장감을 잘 보여준다. 세부적인 실행 계획이나 시간과 자원 투자, 리스크 등을 걱정할 필요가 없다면 소극적으로 임할 이유가 전혀 없다. 모두의 호기심을 자극하는 아주 참신한 아이디어도 여러 개 있었고 말이다. 어떤 아이디어든 검증을 위해서는 현장 실험이 필요하지만 이들 아이디어는 잠재력이 넘쳤다. 설사 사업성이 없었다고 하더라도 이 참신한 아이디어들을 탐색하다 보면 뭔가 흥미로운 방향이 나타났을 것이다.

그런데도 실리콘밸리 은행 배심원단이 잠재력이 가장 작은 아이디어를 선택한 것은 실현 가능성이 가장 높았기 때문이다. 우리는 날카로운 송곳니가 있는 호랑이를 피하도록 만들어져 있다. 우리는 베이에어리어 지역 은행들의 채권 발행을 통한 자금 조달 프로그램의 성장 잠재력을 극대화하도록 만들어져 있지 않다. 이는 '손실 회피'라고 알려진 인지 편향이 다시 한 번 나타난 것이다. 내 목숨이 달린 일이라면 리스크가 보상보다 훨씬 크게 다가온다. 압박감이 들 때 마음은 본능에 더 크게 의존한다. 그런 다음 이 직관적 선택을 소급해서 정당화한다. 인지 편향 때문에 선택해놓고는 나중에 허울 좋은 논리와 이유를 갖다 붙이는 것이다.

배심원단에 속한 사람들에게는 덜 흥미롭지만 가장 안전한 아이디어가 정말로 옳은 선택처럼 보였다. 그랬기 때문에 다른 사람들의 반응에 그처럼 놀란 것이다. 배심원단은 정서적 차원에서 이미 확실히 마음먹고 있는 게 있었다. '현 상태와 조화를 이루면서도 목표에 이르는 길이 분명히 보이고, 너무 많은 수고가 들지 않는 아이디어' 말이다. 그런 다음에야 합리적 사고가 개입해서 사업성을 따졌다. 스탠퍼드대학교의 바바 시브Baba Shiv 교수의 말처럼 "뇌에서 합리적 사고를 담당하는 부분은 다른 데서 만들어진 의사 결정을 합리화하는 데 아주 뛰어나다."

수고가 많이 들고 리스크가 크다고 느껴지면 큰 그림을 볼 수 없다. 이럴 때 압박감을 줄여줄 수 있는 방법이 바로 아이디어 테스트의 프로세스를 구축해두는 것이다. 검증 프로세스가 있으면 아이디어에 '출구'가 생긴다. 'Yes' 아니면 'No'로 양자택일할 필요가 없다. '테스트'라는 말을 들었을 때, 기업들이 경직된 절차에 돈을 쏟아부으며 추진하는 '파일럿 프로그램'을 떠올렸다면 오산이다. 오히려 고등학교 과학 시간에 있을 법한 빠르고 허접한 테스트를 떠올려라. 가설 설정에서 결과 확인까지 1시간 안에 끝내고 점심 먹으러 가는 테스트 말이다.

'전면적 추진용'이 아니라 '테스트용'으로 아이디어를 고른다는 말은, 의미 그대로 그냥 빠르고 허접하게 테스트를 한번 해보겠다는 뜻에 불과하다. 이렇게 가볍게 생각해야만 장점을 기준으로 아이디어를 평가할 수 있다. 아이디어 검증 프로세스를 구축해두는 것은 아이디어플로를 유지하는 데 매우 중요하다. 비싼 돈을 들여서 무시무시한 '그린 라이트'를 받아내는 것 말고는 다른 방법이 없다고 생각하면, 대부분의 아이디어가 너무 위험하고 지나치게 많은 자원을 요구하는 것처럼 보인다. 그러면 고려조차 해보지 않게 된다. 원대한 아이디어는 정작 추진하지 못하고 자꾸만 더 쉽고 리스크가 작은 아이디어 쪽으로 손이 가는 것은 바로 이 때문이다. 창의적 사고가 이런 걸림돌을 한번 알아채고 나면, 보통은 더 이상 원대한 아이디어를 생성하지 않는다.

염도가 높은 것으로 유명한 이스라엘 사해死海에서 북쪽으로 약 145킬로미터만 가면 다양한 생태계를 품은 담수호인 갈릴리호Sea of Galilee가 있다. 둘 다 요르단강의 물이 흘러들지만, 사해에는 출구가 없고 갈릴리호는 이스라엘 물 수요의 10퍼센트를 공급한다. 생명에도, 활력에도 '흐름'이 필수다. 아이디어의 경우에도 위험부담 없는 출구가 있다면 창의성의 흐름을 복원할 수 있다. 처음부터 어마어마한 양의 아이디어를 생성해서 '정답'을 골라내야 한다고 생각하면, 완벽해야 한다는 압박감이 생긴다. 그러면 맥 빠지고 안전한 선택밖에 할 수 없다. 그렇게 이분법적으로 접근하면 시행착오를 통해 아이디어를 개선하기는커녕 이것저것 시도해볼 수조차 없다.

'현장'은 창의적 인풋을 얻을 수 있는 훌륭한 장소다. 실험을 해보면 의뢰인이나 고객, 비용 등에 관해 많은 것을 알게 되고, 이를 다시 아이디어에 반영할 수 있다.

따라서 아무것도 없는 상태에서 산더미 같은 아이디어를 생성해 즉각 '정답'을 결정하고 추진하려고 해서는 안 된다. 이제부터는 현장에서 아이디어를 테스트하라. 데이터를 수집해 아이디어를 수정하고 그 과정에서 더 좋은 아이디어를 떠올려라. 그렇게 한 발, 한 발 전진하다 보면 '영감'은 어느새 '확신'으로 바뀌어 있을 것이다.

　4장에서는 아이디어가 공급될 프로세스를 구축하는 방법을 알아본다.

두 눈을 감은 채로 페달을 밟지 마라

자기 분야에서 인정받는 전문가라 할지라도 현장 데이터가 없을 때는 이 아이디어를 추진하라고 결정을 내릴 수 없다. '아무도' 결정을 내릴 수 없다! 알 수 없는 요소가 너무 많기 때문이다. 현장 테스트 없이는 프로젝트의 성공 여부를 운에 맡기는 것과 같다. 검증되지 않은 혁신이란, 자동차 머리를 집 쪽으로 맞춰놓고 두 눈을 감은 채 가속페달을 밟는 것과 같다. 집에 도착할 가능성이 없는 것은 아니지만, 중간에 도랑에 빠질 가능성이 훨씬 크다. 이는 이성적인 행동이 아니다. 그런데도 기업들은 일상적으로 이런 일을 저지른다. 눈가리개를 하고 집으로 차를 몬다. 고객 선호를 검증해보기도 전에 기술적 솔루션을 찾는다면서 시간과 돈을 마구 내다 버린다. 그 제품이나 서비스를 찾는 사람이 아무도 없다는 게 밝혀지고 나면 세일즈 팀을 탓하거나 시장 환경이 바뀌었다고 말한다. 혁신의 프로세스가 잘못되었다는 말은 끝까지 나오지 않는다. 그래서 똑같은 사이클이 처음부터 다시 시작된다.

제너럴 모터스도 같은 일을 저지른 적이 있다. 제너럴 모터스는 2016년 자동차 공유 서비스 '메이븐Maven'을 선보였다.[2] 시작부터 반응이 왔다. 뉴욕시에서 시간 혹은 하루 단위로 제너럴 모터스의 자동차를 빌려주는 파일럿 프로그램을 출시했더니 수천 명이 가입했다. 그렇다면 그다음 단계는 메이븐 서비스를 인근 지역으로 확대하는 것이다. 아예 다른 지역으로 무대를 옮겨봤다면 더 좋았을 것이다. 만약 애리조나주 피닉스에서 두 번째 파일럿 프로그램을 제공했다면 제너럴 모터스의 예상과 아주 다른 테스트 결과가 나왔을 것이다. 그러나 이 분야를 선점하고 싶은 마음이 너무 컸던 나머지, 제너럴 모터스는 수백만 달러를 태우면서 10여 개 도시에서 메이븐 서비스를 동시 제공하는 잘못된 판단을 했다. 이 서비스의 콘셉트에는 중요한 구멍이 있다는 걸 경영진은 뒤늦게 알게 됐다. 그 구멍은 대도시인 뉴욕에서 실시한 테스트에서는 드러나지 않았고, 여건에 차이가 있는 다른 시장에 출시되고 나서야 분명해졌다. 안타깝지만 이미 전면 확대를 한 이상, 콘셉트를 계속 유지하려면 모든 문제를 동시에 해결해야 했다. 그리고 그걸 모두 해결하기 전에 신규 프로그램에 배정된 시간과 자원은 다 동나버렸다. 기대를 한 몸에 받으며 출시되었던 메이븐 서비스는 출시 4년 만에 문을 닫았다.

켈러 윌리엄스에서 과감한 신규 콘셉트가 제안됐을 때도 비슷한 일이 있었다고, 그곳의 혁신 책임자 존 켈러John Keller가 알려주었다. 부동산업계에서는 지역 정보가 매우 중요하다. 간판을 내걸고 부동산 매물을 정리하는 일은 누구나 할 수 있지만, 해당 지역을 제대로 아는 데는 시간과 노력이 필요하다. 이는 좋은 커피숍을 찾으려고 소비자 리뷰 사이트를 검색해보는 것과는 차원이 다른 일이다. 최고의 부동산 중개업자들은 해당 지역에 관해 거의 백과사전 수준의 지식을 갖추고 있다. 어렵게 쌓은 이 전문 지식이 바로 부동산 중개업자의 경쟁 우위 요소다. 몇 번 경험해보고 나면 사람들은 학군에 관한 정보라든가 소음 공해, 통근 시 이용할 수 있는 지름길, 기타 부동산 중개업자가 알려주는 정보를 신뢰하게 된다. 그리고 이런 전문 지식은 시간이 지나면 고객 충성도와 고객 추천으로 보상을 받는다. 만약 나 혼자서는 결코 알지 못했을 문제점을 어느 중개업자가 알려준 덕분에 엉뚱한 집을 구매하는 것을 면했다면, 그 일은 절대 잊을 수가 없다.

켈러 윌리엄스 소속 중개업자들은 방대한 지역 정보를 모아 두고 있었지만, 이 정보를 서로 공유할 방법이 없었다. 회사는 이 귀중한 자원을 적극적으로 활용할 수 있게 내부 데이터베이스를 만들고 싶었다. 그러면 소속 중개업자들이 자신의 지식을 공유할 수 있고, 필요할 때는 언제든지 본인도 그 데이터를 검색할 수 있을 것이다. 예를 들어 사업 지역을 옮겨 가더라도 훨씬 빨리 파악할 수 있을 것이다. 또 많은 정보가 한곳에 모여 있으니 신입 사원이 들어오더라도 적응하기 쉬울 것이다. 신입 중개업자가 들어올 때마다 지역 특색에 관해 똑같은 설명을 반복할 필요가 없을 것이다.

데이터베이스는 좋은 아이디어처럼 보였다. 하지만 여러 의문도 낳았다. 대체 어떤 게 지역 정보지? 좋은 식당? 훌륭한 소아과? 믿을 만한 인테리어업체? 만약 이 아이디어를 실제로 추진한다면 기성품 소프트웨어면 될까? 아니면 거액을 들여서 맞춤형 데이터베이스 솔루션을 만들어야 할까? 또 그 데이터베이스를 사용한다면 과연 정보를 올리거나 찾는 게 쉬울까? 휴대전화로도 쉽게 사용할 수 있을까? 훌륭한 부동산 중개업자라면 절대로 가만히 책상에 앉아 있지는 않을 텐데 말이다.

세상 모든 아이디어에는 의문이 따라붙는다. 그럴 때 앞으로 나아갈 수 있는 유일한 방법은 답을 가정해보는 것뿐이다. 그러나 이 가정을 현장에서 테스트해보지 않는다면 내 짐작이 옳았는지 알 길이 없다. 이 테스트 과정을 완성품 혹은 최종 서비스가 공개 출시될 때까지 미루는 것은 치명적인 잘못이다. 그런데도 너무나 많은 기업이 바로 이 잘못을 저지른다. 켈러 윌리엄스는 그것보다는 요령 있는 기업이었고, 그래서 이 데이터베이스의 파일럿 버전을 먼저 특정 지역의 중개업자들에게 도입했다. 얼마 못 가 수천 개의 지역 정보가 새 데이터베이스에 입력됐다. 참여자들은 만족하는 듯했다. 처음에는 귀찮을 줄 알았는데 실제로 써보니 사용하기 쉬웠고 현장에서 꽤 쓸모도 있었다. 중개업자들의 참여율이 회사의 기대치를 상회했다.

제너럴 모터스의 메이븐 서비스의 경우처럼, 올바른 다음 단계는 똑같은 가정을 이번에는 좀 다른 각도에서 테스트해볼 수 있게 전혀 다른 지역에서 서비스를 제공하는 것이다. 하지만 이번에도 그런 일은 일어나지 않았다. 어느 조직이 테스트하는 문화와 혁신 프로세스를 갖춰놓지 않았을 경우 '끝없는 테스트로 시간을 낭비'하는 것보다는 유력한 아이디어를 서둘러 추진하는 게 너무나 유혹적이기 때문이다.

나중에 존 켈러는 이 일을 우리에게 털어놓으며 크게 아쉬워했다. 당시 한 번의 테스트가 성공하자 켈러 윌리엄스는 데이터베이스를 전국적으로 확대 적용했다. 그러나 규모가 커지면 복잡성이 기하급수적으로 늘어난다는 사실을 경영진은 알지 못했다. 아이디어를 조금만 더 크게 적용해도 상황은 아주 복잡해질 수 있다. 파일럿 버전을 사용하는 동안에는 부동산 중개업자들이 데이터베이스를 쉽게 단속할 수 있었다. 서로 잘된 예를 알려주고, 검색 결과를 어지럽히는 질 낮은 내용은 치워버릴 수 있었다. 하지만 전국적인 규모가 되자 데이터베이스에 갑자기 너무 많은 내용이 입력되면서 사용자들의 자정 능력을 한참 벗어나버렸다. 데이터베이스의 입력 건수가 50만 건을 넘어설 정도가 되자, 잡다한 정보 중에서 쓸모 있는 내용을 걸러낼 수 없었다. 모범 이용자들은 본인이 정성 들여 쓴 내용이 수많은 한 줄짜리 언급에 희석되어버리는 걸 지켜보는 데 지치기 시작했다. 그런데도 소프트웨어는 아직 방대한 양의 데이터를 최적화해서 분류하지 못했다. 과부화된 데이터베이스에 오류가 늘어나고 속도가 느려지자 무엇 하나 찾아내기가 어려워졌다. 수만 명의 사용자가 거의 동시에 이용을 중단하면서 이 데이터베이스는 벽에 부딪힌 듯했다. 시스템을 고쳐보려는 시도는 번번이 실패했다. 이에 따른 실망감이 부동산 판매라는 본연의 업무에까지 방해가 될 듯하자 경영진은 프로젝트를 취소했다. 훌륭해 보이는 아이디어의 이점을 너무 빨리 누려보려다가 켈러 윌리엄스는 황금알을 낳는 거위를 죽여버렸다.

존 켈러는 이 사건을 켈러 윌리엄스 역사상 가장 크게 실패한 혁신으로 본다. 너무나 큰 잠재력을 지닌 핵심 콘셉트였기 때문이다. 만약 회사가 시간을 들여서 몇 단계에 걸친 반복과 테스트로 가정을 검증했더라면 제대로 된 접근법을 찾아냈을지도 모른다. 만약 그랬다면 존 켈러의 말처럼 '계획의 부재로 인한 허둥지둥 사태'도 피할 수 있었을 것이다. 하지만 일을 크게 그르치고 나면 초기 단계부터 차근차근 다시 고쳐나가겠다는 의지가 조직적으로 생기기는 힘들다. 켈러 윌리엄스가 이 데이터베이스에서 손을 뗄 즈음에는 이미 사용자들이 더 이상 자발적 무보수 활동에 시간을 투자할 마음이 없었다. 이 프로젝트의 실패는 어느 아이디어에 '올인'할 때의 위험을 제대로 보여준다. 심지어 테스트에 한 번 성공했던 경우조차 말이다.

올바른 검증 프로세스는 순환 고리의 형태다. 그냥 아이디어를 한 무더기 생성해서 테스트를 한 번 하고, 효과가 있으면 미친 듯이 확장하는 게 아니다. 주어진 단계를 하나씩 모두 밟아야 한다. 테스트를 하고, 결과를 분석하고, 수정한 다음 다시 테스트해야 한다. 우리가 여러 번 목격한 바로는 기업들은 유망해 보이는 아이디어를 확장하고 싶은 마음이 너무 큰 나머지, 충동을 자제하지 못하고 이런 노력을 그냥 건너뛰어버린다. 빨리 승리하고 싶은 마음에 자신들도 모르게 노력을 망가

뜨린다. 다년간 혁신에 굶주려온 기업이라면 더욱 말할 것도 없다. 조직에 이제 막 아이디어플로가 증가하기 시작했을 때, 유력한 아이디어를 서둘러 추진하고 싶은 충동을 특히 조심하라. 문제는 '언제나' 있고, 성장의 각 단계에서 해당 문제를 해결해야만 앞으로 한 걸음 나아갈 수 있다. 페이스를 조절하라. 사람들은 프로젝트가 잘못되면 실행에 문제가 있었다고 말한다. 그러나 아무리 훌륭한 운전자도 눈을 감고 운전할 수는 없다. '나는 눈대중으로 할 수 있다' 혹은 '그때그때 상황 봐서 하면 된다'는 식의 자기기만을 빨리 포기할수록 더 일관되게 성공할 수 있다. 무언가를 투자하기 '전에' 테스트하라. 한 번이 아니라 '단계마다' 테스트하라. 테스트는 예측이다. 테스트를 하면 성공하기 전에 성공을 내다볼 수 있다.

조직이 테스트를 꺼리는 데는 여러 가지 이유가 있다. 잘못된 인센티브도 그중 하나다. 테스트에 대해 잘 알지 못하면, 테스트는 마치 일거리는 많은 데 비해 보상은 거의 없는 일처럼 비칠 수 있다. 혁신은 보통 무언가를 만들어내거나 해결하라는 리더의 명령으로 시작된다. 리더에게 무언가가 '효과가 없을 것'이라고 발언해서 승진하는 사람은 아무도 없다. 과학자가 무언가를 '확인하지 못했다'고 발표해서 노벨상을 탈 수 없는 것과 같은 이치다. 만약 테스트를 단순히 무언가를 판별하는 작업으로 본다면, 다시 말해 성공이나 실패 중 하나로 귀결될 작업이라고 생각한다면 위험부담이 너무 크다. 그리 거창한 사업을 추진하는 것도 아닌데 굳이 실패할 수도 있는 테스트라는 걸 해볼 필요가 있을까? 사업성이 있어 보이는 아이디어가 나왔을 때 대부분 실행하기 전에 굳이 꼼꼼히 살펴보지 않는 것은 바로 이 때문이다. 또 리더들은 추진 단계에서부터 조심스럽거나 이것저것 호기심을 보이는 부하 직원을 발견하면 회의적이거나 꾸물거리는 태도로 해석하는 경향이 있다. 그러니 무언가를 추진할 때 굳이 찬물을 끼얹는 사람이 되고 싶지 않은 것이다.

테스트에 대한 이런 반감을 줄이려면 실제로 테스트가 무엇인지 모두가 이해할 수 있어야 한다. 빠르고 허접한 테스트를 한 번 하는 데는 기껏해야 몇 시간이면 된다. 몇 주씩이나 몇 달씩 걸리는 작업이 결코 아니다. 오래 지속되는 전구를 개발하려고 애쓰던 에디슨의 경우에서 보았듯, 실험은 아이디어를 죽이기 위한 작업이 아니다. 실험은 최고를 가려내기 위한 것이다. 에디슨이 그처럼 많은 발명품을 만들어낼 수 있었던 이유는 24시간 안에 허접한 테스트를 최대한 많이 하려고 했기 때문이다. 아이디어플로가 늘어나면 테스트에 기초한 필터링이 필수다. 고려해볼 아이디어는 너무 많고, (앞서 보았듯) 우리는 인지 편향 때문에 (심지어 현장 데이터 없이도 승자를 알아볼 수 있는 경우에조차) 정답과 멀어질 수 있다. 훌륭한 테스트는 효과가 없는 수많은 아이디어를 걸러냄으로써 효과가 있을 만한 아이디어에 가까워지게 만들고, 그 과정에서 실패의 위험을 크게 줄여준다. 실험을 꺼리지 않으려면 테스트라는 게 무언가를 배우고, 개선하고, 검증하기 위한 대수롭지 않은 과정에 불과하다고 사람들의 인식을 바꿔놓는 게 핵심이다.

'요구되는 수고'라는 측면에서도 테스트는 최종 아이디어 실행에 비해 빠르고 쉬워야 한다. 우리는 테스트를 아주 많이 할 것이므로 들이는 비용 대비 최대한 큰 효과를 내야 한다. 이제 막 출범한 스타트업이든, 엄청난 연구 개발 예산을 보유한 다국적기업이든, 테스트를 설계할 때는 실험 효율을 최적화해야 한다. 최고의 실험은 시간과 에너지는 적게 들면서 쓸모 있는 데이터는 많이 나오는 실험이다. 며칠간 몇백 달러만 써보면 아무도 그 제품을 사고 싶어 하지 않는다는 게 밝혀질지도 모르는데, 왜 신제품에 몇 달간 수백만 달러를 투자하는가? 사실 따지고 보면 고객 선호가 존재한다는 믿을 만한 증거가 없다면 '그 어떤' 새로운 아이디어도 추진해서는 안 된다.

정확히 효과가 있는 솔루션을 찾아낼 때까지 테스트하고, 개선하고, 또 테스트하라. 제대로 된 검증 프로세스가 있다면 아이디어가 비상할지 여부를 활주로의 끝에 도달하기 한참 전에 알 수 있다(사업을 준비하는 스타트업의 보유 현금이 바닥나는 시점을 '활주로의 끝the end of the runway'이라고 한다. 이때 '활주로'를 우리말로는 '생존 기간'이라고도 부른다.-옮긴이). 제품의 경우라면, 얼마의 가격을 받고 어느 정도의 재고를 보유해야 할지까지도 출시 전에 미리 알 수 있다. 이렇게 하면 아이디어의 가치를 십분 활용할 수 있고, 아이디어를 실현하는 데 수반되는 불확실성이나 리스크는 최소화할 수 있다.

작게 나눠 여러 곳에 베팅하라

어느 아이디어가 승자가 될지 예측은 그만둬라. 스탠퍼드 경영대학원 교수 저스틴 버그Justin Berg의 연구에 따르면 "참여자들은 잠재력이 가장 큰 아이디어를 과소평가하는 경향이 있다."[3] 최고의 결과를 내고 싶다면 모든 대안을 테스트해서 결과를 비교하라. 엄청난 일처럼 느껴지겠지만 모든 대안을 테스트하는 작업은 생각보다 할 만하다. 여러분이 생성한 대안 목록이 어마어마하게 길 수도 있지만, 비슷한 아이디어끼리 뭉쳐놓고 보면 추구해야 할 '방향'은 그리 많지 않은 게 보통이다. 줄무늬와 물방울무늬의 장점부터 비교한 후에 줄무늬를 정확히 몇 센티미터 폭으로 할지 걱정해도 늦지 않다. 주된 아이디어 몇 가지를 테스트하고 나면 이해관계자들에게 올바른 방향으로 가고 있다는 확신을 줄 수 있다. 그런 다음 점점 더 구체적인 대안을 테스트하면서 현장의 데이터를 따라가면 된다.

먼지 봉투 없는 진공청소기를 만들기 위해 제임스 다이슨 경은 4년 동안 매일 한 가지 이상의 버전을 테스트하며 디자인을 조금씩 바꾸었을 때의 영향을 꼼꼼히 기록했다. 그는 이렇게 말했다. "근사했어요. 실험을 해보면 좋아질 때도 있고 나빠질 때도 있었죠. 그렇지만 한 번에 하나씩만 변화를 주었기 때문에 더 좋아지거나 나빠진 이유를 정확히 알 수 있었어요."[4] 최대한 많은 부분을 여러분이 아니라 데이터가 결정하게 하라. 테스트를 통해 알게 된 내용을 바탕으로 아이디어를 수정하라. 그리고 실험 결과가 분명한 승자를 알려주었을 때만 한 방향으로 전진하라.

제임스 다이슨 경과 달리, 대부분은 한 번에 하나씩만 테스트하며 수천 개 버전을 몇 년 동안 검토할 수는 없다. 아이디어를 포트폴리오로 만들어 여러 아이디어를 동시에 테스트한 다음, 동시에 시제품을 만들어라. 금융 투자를 할 때와 마찬가지로 성공적인 포트폴리오의 핵심은 다양성이다. '확실한 것' 하나와 유력한 아이디어 몇 개, 그리고 한두 개의 원대한 아이디어로 포트폴리오를 구성하라. 한 번에 몇 개의 테스트를 진행할 수 있느냐는 아이디어의 성격에 따라 달라질 것이다. 효과적인 테스트 방법에 대해서는 5장과 6장에서 더 자세히 이야기할 것이다. 변덕스러운 시장에서 위험을 분산해두는 투자자처럼 생각하라. 아무리 합리적인 접근법이라고 해도 한 가지에만 올인하면 실패하기 쉽다. 반면 가능성이 없어 보이는 쪽으로 약간의 도박을 건 것이 두둑한 보상으로 돌아올 수도 있다. 운영 가능한 선에서 최대한 크고 다양한 포트폴리오를 만들려고 노력하라. 그물을 넓게 쳐둘수록 대어를 낚을 가능성도 크다. 생성한 잠재적 아이디어는 혁신 과정 내내 최대한 오랫동안 보존하라. 배제된 아이디어도 보관해둬라. 포트폴리오를 작성하고 줄줄이 테스트한 후에도 언제든지 최초의 목록으로 되돌아가 새롭게 알게 된 교훈을 바탕으로 처음 아이디어를 다시 고려해도 된다.

혁신이 본래 결실을 많이 맺기 어려운 활동임을 받아들이고 나면 실험을 포트폴리오 방식으로 접근하자는 말이 더 잘 이해될 것이다. 새로운 시도는 하나하나 따로 보면 모두가 실패할 위험이 높다. 이는 당연한 일일 뿐만 아니라 '새로운 시도'의 핵심적 속성이다. 혁신의 작동 원리는 다른 비즈니스 영역과는 차이가 있다. 실패율을 낮추려고 애쓸 것이 아니라, 각 테스트의 비용과 리스크를 최소화하면서 '최대한 많은 실패를 저지르도록' 하는 것을 목표로 삼아라. 그래야 기준이 높아진다.

테스트할 아이디어를 선택할 때는 자원이나 여력에 대한 걱정 때문에 선택이 바뀌는 일이 없게 하라. 막대한 시간이나 에너지 투자가 필요한 아이디어라고 하더라도 실험을 통해 대단한 잠재력이 드러난다면, 그 확고한 데이터를 가지고 추가적 자원 투입을 정당화할 수 있을 것이다. 혼자 자리에 앉아 생각할 때는 어마어마한 일처럼 느껴졌던 것도 수백만 달러의 예산과 대규모 팀이 달라붙으면 별것 아니게 보일 수 있다. 실험이 성공하면 내부의 지원이나 외부 투자자의 관심을 얻게 된다. 우리 경험에 비춰보면 의사 결정을 내리는 사람들은 발표자가 아무리 말을 잘해도 현장에서 나온 데이터를 더 선호한다.

정말로 다양한 포트폴리오를 구축하고 싶다면 프로젝트의 실행에 관여하지 않을 사람들에게 도움을 받아라. 로지텍Logitech CEO 브래컨 대럴Bracken Darrell은 이 점을 회사 정책으로 정해 두었다. "아웃사이더라면 훨씬 더 급진적인 솔루션도 생각해 낼 수 있으니까요." 로지텍의 고위 경영진 에리카 글래든Ehrika Gladden이 설명해주었다. 실리콘밸리 은행의 경우에도 배심원단을 맡았던 담당 팀보다는 다른 팀들이 오히려 아이디어의 잠재력을 더 정확히 평가했던 것을 기억할 것이다. 아이디어의 실행을 걱정할 일이 없으면 귀중한 시각을 얻을 수 있다.

혼자서 사업을 하는 경우에는 이런 식으로 편견 없는 관점을 확보하기 어렵다. 사업적 구상을 다른 사람에게 아웃소싱한다는 게 불편할 수도 있다. 그리고 무엇보다 남들은 당신의 장점이나 능력, 관심사에 관해 당신만큼 알지 못한다. 그렇지만 이번에도 중요한 것은 어느 아이디어를 선택하느냐가 아니라 작게 나눠서 여러 군데에 베팅하는 것이다. 사람이 한 명만 더 있어도 혼자 하는 것보다는 다양한 포트폴리오를 구성할 수 있을 거라는 데 의심의 여지가 없다. 사업가라면 친구나 부하 직원, 이전 직장 동료에게 의견을 구해도 좋다. 그렇게 한다고 해서 그들의 변덕에 내 운명을 맡기는 것은 아니다. 편견 없는 외부의 시각을 구하는 것은 매우 중요한 일이므로 절대로 건너뛰지 말아야 한다.

모든 아이디어를 테스트하는 게 불가능할 때는 최대한 다양한 실험 포트폴리오를 구성하라. 그런데 처음에 몇 개의 아이디어로 시작하느냐에 따라 이조차도 버거운 과제가 될 수 있다. 그럴 때 아이디어를 걸러낼 수 있는 확실한 프로세스가 있다면 유용할 것이다.

쭉정이를 걸러낼 단 하나의 질문

아이디어의 양이 많아지면 손쉬운 아이디어를 선택하고 싶은 유혹이 커진다. 예를 들어 회사가 직원들에게 아이디어를 얻었다면, 누군가의 메일 수신함에는 엄청난 양의 결과가 스프레드시트처럼 쌓일 것이다. '최고'의 의견을 고르려고 애쓰면서 수백 혹은 수천 개의 아이디어를 스크롤해서 내리다 보면 결국 쉽고 빠르게 눈에 띄는 아이디어에서 손이 멈추게 될 것이다.

이런 결말을 피하고 싶다면 목록을 보기에 '앞서' 어떻게 추릴 것인지 기준을 정해놓아라. 만약 아이디어들을 먼저 본 다음에 선택 기준을 세운다면 무의식적 선호에 따라 기준을 설계하게 될 것이다. 그러지 않으려면 몇 가지 기준(실행에 소요되는 기간, 잠재적 비용 등)을 가지고 목록을 분류하는 데서부터 시작할 수도 있다. 이 방법을 사용해 목록을 감당할 수 있는 크기까지 줄여라. 이때 회사의 복잡한 사업적 요구를 충분히 조사해서 공식 요건을 만들어둘 수도 있다. 향후 몇 분기 동안의 목표도 고려하고 도표와 그래프를 작성하라. 투자수익률, 현금 창출 능력, 노력 대비 가치 등 필터를 하나씩 적용해 모든 아이디어를 엄격히 걸러내라.

대기업에서는 아이디어를 테스트하자고 주장하려면 차트와

그래프가 반드시 필요할 수도 있다. 하지만 1인 사업가의 경우처럼 유연성을 발휘할 수 있다면 질문 하나로 손쉽게 쭉정이를 걸러낼 수 있다. 숫자 중심의 그 어떤 관료주의적 절차보다 이 질문 하나가 더 효과적일 것이다.

"이 아이디어가 나를 설레게 하는가?"

헨리크 베르델린이 노트 한 권을 다 쓰면 거기에 적힌 훌륭한 아이디어 대부분을 새 노트에 힘들게 옮겨 썼던 것을 기억할 것이다. 베르델린은 본인의 '설렘'을 측정한다. 설렘은 혁신의 동력이다. 우리 경험에 비춰보면 세계 최고 수준의 결과를 달성하는 핵심 열쇠는 '기쁠 거라는 기대'다. 대부분의 회사에서 일하는 사람들은 보통 그런 걸 찾을 생각조차 하지 않는다. 긴 커리어를 이어가는 동안 새로운 아이디어에 대한 열정으로 불탔다가 그게 꺼지는 모습을 몇 차례 지켜보고 나면 이내 질리고 만다. 혁신을 할 줄 모르는 대기업에서는 무관심이 곧 생존 전략이 된다. 아이디어를 현실로 만들 수 있는 분명한 길이 보이지 않으니 열정을 투자하고 싶지 않다. 혁신은 틀림없이 실패하고 말 거라는 이 느낌은 곧 '자기실현적 예언'이 된다.

아침에 생각한 일이 상상한 그대로 현실이 되는 일은 없을 것이다. 타협은 불가피하다. 그러니 지금 설레지 않는다면 더 이상 추진하지 마라. 저스틴 버그의 연구가 보여주는 것처럼 우리가 최고의 아이디어를 2~3위 자리에 놓을 수도 있지만, 그래도 여전히 1등 근처일 것이다. 편향이 있든 없든 실패할 아이디어는 결국 바닥에서 끝날 것이다. 무관심했던 아이디어가 프로세스 끝에 훌륭한 결과를 내는 일은 없다. 이 아이디어가 효과가 있을지 없을지 궁금하지 않다면 굳이 알아내려고 하지 마라! 신사업이든, 내부 프로세스 개선이든, 골치 아픈 고객 관련 문제에 대한 솔루션이든 궁극적으로 중요한 것은 이해관계자의 기쁨이다. CEO나 경영진 같은 이해관계자뿐만 아니라 고객, 공급 회사, 협력사, 직원을 포함한 '모든' 이해관계자의 기쁨 말이다. 그 아이디어를 통해 문제 해결을 맛볼 모든 사람들 말이다. 어느 아이디어가 모든 관계자를 기쁘게 만들 것 같은 설렘이 생기지 않는다면, 당신의 창의성을 믿고 해당 아이디어를 목록에서 제외하라.

그렇다. 우리는 확고한 데이터를 기초로 엄청난 사업성을 발굴할 것이다. 하지만 그러려면 경이로움과 설렘, 즐거움을 자극하는 아이디어가 필요하다. 이는 순전히 현실적인 목적을 위해서다. 지루한 아이디어는 돈을 까먹고 추진력을 갉아먹는다. 실리콘밸리 은행 사례에서 배심원단의 마음속에 무엇이 있었는지는 모르지만 적어도 설렘은 아니었다. 배심원단은 누군가를 기쁘게 할 작정이 아니었다. 그들의 눈에 들어온 건 야단법

석을 최소화하면서 구체적 결과를 내놓을 방안이었다. 근본적으로 보면, 우리는 누구나 실리콘밸리 은행의 배심원단 팀처럼 구성되어 있다. 더 좋은 결과를 내고 싶다면 더 좋은 결과를 요구할 줄 알아야 한다. 자꾸만 생각나는 아이디어, 정말로 설레는 아이디어를 추구했을 때 가장 큰 이윤을 얻게 될 것이다.

차선으로 시작해서 훌륭한 결과가 나오는 일은 절대로 없다.

빠르고 허접한 테스트면 충분하다

강력한 혁신의 발전소 같은 조직은 튼튼한 창의적 문화와 잘 정립된 R&D 프로세스를 갖추고 있다. 아이디어를 평가할 기본 틀이 없다면 직원들은 늘 해오던 방식대로 하는 게 편하다는 걸 곧 알게 된다. 개선의 기회가 뻔히 보여도 노력할 가치가 없다. 현 상태를 그대로 고수하면 상사도 일을 망쳤다고 당신을 나무랄 수가 없다.

아이디어의 흐름을 복원하고 싶다면 아이디어가 흘러갈 수 있는 프로세스를 만들어라. 거대한 물줄기가 다시 흐르기 시작하면 죽었던 것들이 되살아난다. 프로세스가 있으면 아이디어가 떠올랐을 때 보낼 곳이 생기기 때문에 창의성이 촉진된다.

또 프로세스는 압박감을 제거해준다. 대부분의 기업에서 유력한 아이디어를 제안했을 때 듣게 되는 답은 이런 것이다. "멋진 것 같은데? 자네가 한번 추진해보지 그래?" 언덕 위까지 혼자서 밀고 올라가야 할 바위가 하나 더 늘어나길 바라는 사람은 아무도 없다. 또 어쩌면 잘 안될 수도 있는 아이디어를 듣고 경영진이 흥분하기를 바라는 사람도 없다. "추진해보지 그래?"를 "우선은 그 아이디어에 흥미를 느끼는 사람이 있는지부터 한번 보자고"로 강조점을 바꾸어라.

약식으로 프로세스를 만든다면 커다란 코르크 보드 하나만 있어도 된다(원격으로 업무를 본다면 온라인 화이트보드 툴을 사용할 수 있다). 사람들이 많이 지나다니는 복도처럼 눈에 잘 띄는 곳에 코르크 보드를 가져다두고 그 옆에 색인 카드, 매직펜, 별 모양 스티커, 압침 등을 충분히 비치해둬라.

이러면 코르크 보드 R&D 팀 하나가 뚝딱 완성된다. 팀원들과 공유하고 싶은 아이디어가 있다면 이 보드에 익명으로 붙여두면 된다. 아이디어는 아이디어로만 존재한다. 다른 팀원들은 지나가면서 보드에 붙어 있는 카드를 보고 그 위에 코멘트나 제안을 끄적일 수도 있고, 스티커를 붙여서 관심을 표현할 수도 있다. 카드가 누적되면 아이디어의 웅덩이가 생기게 하지 마라. 일주일 단위로 코멘트와 스티커가 가장 많은 카드를 오른쪽 '테스트' 란으로 옮겨라. 이번 주에 빠르고 효율성 높은 실험을 실시할 거라는 뜻이다.

100달러도 들이지 않고 R&D 연구소를 뚝딱 만들었다.

매주 하나씩 테스트를 한다고 하면, 일거리가 엄청 많을 것처럼 들릴 수도 있다. 그러나 희소한 자원을 사용하는 데서, 이해관계자를 기쁘게 만들어줄지도 모를 흥미진진한 아이디어를 테스트하는 데 쓰는 것보다 더 좋은 방법이 있을까? 당신의 회사에 혹은 당신 자신에게 아이디어를 적을 수 있는 전용 공간, 즉 검증 프로세스로 이어질 방법을 하나 마련하는 것만으로도 아이디어플로는 증가한다. 그 아이디어 중 하나가 현실이 되고 나면 회사 전체의 창의성이 더욱 높아질 것이다. 눈에 잘 띄는 코르크 보드 R&D 팀이 있으면 실험의 가치를 모든 사람이 알 수 있다.

위성방송사 다이렉TV_DirecTV에서 일하는 친구들이 필요에 의해 비슷한 일을 한 적이 있다. 그들은 사용자 중심의 혁신 연구소를 세우고 싶었으나 본사에 전용 공간을 확보할 수 없었다. 그들은 창의성을 발휘해 한쪽 복도를 연구소로 만들었다. 이 엉뚱한 작전은 회사 전체에 믿기지 않을 만큼 긍정적인 효과를 가져왔다. 평소에는 혁신에 참여할 일이 없는 사람들도 복도를 지나다가 이 보드를 보면 문득 관심이 생겨 자발적으로 아이디어를 보냈다. 커피 자판기로 가는 길에 놓여 있는 온갖 흥미로운 프로젝트들을 도저히 그냥 지나칠 수 없었던 것이다. 눈에 보이느냐 여부와 열정은 긴밀한 관계가 있다.

여러분에게 코르크 보드 R&D 팀이나 복도의 혁신 연구소가 있든 없든, 그냥 어떤 아이디어든 빠르고 허접한 테스트를 해보자는 것뿐이다. 만약 실험이 실패로 확정된다면 그 아이디어는 다시 고민할 필요가 없다. 적어도 현재 형태로는 말이다. 토머스 에디슨처럼 여러분도 효과가 없는 아이디어를 하나 더 확인하는 데 성공한 것이다. 반면 그 아이디어가 가능성을 보여준다면 이걸 좀 더 발전시키자고, 즉 노력을 좀 더 투입하자고 주장하기가 그만큼 쉬워질 것이다. 시간이 지나면 테스트를 하지 않은 아이디어들의 병목현상은 해결될 테고, 참신한 창의성의 흐름은 다시 꾸준히 이어질 것이다.

스탠퍼드대학교 디스쿨의 선구자 중 한 명인 밥 매킴은 '버그 리스트bug list'를 만들라고 권한다. 자꾸만 신경을 긁는 것들이 실은 최고의 아이디어에 불꽃이 튀게 해주는 경우가 많다. 예를 들어 베티 네스미스 그레이엄Bette Nesmith Graham은 원래 어느 은행의 비서였다.[5] 그런데 업무용 타자기가 IBM에서 새로 나온 전기 타자기로 바뀐 후 그레이엄은 짜증이 폭발할 것 같았다. 자판이 너무 예민해서 이전보다 오타가 훨씬 많이 났던 것이다. 부업으로 간판에 그림 그리는 일을 하고 있던 그레이엄은 자연스럽게 참신한 해결책을 떠올렸다. 조그만 병에 흰색 템페라 페인트를 담아두면, 실수했을 때 얼른 덮을 수 있지 않을까? 그레이엄은 1958년 '리퀴드 페이퍼Liquid Paper'의 특허를 냈다. 그리고 이를 중심으로 한 사업체를 나중에 질레트Gillette에 4,750만 달러를 받고 팔았다.

사람들이 의견을 쓰고 싶게끔 코르크 보드 위쪽에 이렇게 써두라. '나를 귀찮게 하는 문제는 바로….' 어쩌면 당신네 직장 문화를 더 에너지 넘치고 창의적으로 만들 수 있는 훌륭한 아이디어를 동료들이 갖고 있을지도 모른다. '아침 회의를 없앴으면 좋겠다'처럼 간단한 내용도 아이디어가 될 수 있다. 이 아이디어를 테스트한 후에 회사 정책으로 만드는 것은 어렵지 않을 것이다. 만약 그 편이 일도 더 많이 할 수 있고, 필요할 때는 언제든지 회의를 열면 된다고 다들 생각한다면, 그렇게 확정하라. 이 변화가 예상치 못한 문제를 일으킨다면, 새롭게 알게 된 사실을 바탕으로 정책을 수정하고 다시 시도해보라. 해당 의견이 검증되거나 확정적으로 배제될 때까지 계속하라.

시그널 마이닝 활용하기

걸러내는 작업을 할 수는 있지만, 이상적인 혁신 환경에서는
걸러내는 과정 자체가 필요 없다. 언제나 사람이 걸러내는 것
보다는 테스트가 더 좋다는 데는 의문의 여지가 없다. 그동안
승자를 알아채는 당신의 안목이 얼마나 성공률이 높았든 간에,
현장 테스트로 알 수 있는 내용을 이길 수는 없다. 모든 걸 테
스트하자고 하면 지루하거나 아예 불가능하게 들릴지도 모른
다. 하지만 5장과 6장에서 빠르고 효과적인 실험 테크닉을 배
우고 나면 유용한 테스트가(그리고 한번에 아이디어를 수두룩하게
지워버리는 게) 생각보다 쉽고 빠르다는 걸 알게 될 것이다. 그
러고 나면 이제는 정말로 아이디어플로를 키워야 할 것이다.

　니컬러스 손Nicholas Thorne은 혁신적인 벤처 개발 회사 프리하
이프Prehype의 창립 멤버다. 프리하이프는 벤처 회사를 직접 창
립하기도 하고 다른 스타트업에 투자하기도 하기에 끊임없이
새로운 아이디어를 평가해서 가장 유망한 아이디어에 돈을 투
자한다. 처음에 니컬러스와 그의 파트너인 헨리크 베르델린(2
장에서 만났던 기록에 진심인 사업가)은 벤처 캐피털이 흔히 쓰는
방법을 사용해 승자를 골랐다. 결과는 그리 좋지 않았다.

　"수많은 아이디어 중에서 어느 게 좋은 것인지에 관련된 우

리의 직관은 형편없더라고요." 니컬러스의 설명이다. 그래서 프리하이프는 점점 더 실험에 의지했다. 사람들의 의견이나 가설에 기초한 예측보다 테스트 결과를 신뢰하자 적중률이 치솟았다. 현재 프리하이프는 선별 자체를 하지 않으려고 노력 중이다. "'이게 좋은 아이디어인가?'라는 생각 자체를 하지 않으려고해요." 니컬러스는 말했다.

프리하이프는 아이디어를 테스트할 때 그들이 '시그널 마이닝signal mining'이라 부르는 프로세스를 사용한다. 한번은 장내 미생물 좌약 회사와 협업 회사, 승합차 통근 앱 사이에서 투자를 저울질하고 있었다. 프리하이프는 앞날을 전망해보려고 존재하지도 않는 이 서비스를 소셜 미디어로 수백만 명에게 광고해보았다. 그리고 끝까지 클릭하는 사람이 얼마나 되는지 추적했다. 실험을 한 번 할 때마다 데이터는 또 다른 데이터를 낳았고, 가능성을 더 자세히 알 수 있었으며, 수요가 있다는 사실을 부정할 수 없었다. 이런 식으로 프리하이프는 시장 가능성을 빠르게 조사함으로써 단일 투자에 수반될 수 있는 불확실성을 줄이고 있다.

정교한 검증 시스템 덕분에 프리하이프는 경쟁사에 비해 한 번에 훨씬 많은 방향을 탐색할 수 있다. 수십억 달러의 투자 수익을 회수한 니컬러스는 그 어떤 선택에 반대하더라도 엄청난 신임을 받는다. 니컬러스는 자신이 뭘 모르는지 알 만큼, 많은 걸 알고 있다.

니컬러스는 벤처 캐피털리스트이기 때문에 사업 포트폴리오를 다양하게 구성해서 그 이점을 누릴 수 있다. 즉 동시에 여러 군데에 투자해서 리스크를 줄일 수 있는 것이다. 그러나 기업 설립자들은 이런 호사를 누릴 수 없다. 벤처 캐피털은 사업을 '취미로 하는' 사람들을 혐오한다. 벤처 캐피털은 단 하나의 사업 아이디어를 강박적으로 추구하는 기업가에게 투자한다. 반쯤 끝낸 프로젝트와 진행 중인 시제품이 여러 개라면 진지한 투자자의 투자는 기대할 수 없다. 기업가에게 진짜 리스크는 성공한 회사를 세우지 못하는 게 아니라, 그럭저럭 괜찮은 회사를 세우는 데 성공하는 거라고 니컬러스는 말했다. 명백한 실패는 감사한 일이다. 남은 것들을 추슬러 더 유망한 쪽으로 옮겨 갈 수 있기 때문이다. 하지만 딱 잘라 실패한 게 아니라면? 그럭저럭 효과가 있다면? 계속해서 그 아이디어에 매달릴 만큼 큰 성공인지 어떻게 알 수 있을까? 이 문제로 고생하는 것은 기업가들만이 아니다.

사업체를 하나 차린다고 했을 때의 기회비용을 생각해보라. 전형적인 스타트업이 하나 출범하려면 보통 수년이 걸린다. 그 정도의 시간과 에너지를 투자해서 최고의 결과를 얻을 수 있다고 확신할 수 있는 유일한 방법은, 다른 모든 종류의 아이디어와 마찬가지로 사업 아이디어를 많이 생각해내서 하나씩 테스트하고, 알게 된 사실을 토대로 개선하는 것뿐이다. 그러나 니컬러스의 경험으로 보면, 처음에 좋은 아이디어가 하나 떠올랐는데 거기에 올인하기 전에 '하나'라도 다른 대안을 고려해보는 사업가는 극히 드물다. 어쩌다 이익이라도 나면 그걸 성공이라고 간주한다. 두 번째 혹은 세 번째 아이디어를 생각해냈더라면 더 적은 노력으로 훨씬 더 큰 성공을 거뒀을 수도 있다는 생각은 미처 하지 못한다.

무언가가 이익을 냈다고 해서 그게 당신의 시간을 가장 잘 사용하는 방법은 아니다. 니컬러스 손은 이렇게 말한다. "스스로에게 물어봐야 합니다. 혹시나 다른 아이디어는 없을까? 이게 과연 나에게 최선인 아이디어일까?" 다시 한번 말하지만 기업가를 꿈꾸는 사람이 이를 확실하게 알 수 있는 유일한 방법은 깔때기에 수많은 사업 아이디어를 들이부으며 테스트해보는 방법뿐이다. 그러려면 인내심이 필요한데, 대부분의 기업가는 그런 인내심을 갖고 있지 않다. 니컬러스는 이렇게 말했다. "벤처 캐피털로서 저희가 사용하는 한 가지 방법은 기업가를 좀 더 붙잡아두면서 다른 선택지를 평가해보게 하는 거예요."

프리하이프가 시그널 마이닝을 해보자고 하면 많은 기업가가 여전히 이런 탐색에 저항한다. 니컬러스는 이렇게 설명했다. "테스트는 지치죠. '이거 참 좋은 아이디어네요'라고 말하는 건 어렵지 않아요. 그렇지만 자중하면서 여러 개를 시도해보고, '다른 접근법은 없을까?'라고 물으려면 훈련이 필요하죠." 그렇게 하다 보면 작은 사업체에서 쏠쏠한 이익이 나기도 하고, 수십억 달러의 투자 수익을 회수하고 나오기도 한다. 이해가 안 가는 소리처럼 들리겠지만 처음에는 이 둘을 구분할 수 없다. 니컬러스는 이렇게 말했다. "정말 엉뚱한 아이디어가 큰 사업이 되는 걸 목격한 적이 있어요. 매달 강아지 간식과 장난감을 한 박스씩 보내주는 사업이 지금은 25억 달러짜리 회사로 컸어요. 시장분석이나 조사를 했을 당시에 객관적으로 더 좋았던 사업이 여럿 있었지만, 현재 바크BARK의 수익성이 훨씬 높아요. 하찮은 아이디어도 엄청난 사업이 될 수 있다는 걸 뼈에 새기게 됐죠. 그러니 아이디어 선별을 잘해보겠다고 마음먹는 건 잘못된 생각 같아요. 저라면 차라리 확률에 맡기겠어요."

이제 실험의 가치는 충분히 알았으니 실험을 실제로 어떻게 할 것인가 하는 '방법'의 문제가 남는다. 어떻게 해야 그렇게 빠르고 효과적으로 실험할 수 있는 프로세스를 만들 수 있을까? 어떻게 해야 프리하이프처럼 효과적으로 아이디어를 검증할 수 있을까? '테스트'라고 하면, 즉각 여러분의 마음에는 시간과 돈과 전반적 자원을 대량 투입해야 하는 대대적이고 리스크가 큰 테스트가 떠오를지 모른다. 그런 사고방식을 내다 버려라. 길에서 낯선 사람에게 "이거 사실래요?"라고 물어보는 것처럼 간단한 테스트로도 얼마나 많은 걸 알아낼 수 있는지 알면 깜짝 놀랄 것이다. 조야한 시제품 하나 혹은 간단한 질문 몇 개면 목록에 있는 아이디어의 80퍼센트를 제거할 수 있다. 관료주의적인 정식 테스트에 드는 비용의 20퍼센트만 투자하고도 말이다. 언제나 실험 효율을 극대화할 방법을 찾아라. 잘 설계된 실험은 아주 적은 시간과 에너지, 돈만 투자해도 어마어마한 양의 쓸모 있는 정보를 내놓는다. 그래서 결과가 좋을 때만 노력을 추가로 투입하면 된다.

니컬러스 손은 이렇게 말했다. "기록은 눈에 보일 수밖에 없어요. 효과가 없는 것은 늘 '이게 효과가 있는 것 같기도 하고, 아닌 것 같기도 하고'라는 생각이 들죠. 반면 훌륭한 아이디어는 더 이상 아무것도 필요 없을 만큼 '분명'해요. 모든 게 훨씬 더 쉬워지죠. 월등히 쉬워져요." 희망적인 숫자가 나왔다면 더 자세히 들여다봐야 하겠지만, 결과가 훌륭한 게 틀림없다면, 즉 모든 게 훨씬 더 쉬워진다면 다음 단계로 넘어가라.

5장

시장의 목소리를 이끌어내는
테스트 설계하기

2014년, 100개가 넘는 쇼핑센터와 수백억 달러의 자산을 관리하는 글로벌 부동산 기업 한 곳이 작지만 심각한 문제에 봉착했다. 도심에 위치한 고급 쇼핑몰 4층에서 한동안 임대료가 급락 중이었다. 여유 있는 직장인들이 새로 생긴 이 쇼핑몰에서 쇼핑을 하고 식사를 하도록 꾀어보려고 회사는 그동안 비용을 아낌없이 지출했다. 상점들이 모자이크 모양으로 늘어서 있고 지붕은 돔 형태인 4층은 쇼핑몰의 화룡점정이었다. 엘리베이터만 타면 파노라마처럼 펼쳐진 도시의 풍경을 즐길 수 있었다.

그러나 안타깝게도 실제로 그렇게 해보는 사람이 매우 적었다. 4층은 유령 도시였고, 4층에 입주한 세입자들은 하나둘 경영난에 빠지면서 무릎을 꿇었다. 회사가 어떤 수단을 동원해도 상점들이 유지될 만큼 4층으로 유동 인구를 끌어들이기에는 역부족이었다. 경영진은 문제를 해결하기 위해 브레인스토밍 회의를 열었다. 회의가 시작된 지 10분쯤 지났을 때 누군가 낡고 낡은 대형 '닻'을 하나 떨궈주었다. 이후의 모든 논의를 한 방향으로 몰아갈 '기준점' 역할을 하게 될 닻이었다.

"비어 가든beer garden을 만드시죠."

이 얼마나 훌륭한 아이디어인가! 아름다운 풍경에 김 서린 맥주잔보다 더 잘 어울리는 게 있을까. 지친 하루를 끝낸 직장인들이 도시의 거리를 내려다보며 유기농 수제 맥주를 한 모금 즐길 수 있다면 올림포스산 높은 곳에서 암브로시아ambrosia(꿀, 물, 과일 등으로 만든 신들이 먹는 음식 또는 음료-옮긴이)를 홀짝이던 그리스 신들이 부럽지 않을 것이다. 브레인스토밍이 이어졌지만, 이 닻이 만들어내는 강력한 중력에는 저항하지 못했다. 이후의 모든 의견이 닻의 영향력을 보여주었다.

"비어 가든은 잠깐 잊어버리자고요. 저기… 와인 가든은 어때요?"

비어 가든이라는 아이디어가 회의실에서는 매력적으로 보였지만, 회사는 고객 선호를 확인하지 않고서는 더 이상 실패할 노력에 돈을 투자하고 싶지 않았다. 쇼핑객이 쇼핑몰 4층에서 맥주를 마시고 싶어 할까? 비어 가든이 있으면 과연 더 많은 사람이 엘리베이터를 탈까? 그리고 더 중요한 것은, 이왕 4층에 올라갔으니 거기서 쇼핑도 좀 할까? 사업이라는 측면에서는 실현 가능성보다는 고객 선호가 우선이다. 원하는 사람이 아무도 없다면 제품이고 서비스고 아무 소용이 없기 때문이다. 그런데 아직 존재하지도 않는 것에 대한 욕구를 어떻게 확인할 수 있을까?

회사는 고객들에게 이 아이디어를 어떻게 생각하는지 물어보는 것부터 시작했다. 쇼핑몰의 총괄 이사는 팀원들과 함께 클립보드를 챙겨 들고 푸드 코트로 갔다. 그리고 식사 중인 사람들에게 하나하나 다가가 똑같은 질문을 던졌다. "저희가 4층에 비어 가든을 열면 가보시겠어요?" 수천 명의 고객에게 질문한 결과, 85퍼센트가 긍정적으로 답했다. 회의실에 모여 있던 임원들처럼 푸드 코트 방문객도 도시 풍경이 보이는 곳에 비어 가든이 있다면 아주 근사할 수도 있겠다고 상상했다.

고객 다수가 이 프로젝트에 호의를 보이자, 회사는 수십만 달러를 들여 비어 가든을 만들었다. 새롭게 문을 연 비어 가든에는 고급 생맥주와 맛난 음식이 준비되고 호화로운 의자가 놓였다. 1, 2, 3층에는 안내 표지판을 설치하고, 소셜 미디어에 광고도 내서 쇼핑객이 새로운 비어 가든을 즐길 수 있도록 유도했다. 이제 회사는 고객이 밀물처럼 밀려들기를 기다리기만 하면 됐다. 4층은 만반의 준비를 갖추었다.

한 달 후 진행 보고서를 쓰려고 4층에 들른 총괄 이사는 아직 고객들이 밀물처럼 밀려들지 않았다는 걸 알게 됐다. 실은 새로운 비어 가든에 손님이라고는 하룻밤에 10여 명이 고작이었다. 이럴 수가! 800명이 넘는 쇼핑객이 방문을 약속했는데! 그 사람들이 모두 거짓말을 했단 말이야?

이게 바로 대부분의 회사에서 벌어지는 일이다. 다행히 총괄 이사와 직원들은 이 문제와 씨름하기에 앞서 우리에게 연락을 해왔다. 이 회사는 5장과 6장에서 배우게 될 실험 테크닉을 적극적으로 받아들였다. 그래서 4층 비어 가든 아이디어에 대해 고객들이 열렬한 관심을 표시했을 때도 홀랑 속아 넘어가지 않았다. 회사는 사람들이 '말'하는 것과 미래의 실제 '행동'에는 차이가 있다는 걸 이미 알고 있었다. 고객 선호를 증명하는 것은 실제 행동이지, 설문 조사가 아니다. 내가 가진 것이 남들에게도 가치가 있는지 알고 싶다면 그걸 실제로 눈앞에 내놓고 남들이 사 가는지 보아야 한다. '우리가 이걸 할 능력이 되는가?'가 중요한 게 아니라 '우리가 이걸 하면, 과연 원하는 사람이 있을까?'가 중요하다. '우리가 이걸 만들 수 있을까?'가 중요한 게 아니라 '과연 우리가 이걸 만들어야 할까?'가 중요하다. 언젠가 가구 디자이너 찰스 임스Charles Eames가 말했듯 "디자인을 할 때 제일 먼저 질문해야 할 것은 '어떤 모양으로 만들까?'가 아니라 '이게 필요할까?'이다."[1]

설문 조사 결과를 손에 쥔 총괄 이사와 직원들은 빠르고 비용도 아주 적게 드는 실험을 하나 설계했다. 푸드 코트의 테이블마다 조그만 안내표지를 세우고 쇼핑몰의 소셜 미디어에 글을 올려 공짜 와인과 맥주가 다양하게 준비되어 있다며 고객들을 4층으로 유도했다. 근사한 의자도, 바도 없이 접이식 테이블에 와인과 병맥주를 준비하고, 직원 딱 한 명이 신분증을 확인한 후 술을 따라주었다. 이후 회사는 한 달 동안 매주 토요일마다 이런 믿기지 않을 만큼 값싼 테스트를 계속했다. 그리고 그때마다 4층을 방문하는 고객은 10여 명밖에 되지 않았다.

총괄 이사는 우리에게 이렇게 말했다. "공짜 와인과 맥주로도 고객을 위층으로 보낼 수 없다면, 비어 가든 아이디어는 처음부터 다시 생각해야 한다는 걸 깨달았어요." 회사는 아직 가능성을 탐색할 수 있었다. 아주 유망해 보이는 아이디어 하나에 수십만 달러를 낭비하는 대신, 겨우 '몇백 달러'로 사람들이 그걸 원하지 않는다는 걸 알아냈기 때문이다.

아이디어를 테스트할 때는 실제처럼 만들어야 한다. 다만 어느 '행동'을 증명할 수 있을 만큼만 실제 같으면 된다. 그 행동이 구매든, 아니면 이메일에 답하거나 새로운 내부 절차를 따르는 것처럼 거래와 전혀 무관한 어떤 행동이든 간에 말이다. 실험의 목적은 '내가 X를 하면, Y라는 사람이 Z라는 행동으로 반응할 것이다'라는 가설을 증명하는 것이다. 과학자라면 다들 알고 있듯, 실험의 핵심은 가설이 '틀렸음'을 증명하는 것이다. 그러니 실험을 설계할 때는 기존의 믿음을 긍정하려고 하지 말고 부정하려고 시도하라. 창의성을 자극해줄 귀중한 정보는 바로 거기에 숨어 있다. 당신이 진실이라고 믿는 것과 실제의 간극에 말이다.

뒤에서 보겠지만, 쇼핑몰 사례에서처럼 기존에 있는 것을 시제품으로 내놔도 된다. 또는 아직 전혀 만들지 않은 것을 내놓아도 된다. 그런 리스크를 완화하면서 고객을 만족시킬 방법이 있다. 성공을 확보하려면 최대한 많은 타석에 서봐야 한다. 즉 실험의 효율을 극대화해야 한다. 5장에서는 당신의 아이디어가 아무리 크다고 해도 테스트할 수 있는 방법을 알아본다.

저항을 극복하는 빨리 감기 전략

벌써 속으로 이렇게 생각하고 있을지도 모르겠다. '우리 회사에 저런 방법이 통할 리 없어.' 만약 당신이 회사의 실험을 책임지고 있다면 다양한 반대에 부딪힐 것이 틀림없다. 아직까지 창의적인 문화가 정립되지 않았다면 사람들은 다양한 이유로 테스트에 저항한다. 각각의 이유에 전략적으로 접근해야만 테스트를 확산시킬 수 있다.

우리가 아는 한 소프트웨어 엔지니어는 고성능 오디오 기술 기업에서 일하고 있었다. 그는 여러 대의 스마트폰을 이용해 고음질 라이브 공연을 한 번에 녹화할 수 있는 혁신적 방법을 생각해냈다. 각각의 전화기로 연주자 한 명의 소리와 영상을 녹화하면, 공연이 이뤄지는 동안 어느 악기의 연주자가 가장 돋보이는지 소프트웨어가 자동으로 판단해 영상 피드를 매끄럽게 전환한다. 가수가 노래를 하면 영상은 자동으로 클로즈업으로 넘어간다. 리드 기타리스트도 마찬가지다. 다시 모든 멤버가 함께 연주를 하면 화면은 다시 와이드 샷으로 돌아간다. 이렇게 만든 영상은 카메라맨 여럿을 동원해 전문가가 제작한 것처럼 보이겠지만, 실제로는 10대 청소년으로 구성된 동네 밴드도 외부의 도움 없이 자체적으로 이런 영상을 제작할 수 있다. 이 소프트웨어 엔지니어의 생각에는, 이 아이디어가 뮤지션들이 틱톡TikTok을 비롯한 온라인 영상 플랫폼에 올릴 영상을 제작하는 데 안성맞춤일 것 같았다. 이 기술을 내놓으면 신세대 콘텐츠 크리에이터에게 자사의 고성능 오디오 기술을 소개하는 데 도움이 될 수도 있을 것 같았다.

소프트웨어의 경우 고객 선호를 테스트하기 위해 가장 많이 쓰는 방법은 베타버전을 다운로드할 수 있게 해주는 것이다. 무료 다운로드가 사람들이 실제로 이 제품을 구매할 거라는 확실한 증거는 아니지만, 이 데이터는 기업들의 가치 제안value proposition을 정리하는 데 유용할 수 있었다. 하지만 엔지니어가 이 방법을 제안하자 회사 리더들은 이 애플리케이션에 회사 이름을 붙이는 데 극구 반대했다. "우리 제품을 '무료로' 나눠준다고?" 리더들은 비웃었다. "우리는 전문 브랜드야. 어림없는 소리."

이 엔지니어가 보기에, 회사 브랜드를 붙이는 것은 실험을 제대로 수행하는 데 아주 중요했다. 그렇지 않으면 실제로 전문 제작자들이 이 소프트웨어를 신뢰할지 어떨지 어떻게 알 수 있겠는가? 전문가라는 핵심 관객을 확보해서 그들의 니즈에 맞게 소프트웨어를 손보려면 이 실험에는 브랜드 네임이 꼭 필요했다. 그렇지만 회사에는 어림 반 푼어치도 없는 제안이었다. 회사 사람들은 '우리는 엄청난 것만 만들어'라는 생각을 암묵적으로 깔고 있었다. 대기업이 흔히 갖고 있는 생각이지만, 대부분 잘못된 생각이다. 사실 실패한 실험은 아무도 알아채지 못하는 경우가 대부분이다.

이 소프트웨어 엔지니어와 마찬가지로 여러분도 조직에서 처음으로 실험을 제안하면 수많은 반대에 부딪힐 것이다. 반대를 예측해 피해 가고 싶다면 우리가 '빨리 감기'라고 부르는 툴을 사용해보라. 빨리 감기로 여러분이 미래에 와 있다고 상상하고 본인의 제안을 되돌아보는 것이다. 제안이 거절당했다고 상상하라. 그렇게 해서 상상 가능한 모든 반대 의견을 강박적으로 생각해낸 다음 목록으로 작성해보라.

간단해 보이지만, 이렇게 빨리 감기를 해보면 여러분 주장의 구멍이 금세 드러날 것이다. 머릿속으로 미래의 내가 실패했다고 상상하면, 의식적으로 사전에 알기 어려운 결점이나 잠재적 실수가 훨씬 쉽게 눈에 들어온다. 어느 아이디어에 몰두하고 있으면 인지 편향 때문에 남들에게는 뻔히 보일 만한 단점조차 눈에 잘 들어오지 않는다. 그렇기 때문에 핵심 이해관계자들에게 실험을 제안하는 자리에서 반대 의견에 맞닥뜨리면 꼼짝없이 당하고 만다. 우리는 그런 단점을 보고 싶지 않아 한다. 그런데 빨리 감기로 틀을 바꾸어보면 내 계획의 문제점이 다시 눈에 들어오기 시작한다.

오디오 엔지니어도 빨리 감기 툴을 써보았다면 테스트에 대한 내부 반대를 극복할 수 있었을 것이다. 단 10분만이라도 노트를 펼쳐놓고 리더들이 베타버전 유포를 극구 반대하는 시나리오를 상상해보았다면, 트레이드마크 사용에 대한 우려도 분명히 반대 의견 목록에 들어갔을 것이다.

잠재적 반대 의견 목록을 작성했으면 각각에 어떻게 대처할지 전략을 짜라. 대부분의 경우 테스트에 반대하는 이유는 리스크를 오인한 탓으로 요약된다. 만약 어느 테스트가 시간과 돈은 많이 드는데 실패할 가능성은 크다고 리더들이 판단했다면, 그 테스트를 허락하지 않을 것이다. 무엇보다 성공적인 테스트란 최종 제품을 고객에게 파는 것이 아니다. 성공적인 테스트란 더 많은 테스트를 할 기회를 제공하는 것이다.

리더들의 그런 사고방식을 우회하고 싶다면, 리스크라는 말이 끼어들 틈도 없을 정도로 실험을 저렴하고 빠른 형태로 설계하라. 내일 당장 할 수 있는 실험을 골라라. 아무리 불완전해도 상관없다. 윗선의 허락이 필요 없는 실험이라면 더욱 좋다. 조직에서 테스트를 실시할 때 처음 몇 번은 중요한 일과 결부시키지 마라. 주로 내 업무와 관련된 실험으로 시작하고, 이윤을 크게 내는 부서의 목소리 큰 사람이나 시간이 촉박한 절차는 피해 가라. 대단한 실험이 아니더라도 프로세스를 끝까지 지키며 과정을 기록하라. 그런 다음 내가 한 일을 보여줘라. 테스트에 대한 내부 저항을 극복하는 데는 그 어떤 논쟁보다 흥미로운 결과 몇 개가 더 도움이 될 것이다. 작은 테스트 하나로도 고객 선호를 어느 정도 알 수 있고, 이를 통해 리스크를 줄일 수 있다는 사실을 보여주면 리더들도 더 큰 시도까지 승인해주려고 할 것이다. 작게 그리고 당장 시작하라.

테스트에 저항하는 사람들 때문에 좌절할 수도 있지만, 이는 결코 지능이나 사업 감각의 문제가 아니라는 사실을 기억하라. 전통적인 비즈니스 교육은 혁신적 사고방식과는 정면으로 배치된다. 사실 여러분의 동료나 상사가 경험이 많고 능력이 있을수록 오히려 실험을 경계할 가능성이 크다. 스탠퍼드대학교의 마이클 리더비Michael Leatherbee와 리타 캐틸라Riitta Katila는 100개가 넘는 스타트업을 조사했는데, 린 스타트업lean start-up(완성도가 부족하더라도 일단 아이디어를 시장에 내놓고 반응을 보면서 빠르게 수정해나가는 전략-옮긴이) 방법론이 요구하는 테스트 과정에 대해 MBA 출신이 특히 저항한다는 사실을 발견했다.[2] 계획을 세우고 그대로 따르는 데 익숙한 사람이 앞으로는 현장 테스트를 이용해 본인의 가정을 검증하겠다고 하면 태도를 크게 바꿔야 한다.

톰 우젝Tom Wujec은 오토캐드AutoCAD를 비롯해 크리에이티브 전문가를 위한 여러 소프트웨어를 제작하는 오토데스크Autodesk의 연구원이다. 그동안 우젝은 미국 전역에서 다양한 연령대와 직업군에 속한 사람들을 대상으로 디자인 워크숍을 개최해왔다.[3] 우젝은 워크숍 때마다 참석자들에게 '마시멜로 챌린지'라는 과제를 내준다. 건조 상태의 스파게티 면 스무 가닥과 테이프, 실, 그리고 마시멜로 하나를 주고 18분 동안 최대한 높은 탑을 쌓는 과제다. 우젝에 따르면 이 과제의 관건은 바로 마시멜로 자체라고 한다. 사람들이 생각하는 것보다 스파게티 면에 비해 마시멜로가 많이 무겁기 때문에 기초가 튼튼해야 한다.

우젝의 워크숍에서 엔지니어를 제외하고(엔지니어는 이와 비슷한 과제를 많이 수행한다) 가장 효과적으로 탑을 쌓는 사람은 유치원생이다. 반면 가장 비효과적인 사람은? 최근에 MBA를 졸업한 사람이다. 그리고 이 격차가 적지도 않다. 유치원생은 평균적으로 50센티미터 이상의 탑을 쌓아 올리는 데 반해 MBA 졸업생이 쌓은 탑의 높이는 평균 25센티미터 정도다. 어디서 이런 차이가 생길까? 유치원생들은 자신이 모른다는 걸 안다. 그래서 이것저것 시도해본다. 예컨대 유치원생은 스파게티 면의 강도 등에 대해 아무런 선입견이 없기 때문에 일찌감치 탑 위에 마시멜로를 올려본다. 그래서 구조물이 무너지면 다시 더 좋은 방법을 시도해볼 시간이 있다. 반면 MBA 졸업생은 마치 자신이 스파게티 전문 엔지니어라도 되는 것처럼 테이블로 다가와 정교한 구조물을 조심스럽게 쌓아 올린다. '잘못된 가정'을 바탕으로 말이다.

우젝은 TED 강연에서 이렇게 설명했다. "MBA 전공자들은 옳은 계획 하나를 찾아내도록 교육받아요. 그런 다음 그걸 실행하죠. 그랬을 때 꼭대기에 마시멜로를 올리고 나면 시간이 다 되어버려요. 그러면 어떻게 될까요? 위기죠." 실행을 통해 배우느냐 아니면 생각을 통해 배우느냐의 문제다.

우리도 론치패드 프로그램을 운영하면서 스탠퍼드 MBA 재학생들에게서 똑같은 모습을 관찰했다. 회사를 차릴 수 있는 시간은 정해져 있는데, 학생들은 늘 그 시간의 상당 부분을 사업 계획서 작성에 소모했다. 그렇지만 제품이 시장에 적합한지 아닌지 알려줄 데이터가 없는데 계획이 무슨 소용일까? 학생들에게 무작정 가정하지 말고 제발 좀 데이터를 보고 나서 가정하라고 설득하는 데만도 한참이 걸린다.

그렇기 때문에 여러분도 평소 같으면 똑똑하고 노련한 비즈니스 리더들이 테스트에 대해서는 완강하게 저항할 거라고 예상해야 한다. '계획을 세우지 않으면 실패를 계획하는 거나 마찬가지'라는 식의 교육을 한참 받고 나면, '그냥 무슨 일이 생기는지 한번 보려고' 시도한다는 게 마치 신성모독처럼 느껴진다. 신성모독이 아니라는 것은 직접 보여주는 수밖에 없다.

여러분이 본인의 회사와 사업에 관해 알고 있는 내용을 바탕으로 빨리 감기 전략을 사용해보면, 실험에 대한 잠재적 반대 의견이 수없이 많이 드러날 것이다. 앞서 고성능 오디오 기술 브랜드에서 본 것처럼 회사의 명성에 누를 끼치는 것에 대한 두려움에서 시작해 아직 존재하지도 않는 제품이나 서비스를 고객에게 광고한다는 게 부도덕하다는 주장까지 말이다. 각각의 잠재적 반대 의견을 활용해 여러분의 주장을 다듬어라. 비슷한 영역에서 성공한 구체적 실험 사례를 찾아보라. 그러면 빠른 테스트 몇 번으로 많은 것을 알아낼 수 있을 뿐만 아니라, 그런 테스트가 실제로는 별 리스크가 없다는 사실을 보여줄 수 있다. 만약 오디오 엔지니어가 다른 기술 브랜드에서 출시한 베타 앱의 성공 사례를 준비해 회의실에 들어갔다면, 바라던 승인을 얻어냈을지도 모른다.

여러분의 주장을 설득하는 게 늘 그렇게 어렵지는 않을 것이다. 시간이 지나면 테스트의 가치가 증명된다. 실험적 사고방식을 채용한 조직은 테스트가 얼마나 불확실성을 많이 줄여주고, 시간과 돈과 노력을 아껴주는지 금세 알게 된다. 그리고 틈만 나면 데이터를 활용해 의사 결정의 부담을 줄이기 시작한다. 하지만 회사가 이렇게 한 고비를 넘길 때까지는 성공한 테스트 사례를 보이는 족족 수집하라. 테스트 중에는 가볍고, 쉽고, 빠른 것도 있다. 또 창의적 문화가 정착된 회사라면 정교한 테스트를 실시할 수도 있다. 하지만 이 경우에도 그냥 방아쇠를 당기는 것에 비하면 테스트가 훨씬 헐값인 것으로 간주된다. 하루아침에 고객 혁신 연구소를 하나 차려야 하는 게 아니다. 지금 있는 그 자리에서 시작해 하나씩 만들어가라.

더 작게, 더 빠르게, 더 값싸게

아이디어를 현실로 만들기 위해서는 계획이 아니라 실행이 필요하다. 아이디어를 개발하고, 개선하고, 실행하려면 실험 중심의 행동 지향적 프로세스가 필요하다. 성공 확률을 극대화하려면 '사고 실험'이 아니라 '진짜 실험'을 해야 한다. 웹사이트에 사용할 폰트처럼 단순한 것을 위한 실험이라고 하더라도 말이다. 현장 테스트는 그 어떤 논의나 직감, 심지어 정식 시장조사보다 나은 결과를 내놓는다. 실험은 현실감각을 제공해 지나친 자신감에서 바람을 빼준다. 그리고 무슨 수를 쓰더라도 거절만은 당하고 싶지 않은 무의식적 욕구를 피해 가게 해준다.

이 모든 테스트를 실제로 진행하려면, 실험을 설계할 때 허접하고 불완전하더라도 간단하고 값싸게 만들어야 한다. 앞으로 더 수준 높고 좋은 실험을 설계할 수 있을 정도의 정보만 얻으면 된다. 매번 테스트를 통해 얻은 답은 다음번에 더 좋은 질문을 할 수 있도록 도와줄 것이다. 이런 식으로 계속해나가면 '영감'이 곧 '확신'으로 바뀐다.

아이디어를 테스트할 때 우리의 목표는 실험 효율을 극대화하는 것이다. 다음의 실제 실험 사례를 보고 나면 여러분의 테스트 효율을 높일 아이디어가 떠오를 것이다. 요즘은 그 어느때보다 테스트가 쉽다. 발전된 기술 덕분에 과거의 기업가들은 꿈도 못 꾸었을 방식으로 가정을 테스트하고 아이디어를 검증하는 게 가능해졌다. 다수의 사람들에게 다양한 제품이나 서비스를 제공한 다음, 누가 기꺼이 돈을 주고 사려고 하는지 알아내는 것도 어렵지 않다. 윅스Wix나 스퀘어스페이스Squarespace, 캔바Canva, 피그마Figma 같은 온라인 툴을 사용하면 디자이너가 아니더라도 포스터나 온라인 광고, 간단한 웹사이트는 물론 소프트웨어 인터페이스까지 뚝딱 만들어내 본인의 아이디어를 시제품으로 만들 수 있다. 그렇게 해서 얻은 결과가 완벽하지 않을 수도 있지만, 잘 다듬으면 실제 고객을 대상으로 선호도를 테스트할 수 있을 것이다. 성공할 아이디어는 어설픈 그래픽디자인도 이겨낸다. 초보자도 물리적인 시제품을 만들 수 있다. 사용자 친화적인 소프트웨어와 저렴한 3D 프린터 덕분에 그 어떤 모양이든 만들어내 실험에 사용할 수 있게 됐다. 물론 최종 제품의 경우에는 디자이너, 엔지니어, 기타 숙련된 장인들의 솜씨가 꼭 필요하겠지만, 각종 시제품 툴을 사용하면 값싸고 빠르게, 전혀 다른 접근법 여럿을 동시에 시도하는 것도 가능하다. 광고 문구든, 색상 조합이든, 제품 디자인이든, 굳이 한 번에 하나만 테스트해야 할까? 10개를 동시에 테스트할 수 있는데 말이다. 더 값싸고 빠르게 여러 방향을 쳐낼수록 승자를 찾을 때까지 새로운 방향을 더 많이 시도해볼 수 있다.

정말로 창의적인 기업은 온갖 것을 테스트해본다. 예를 들어 마블의 슈퍼히어로 영화가 성공한 게 운이나 시대정신 덕분이라고 생각할 수도 있지만, 마블이 그들의 세계관에 속하는 모든 영화를 촬영 전에 미리 시각화해보는 것은 결코 우연이 아니다. 전형적인 '스토리보딩storyboarding'은 주요 촬영에 앞서 각 장면의 핵심적인 순간을 스케치하지만, '프리비즈previs(사전 시각화)'는 개발 과정에서 장면 전체를 디지털 애니메이션으로 만들어본다. 정교한 애니메이션 툴 덕분에 세트에 배우가 아직 도착하지 않았어도 모든 카메라 움직임과 스턴트, 특수 효과를 준비할 수 있다. 마블의 영화 제작자들은 초창기에는 실사적 요소와 디지털 요소가 합쳐졌을 때 어떻게 보이는지 감을 잡기 위해 아주 복잡하고 특수 효과가 많이 들어가는 장면에만 프리비즈를 사용했다. 하지만 각종 툴이 빠르고 편리해지면서 마블은 프리비즈의 사용 범위를 모든 영화의 러닝타임 전체로 확대했다.

스토리의 어느 한 장면이라도 굳이 촬영 날까지 남겨둘 이유가 있을까? 탁자에서 나누는 일대일 대화라고 하더라도 말이다. 이제 영화감독은 스튜디오에 들어서기 전에 노트북 컴퓨터로 아주 미세한 속도와 스토리, 세트 디자인의 어긋남까지 알아낼 수 있다. 이런 툴이 점점 저렴하고 사용하기 편해지고 있기 때문에 지금은 예산 3억 달러짜리 블록버스터에나 가능한 것이 곧 3만 달러짜리 독립 영화에도 표준적인 관행으로 자리 잡을 것이다. 마찬가지로 한때는 글로벌 기업이나 할 수 있었던 테스트를 이제는 전 직원이 2명인 스타트업에서도 흔히 볼 수 있다. 딱 맞는 툴과 약간의 노력만 있으면 여러분의 아이디어도 썩 괜찮은 정확도로 온갖 측면을 모형으로 만들고 현장에서 테스트해볼 수 있다.

효과적인 혁신의 핵심은 '속도'다. 주어진 시간에 더 많은 테스트를 하는 것 말이다. 어떤 아이디어가 되었든 영원히 만지작거리고만 있을 수는 없다. 실험을 더 빨리 진행하면(포트폴리오의 일부로 진행한다면 더 이상적이다) 실험을 더 개선할 수 있고, 범위를 점점 좁혀감으로써 활주로의 끝에 도달하기 한참 전에 사업성이 가장 큰 접근법을 찾아낼 수 있다.

이때 다른 어떤 요소보다 핵심적인 열쇠는 '비용'이다. 테스트 비용이 많이 들면 지켜야 할 번거로운 절차가 늘어난다. 테스트 비용이 저렴할수록 결재를 받기 쉽고, 아이디어를 완전히 포기하기 전에 여러 버전으로 테스트를 더 많이 해볼 수 있다. 조직에서 혁신이 그토록 어려운 이유는 애초에 형식적 관료주의가 대다수 아이디어의 날개를 꺾어버리기 때문이다. 복잡한 결재 절차는 (일상적 사업 운영에는 도움이 되고, 심지어 필요하기까지 한 보호 장치지만) '빠른 학습'을 어렵게 하는 걸림돌이다. 테스트 비용을 한껏 낮춘다면 이런 장애물도 함께 낮출 수 있을 것이다.

우리가 만든 방법론을 존경받는 대형 제조 기업에 적용한 적이 있다. 우리는 협업을 진행하게 된 리더 몇 명에게 각자 다른 아이디어를 발전시켜보라는 과제를 주었다. 새로운 서비스 플랫폼을 과제로 받은 리더에게 고객을 대상으로 해당 아이디어를 테스트하려면 어느 정도의 자금이 들 것 같은지 물었다.

"3,000만 달러 정도?"

당연한 얘기지만 3,000만 달러짜리 테스트 여러 개로 구성된 포트폴리오를 동시에 진행할 수 있는 기업은 많지 않다. 그래서 우리는 리더에게 비용을 줄여보라고 했다. 그는 실험에서 불필요한 요소를 제거하고, 당장 다음 단계에서 필요한 것에만 초점을 맞춰 20만 달러라는 수정된 예산을 들고 왔다. 나쁘지 않은 절약이었다! 그래도 우리는 그에게 더 작게, 더 빠르게, 더 값싸게 생각해보라고 했다. 예산을 끌어올리고 있는 그의 가정이 무엇인지 들여다보았더니, 그는 고객 서비스 센터의 전화 응대를 위해 풀타임 직원을 셋이나 채용할 생각이었다.

"테스트 하나를 하는데 누가 1년 치 연봉을 주고 사람을 쓰나요?" 우리가 말했다. "이건 팀장님이 직접 하셔도 돼요!" 이회사에서 20년간 고객 서비스 업무를 담당한 그는 1년 이하 기간으로 풀타임 이하의 월급을 주고 사람을 채용해본 적이 없었다. 그는 한밤중에 전화 응대를 해야 할 수도 있다며 잠시 반대했지만(디스쿨에서는 이런 경우 기업 창립자들이 그 일을 맡는 경우가 다반사다), 혹시라도 밤에 전화가 걸려올 경우에는 다른 시간대의 지역에서 일하는 기존 직원들이 쉽게 응대할 수 있다는 얘기에 동의했다. 풀타임 고객 서비스 센터 직원이 필요 없어지자 실험 비용이 1만 5,000달러로 떨어졌다. 이 회사의 평소 R&D 투자액에 비하면 쥐꼬리만 한 규모였다.

테스트 비용을 더 낮추며 장애물이 사라지는 것을 지켜보라.

첨단 기술이 필요할 때도 있지만 본인의 가정만 재점검해봐도 비용을 낮출 수 있을 때가 많다. 어쩌면 일주일에 2,980만 달러를 절약할 수 있을지도 모른다.

나이키 창업주의 테스트 비법

'아이디어 모드'에서는 아이디어를 한 뭉치 생각해내고, 그다음에는 바로 '행동 모드'가 되어서 그 아이디어를 세상에 내놓을 수 있는 게 아니다. '모드' 따위는 잊어버려라. 아이디어 생성과 행동은 서로 정보를 주고받으며 끊임없이 순환해야 한다. 급성장하는 회사를 살펴보면 피드백 고리가 성장을 견인하고 있음을 알 수 있을 것이다. 테스트, 피드백, 수정과 반복. 성장이 지붕을 뚫고 올라갈 때는 행동과 학습이 서로 연결되어 있다. 마찬가지로 침체된 회사는 틀림없이 충분한 피드백 없이 운영되고 있을 것이다. 아니면 스스로 수집한 피드백에 기초해서 행동할 조직적 의지가 부족하거나. 결과를 활용하지 않고 아이디어를 실행한다는 것은 눈을 감고 뛰는 것이나 마찬가지다. 얼마든지 빠르고 자신 있게 덤벼들어도 되지만, 벽에 부딪히는 것은 피할 수 없을 것이다.

운동화 브랜드 중에서 가장 강력한 두 곳은 나이키와 아디다스다. 두 회사 모두 창립자가 강박적으로 제품을 개량하는 사람들이었다. 그들은 현장에 맞춰 제품을 개선하기 위해 운동선수들과 긴밀히 작업했다. 이 혁신가들은 개량한 운동화의 성능을 기존 제품의 성능과 비교할 테스트 방법이 없다면 운동화의 디자인을 바꾸는 건 무의미하다는 사실을 잘 알고 있었다. 아무리 줄을 많이 긋고 꺾쇠 디자인을 많이 넣어도 겉모습만 보고 신발의 성능을 판단할 수는 없는 노릇이다.

독일의 신발 제조업자 아디 다슬러Adi Dassler는 트랙이나 운동장에서 남들과 경쟁하는 걸 좋아했다. 그는 대회에서 사용할 스파이크슈즈를 개량하다가 운동화 사업에 뛰어들게 됐다. 처음에 그는 자신이 만든 신발이 운동장에서 어떤 성능을 내는지 직접 테스트했다. 하지만 결국 세계 최고의 신발은 세계 최고의 운동선수가 테스트해야 한다는 결론에 이르렀다. 운동선수 스폰서십이라는 아이디어를 최초로 생각해낸 다슬러는 리나 라드케Lina Radke나 제시 오언스Jesse Owens 같은 스타급 운동선수들에게 자신이 만든 신발을 신고 올림픽 경기에 나가달라고 부탁했고, 각종 미디어가 이를 보도하면서 사업 성장에 도움이 됐다. 그러나 더 중요했던 것은 다슬러가 위대한 운동선수들이 자신의 신발을 신고 현장에서 경쟁하는 모습을 관찰할 수 있다는 점이었다. 뒷마당에서 직접 신고 뛰어보던 것에 비하면 장족의 발전이었다.

그러다 독일의 올림픽 육상 팀 감독이 연락을 해왔고, 창의적인 구두 제조업자였던 다슬러에게 이는 더욱더 직접적인 피드백을 받을 수 있는 새로운 기회가 됐다. 독일의 모든 젊은 육상 선수가 다슬러가 디자인한 운동화를 신고 결과를 알려주기 시작했다. 이렇듯 지속적인 피드백의 흐름은 아디다스의 탄생에 핵심적인 역할을 했다.

그로부터 수십 년 후 독일에서 8,000킬로미터 떨어진 오리건대학교 육상 팀 감독 빌 바워먼Bill Bowerman은 제품을 팔기 위해서가 아니라, 선수들이 대회에서 이기도록 돕기 위해 운동화 성능을 개선하고 싶었다. 다슬러와 달리 바워먼은 신발 제작의 '신' 자도 몰랐다. 그렇지만 앞서 보았듯 반드시 전문 기술이 있어야 우리의 가정을 빠르고 값싸게 실험할 수 있는 것은 아니다. 일단 방향만 검증되면 아이디어를 적용하는 문제는 언제든 전문가를 불러들여 해결하면 된다. 바워먼은 자신이 직접 신발 만드는 기술을 배워서 이상적인 신발을 만드느라 세월을 보내는 대신, 선수들이 기존에 신고 있던 신발을 변형해서 본인의 아이디어를 테스트했다.

'감독님은 늘 슬그머니 로커 룸으로 들어와 우리 신발을 훔

쳐 가곤 했다.' 당시 육상 팀 선수였던 필 나이트Phil Knight는 나중에 그렇게 썼다. '감독님은 며칠씩 걸려서 신발들을 다 뜯어내고 다시 꿰매어 모양이 약간 바뀐 신발을 돌려주었다. 그러면 우리는 사슴처럼 뛸 수 있게 되거나 피를 흘려야 했다.'⁴ 육상 팀 감독이던 바워먼에게는 실험실과 생쥐가 있었다. 이 모든 시제품 제작의 목표는 결국 '가벼움'이었다. '신발 한 켤레에서 1온스(28.3그램)를 덜어내면, 1마일(1.6킬로미터)을 뛰었을 때 55파운드(24.9킬로그램)를 덜어낸 것과 같다고 감독님은 말했다.' 무게를 줄이려면 엄청나게 다양한 대체 소재를 시도해봐야 했다. 바워먼은 캥거루 가죽부터 대구 껍질까지 동원해 선수들의 러닝타임에 미치는 영향을 추적했다.

세월이 흐른 후 나이트는 바워먼에게 동업을 하자고 설득해 일본에서 오니츠카Onitsuka 러닝슈즈를 수입했다. 이번에도 바워먼은 신발을 이리저리 고치면서 조금씩 바뀔 때마다 선수들에게 테스트를 해보았다. 나이트는 이렇게 썼다. '경기를 한 번할 때마다 바워먼은 두 가지 결과를 얻었다. 선수의 실력이 결과로 나왔고, 그가 만든 운동화도 결과를 냈다.' 차이가 있다면, 이제는 바워먼이 그의 아이디어를 일본으로 보내 오니츠카의 전문 디자이너들을 통해 실현할 수 있다는 점이었다. 제품이 바워먼의 비전에 가까워지자, 바워먼과 나이트는 피드백 고리를 가장 짧게 만들 수 있도록 자신들의 회사를 차리기로 결심했다. 그렇게 해서 나이키가 탄생했다.

조직에 강력한 혁신의 기운을 불어넣고 싶다면 당신이 가진 모든 아이디어에 대한 가깝고도 직접적인 피드백 고리를 만들어야 한다. 어둠 속을 내달리는 짓은 이제 그만하라.

넷플릭스를 탄생시킨 테스트

리드 헤이스팅스Reed Hastings와 마크 랜돌프가 우편으로 영화를 보내주는 아이디어를 처음 생각해냈을 때는 VHS 테이프 시절이라 부피가 너무 커서 배송비를 감당할 수 없었다. 그 외에는 전달할 방법이 없었기 때문에 두 사람은 아이디어를 고이 접어 두었다. 그러다가 일본에서 DVD라는 새로운 매체가 나왔다는 걸 알게 됐다. 5인치(12.7센티미터-옮긴이)짜리 플라스틱 디스크라면 싼값에 우편으로 배송할 수 있었다. 장애물 하나 해결! 이 '넷플릭스Netflix'라는 회사 아이디어가 현실이 되려면 뭐가 더 필요할까? 우선 우편으로 보내는 과정에서 DVD가 파손되지 않아야 했다. 그때까지는 미국에 DVD가 없었기 때문에 두 사람은 우편으로 CD를 집으로 보내 자신들의 가정을 테스트해봤다. 컨트리음악 가수 팻시 클라인Patsy Cline의 히트곡 모음집 CD가 무사히 도착하는 것을 확인한 두 사람은 비즈니스 모델 검증에 한 걸음 더 가까워진 것을 알았다. 현재 넷플릭스의 시장가치는 수천억 달러가 넘지만, 실험에 들어간 비용은 20달러도 채 되지 않았다.

테스트를 통한 검증은 단계적인 과정이다. 고객에게 DVD를 우편으로 배송할 수 있다는 걸 알게 된 헤이스팅스와 랜돌프는 다음 단계로 간단한 웹사이트를 구축했다. 1990년대 말은 전자 상거래의 초창기였기 때문에 온라인 판매에 필요한 모든 과정을 철저히 테스트해봐야 했다. 두 사람은 각종 이미지와 문구, 링크를 어떻게 조합하느냐에 따라 DVD 판매량이 어떻게 달라지는지 보기 위해 웹페이지를 꼼꼼히 여러 버전으로 만들어보기로 했다(DVD 대여 서비스는 나중에 시작했다). 2주간 공들여 개발한 다음에 테스트를 진행하곤 했지만, 성공할 때보다는 실패할 때가 더 많았다.

"우리는 서로 마주 보며 이렇게 말하곤 했어요. '또 2주를 낭비했군.'" 어느 인터뷰에서 랜돌프는 그렇게 회상했다. "그리고 이렇게 말했죠. '좋아. 더 빨리 해보자고.' 그래서 쓸데없는 부분을 덜어내고 일주일에 한 번씩 테스트를 했어요. 그래도 실패했죠. 그래서 쓸데없는 부분을 더 많이 덜어내고 이틀마다 테스트를 했어요. 얼마 지나지 않아선 매일 테스트를 했고요. 결국 하루에 테스트를 네다섯 번씩 했죠." 그때쯤 되자 개발 과정은 더 이상 힘들지도, 꼼꼼하지도 않았다. 두 사람은 몇 주가 아니라 몇 시간마다 테스트 페이지를 만들어내고 있었다. 그러나 랜돌프와 헤이스팅스는 이렇게 값싸고 빠르고 불완전한 실험으로도 유용한 데이터를 얻을 수 있다는 걸 알게 됐다. 어차피 틀린 웹페이지를 완벽하게 만든다고 해서 누가 상을 주는 것도 아니었다. 반면 잘된 웹페이지라면 그 안에 오타가 있든 링크가 깨지든 여전히 고객들이 들어왔다. 발전이란 훌륭한 아이디어가 있느냐가 아니라 '형편없는 아이디어를 수없이 테스트할 수 있는 시스템과 프로세스, 문화를 구축'하는 게 문제였다.

절대로 당신이 할 수 있는 일(구현 가능성)을 시장이 원하는 것(고객 선호)보다 앞세우지 마라. 실험을 통해 사람들의 욕망이 무엇인지만 정확히 짚어내면, 그 욕망을 충족시킬 방법은 거의 언제나 찾아낼 수 있다. 테스트 사이클의 초반에 몇 번은 언제나 고객 선호에 초점을 맞추어야 한다. 사람들이 이걸 원할까? 원하지 않는다면 저걸 원할까? 가능하다면 동시에 견본을 만들어라. 사람들이 다른 걸 모두 합한 것보다 더 좋아하는 선택지는 무엇인가? 어느 아이디어에 대한 사람들의 욕망이 매우 크다는 사실만 확인되면, 구현 방법은 얼마나 빨리 찾아낼 수 있는지 깜짝 놀랄 것이다.

한 번의 실험에서는 하나의 가정만 검증하라. 웹사이트 방문객이 클릭을 하는가? 고객이 전화를 거는가? 동료들이 회의에 나타나는가? 처음 몇 번의 실험은 본능적으로 드는 생각보다 반드시 더 빠르고 값싸게 실시해야 한다. 2시간 안에 당신이 어디까지 할 수 있는지 보라. 당신이 하려는 테스트가 하루 이상 걸린다면 가정을 재점검하라. 작은 질문으로 큰 보상을 노려라. 방금 미로에 들어섰다. 길 끝이 어디로 통할지는 전혀 알 수 없다. 왼쪽으로 돌 것인가, 오른쪽으로 돌 것인가?

무엇보다 요청받지 않은 것은 절대로 제작하지 마라. 예를 들어 X라는 기능을 할 수 있는 앱을 구상했다면, 단지 수요를 가늠해보기 위해 앱을 실제로 만들지는 마라. 그러지 말고 그냥 그 앱인 '척하라.' 기술계에서는 이걸 '터킹turking'이라고도 한다. 저 유명한 메커니컬 터크Mechanical Turk에서 온 단어다. 매커니컬 터크는 18세기에 체스를 두는 로봇으로 알려졌지만 사실은 정교한 장난질이었다(그 '기계' 안에 사람이 숨어서 체스를 두고 있었다). 이 콘셉트가 더 유명해진 것은 아마존이 크라우드소싱 엔진을 만들면서 이 로봇의 이름을 땄기 때문이다. 의심스러울 때는 '터킹'하라. 표지판을 먼저 세워 4층에 맥주를 마시러 오는 사람이 있는지 확인하기 전에는 의자 하나도 사지 마라. 설문 조사는 아무짝에도 쓸모없다. 욕망 여부는 사람들의 '말'이 아니라 '행동'으로 판단하라. 테스트를 할 때는 상대가 돈을 지불하게 하라. 실험을 '성공'이라고 말하려면 사람들이 방문하고, 클릭하고, 구매하고, 가입하고, 로그인해야 한다. 상대의 '확실한 의지'가 보여야 한다. 뭘 내놓을 생각이든 간에, 그걸 흉내 내서 사람들의 반응을 확인할 방법을 찾아라. 수요가 있다면 데이터는 절대로 애매하게 나오지 않는다.

효과적이고 쓸모있는 테스트 설계 원칙 5

지금부터 소개하는 것은 여러분의 요구에 맞춰 수정할 수 있는, 간단하지만 기능적으로는 전혀 부족함이 없는 테스트 프로세스다. 우선은 이를 템플릿이라 생각하고, 여러분의 경험에 비춰 조직에 가장 잘 맞도록 테스트 방법을 다듬어라.

① 간단하게 설계하라

조직 내에서 테스트를 효과적으로 실시할 수 있는 방법 중 하나는 결과 평가 일정을 미리 잡아두는 것이다. 그 회의에서 어떤 결과를 논의할지 미리 정해두라. 그런 다음, 정해진 일정에서부터 거꾸로 시간을 돌려 스케줄대로 평가 회의를 가지려면 각자 언제까지 무엇을 해야 하는지 정하라.

기억하라. 만약 어느 실험에 2시간 이상의 노력이 필요하다면, 특히 테스트 초기에 그렇다면 더 간단한 테스트를 생각해내라. 직접적이고, 캐주얼하고, 개인적으로 생각해보라. 사람들의 욕망을 측정할 수 있는 더 '확실한' 방법을 찾아보면 언제나 발견할 수 있다. 그리고 그 방법을 위해 필요한 건 보통 벤처 캐피털의 자금이 아니라 몸으로 부딪치고 발로 뛰는 것이다. 종이와 네임펜, 테이프로 뭘 할 수 있을까? 캔바나 어도비 스파크Adobe Spark처럼 사용자 친화적인 디자인 소프트웨어를 사용해 웹페이지나 브로슈어, 포스터, 스케치를 만들어보는 건 어떨까?

그냥 제품을 가지고 나가서 사람들에게 직접 제안해보는 것도 좋은 방법이다. 헨리크 베르델린과 니컬러스 손이 바크를 출범시켰을 때도 강아지를 좋아하는 지인들에게 강아지 간식과 장난감이 든 견본 박스를 보여주었다. 그러면 지인들은 이렇게 말하곤 했다. "와, 멋지다. 준비되면 나도 가입할게."[5]

그러면 두 사람은 이렇게 대답했다. "지금 돈을 내면 여기서 바로 결제해줄 수 있어." 베르델린과 손은 이런 식으로 휴대전화 결제기로 신용카드를 긁으며 수십 명의 고객을 가입시켰다.

바크가 아직 '제대로 작동도 하지 않는 워드프레스WordPress(웹페이지를 제작하고 관리할 수 있는 오픈 소스 기반의 콘텐츠 관리 시스템-옮긴이) 사이트였던' 시절에 벌써 말이다. 그저 말로만 비어가든을 이용하겠다고 했던, 5장 앞부분의 쇼핑몰 손님들과는 달리, 강아지를 소유한 지인들은 실제로 거래했다는 사실에 주목하라. 여러분은 바로 이런 데이터를 얻어야 한다.

완벽을 찾지 말고 모멘텀을 찾아라. 값싸고, 빠르고, 불완전한 실험을 한 번 할 때마다, 더 정확하고 유의미한 답을 내놓을 실험을 새로 설계할 만한 데이터를 얻을 수 있다. 반면 '사고 실험'은 더 많은 '생각'만 낳을 뿐이다.

각자의 상황에 따라 구체적인 방법은 달라질 것이다.

- 웹사이트에 버튼을 추가한다.

- 내부적으로 투표를 진행한다.

- 참여할 수 있는 URL이나 QR코드가 인쇄된 브로슈어, 표지판, 문손잡이 광고를 디자인해서 배포하고 결과를 추적한다.

- 제목이나 내용을 바꿔 이메일을 보낸 후 개봉률, 클릭률, 회신율을 비교한다.

- 소셜 미디어에 포스트를 올리거나 타깃 사용자에게 메시지를 보낸 후 반응을 추적한다.

- 프레젠테이션 마지막 슬라이드를 두 종류로 만들어 동료들에게 테스트해본다.
- 회의 참석자에게 선택지를 제시하고 투표를 실시한다.
- 고객 서비스 센터 전화에 신상품 소개 안내를 추가하고 반응을 추적한다.

테스트가 '너무' 간단해 보이더라도 걱정하지 마라. 그냥 그대로 추진하라. 기준은 다음번에 언제든지 더 높게 세우면 된다. 일단 시작은 최대한 간단하고 작게 하라.

메일 주소 목록이 있더라도 동시에 모든 사람에게 이메일을 보내지 마라. 수신자 중 일부에게 먼저 이메일을 보내 내 방향이 맞는지 확인한 후 더 많은 수신자에게 보내라. 메일 주소 목록이 없거나 접촉할 기존 고객층이 없다면 다른 식으로 참가자를 찾아야 한다. 그렇지만 친한 친구나 가족에게 너무 의존하지 마라. 그들은 여러분을 응원하고 싶은 사람이지 여러분이 틀렸다는 걸 증명하고 싶은 사람이 아니다. 또 그들은 여러분의 타깃 시장을 대표하지 않을 수 있다. 여러분의 솔루션으로 도와주려는 사람들에게 접촉하라. 사람들이 그 문제에 관해 트위터나 페이스북으로 불평을 하는가? 그들에게 연락하라. 그 사람들이 뉴스 사이트나 게임 사이트 혹은 특정 소셜 미디어에 모이는가? 그러면 그 사람들과 접촉하라. 해당 문제를 겪는 사람들이 있는 곳으로 가서 당신의 솔루션을 직접 제안하라. 그들은 당신의 해결책을 원하는가, 원하지 않는가?

제안을 할 때는 조건부처럼 들리는 용어를 사용하지 마라. 잠정적인 것처럼 들린다면 사람들은 처음부터 의심을 품을 것이다. "저희가 X를 해보려고 하는데요"라든가 "혹시 Y에 관심이 있나요?"같이 말하지 마라. 베르델린과 손은 결제용 단말기를 들고 반려견 전용 공원에 갔다. 규모가 어떻든 모든 테스트에서 그 정도의 확실성을 보여줘라. 그렇지 않으면 테스트 결과를 신뢰할 수 없을 것이다.

② 가설을 세워라

캐주얼한 실험에서는 종종 간과되는 단계지만 가설을 세우는 것은 매우 중요하다. 당신이 정확히 뭘 증명하고 싶은지 미리 결정하라. 당신은 어떤 변수를 바꿀 것인가? 그랬을 때 무슨 일이 일어날 거라고 생각하는가? 어떤 지표를 추적할 것인가? 구체적으로 '글'로 적어 모든 이해관계자의 승인을 얻어둬라. 뭘 발견하고 싶은지가 분명하지 않으면 모두가 결과에 맞춰 가설을 수정하고 싶은 유혹을 느낄 것이다.

신제품에 가장 적합한 색상을 결정하려고 한다면 어느 색조가 가장 많은 클릭을 받는지 알아보는 걸로는 충분치 않다. 클릭 수가 최소한 몇 개는 되어야 다음으로 넘어갈지 미리 정하라. 해당 웹페이지로 충분한 트래픽을 끌어들이지 못했다면 다음번에 다른 방식으로 실험을 진행해야 할 것이다. 파란색을 클릭한 사람이 4명이고 노란색이 2명이라면, 결정적 증거가 될 수 없다. 시간이 없다면 증거로 보고 싶은 유혹이 일겠지만 말이다. 수집하고 싶은 데이터의 양을 비롯해 목표를 상세히 정해놓아라. 그리고 그 기준을 충족시킬 때까지 실험을 손보아라. 거꾸로 실험 결과에 맞춰 기준치를 수정하지 마라.

가설을 먼저 세우면 여러분이 원하는 행동 또는 의사 결정이 무엇인지 분명해질 수밖에 없다. X를 증가시켰을 때의 효과를 측정하고 싶다면 Y나 Z를 동시에 손대지 마라. 그러면 결과만 불분명해진다. 우리의 목표는 실험 결과를 일대일로 최대한 면밀히 비교하는 것이다.

③ 데이터를 수집하라

무언가를 '바꾸기 전에' 기준을 정하라. 새로운 표지판이 상점 방문객 수에 미치는 영향을 테스트하고 싶다면 기존 방문객 수를 먼저 측정하라. 일별 혹은 계절성으로 인한 변수까지 계산에 포함하라. 7월의 방문객 수를 기준으로 놓고 12월에 실험을 진행한다면 결과가 왜곡될 것이다.

가지고 있는 것들을 활용하라. 대기업은 대부분 핵심 지표를 잘 추적해 보관해두고 있다. 그러나 꼼꼼하지 않은 조직도 많다. 완벽한 데이터가 없다고 해서 단념하지 마라. 예를 들어 스타트업이라면 기준으로 삼을 만한 것이 마땅치 않을 것이다. 그래도 괜찮다. 핵심 변수 하나를 바꿔서 A/B 테스트(A안과 B안을 각각 제시해 선호도를 알아보는 조사-옮긴이)를 진행해 결과를 비교하라. 예컨대 접속 트래픽을 둘로 나눠 두 가지 랜딩 페이지landing page(링크를 타고 들어왔을 때 가장 처음 보게 되는 페이지-옮긴이)를 보여줄 수도 있을 것이다. 상점을 두 군데 정해 어느 쪽 프로모션 표시가 더 효과적인지 비교할 수도 있다. 또 고객 안내 요원 둘에게 서로 다른 환영 인사말을 준비해주어도 되고, 이메일 수신자 목록을 둘로 나눠 서로 다른 제목의 이메일을 보내도 된다.

다시 말해 가능하다면 기준을 정해놓으면 좋지만, 계절성 수요에 대한 전체 그림을 얻으려고 아무것도 하지 못한 채 1년을 보낼 필요는 없다. 속도는 중요하다. 아이디어에 관한 한, 영영 못하는 것보다는 지금 당장 하는 게 낫다.

④ 순환 고리를 완성하라

테스트를 하고 나면 항상 결과를 기준치 또는 다른 결과와 비교하라. 늘 실험을 하고 있으면 오히려 내가 지금 테스트 중이라는 사실을 잊어버리기 쉽다. 우리 경우를 예로 들어보면, 제러미와 그의 아내는 홈스쿨링 스케줄을 바꾸고 나서 매일 같은 시간에 아내가 힘이 없다는 이야기를 했다. 문제점에 관해 이야기를 나누다가 제러미의 아내는 몇 주 전에 스케줄을 바꾼 이유가 아이들의 집중력이 높아지는지 보기 위해서였다는 게 갑자기 기억났다. 본인의 의도를 잊어버렸던 것이다. 제러미의 아내는 당초 테스트하려고 했던 가설을 기억해냈고, 스케줄을 바꾼 결과를 유심히 기억해보면서 앞으로 어떻게 할지 결정할 수 있었다.

큰 조직에 있으면 실험 중이라는 사실을 잊어버릴 가능성이 낮을 거라고 생각하는 사람이 있을지 모르지만, 실제로 이는 기업에서도 늘 일어나는 일이다. 무언가를 바꾸고 나서 '실험'이라고 부르기는 쉽다. 그러나 결과 평가 시간을 갖지 않는다면 데이터에 기초해서 행동하기는커녕 데이터를 분석하는 일조차 생기지 않을 것이다. 실제로 우리가 여러 조직에서 가장 많은 실험이 실패하는 것을 목격하는 것도 바로 이 지점이다. 새로운 방식이 효과가 더 좋을 수도 있지만 반대일 수도 있다. 효과를 확실히 알고 싶다면 가설에 비추어 결과를 평가해보아야 한다. 실험의 효율은 어떠했는가? 들인 노력에 비해 알게 된 것이 훨씬 많았는가? 바라던 내용은 아니었다고 해도 분명한 답을 얻었는가? 아니면 결과가 불확실한가? 다음번에는 무엇을 바꾸면 더 유의미하고 쓸모 있는 데이터가 나오겠는가?

실험은 새로운 걸 시도하는 기준을 낮춘다. 그렇지만 기준을 너무 낮추는 바람에 실험 자체가 엄격하지 않다면 아무것도 알아낼 수 없다. 운전대는 잡고 있지만 여전히 두 눈을 가린 셈이 되는 것이다. 앞 사례에서처럼 색상에 클릭한 사람이 고작 몇 명밖에 없었다면 사이트의 트래픽 자체를 올릴 방법을 찾아내라. 데이터가 불확실하다는 말은 실험 자체를 손봐야 한다는 뜻인 경우가 많다. 제안 내용을 바꾸기 전에 테스트 방법부터 고쳐라(이 부분은 6장에서 더 자세히 다룬다). 실험의 설계가 부실하면 어떤 아이디어든 형편없어 보인다. 아이디어를 계속 진행하거나 폐기하려면 그 가치를 증명하든지 더 유력한 탐색 방향이 있다는 걸 밝혀내야 한다. 초창기 실험은 대부분 더 좋은 실험으로 이어져야 한다. '진짜 실패'에는 그보다 훨씬 많은 노력이 필요하다.

그래도 계속 고전 중이라면 프로젝트를 함께 하지 않는 동료에게 당신의 접근법이 괜찮은지 물어보라. 나보다는 남의 오류를 찾아내는 게 더 쉬운 법이다. 전혀 다른 시각을 지닌(다른 부서 혹은 다른 업종에 속한) 사람에게 여러분의 가설과 방법론, 실험 결과를 살펴봐달라고 하라. 그리고 사정없이 박살 내달라고 하라. 여러분의 가정에서 잘못된 부분은 무엇인가? 아이디어 자체를 평가해달라는 게 아니다. 아이디어를 평가하는 건 실험이 할 일이다. 지금 수정이 필요한 것은 실험 자체다. 그 실험이 여러분에게 훌륭한 데이터를 주고 있는가, 아니면 진실만 흐리고 있는가?

실험의 순환 고리를 완성하는 가장 확실한 방법은 프로세스를 시작할 때 결과 평가 시간을 예약해두는 것이다. 실험을 시작하기도 전에 모두에게 시간을 받아놓으라. 그 시점이 모두에게 데드라인이 되어 다들 적절한 후속 조치를 이행할 것이다. 그렇지 않으면 여러분의 탐색 노력은 뒷전으로 밀릴 것이다. 궁극적으로 중요성은 덜한데도 더 급한 다른 일들에 밀리고 말 것이다.

⑤ 수정하고, 반복하고, 필요하면 방향을 바꿔라

대부분 잘 설계된 실험은 더 좋은 테스트를 설계하는 데 필요한 데이터를 내놓는다. 더 정제된 테스트, 즉 더 구체적인 질문에 답해주면서 옳은 아이디어에 가까워지게 만들어줄 테스트를 설계하는 데 필요한 데이터를 준다. 실험은 방향을 알기 위한 것이지, 목적지가 정해져 있는 건 아니다.

확실한 예스라면 더할 나위 없이 좋을 것이다. 당연하다. 성공할 조합(예컨대 시장-제품 적합성)을 찾아내면 절로 알 수 있다. 옳은 아이디어는 다른 대안보다 조금 더 나은 정도가 아니라 월등히 뛰어난 결과를 낸다. A안의 결과에서는 B안에서 Z안에 이르는 것들과는 다른, 확연한 격차가 드러나야 한다. 그렇지만 한 번에 한 가지 버전만 테스트한다면 이를 알아채기 힘들 수도 있다. 여러 개의 테스트를 동시에 진행할 때 좋은 점은 가능성 있는 결과가 어떤 것인지 빨리 알아낼 수 있다는 점이다.

예를 들어 태어날 아기를 위해 생각 중인 이름을 친구에게 이야기한다면 친구는 무조건 열렬히 좋다고 말할 것이다. 그렇지만 생각 중인 이름 10개를 이야기한다면, 친구는 아마도 나머지 9개보다 어느 하나를 더 좋아할 것이다. 효과가 있는 아이디어는 확연히 두드러진다.

성공도 물론 즐겁지만 확실한 실패의 가치도 과소평가하지 마라. 확실한 실패란 당신이 그 아이디어에 충분한 기회를 주었지만 불발탄인 게 분명해졌다는 뜻이다.

미쉐린 고객 혁신 연구소Customer Innovation Labs 소장 필리프 바로드Philippe Barreaud는 확실한 실패에 상을 주는 법을 배웠다. 기업은 당연히 프로젝트가 성공적으로 완료되는 걸 선호한다. 그래서 고객 선호가 확인되지도 않은 아이디어에 과분한 힘을 실어주곤 한다. 실패를 받아들이고 방향을 바꾸느니, 리더들은 차라리 아무도 원하지 않는 아이디어를 현실로 만들기 위해 더 많은 돈과 노력을 쏟아붓는다. 이럴 때 테스트의 리스크가 작으면 '무슨 일이 있어도 성공시키라'라는 인센티브 지향의 압박에서 해방될 수 있다. 바로드는 이렇게 말했다. "우리가 회사에 이바지하는 가치의 절반은 무언가를 폐기하는 데서 나옵니다. 아이디어를 더 많이 폐기할수록 성공할 가능성이 있는 다른 아이디어를 추진할 자원이 더 많이 남죠. 고객에게 울림을 줄 아이디어 말이에요."

똑같은 실수를 형태만 바꿔서 저지르는 게 아니라 항상 '더 좋은 실수'를 저지르고 싶다면, 테스트하는 모든 아이디어를 기록하라. 특히 '실패'를 기록하라. 넷플릭스와 VHS 사례에서 보았듯, 실패한 아이디어도 기술이나 시장에 변화가 생기면 두 번째 삶을 살 수 있다. 처음부터 다시 시작하기보다 기존 데이터를 찾아서 도움을 받는 것도 방법이다.

여러분이 품은 모든 의문에 답해주고, 모든 이해관계자의 걱정을 해결해줄 이상적인 테스트는 없다. 인내심을 가져라. 완벽주의자가 되지 마라. 그리고 하나에 너무 집착하지 마라. 혁신은 사냥이 아니라 낚시다.

바로드는 미쉐린 리더들에게 이렇게 말한다. "솔루션을 찾을 때 시제품에 너무 매달리지 마세요. 시제품은 우리가 뭔가를 알아내려고 만드는 물건에 불과해요. 다음 단계에서 뭔가를 수정할 기회를 주는 거죠. 앞으로도 범위를 좁혀갈 시간이 있다는 걸 기억하세요. 초기 단계에서는 여러 갈래로 탐색해봐야 해요." 우리는 실험을 통해 숨은 기회를 발굴한다. 무언가 귀가 쫑긋 서고 흥미로운 소리가 들리는지 귀를 기울여봐야 한다. 때로는 내가 검증하려던 아이디어 바로 옆에 다른 아이디어가 있을 수도 있다. 또 잘못된 아이디어를 추구하다가 올바른 아이디어에 이를 수도 있다. 기꺼이 방향을 바꿀 의지만 있다면 말이다. 바로드는 일단은 아이디어를 세상에 내놓으라고 강조한다. 그래야 뭐가 세상에 내놓을 만한지 알 수 있다.

미쉐린에서 언젠가 타이어 압력을 관리할 수 있는 툴을 개발했다. 타이어 압력은 오프로드 운전이 취미인 사람들에게는 늘 큰 관심사였다. 그런데 고객들에게 시제품을 보여주었더니 반응이 뜨뜻미지근했다. 오프로드 운전을 즐기는 사람들은 타이어 압력 관리 방법을 알고 있었기 때문이다. 첨단 타이어 압력 센서가 주는 추가적인 편리함은 그들의 관심을 사로잡을 만큼 의미 있지 않았다. 그런데 이 과정에서 개발 팀은 정작 고객이 알고 싶어 하는 사항이 따로 있다는 걸 알게 됐다. 그건 바로 오프로드 길에 대한 정보였다. 오프로드 운전자들은 늘 익숙한 오프로드에 대해서도 추가 정보를 원했고 새로운 오프로드를 자주 검색했다. 미쉐린은 방향을 바꿔 오프로드 운전자들이 위치에 대한 정보를 공유할 수 있게 해주는 앱을 시제품으로 만들어봤다. 타이어 압력 센서 아이디어와는 대조적으로 사람들은 즉각 열광적인 반응을 보냈다. 만약 개발 팀이 책상에만 앉아 있었다면 이런 방향으로는 생각조차 해보지 못했을 것이다. '잘못된' 아이디어를 실제 사용자들에게 제시했더니 귀중한 통찰이 도출된 경우다. 이는 흔히 있는 일이다.

6장에서는 여러 가지 비즈니스 상황에서 효과적인 실험의 실제를 살펴볼 것이다. 뒤에서 보듯, 중요한 것은 '완벽한' 실험을 설계하는 게 아니라 얼마나 '빨리 배우느냐' 하는 점이다. 그러려면 미쉐린의 타이어 전문가들이 자신들의 아이디어가 잘못됐을 때 보여준 것과 같은 유연성이 요구된다. 스스로 이렇게 물어보라. "나는 기꺼이 계획을 벗어날 의지가 있는가?", "더 좋은 아이디어를 위해 처음에 생각한 아이디어를 포기할 수 있는가?" 바로드의 말처럼 "대부분의 경우는 '문제'가 문제다." 보다 생산적인 길을 탐색하기 위해 기꺼이 새로운 시각으로 문제를 바라볼 의지가 있어야 한다. 그렇지 않으면 결국 타이어는 헛바퀴만 돌게 될 것이다.

온 세상을
실험실로 만들어라

> "영감은 유효 성분(고생해서 쌓은 전문 지식)과
> 첨가제(편견 없이 믿고 받아들이는 감수성)를 조합하라고 말한다."[1]
> – 로버트 그루딘Robert Grudin, 『위대한 것들의 아름다움The Grace of Great Things』

여러분에게는 이제 가정을 테스트하고 솔루션을 검증할 수 있는 단계적 프로세스가 생겼다. 프로세스를 기계적으로 따르는 것을 넘어 사고방식 자체를 받아들이려면, 여러 상황에서 실험 중심의 혁신이 실제로 어떻게 작동하는지 살펴보는 게 도움이 될 것이다. 현장 사례를 보고 나면 여러분의 요구에 가장 적합한 실험 방법이 무엇인지 감이 잡힐 것이다.

빌 깁슨Bill Gibson은 일본 제약 회사 에자이에서 치매의 가장 흔한 형태인 알츠하이머병 연구 그룹의 선임 리더를 맡고 있다. 알츠하이머병협회Alzheimer's Association에 따르면 미국에서만

65세 이상 인구 중 620만 명 이상이 알츠하이머병을 앓고 있다고 한다. 그리고 2050년이 되면 이 수치는 1,270만 명까지 증가할 것으로 예상된다.[2] 새로운 치료법을 찾아야 한다는 압박감이 어마어마하지만, 그렇다고 테스트되지 않은 가정을 기초로 프로젝트를 추진하기에는 위험부담이 따른다. 알츠하이머병이라는 어려운 과제에 최대한 효과적으로 대응하려면 제약업계는 연구소 안팎으로 여러 가지 가정을 엄격히 테스트해야 한다.

스탠퍼드 디스쿨에서 리더십 프로그램을 수료한 깁슨은 우리와 협업해 에자이에 실험 중심 사고방식을 도입하고 싶어 했다. 에자이의 방대한 실험실에서는 엄격한 제약 테스트가 끊임없이 진행되고 있었지만, 회사의 다른 영역에서는 '생각한 다음에 결정한다'는 식의 이원적 접근법이 뿌리 깊이 남아 있었다. 지속적 개선을 독려하고 알츠하이머병 해결에 실질적으로 이바지하려면 에자이는 그들의 '모든' 가정을 테스트하는 습관을 들여야 했다. 약학적 가정이든, 다른 어떤 가정이든 간에 말이다. 특히 이게 꼭 필요했던 이유는 속도를 높이라는 압박이 어마어마했기 때문이다. 깁슨은 우리에게 이렇게 말했다. "성급하게 답부터 내놓기 전에 가정과 대안부터 확인해야 해요. 지금 바탕이 되는 가정이 뭔지부터 찾아내고 그 가정에 대해 정말로 의문을 품는다면, 자연히 게임의 판도를 바꿔놓을 수 있는 대안을 개발하기 시작할 거예요."

우리는 평생 일을 하면서 결과를 미리 생각해보고 그에 따라 의사 결정을 내린다. 하지만 현장에서 실험을 자주 진행하며 우리 두 사람이 알게 된 게 있다. 그건 바로 내가 속해 있는 사업의 원리에 대한 가장 기초적인 가정에서조차 아주 형편없이 틀릴 수 있다는 사실이었다. 실험을 습관으로 자리잡게 하고 싶다면, 기회가 될 때마다 데이터를 기반으로 의사결정을 내려보아야 한다. 깁슨에게 이는 일상적 활동에서까지 테스트를 진행한다는 뜻이다. 실제로 그는 내부 이메일 작성처럼 간단한 일도 테스트할 수 있다는 사실을 깨달았다.

깁슨은 알츠하이머병 연구 그룹에서 다양한 팀 간에 우연한 발견과 협업을 촉진하기 위해 월례 포럼을 마련했다. 업데이트된 비공식 사항을 공유하고 새로운 아이디어를 끄집어낼 수 있는 자리였다. 깁슨은 참석률을 극대화하기 위해 이메일 초대장의 제목을 가지고 A/B 테스트를 진행했다. 이는 에자이에서 약간의 변화였다. 비록 실험실에서는 일상적으로 만 가지 의약품의 테스트를 진행하는 회사였지만 말이다. 대조 집단도 없고 고작 수십 명의 수신자를 대상으로 한 비공식적인 작은 테스트가 과연 뭐라도 유용한 걸 성취할 수 있을까?

지나고 보니 깁슨의 실험은 구체성과 관련해 귀중한 교훈을 주었다. 이후부터 깁슨은 특정한 행동을 촉구하는 이메일을 보낼 때면 주제와 원하는 행동, 시기를 제일 앞에 썼고, 이렇게 그가 알게 된 내용은 조직 전체로 확산되고 있다. 이외에도 깁슨은 조직에서 시의적절하게 실험 중심의 사고방식을 고취했고, 덕분에 에자이는 연구진이 새로운 의약품을 개발할 때 쓰는 꼼꼼한 방식 외에도 이를 보충할 수 있는 빠르고, 값싸고, 캐주얼한 테스트를 받아들이게 됐다.

깁슨은 이렇게 말했다. "저희는 빠른 학습이 가능한 방법을 찾고 있습니다. 한 예로 저는 환자들이 주치의와 인지 손상에 관한 얘기를 나누려고 할 때 어떻게 입을 떼는지 알고 싶었어요." 몇 주 혹은 몇 달에 걸친 정식 시장조사를 계획하고 실행하는 대신, 깁슨은 에자이의 직원들을 대상으로 설문 조사를 했다. '여러분 같으면 자가 진단 테스트를 이용하시겠습니까, 아니면 의사를 찾아가 검사를 받으시겠습니까?'

깁슨은 이렇게 설명했다. "이 병은 누구에게나 현실이 될 수 있어요. 그런데 저희가 발견한 바로는 집에서 하는 검사가 더 편할 텐데도, 사람들은 주치의와 얘기를 나누는 걸 더 편하게 느끼더군요." 같은 건물에 있는 사람들을 대상으로 한 설문 조사만으로도 깁슨은 어느 방향을 탐구해야 할지 알 수 있었다.

"그래서 저희는 1차 의료 기관이 알츠하이머병의 징후를 더 잘 포착하고 정기검진을 독려할 수 있도록 도우려고 합니다."

6장에서 소개한 실험 사례를 읽을 때는 세부적인 내용보다는 그 바탕에 깔린 호기심에 더 주목하기 바란다. 비슷한 방법을 사용해 여러분의 노력을 무력화하고 있는 잘못된 가정을 전복할 방법을, 괜히 헛고생하기 전에 아이디어를 손쉽게 검증할 방법을 상상해보라.

6장에 나오는 사례를 읽다가 '애초에 나는 저런 바보 같은 가정을 하지 않아'라는 생각이 든다면 '남의 눈에 든 티끌은 보여도 제 눈의 들보는 보이지 않는다'는 사실을 기억하라. 무엇이든 내 일이 되면, 또 다르게 느껴지는 법이다.

만들기 전에 팔아라: 맨 크레이츠

해마다 어버이날에 아버지는 똑같은 넥타이를 선물 받는다는 오래된 농담에는 다 이유가 있다. 남성용 선물을 구매하는 일은 어렵기 그지없기로 악명이 높다. 남자가 남자한테 선물할 때조차 말이다. 스탠퍼드대학교 MBA 학생이던 존 비크먼Jon Beekman은 이 문제를 해결해보려고 우리 론치패드 프로그램에 합류했다. 비크먼은 사업 분야로 따졌을 때 '남성용 선물'은 형편없는 분야라는 얘기를 많이 들었지만, 그 가정을 의심하고 있었다. 흔히 생각하는 경우(밸런타인데이, 어버이날, 생일, 졸업) 말고도, 사람들은 1년 내내 온갖 이유로 친구, 동료 혹은 지인을 위한 남성용 선물을 사야 할 때가 있다. 다들 뭘 사야 할지 모르는데, 그 과정을 빠르고, 쉽고, 게다가 재미나게 만들어줄 회사가 생기면 어떨까?

비크먼은 전문가의 손길을 거친 기프트 박스 회사가 우후죽순 생기는 것을 알고 있었다. 물론 이들 기프트 박스는 여성용 선물이 대부분이었지만 가격대, 테마별로 물건을 구성해놓고 있었다. 말하자면《코즈모폴리턴》잡지에 나오는 '선물 가이드'를 실물로 구현해놓았달까. 해변에서 읽을 만한 책 한 권. 립스틱 하나. 향이 좋은 로션 하나. 이 콘셉트는 굉장히 인기가 있었는데, 아무도《GQ》나《에스콰이어》독자를 위한 기프트 박스는 시도한 적이 없었다. 이들 남성 잡지도 '선물 가이드'를 심심찮게 싣고 있는데 말이다. 비크먼이 보기에는 바로 이게 '남성용 선물'이라는 문제의 해결책이 될 수 있을 것 같았다.

기프트 박스와 관련해 조사를 좀 해보니 가장 어려운 부분은 수요 예측이었다. 다양한 제품을 확보해놓아야 하는데, 그중 일부는 부패할 수도 있는 것이다. 각각의 기프트 박스에 대한 고객 선호를 효과적으로 측정할 방법이 없다면, 재고가 부족해 매출을 놓치거나 재고가 너무 많아 잡동사니(그중 일부는 부패하는)만 가득 찬 창고가 생길 수도 있었다. 비크먼의 사업 아이디어 콘셉트 자체는 고객의 관심을 끈다고 하더라도 물류 관리 측면에서 골치 아픈 문제가 생길 게 분명했다.

우리가 제공하는 스타트업 자문 프로그램을 수강한 비크먼은 설문 조사를 신뢰할 필요 없이, 실험을 통해 각 기프트 박스의 고객 선호를 측정할 수 있다는 사실을 알게 됐다. 비크먼은 테스트를 위해 견본 역할을 해줄 튼튼한 소나무 상자(와 거기에 맞는 쇠 지렛대)를 구해 왔다. 그런 다음 여섯 가지 기프트 박스 콘셉트를 생각해냈다. 그중 셋은 결국 포기했는데, 술을 배송하는 게 엄두도 낼 수 없을 만큼 어렵다는 사실을 알게 됐기 때문이다. 나머지 셋에는 대형 할인 매장에서 구해 온 간식과 사탕을 담았다. 비크먼은 튼튼한 나무 상자를 개봉하는 강렬한 경험이 브랜드와 합쳐져 하나의 상품이 될 수 있다면, 아직 준비되지 않은 그 프리미엄 선물이 분명 크게 성공하리라 생각했다. 그리고 그때까지는 자신의 아이디어에 대한 모멘텀을 잃고 싶지 않았다. 만약 제품의 모든 면면이 완벽해질 때까지 회사를 차리지 않고 기다린다면 너무 늦어질 것 같았다.

기프트 박스의 콘셉트를 완성한 비크먼은 물건을 딱 하나씩 구매했다. 그리고 하루 촬영 날짜를 잡아 똑같은 견본 나무 상자 앞에 상품 세트 세 종류를 차례로 진열해가며 사진을 찍었다. 창고도, 공급업자도, 유통업자도, 심지어 여유분 나무 상자조차 없었지만 이 사진들 덕분에 비크먼은 첫 번째 카탈로그를 만들 수 있었다. 거의 뼈대만 있다고 할 수 있는 웹사이트를 후딱 만들고 '맨 크레이츠Man Crates'라고 이름 붙였다. 그런 다음 제품 사진을 업로드하고, 상자마다 수익을 낼 수 있는 마진을 붙여 가격을 표시했고, 페이스북 광고를 내서 사람들을 사이트로 끌어들였다.

사람들이 뜨문뜨문 방문했는데, 누군가 아직 존재하지도 않는 선물 상자를 살 때마다 비크먼은 즉각 거래를 취소했다. 그리고 해당 고객에게 직접 전화를 걸어 아직 회사가 갖추어지지 않은 1인 스타트업이라 설명하고, 해당 제품이나 웹사이트, 구매 절차 등을 어떻게 생각하는지 의견을 물었다. 전화를 받은 고객은 처음에는 분명 실망했을 텐데도 하나같이 이 독특한 경험이 즐거웠다고 했다. 고객들은 대부분 기술 스타트업에 종사해본 적이 없는 사람이었고, 나중에 뭔가 큰 의미가 있을지도 모를 피드백을 기쁜 마음으로 공유해주었다. 전화를 끊을 때 비크먼은 각 고객이 앞으로 구매할 경우 50퍼센트를 할인해주겠다고 약속했다.

만약 '수요 측정'이라는 측면에서 설문 조사가 효과적인 방법이 아니라면, 지금 이 단계에서 비크먼은 왜 피드백을 수집하고 있는지 궁금할지도 모르겠다. 하지만 앞의 경우 비크먼은 해당 고객이 남성용 선물 상자를 구매할 의사가 있다는 사실을 확실하게 검증했다. 해당 고객은 이미 '구매' 버튼을 누르고 본인의 신용카드 정보를 입력한 사람들이었기 때문이다. 그렇다면 이들 고객의 의견은 굉장히 큰 의미를 지닌다. 다시 말해 이들은 비크먼의 첫 번째 '고객'이 맞았다.

고객이 아직 구매할 수 없는 상품을 내놓는 것, 즉 고객을 실망시키는 게 대부분의 리더에게는 너무 큰 리스크처럼 느껴진다. 하지만 그렇지 않다. 비크먼이 나중에 그 '실망한' 첫 방문객들을 추적해보았더니 대다수가 나중에도 아주 충성도 높은 고객이 되어 있었다. 그사이 시험용 사이트는 비크먼의 가정을 검증하는 훌륭한 실험실이 되어주었고, 덕분에 비크먼은 팔릴지, 안 팔릴지 알 수 없는 잡동사니로 창고를 채우지 않아도 되었다.

비크먼은 이렇게 말했다. "우리가 찾는 건 '팔리는' 상품이잖아요. 하지만 대부분의 경우에는 '안 팔리는' 상품이 뭔지 알게 되죠. 팔리는 걸 알아내는 쪽이 더 가치 있지만, 안 팔리는 게 뭔지 알게 되어도 다음번에 뭘 시도해야 할지 판단하거나 직감을 얻는 데는 도움이 돼요."

비크먼이 다양한 마케팅 메시지를 시험하며 반응이 가장 좋은 것을 살펴본 결과 '리본 장식은 없지만No bows, no ribbons, no fluff' 이라는 광고 문구가 최선으로 밝혀졌다. 혼자 생각했다면 결코 최선으로 꼽지 않았을 문장이지만 데이터를 반박할 수는 없었다. 비크먼은 상품 제안의 모든 면면에 자신감이 생길 때까지 매일 광고 문구를 조금씩 손보고 가격을 새로 책정했다. 비크먼은 자신이 제일 잘 아는 걸로 결정하는 대신, 시장이 무엇을 원하는지 시장 스스로 말하게 만들었다. 놀랍게도 실험을 해보니 장난스럽게 놀리는 문구가 아주 잘 먹혔다. '쾌유 기원' 선물 카테고리에서 가장 효과적이었던 랜딩 페이지 태그라인은 '그 남자에게 선물 바구니를 보내지 마세요. 이미 상처받았으니까요'였다.

예상 판매량과 단가를 알고 있는 상태로 사업을 출범시켰더니 재고 확보는 산수 문제에 불과했다. 그리고 이 방법을 이번을 끝으로 그만둘 필요도 없었다. 비크먼은 아직도 종종 '유령 상자' 신제품을 내놓곤 한다. 누구라도 이 유령 상자를 장바구니에 넣으면 고객이 겪은 불편을 할인으로 보상해준다(이제는 번거롭게 거래를 허락했다가 취소하지 않아도 된다. 일단 장바구니에 넣는 행위 자체가 구매와 큰 상관관계가 있기 때문에 데이터로 인정해도 된다는 걸 비크먼이 실험으로 검증했기 때문이다. 그렇지만 모든 사업이 이런 것은 아니다.). 늘 실험을 진행하는 덕분에 맨 크레이츠에서는 제품 구성과 관련해 예측이 어긋나는 경우가 거의 없다.

맨 크레이츠는 이런 고객 중심 접근법을 학습에 사용하면서 빠르게 성장했고, 덕분에 2016년에는《Inc.》선정 '급성장하는 기업 500' 리스트에서 51위를 차지했다. 현재 비크먼은 또 다른 공간에서 새로운 스타트업을 준비 중인데, 어떤 식으로 준비하는지는 여러분도 충분히 짐작이 갈 것이다.

관찰하고 또 관찰하라: 싸이벡스

피트니스업계에서 안전은 중대 관심사다. 수명을 연장하고 건강을 증진하려고 하는 운동이 부상을 자주 유발한다는 건 참으로 아이러니한 일이다. 아침 달리기의 경우, 작게는 물집부터 크게는 심장마비까지 일으킬 수 있다. 거기에 중량을 더하고 복잡한 기계가 개입하면 위험은 몇 배로 커진다. 2021년 당시 펠로톤Peloton은 성층권까지 뚫고 올라갈 기세로 성장 중이었다. 하지만 신제품 트레드밀의 이상한 디자인 때문에 어린이 한 명이 숨지고 수십 명이 다쳤다는 주장이 제기됐고, 펠로톤은 결국 제품을 리콜해야 했다.[3] 피트니스 기구는 특히 반복 실험을 자주 해야 새로운 아이디어를 안전하게 발전시킬 수 있는 분야다. 낯선 기구를 마주했을 때 사람들이 팔다리로 어떤 행동을 할지 섣불리 예측해서는 절대로 안 된다. 사용자가 매번 매뉴얼을 읽을 거라고 기대해서도 안 된다.

빌 파체코Bill Pacheco는 싸이벡스Cybex의 제품 디자인 수석 부장으로 임명되고 얼마 지나지 않아 새로운 과제를 받았다. CEO는 현재 트레드밀 분야에서 6위를 달리고 있던 자사가 그해 말까지 1위를 하길 원했다. 트레드밀은 피트니스 기구 중에서도 어디를 가나 반드시 갖춰놓는 기구여서 순위가 3칸만 상승해도 실적에 극적인 효과를 불러올 게 분명했다. 파체코는 대체 디자인을 어떻게 바꾸면 수요를 어마어마하게 늘릴 수 있을까 고민했다. 디스쿨에서 배운 걸 드디어 써먹을 기회였다.

보통 스포츠센터에 가면 성인, 특히 나이가 많고 배가 나온 사람들이 감독자도 없이 빠르게 움직이는 트레드밀의 컨베이어 벨트 앞으로 당당히 돌격하는 걸 자주 볼 수 있다. 거기 있는 특정 브랜드의 트레드밀을 한 번도 사용해본 적도 없으면서 말이다. 이는 참사로 직결된다. 인터넷을 보면 사람들이 트레드밀에서 넘어져 얼굴부터 떨어지거나 다양한 방식으로 몸을 다치는 영상이 가득하다. 특히 빠른 속도에서는 곁눈질만 해도 균형을 잃을 수 있다. 한편 펠로톤의 사례를 보면 알 수 있 듯, 트레드밀의 디자인을 조금만 바꾸어도 예기치 못한 새로운 위험이 있을 가능성이 커진다. 사람들은 처음 보는 운동기구도 도움을 청하거나 지시 사항을 따르지 않고 그냥 사용하는 경우 가 많기 때문이다. 기구를 조금이라도 바꾸려고 할 때 가장 먼 저 질문해봐야 할 것은 '누군가 감독하는 사람 없이 이 기구를 잘못 사용했을 때 생길 수 있는 최악의 일이 무엇인가?' 하는 점이다.

파체코는 트레드밀로 생길 수 있는 위험한 상황을 잘 알고 있었다. 실제로 그런 위험을 느끼기 때문에 트레드밀을 피하는 사람들도 많다. 아무것도 모르는 채 트레드밀을 잘못 사용하 다가 다치는 사람도 많지만, 지레 겁먹고 아예 시도조차 하지 않는 사람이 더 많다. 싸이벡스가 뭘 어떻게 하면 스포츠센터 에 가기를 망설이는 사람들도 더 이상 트레드밀을 겁내지 않을 까? 이 질문에 대한 답을 찾는다면 CEO가 원하는 수요에 박 차를 가할 수 있을지도 몰랐다.

이리저리 고민하던 파체코는 다양한 환경의 스포츠센터에서 싸이벡스의 트레드밀을 사용하는 사람들을 관찰해보았다. 파 체코는 트레드밀에 대해 고민하는 자신이 정작 직접 트레드밀 을 이용하는 사람들의 의견도 모른다면 웃기는 일일 것이라고 생각했다. 트레드밀을 이용하는 사람들은 자신 있게 보이려 애썼지만, 마지막에 가면 대부분 죽지 않으려고 계기판을 필사적으로 붙들었다. 계기판은 그런 용도로 설계된 게 아니었다. 계기판은 운동하는 동안 사람들을 붙잡아주려고 설계된 것이 아니라, 기계를 조종하고 개인 물건을 놓을 수 있게 만들어져 있었다. 싸이벡스의 가정은, 사람들이 트레드밀 위에서도 길에서 뛸 때와 똑같은 모습으로 뛸 거라는 것이었다. 양팔을 자유롭게 흔들면서 말이다. 그러나 잘 관찰해보니 사람들은 사실 균형을 잃을까 두려워하고 있었다. 트레드밀을 잡고 있는 손의 어색한 각도, 오히려 운동을 방해하는 형태에도 사람들은 트레드밀을 꽉 쥐고 목숨을 맡겼다.

만약 고객 대부분이 내 회사 제품을 내가 의도하지 않은 방식으로 사용하는 걸 봤다면, 그 의도를 다시 생각해봐야 한다. 파체코는 핸들을 튀어나오게 만들면 사람들이 그토록 원하는 안정감을 줄 수 있지 않을까 생각했다. 핸들 바를 앞쪽에 배치한다면, 쉽게 잡을 수 있을 만큼 가깝지만 걸음에는 방해가 되지 않도록 비스듬하게 멀어지도록 만든다면, 사람들이 운동하는 내내 안간힘을 쓰지 않아도 핸들을 잡을 수 있을 것이다. 이렇게 하면 위태롭게 계기판에 매달리는 것보다 안전할 뿐만 아니라 조심성이 많아서 트레드밀을 사용하지 못하던 새로운 사용자까지 끌어들일 수 있을지 몰랐다.

파체코가 싸이벡스로 돌아와 '전용 핸들 바'라는 아이디어를 내놓자 반응은 영 좋지 않았다. 그러지 않아도 이윤이 얼마 안 되는데 제조 원가는 40달러 이상 더 들여야 했다. 게다가 핸들 바는 모양도 이상해 보일 게 뻔했다. 시장에 나와 있는 다른 모든 트레드밀과 동떨어져 보일 것이다. 연구 개발 팀장이 파체코에게 말했다. "여기 프레젠테이션에 있는 내용 중에는 마음에 드는 게 하나도 없어요. 다른 아이디어를 내주세요."

'고객의 주관적 느낌에 대한 개발 팀장의 주관적 느낌'을 더 이상 왈가왈부해봤자 아무 소용이 없을 것 같았다. 그래서 파체코는 디스쿨에서 배운 '대충대충 접근법'을 써보기로 했다. 고객이 파체코의 콘셉트를 선호하는지 여부는 그 어느 파워포인트 슬라이드보다 '실험'이 더 효과적으로 증명해줄 것 같았다. 파체코는 가까운 호텔 스포츠센터에 가서 그곳에 있는 싸이벡스 트레드밀 2대에 시제품 핸들을 설치할 수 있게 해달라고 허락을 구했다. 호텔 매니저는 이게 어떤 의미가 있을지 금방 알아챘다. 손님이 다쳐 호텔 측에 소송을 걸어오는 일을 피할 수만 있다면, 핸들이 못생겼다 한들 누가 신경이나 쓸까? 허락을 받은 파체코는 호텔에 있는 10대의 트레드밀 중 2대에 임시로 만든 핸들을 설치하고, 무슨 일이 벌어지나 관찰에 들어갔다.

아침마다 이어지는 고객들의 발길이 곧 투표였다. 시제품 핸들을 설치한 트레드밀이 비어 있기만 하다면, 10명 중 8명은 핸들이 없는 트레드밀 대신에 핸들이 있는 트레드밀에 올라가서 뛰었다. 그들에게 이유를 물었더니 한결같은 답이 돌아왔다. "보기에도 그렇고 느낌적으로도 더 안전할 것 같아서요." 데이터를 손에 넣은 파체코는 트레드밀을 이렇게 바꾸자고 회사를 설득했다. 그렇게 설치하게 된 안전 핸들은 싸이벡스의 트레드밀 사업을 20퍼센트씩 2년 연속으로 성장시켰다.

의심스러울 때는 밖으로 나가라: 웨스트팩 뉴질랜드 은행

비즈니스에서 베타버전 배포는 고객 피드백을 수집하는 것 외에도 유용한 목적이 있는데, 바로 '강제 학습' 기회가 된다는 점이다. 기업의 프로젝트는 즉각 성공하지 못하면 금세 어딘가 처박혀서 잊힌다. 그러면 무언가를 배울 수가 없다. 하지만 공개 베타버전을 배포하고 나면 기업은 어려운 고비를 만나더라도 해당 아이디어를 계속 발전시켜나가게 된다. 그렇지 않으면 피드백을 제공하고 각종 오류를 참아준 초기 사용자들을 배신하는 게 되기 때문이다. 베타버전은 개발 과정을 공개한 것이기 때문에 기업이 계속 해당 제품을 개선하도록 꾸준한 압력을 주는 역할을 한다.

물론 모든 아이디어가 일반인을 위한 것은 아니다. 귀중한 아이디어 중에는 기업 내부를 위한 것도 많다. 이 경우에도 마찬가지로 베타버전은 중요한 목적을 수행할 수 있다.

몇 년 전 웨스트팩 뉴질랜드Westpac New Zealand 은행의 IT 팀에서 지점 매니저 수천 명이 사용하는 소프트웨어의 중요 일부를 개편하기로 결정했다. 모든 매니저의 일상 업무에서 핵심적 역할을 하는 소프트웨어였기 때문에 성능을 조금만 개선해도 회사 전체로 보면 효율성을 크게 높일 수 있었다.

기업용 소프트웨어 개발은 혁신이 실패하기 아주 쉬운 분야다. 이는 재능이나 능력보다는 잘못된 시스템과 인센티브 탓이 크다. 대기업에서 내부용 소프트웨어를 만들 경우 개발 과정에서 사용자들의 의견이 반영되는 경우가 거의 없다. 다른 부서 사람 혹은 조직도 내에서 더 윗줄에 위치한 누군가가 핵심 의사 결정을 내려버린다. 그런 다음 파워포인트 설명 자료와 함께 해당 소프트웨어를 사용하라고 위에서 지시가 내려온다. 이런 톱다운top-down 방식의 접근법은 발전의 원동력이 되는 피드백 고리를 끊어놓는다. 사용자들이 해당 소프트웨어에 만족하지 않더라도 (회사를 그만두지 않는 이상) 경쟁 제품으로 갈아탈 수 없기 때문에 이들 소프트웨어는 부족한 부분을 해결해야 할 인센티브가 별로 없다. 그 결과 기업용 소프트웨어는 사용법을 배우기 어렵거나 사용하기 불편하더라도 임무를 완수한 셈이 되어버린다. 문제를 해결하는 건 성가신 일이 되고, 어쩔 수 없이 꼭 필요할 때만 문제에 접근한다.

웨스트팩은 그렇게 하고 싶지 않았다. 웨스트팩의 경영진은 매니저들의 피드백을 실제로 반영한 소프트웨어를 만들고 싶었다. 안타깝게도 의도가 좋다고 해서 문제가 꼭 해결되라는 법은 없다. 프로젝트는 계속 지지부진했고 경영진은 우리에게 IT 팀과 워크숍을 열어 문제를 해결해달라고 도움을 청했다. 함께 프로세스를 점검해보니 지점 매니저들과 IT 팀 사이에는 관료주의적 절차가 '일곱' 단계나 존재했다. '일곱 단계!' 어느 사용자가 소프트웨어의 버그를 보고하거나 어떤 사양을 추가해달라고 제안하고 싶으면, 그 일곱 단계를 모두 거쳐야만 실제로 조치를 취할 수 있는 사람에게 연결됐다. 수정과 반복을 통해 무언가를 개선하려면 직접적인 피드백 고리가 제 기능을 해야 한다. 일곱 단계나 되는 관료주의를 뚫고 진정한 변화를 이루어낼 길은 없다. 한 사람, 한 사람 말을 옮길 때마다 뜻이 달라져 결국 엉뚱한 메시지가 전달될 것이기 때문이다.

워크숍에서 가장 먼저 나온 아이디어는 IT 팀을 지점에 파견하자는 것이었다. 개발자를 지점 매니저와 같은 방에 집어넣어 함께 해결책을 찾도록 하자는 얘기였다. 이 업무에 당첨된 매니저는 처음에는 아주 좋아했다. 매니저는 소프트웨어에 문제가 나타날 때마다 언제든지 개발자에게 도움을 청할 수 있었다. 하지만 시간이 지나면서 바쁜 지점을 운영하는 매니저는 소프트웨어에 대한 피드백을 해줄 시간이 별로 없었다. 결국 개발자는 코딩을 하는 게 아니라 빈둥거리며 시간을 보내게 됐다. 귀중한 자원의 낭비였다.

야심 찬 계획을 시도했다가 실패하고 나면 많은 기업이 슬그머니 좀 더 쉬운 문제로 옮겨 가버린다. 그러나 웨스트팩은 혁신 워크숍에 관한 내용을 회사 토론 포럼에 공유하면서 이 프로세스를 개선할 뜻을 만천하에 공개했다. 이 '공개 베타버전'이라고 할 수 있는 것에 무슨 일이 벌어지는지, 전국의 지점 매니저들이 지켜보고 있었다. 웨스트팩은 과정을 투명하게 진행했기 때문에 슬그머니 빠져나온다면 체면을 세울 수 없었다. 이런 게 바로 '강제 학습'의 좋은 점이다. 웨스트팩은 수정과 반복을 계속하면서 이 문제를 해결하는 수밖에 다른 방법이 없었다.

그다음 실험에서 웨스트팩은 IT 팀과 모든 지점 매니저 사이에서 중개자 역할을 할 수 있게 제품 매니저PM 한 명을 배정했다. 그렇지만 또다시 제안 내용의 처리가 지연되거나 잘못 해석되는 일이 벌어졌다. 형식적 관료주의의 재활용이었다.

종종 건물 안을 돌아다니거나 길을 조금만 걸어보면 생각 외로 빨리 무언가를 알아낼 수 있을 때가 있다. '의심스러우면 밖으로 나가봐라.' 다른 사람과 얘기를 나눠봐라. 우리는 이 간단한 전략이 창의성에 불을 붙이는 경우가 얼마나 많은지 깜짝 놀라곤 한다. 웨스트팩 IT 팀과의 결과 평가 토론에서 우리는 웨스트팩 지점 매니저와 직접 짧게 얘기를 나눠보자고 제안했다. 안 될 이유가 무엇인가? 마침 근처 길모퉁이만 돌면 지점이 하나 있었다.

그 지점에서 우리는 어렵지 않게 매니저 레이철 컴프턴Rachel Compton을 만날 수 있었다. 컴프턴은 회사에 수백만 달러의 생산성 손실을 끼치는 수많은 작은 불편을 없애고 업무 흐름을 개선할 만한 아이디어를 수두룩하게 가지고 있었다. 공식 채널을 통해 이런 제안을 해봤자 의미 있는 변화가 일어난 적이 한 번도 없었기 때문에 컴프턴은 회사에 이런 의견을 쓸모 있게 생각해주는 사람이 아무도 없다고 단정했다. 알고 보니 일곱 단계의 관료주의 탓에 IT 팀은 컴프턴의 의견서를 단 한 번도 받아본 적이 없었다. 컴프턴과 얘기를 나눈 후 IT 팀은 새로운 방법을 시도해보기로 했다. IT 팀을 지점으로 파견하는 게 아니라 지점을 IT 팀에 파견하기로 했다. 즉 컴프턴이 본사로 와서 IT 팀과 함께 해당 소프트웨어 개선 작업을 진행하기로 했다.

이 접근법은 반대의 경우에 비해 훨씬 좋은 효과를 냈다. 컴프턴의 일정에는 이 업무에만 할당된 시간이 따로 배정됐기 때문에 즉각 개발자들과 함께 자신을 괴롭혔던 구체적인 문제점들을 해결해나갔다. 얼마 지나지 않아 IT 팀은 이 협업의 첫 결과물을 공개했다. 사람들은 소프트웨어의 부정확한 용어 때문에 IT 팀에 기술 지원 요청 전화를 거느라 시간을 하염없이 낭비하고 있었다. 오래전부터 이 문제를 알고 있었던 컴프턴은 마침내 문제를 해결할 기회를 얻었다. 이들은 사용자에게 프로세스가 명확하게 다가가도록 만들었고, 덕분에 회사는 시간과 돈을 절약했을 뿐만 아니라 컴프턴의 업무도 더 쉬워졌다. 혁신을 마무리 짓는 의미로 컴프턴은 이런 해결책이 나오게 된 과정과 그 결과를 회사 내부 토론 포럼에 전파했다. 그리고 IT 팀 직원도 아니지만 본인의 사진까지 첨부했다. 본인과 똑같은 지점 매니저가 이런 변화를 추진했다는 사실은 웨스트팩 지점 매니저 수천 명의 사기를 높여주었고, 적극적 참여를 유도했다.

조직에서 실험을 할 때는 모든 걸 최대한 투명하게 진행하라. 학습을 강제하고 모멘텀을 유지할 수 있도록 어떤 퇴로도 남기지 마라. 문제를 겪고 있는 사람과 해결책을 설계하는 사람을 서로 연결해주고, 나머지 사람들은 그냥 무슨 일이 일어나는지 지켜봐라. 그리고 정체를 해소하기 위해 자리에서 일어나 다른 사람과 얘기를 나눠야 한다면, 특히 잘 모르는 사람과 얘기를 나눠야 한다면 망설이지 마라. 이런 식의 대면 대화야말로 창의적 의견을 수집할 수 있는 가장 풍부한 출처 중 하나다.

이미 만든 척하라: 브리지스톤

일본의 타이어 회사 브리지스톤Bridgestone의 혁신 팀을 맡고 있는 에리카 월시Erica Walsh가 우리에게 도움을 청한 적이 있다. 당시 부상하고 있던 승차 공유 서비스를 활용할 방법을 찾게 도와달라고 했다. 브리지스톤은 조사를 통해 우버나 리프트Lyft 운전자들의 자동차가 평균적인 자동차보다 기계적 문제를 훨씬 더 많이 겪는다는 사실을 알고 있었다. 설상가상으로 이 운전자들은 자동차의 정기 점검을 잘 맡기지도 않았는데, 정비소 방문은 곧 매출 감소를 뜻했기 때문이다. 그 결과 작은 문제가 오랫동안 발견되지 않고 계속 방치되다가 완전히 고장 나서 차가 멈춰 서는 일이 발생했다. 종종 손님을 태운 채로 말이다.

승차 공유 서비스 운전자에게 이런 일이 발생하면 수입이 줄어들 뿐만 아니라 이용 앱 리뷰 점수도 깎인다.

만약 정기 점검을 받게 만드는 게 불가능하다면, 어떻게 해야 운전자들이 본인의 주차장에서라도 정기적으로 자동차를 진단하도록 만들 수 있을까? 진단 테스트를 통해 구체적인 문제점을 발견한다면 그들도 기꺼이 정비소에 들러 문제를 해결할지도 몰랐다. 그렇게 해서 혹시라도 차가 멈춰 서는 걸 막는다면 운전자의 비용도 아끼게 해주고 온라인 평판이 떨어지는 것도 피할 수 있었다.

브리지스톤의 엔지니어들 말로는, 센서를 장착한 매트를 자동차에 깔면 일부 문제를 조기에 감지할 수도 있다고 했다. 소프트웨어를 사용하면 운전자의 온라인 캘린더에 정비소 방문 일정을 자동으로 써넣을 수도 있었다. 이는 바쁜 운전자에게 좋은 일일 뿐만 아니라, 브리지스톤의 입장에서도 센서 매트가 '타이어 마모 한도 초과'를 감지할 때마다 타이어를 판매할 수 있으니 좋은 일이었다.

월시를 포함한 브리지스톤 경영진은 이 아이디어를 아주 좋아했다. 브랜드를 확장할 수 있는 그럴듯한 방법일 뿐만 아니라 수요도 증가시킬 수 있는 좋은 수단처럼 보였다. 한편 개발팀은 기술적 구현 가능성을 놓고 군침을 흘렸다. 소소한 문제점은 다 집어치우고 플라스틱 매트 하나에 자동차 센서를 과연 몇 개나 욱여넣을 수 있을까?

전형적인 R&D 팀 같았으면 내부적으로 의견이 나왔을 때 온전히 기능하는 시제품을 개발하는 데만 6개월의 시간과 뭉텅이 돈을 쏟아부었을 것이다. 승차 공유 서비스 운전자들이 팬케이크 두께의 진단 기기 세트를 과연 '원할지' 여부는 나중에 질문해도 되니까 말이다. 그러나 이번에는 아니었다. 월시는 진단용 슈퍼컴퓨터에 큰돈을 쓰지 않아도 이 제품에 대한 고객의 선호를 빠르고 값싸게 알아낼 수 있다고 판단했다. 어떻게 하면 될까? '만들지 못했으면, 만든 척하면 된다.'

월시 팀은 욕실에 까는 플라스틱 매트를 몇 장 사서 승차 공유 서비스 운전자들이 이용하는 정비소에 전시했다. 그런 다음 운전자들에게 이 매트에 최첨단 센서가 부착되어 있다고 말했다. 밤이면 브리지스톤의 직원들이 수동으로 각 자동차를 정밀 진단해서 아침까지 자세한 진단 보고서를 만들어놓았다. 만약 정말로 시제품을 만들려고 했다면 수십만 달러에서 수백만 달러까지 들었겠지만, 결국 이 시뮬레이션에 들어간 비용은 고작 18달러에 불과했다.

브리지스톤의 월시 팀이 잘 이해했던 것처럼, 어떤 아이디어가 있다고 해도 사람들이 그걸 원한다는 확신이 서기 전까지는 절대로 아이디어를 무작정 추진해서는 안 된다. 욕실용 매트로 테스트해보니 승차 공유 서비스 운전자들은 잘 알지도 못하는 부품의 교체가 필요할지도 모른다고 예측해주는 복잡한 보고서를 받아볼 마음이 전혀 없었다. 자동차광이라면 자세한 진단 보고서를 높이 평가할지도 모르지만, 고객들은 그저 이 자동차로 얼마를 벌 수 있을까 외에는 본인의 차에 별 관심이 없었다. 승차 공유 서비스 운전자에게 중요하는 것은 자동차가 안정적으로 굴러갈 것이냐 아니냐 하는 점뿐이었다.

실패를 학습의 원천으로 보면 실패는 더 이상 좌절의 이유가 되지 못한다. 실패는 곧 다시 혁신의 사이클로 연결되기 때문이다. 브리지스톤의 월시 팀에 욕실 매트 테스트의 '실패'는 새로운 생각에 불꽃이 튀게 해주었다. 실패한 진단 보고서를 운전자에게 보내지 않았다면 어땠을까? 그냥 운전자가 쉬는 날에 자동차를 대신 수거해 정비소에 맡겼다가 수리가 끝나면 다시 가져다주는 '서비스'가 있으니, 이 서비스를 받으라고만 알려주었다면 어떨까? 심지어 수리가 오래 걸릴 경우에는 임시 차량을 빌려주어 운전자가 계속 사업을 할 수 있게 해주는 서비스가 있다면 말이다.

브리지스톤은 유지 관리 발레 서비스를 내놓지 않았다. 대여용 차량을 잔뜩 보유하지도 않았다. 그렇지만 실험을 통해 수요가 충분하다는 사실이 증명된다면, 자신 있게 이런 서비스 개발에 투자하거나 관련 기업과 파트너십을 맺을 것이다.

이제 더 많은 테스트를 해볼 차례다.

아이디어는 거창하게, 테스트는 소소하게: 렌드리스

큰 기업의 거창한 프로젝트라고 해서 실험도 그에 맞게 대규모여야 할 거라고 생각하지 마라. 거대한 고목도 시작은 작은 씨앗일 수 있다. 혁신 프로세스의 초기에는 쓸모 있는 답을 내고 다음 단계로 넘어가는 데까지 많은 투자를 해서는 안 된다. 대기업의 야심 찬 아이디어도 빠르고 값싸고 불완전한 실험으로 확인할 수 있다. 한 예로 호주의 대형 부동산 기업 렌드리스 Lendlease가 추진한 수십억 달러짜리 개발 사업의 시작은 50달러짜리 페이스북 광고였다.

사회심리학자 내털리 슬레서 Natalie Slessor 는 직장 환경을 전문적으로 연구한다. 렌드리스의 고위 경영자이기도 한 슬레서는 기업들과 협업하면서 그들의 요구가 어떻게 진화하는지 이해하고, 이를 통해 변화하는 트렌드에 렌드리스가 어떻게 대처할지 계획을 세운다. 슬레서가 바로 그런 트렌드에 관련된 아이디어를 우리 혁신 자문 프로그램에 가져왔다.

평일 아침이면 매일 슬레서를 비롯한 수십만 명의 직장인이 시드니 교외에서 도심까지 1시간 이상 통근한다. 슬레서는 일터의 미래에 관한 전문가로 유연 근무제가 점점 더 인기를 끈다는 사실을 알고 있었다. 시드니의 수많은 지식 노동자들은 업무 대부분을 노트북 컴퓨터로 보고 있었기 때문에 매일 왔다 갔다 하는 데 몇 시간씩 쓰는 것은 불합리한 구석이 있었다. 가끔 통근하지 않아도 되도록 하는 솔루션이 있다면 금전적으로도, 환경적으로도, 실용적으로도 모든 이해관계자는 물론이고 공공의 이익을 위해서도 가치 있는 일이 될 것이다.

슬레서는 렌드리스가 도심 개발 사업을 성공적으로 추진한 '바랑가루Barangaroo'에 잠재적 해결책이 있다고 생각했다. 바랑가루에 가면 최고급 상점과 레스토랑, 카페 및 호화로운 공유 업무 공간이 갖춰져 있다. 직장인들은 널찍하고 우아한 분위기에서 언제든지 고급 커피와 유기농 샐러드, 요가 수업 등을 즐길 수 있다. 바랑가루가 번창하는 이유는 직장인들에게 그들이 사는 부유한 교외에서 즐기던 것과 똑같은 수준의 편의 시설을 제공하기 때문이다. 만약 바랑가루가 우리 동네의 편의 시설을 사무 지구로 가져와서 성공한 사례라면, 거꾸로 렌드리스는 사무실을 우리 동네로 가져올 수 있지 않을까? 슬레서는 그렇게 생각했다.

직장인이 모여 사는 교외라면 어디든지 공유 업무 공간을 만들 수 있었다. 기업의 엄격한 보안 기준을 충족시키면서도 집에서 가까운, 그러나 집 안처럼 이것저것 신경 쓸 필요는 없는 시설 말이다. 그러면 직장인들도 휴대전화로 게임이나 하면서 장시간 통근하는 대신, 좀 더 가치 있는 일을 하며 시간을 보낼 수 있을 것이다. 이런 시설이라면 대기업 입장에서도 경제성이 있을지 몰랐다. 직원의 아주 일부만, 그것도 매주 며칠만 해당 공간을 사용한다고 하더라도 말이다. 슬레서가 그동안 연구했던 내용에 따를 때, 근무 유연성이 증가하면 분명히 렌드리스의 시설을 임차하고 있는 기업들의 핵심 이슈인 생산성과 직원 만족도, 직원 이탈 방지 효과가 증가할 듯했다.

이 정도 규모의 아이디어라면 보통 제안 내용을 어느 임차 기업에 한번 보여주기도 전에 비용을 잔뜩 들여 정교한 여러 단계의 개발 과정을 거쳤을 것이다. 유료 고객이 단 한 명이라도 가입하기 전에 벌써 렌드리스는 해당 지역을 방문하고, 조사를 실시하고, 소소한 항목에까지 가격 책정을 마쳤을 것이다. 우리가 자문 프로그램을 운영할 당시, 슬레서의 팀은 이런 위성 업무 공간 생태계에 관해 벌써 2년째 이런저런 추측을 하며 프로젝트를 추진할 수 있는 사내의 모멘텀을 키우려 애쓰고 있었다. 아이디어에 관해 설명을 들은 우리는 슬레서에게 추측은 이제 그만하고, 새로운 업무 공간에 관한 광고부터 즉각 내보라고 했다. 고객 선호를 확인하는 데는 그다지 많은 돈이나 시간이 들지 않을 게 뻔했다. 요즘은 표적 광고가 아주 정교하고 효과가 크기 때문에 소규모 테스트로도 신빙성 있는 결과를 빠르게 받아볼 수 있다.

렌드리스는 아직 존재하지도 않는 제품을 광고하는 것에 대해 내키지 않아 했다. 몇 안 되는 대기업을 고객으로 둔 회사라면 (맨 크레이츠처럼 온라인 기반 스타트업보다는) 기존 고객들을 화나게 하거나 실망시킬 가능성에 대해 더 예민할 수밖에 없다. 슬레서는 이런 우려를 감안해서 페이스북 광고의 타깃을 교외에 사는 통근자로 정하고 렌드리스라는 이름은 일절 언급하지 않았다. '바람가루가 당신 곁으로'라는 광고를 클릭한 사람이 자기가 다니는 회사를 표시할 경우, 더 많은 정보를 얻을 수 있는 대기자 목록에 올려주었다. 이런 등록 절차를 통해 상당한 수요가 있다는 게 드러났을 뿐만 아니라, 시드니에 위치한 기업들의 회사별 수요 수준까지 알아낼 수 있었다. 이제 렌드리스는 세일즈 미팅에서 단순한 가설을 늘어놓는 게 아니라 기존 고객을 직접 찾아가서 이렇게 말할 수 있었다. "맨리에 사는 귀사의 직원 500명이 더 많은 내용을 알려달라고 등록했네요. 몇 석이나 임차하시겠어요?"

1년 뒤 '로컬 오피스Local Office'라고 이름 붙인 파일럿 프로젝트가 대대적인 광고와 함께 론칭되었고, 지역 미디어에서 대단한 관심을 받았다. 첫날부터 슬레서가 당초에 수집한 데이터를 초과했다. "사람들이 계속 찾아왔어요." 슬레서의 말이다. 렌드리스는 여러 상업적 모델을 테스트해본 다음, 효과가 좋은 쪽으로 최종 결정했다. 기업들이 시드니에 있는 주 업무 공간에 대해 지불하는 임대료에 위성 공간에 대한 비용을 번들로 묶어 부과하는 방식이었다. 파일럿 기간에 위성 공간을 직접 이용해본 사용자들의 피드백 역시 귀중했다. 렌드리스는 이 피드백에 기초해 조용한 방 예약제나 무료 커피 배달 서비스 같은 개선 사항을 추가했다. 코로나19 때문에 결국 파일럿 프로젝트는 막을 내릴 수밖에 없었지만 렌드리스는 새로운 사업 콘셉트를 제대로 증명했고, 현재는 로컬 오피스와 비슷한 주거지 인근 업무 공간들과 파트너십을 맺고 있다.

한편 슬레서는 빠른 학습 과정이 아주 재미나다는 사실을 알게 됐다. 그녀는 이렇게 말했다. "평생 왜 이런 식으로 일하지 않았는지 모르겠어요. 혁신 자문 프로그램 덕분에 '허락을 구해야 한다'는 식의 사고방식을 떨쳐내게 됐어요. 대신 '내가 수집한 데이터와 검증한 내용을 보여줘'라는 사고방식을 갖게 됐죠." 이 경험 덕분에 슬레서는 아이디어 검증에 대한 생각이 완전히 바뀌었다. "저희처럼 큰 회사는 리스크와 불확실성의 차이를 점점 더 구분하기 어려워하게 돼요. 페이스북 광고 같은 건 불확실성이 높지만 리스크가 큰 건 아니죠. 진짜 리스크란 알아낼 수 있었던 걸 놓치는 거예요."

완벽주의는 미뤄둬라: 매니미 · 래블 로

완벽주의 때문에 빠른 학습을 놓치지 않도록 하라. 아이디어를 질 낮은 버전으로 배포해야 한다는 게 괴로울 수도 있다. 특히 품질을 중시하는 기업이라면 말이다. 입지가 확고한 기업이 빠르게 움직이기 위해 (그리고 이를 통해 빠르게 학습하기 위해) 본인의 기준을 느슨하게 바꾸는 것은 아주 불편한 일이다. 실은 그렇기 때문에 새로 사업을 시작하는 창업가들이 경쟁 우위를 누리는 것이다. 스타트업에는 충족시켜야 할 '기준'이라는 게 없다. 아직 기준을 세워본 적이 없기 때문이다. 충족시켜야 할 '고객의 기대치'라는 것도 없다. 아직 고객이 없으니까. 신생 기업이 그토록 많은 혁신을 추진할 수 있는 것은 바로 이 때문이다. 그들에게는 떨어질 곳이 없다. 오직 올라갈 일뿐이다. 덩치 큰 기업이 실리콘밸리의 스타트업처럼 혁신하고 싶다면, 언제 어디를 느슨하게 만들어야 하는지 배워야 한다.

송주연Jooyeon Song과 데이비드 미로 로피스David Miró Llopis가 우리 론치패드 프로그램을 찾아온 적이 있었다. 그들은 '고객 맞춤형 네일 스티커'라는 아이디어를 가져왔다. 매니큐어를 칠한 예쁜 손톱을 좋아하지만 네일 숍에서 2시간씩 보내는 게 괴로웠던 송주연은 이렇게 말했다. "신발 갈아 신듯 쉽게 손톱 모양을 바꾸는 게 제 꿈이었어요." 네일 스티커는 정말 간편했지만 결과물이 실망스러운 경우가 자주 있었다. 사람마다, 손가락마다 손톱 면의 모양이 조금씩 달라 보기 싫은 틈이 생겼기 때문이다.

송주연과 그녀의 공동 창업자는 고객 맞춤형 네일이 많은 고객의 문제를 해결해주리라고 생각했다. 각자의 손톱 모양에 꼭 맞는 네일 스티커를 구매할 수 있다면 네일 숍에서 몇 시간씩 보낼 이유가 없었다. 이 제품은 시간을 절약해줄 뿐만 아니라 무한한 표현 가능성을 열어줄 수 있었다. 고객들은 언제든지 기분 내키는 대로 여러 스타일의 네일 스티커를 구매해 손톱 모양을 바꿀 수 있었다. 인스타그램 덕분에 스타급 매니큐어 아티스트가 대거 등장했다. 그렇지만 그들의 작품이 마음에 든다고 해도, 해당 인플루언서의 네일 숍이 집에서 가깝지 않은 이상 동네 네일 숍에 그 사진을 보여주고 결과물이 비슷하게 나오기를 바라는 수밖에 없었다. 그렇지만 고객 맞춤형 네일 스티커를 만든다면 매니큐어 아티스트는 자신의 디자인을 온라인 장터에 내놓을 수 있고, 전 세계 팬들은 해당 디자인의 네일 스티커를 집에서 받아볼 수 있었다.

이 사업 콘셉트에서 문제점은 하나뿐이었다. 창업자 두 사람 모두 이를 실행에 옮길 기술적 능력이 없다는 점이었다. 고객의 실제 손톱 사진을 이용해 맞춤형 네일 스티커를 만드는 것은 기술적으로 구현 가능한 듯했지만, 시제품 하나를 만드는 데만도 이미지 처리와 3D 프린팅 분야의 전문 기술이 필요했다.

우리는 두 창업자에게 가능성이 반반인 것 같다고 했다. 어느 쪽이 되었든 기술적 구현 가능성은 좀 기다려도 되었다. 아직 고객 선호조차 확인하지 못했으니 말이다. 만약 이 제품이 실제로 존재한다면 사람들이 사 갈까? 그 답을 찾기 위해 송주연과 로피스는 간단한 웹사이트를 만들어 광고 문구를 몇 개 쓰고 페이스북에 광고를 냈다. 주문이 들어오기 시작하자 두 사람은 창의성을 발휘해 고객이 보내온 사진을 보고 네일 스티커를 수작업으로 잘라냈다. 사실 이름만 요란한 스티커에 불과했지만, 그래도 일반 상점에서 구매한 네일 스티커보다는 고객의 손톱에 잘 맞았다. 다음 단계로 넘어가기에는 충분했다.

고객 선호를 증명한 송주연과 로피스는 주로 공구나 장비가 필요한 스타트업을 자문하고 지원해주는 기업 블랙&데커 Black&Decker에 자리를 하나 따낼 수 있었다. 두 사람은 세계 최고 수준의 툴을 이용하면서 전문 기술 교육을 받을 수 있게 됐다. 그 결과 콘셉트 구현에 빠른 발전이 있었다. 얼마 지나지 않아 두 사람은 최고의 네일 아티스트들과 협업해 트렌디한 디자인을 온라인 장터에 선보였다. 사실 이 단계는 유명인을 등에 업지 않고 매출도 거의 없는 신생 기업에는 힘들 수도 있는 단계였다. 그러나 두 사람은 인플루언서들과 계약을 맺고 싶은 마음이 아무리 굴뚝같아도 처음부터 오직 진실만 이야기하기로 결정했다. 잠재적 파트너들을 솔직하고 정직하게 대하는 것은 협업 관계에서뿐만 아니라 성장할수록 회사의 평판을 유지하는 데도 중요한 문제가 될 것이 틀림없었다.

　"저희는 투명한 태도로 협상 테이블에 앉았어요. '현재 우리 사업, 그러니까 매니미ManiMe는 여기쯤 와 있습니다'라고 말했어요. '지금 단계에서 저희가 약속드릴 수 있는 것은 이만큼이고요. 저희가 도달하고 싶은 비전은 이겁니다. 그 과정에서 귀하와의 협업이 아주 중요한 이정표가 될 겁니다'라고 말이죠." 두 사람이 가장 먼저 접촉했던 디자이너는 창업자들이 기꺼이 비용과 매출을 공유하겠다고 말하는 데 깊은 인상을 받아 규모가 작다는 점을 눈감아주었다. "그 덕분에 계약을 성사시킬 수 있었어요." 송주연의 회상이다.

이 사례는 아이디어를 추진하는 데 실제로 필요한 게 그리 많지 않다는 사실을 잘 보여준다. 테라노스Theranos의 엘리자베스 홈스Elizabeth Holmes가 했던 것처럼 터틀넥을 입고 결과물을 부풀리지 않아도 된다는 얘기다(바이오 벤처 테라노스 창립자 엘리자베스 홈스는 허위, 과장된 주장을 내세워 천문학적 규모의 투자를 받았다가 내부자 폭로로 사기죄로 기소됐다. 홈스는 평소 스티브 잡스를 모방한 터틀넥 스웨터를 자주 입었다.-옮긴이). 협업하는 사람, 의뢰인, 고객을 여러분의 창의적 프로세스에 참여시켜 꿈을 공유한다면, 많은 사람이 얼마나 기꺼이 리스크를 공유하려 하는지 확인하고 깜짝 놀랄 것이다. 테라노스는 폐허가 됐지만 매니미의 매출은 착실히 늘어나고 있다.

만약 송주연과 로피스가 기술적 부분이 완벽해질 때까지 고객 선호를 테스트하지 않고 기다렸다면, 아마 아직도 기다리고만 있을 것이다. 그러나 두 사람은 고객 맞춤형 네일 스티커가 기술적으로 구현 가능하며, 수요만 있다면 세부적인 부분은 얼마든지 헤쳐나갈 수 있다는 가정 아래 그다음 단계를 진행했다. 무엇보다 기술이 이미 존재했다. 그 기술을 온전히 익히느라 귀중한 시간을 낭비하느니, 두 사람은 직접 네일 스티커를 다듬어 (즉 값싸고 빠르고 불완전한 방식으로) 수요를 증명했다. 기술적 측면을 해결하는 데 필요한 시간과 돈, 에너지를 투자해도 될 만한 충분한 수요가 있다는 사실을 말이다.

수작업으로 네일 스티커를 자르는 것도 예삿일은 아닐 것 같지만, 매니미의 초창기 고생은 래블 로Ravel Law에 비하면 무색할 정도다. 대니얼 루이스Daniel Lewis와 닉 리드Nik Reed는 스탠퍼드대학교 로스쿨 재학 시절 론치패드를 찾아왔다. 법률가 집안 출신인 루이스는 법률가들이 사용하는 기술 툴이 아주 오래되고 불편하다는 사실을 진즉 알고 있었으나, 리드는 로스쿨에 입학한 후에야 그런 사실을 알게 됐다.

법률가들이 사용하는 법률 검색 플랫폼은 시대에 한참 뒤떨어져 사건 준비를 하거나 의견서를 작성하는 일이 정말 고역이었다. 그렇다고 책을 보면서 관련 사건을 찾거나 선례를 이해하는 것은 엄두도 나지 않는 일이었다. 사람들은 디지털 기술과 인터넷 덕분에 이런 일이 훨씬 쉬워졌을 거라 생각하겠지만, 법률 검색 플랫폼 시장의 선두인 렉시스넥시스LexisNexis는 혁신이라는 걸 완전히 멈춰버린 회사처럼 보였다. 그들은 이용자에게 아주 기초적인 검색 툴밖에 제공하지 않았다. 이용 가능한 데이터는 급팽창했는데, 각종 툴이 진화하는 속도는 그걸 따라잡지 못했다.

루이스와 리드는 데이터 시각화와 기계 학습으로 이 과정을 훨씬 효율적으로 만들 수 있다고 생각했다. 예를 들어 검색 결과를 끝도 없는 링크의 목록으로 보여줄 게 아니라, 사건을 시각적으로 펼쳐서 보여준다면 유용한 연관성이 드러날 수도 있다. 또 사용자가 다른 것은 건너뛰고 가장 최신 판례를 볼 수 있게 해주어도 좋을 것이다. 아니면 여기서 한 단계 더 나아가, 판사가 특정 유형의 신청을 허가하거나 기각할 때마다 검색엔진이 그걸 알아차리거나 특정 판사에게 가장 설득력 있는 판례나 법률 용어를 식별해낼 수 있다면 얼마나 좋을까? 래블 로 창립자들은 디지털 기술을 활용해 승소에 도움이 될 만한 문서나 논리를 정확히 찾아낼 수 있는 오만가지 방법을 마음속으로 그려보았다. 또 지루하기 짝이 없는 텍스트 대신 한눈에 알아볼 수 있는 색색의 그림으로 법률가들이 검색 결과를 잘 이해할 수 있게 돕는 방법도 상상해보았다.

매니미의 경우처럼 래블 로 창립자들도 본인들의 야심 찬 비전을 실행에 옮길 수 있는 기술적 노하우는 없었다. 그러나 고객 선호를 테스트하는 데는 문제가 없었다. 두 사람은 종이로 만든 모형을 가지고 자신들이 생각하는 소프트웨어를 시뮬레이션하면서 고객들에게 제품의 콘셉트를 설명했다. 로펌들은 이 서비스에 가입했고, 창립자들은 고객을 통해 알게 된 내용을 다시 작업 중이던 소프트웨어 개발자들에게 설명해주었다. 소프트웨어가 비전을 구현할 수 있자 회사는 금세 날아올랐다. 창립 5년 만에 루이스와 리드는 래블 로를 매각했다. 바로 렉시스넥시스에 말이다.

큰 꿈을 품었던 매니미와 래블 로 창립자들은 기술적 구현 가능성보다 고객 선호를 우선시했다. 순전히 수작업으로 자신들의 아이디어를 시뮬레이션하면서 딱 유용한 테스트가 될 수 있을 만큼의 품질만 구현했다. 시작도 하기 전에 최종 제품 비슷한 것을 구현하려고 했다면, 두 회사 모두 사업성을 확보하기도 전에 시간도 돈도 바닥나버렸을 것이다.

여러분이 속해 있는 기업도 제품을 완전히 구현하기 전에 고객에게 공개하는 것을 꺼릴지 모른다. 하지만 그렇게 망설이는 것은 단기적으로는 더 안전하게 느껴질지 몰라도, 생존에 필수적인 혁신이 숨을 쉬지 못하게 만드는 일이다. 제대로 된 소프트웨어도 없이 '터킹'만 하고 있는 두 젊은 사업가에게 렉시스넥시스가 대형 고객을 뺏기고 있다는 사실을 발견했을 때처럼 말이다.

품질이 걱정된다면, 신제품이 아직 완성되지 않았다는 사실을 잘 설명할 방법은 얼마든지 있다는 점을 기억하라. 이는 고객에게 좌절과 실망감을 안겨주는 게 아니라, 오히려 호기심을 불러일으켜 고객 충성도를 확보해줄 수도 있다. 핵심은 초기 사용자들과 함께 기대치를 설정하고, 그들에게서 알게 된 사실을 토대로 빠르고 투명하게 움직이는 것이다. 무언가를 제대로 해내지 못했다면 재빨리 해결에 나서고 피드백 고리에 포함시켜라.

실험이라는 개념은 대기업이라는 완성된 세상에서 일종의 해방감을 준다. 어느 경영진은 우리에게 이렇게 말했다. "심험은 우리 직원들에게 무언가 새로운 걸 시도해도 된다는 허락의 의미가 됩니다. '실험'이라고 말했다면 반드시 성공할 필요도, 반드시 완벽할 필요도 없다는 걸 다들 알고 있으니까요. 우리가 실험하는 이유는 아직 알지 못하는 무언가를 알아내기 위한 것이죠."

효과를 확인할 방법을 찾아라: 비제이스 레스토랑

이제 대부분의 식당에서 배달 주문은 상당 부분이 도어대시DoorDash나 우버 이츠Uber Eats 같은 앱을 통해 들어온다. 이들 중개 앱이 고객과의 관계를 전적으로 통제한다. 이런 환경은 고급 캐주얼 식당 체인인 비제이스 레스토랑BJ's Restaurants을 곤란하게 만들었다. 주문한 고객은 문제가 생기면 어디로 연락해야 할지 알 수 없었다. 앱을 통해 전화하면 고객 지원 센터 직원은 레스토랑을 탓하면서 고객에게 환불해주었다. 비제이스는 불편을 겪는 고객을 직접 돕고 싶었다. 예컨대 디핑 소스가 배달되지 않았다면 직접 빠르게 가져다준다거나 하는 식으로 말이다. 그렇지만 애초에 주문을 받는 게 비제이스가 아닌데, 어떻게 그런 방법을 시도할 수 있겠는가?

비제이스는 배달 품질을 향상시키고 싶다면서 우리에게 도움을 청해왔다. 배달 음식마다 다음과 같은 쪽지를 넣어두는 방법은 이미 시도해보았다. '안녕하세요? 고객님의 음식을 포장한 해나라고 합니다. 이게 제 개인 전화번호입니다. 혹시 주문한 음식에 문제가 있으면 저에게 연락 주세요. 그러면 즉시 처리해드리겠습니다.' 비제이스는 이 아이디어를 테스트해보기 위해 한 지점에서 나가는 모든 점심 배달에 쪽지를 넣었다. 배달이 23개 나갔지만 아무도 전화를 하거나 문자메시지를 보낸 사람이 없었다. 그러면 이제 어쩌지? 쪽지를 넣는 게 '잘못된' 아이디어였나?

그럴 수도 있고 아닐 수도 있다. 하지만 '실험'이 잘못되었다는 것은 분명했고, 이걸 먼저 해결해야 했다. 우리가 비제이스의 경영진에게 지적했듯, 음식을 준비한 직원들은 포장에 쪽지를 넣는 것에 관해 알고 있었다. 그러니 의식적이든 무의식적이든 모든 주문을 정확히 준비하려고 주의를 기울였을 것이다. 원래도 실수가 많지 않았는데, 이 부분이 문제가 발생하는 걸 막았다. 평균적으로 한 곳의 비제이스 지점에서 하루에 하나 정도의 애피타이저가 누락될까 말까 했다. 그렇다면 적어도 몇 달은 계속 쪽지를 넣어봐야 의미 있는 양의 데이터가 수집될 것이다.

그러자 마케팅 담당 부사장이 기발한 의견을 냈다. "주문 몇 개를 일부러 엉망으로 넣어보죠." 방 안에 있는 사람들의 얼굴에 충격받은 듯한 표정이 스쳐 지나갔다.

누군가 말했다. "안 돼요. 고객한테 그럴 수는 없죠."

여러분 자신이나 팀원들에게 물어보라. "우리는 학습에 얼마나 진심인가? 일부러 잘못된 음식을 배달할 만큼 서비스 개선을 중시하는가?" 확실한 것은, 사업자가 학습을 하지 못하면 어차피 고객을 실망시킬 것이라는 점이다. 그게 눈에 보이지 않을 뿐이다. 예를 들어 비제이스는 지점마다 하루에 하나 이상의 주문을 잘못 배달하고 있었을 가능성이 있다. 고객이 불만을 가지는 주문의 절반 이상을 다른 기업이 중간에서 빼돌리는데, 비제이스의 경영진이 무슨 수로 정확히 알겠는가?

비제이스는 실행한 지 하루 만에 아이디어를 확실히 검증하고, 제3자 앱에 의존하던 고객들과 새로운 소통 채널을 열 수 있었다. 주문자 중 몇 사람은 디핑 소스가 빠진 데 화가 났을지도 모른다. 하지만 실험의 설계에 따라 그런 실망감은 충분히 해결할 수 있었다. 맨 크레이즈 사례에서 본 것처럼, 고객에게 실험 의도를 설명만 해도 고객의 기분은 완전히 바뀔 수 있다. 이미 자리를 잡은 업체가 우리의 고객 경험을 개선하려고 적극적으로 노력하는 경우는 흔하지 않다. 앞으로 주문할 때 사용할 수 있는 할인 쿠폰을 주는 것도 고객의 실망감을 줄이는 방법 중 하나였을 것이다.

실험을 주의 깊게 설계하면 중요한 내용을 알아낼 수 있을 뿐만 아니라 고객과의 관계를 '더 돈독하게' 만들 수 있다. 실험 중심의 사고방식을 채택하고 현장 테스트를 통해 그 이점을 실감하면, 앞으로 더 큰 리스크를 방지해줄 작은 리스크쯤은 마음 편하게 감수할 수 있을 것이다.

테스트 결과가 애매하거나 상식적이지 않다면, 그 아이디어를 생각에서 완전히 지워버리기 전에 테스트 방법을 다시 한번 생각해보라. 비제이스는 실험의 결과만이 아니라 설계까지 다시 살펴본 덕분에 아이디어를 폐기하기 전에 테스트 방법의 문제점을 찾아낼 수 있었다. 더 이상 테스트를 '모 아니면 도' 식의 이분법적으로 보지 않게 되면서 비제이스는 학습에 대한 접근법을 완전히 바꿀 수 있었다.

※

아이디어에 대한 고객의 선호를 검증했다면 앞으로 나아가라. 더 많은 실험으로 여러분이 만든 것을 더 예리하게 갈고닦아라. 아마 이윤을 높일 방법도 있을 것이다. 사람들이 더 이상 장바구니에 여러분의 제품을 추가하지 않을 때까지 조금씩 가격을 높여보라. 용의주도하게 접근하라. 이제 사람들이 여러분의 제품이나 서비스를 원한다는 건 알았다. 그렇다면 거기서 핵심 제안 내용과는 무관한, 덜어낼 수 있는 부분은 혹시 없을까? 제품을 만들거나 서비스를 이행하는 과정을 더 단순화할 수는 없을까? 특정한 측면에 소요되는 시간과 노력을 계산해 간소화하라. 무엇보다 여러분의 가정을 계속해서 의심하라. 이게 지속 가능한 솔루션일까? 상황이 바뀌었을 때 회복 탄력성이 있을까? 이는 본격적인 양산에 돌입하기 '전에' 알아내야 하는 것들이다.

플라스틱 욕실 매트나 수작업으로 만든 네일 스티커를 가지고 '터킹'을 해서 도달할 수 있는 지점은 여기까지다. 고객들이 선호하고 사업성도 있다는 걸 증명했다면, 이제 그 아이디어를 현실로 만들어라. 바로 더 많은 사람과 자원이 필요한 단계다. 현장 데이터를 바탕으로 설득력 있는 논리를 만들어냈다면 사람이나 자원을 동원하기가 훨씬 쉽다. 가정을 테스트하고 이해 관계자가 제기할 만한 의문점도 다수 해결했다면 이제 접근법을 한 차원 높여볼 차례다.

2부

현실의 문제를
해결해줄
아이디어 회로들

7장

신선한 시각을 발굴해줄
여덟 가지 도구들

"아이디어는 최초 창안자를 떠나 다른 사람에게 이식되었을 때
더 잘 크는 경우가 많다."[1]

– 올리버 웬델 홈스Oliver Wendell Holmes, 의학자 겸 작가

1부에서는 가장 효과적으로 창의성을 발휘하고 문제를 해결하는 사람들이 어떻게 영감을 확신으로 바꾸는지 살펴보았다. 지금까지 배운 것을 토대로 여러분도 혁신의 실험실을 세우고 운영할 수 있을 것이다(너무 거창해서 엄두가 나지 않는다면 4장에서 본 '빠르고 허접한 테스트면 충분하다'에서부터 시작하면 된다). 어찌 되었든 여러분은 혁신가의 사고방식에 기본이 되는 것을 배웠고, 조직 내에 혁신의 프로세스를 가동하는 데 필요한 기초를 알고 있다.

2부에서는 다음과 같은 질문을 중심으로 이야기를 펼칠 것

이다. "획기적 아이디어는 어떻게 얻는가?" 2장에서 언급했듯, 아이디어란 마트에서 브로콜리 집어 들듯 필요하다고 손에 넣을 수 있는 게 아니다. 아이디어는 '적극적으로 키워내야' 하는 것이고, 그러려면 여러분 뇌에 영양가 높은 다양한 인풋을 꾸준히 제공해야 한다. 7장부터는 '아이디어를 키워낼' 수 있는 정확한 기술을 알려줄 것이다. 그러면 창의적 인풋 중에서도 가장 좋은 인풋에서부터 시작해보자. '사람들' 말이다.

장님 셋과 코끼리에 관한 우화를 알 것이다. 첫 번째 장님은 코끼리의 코를 만지며 '뱀'이라고 결론을 내린다. 두 번째 장님은 다리를 만진다. '이봐, 첫 번째 장님이 틀렸어! 이건 분명히 나무야.' 세 번째 장님은 상아를 만진다. 앞의 두 장님 모두 어딘가 잘못됐고 별로 똑똑하지 않은 게 분명하다. 이건 틀림없이 창이다. 이렇게 분명한 걸 어떻게 모를 수 있지? 장님들은 속으로 생각한다. '링크트인LinkedIn(구인, 구직 등에 주로 활용하는 소셜 미디어-옮긴이)에 내 프로필을 업데이트해야겠어. 여기 동료들은 멍청이야.'

이야기 버전에 따라서는 어떤 해석이 '옳은지'를 놓고 세 장님이 서로 싸우기도 한다. 안타까운 일이다. 그렇지 않은가? '심리적 안전'이 확보된 상태에서 서로가 관찰한 내용을 공유할 수 있었다면, '가죽이 두꺼운 어느 동물'이라는 완전히 새로운 결론에 도달할 수도 있었을 텐데 말이다. 이상적인 상황을 가정해보면 세 장님은 열린 마음으로 서로의 관점을 귀 기울여 듣고, 심지어 이 어려운 문제에 대해 귀중한 시각을 제공해줘서 고맙다고 이야기할 수도 있었다. 어찌 보면 세 장님이 동일한 동물의 각기 다른 부위를 만지게 된 건 행운이었다. 서로의 관찰 내용을 끼워 맞춰 답을 찾을 수도 있었을 테니 말이다. 안타깝지만 우화는 그렇게 흘러가지 않는다. 대부분의 팀도 마찬가지다.

이 책은 여러분의 창의적 결과물(새로운 문제에 대한 성공적 해결책)의 '질'은 대체로 '양'이 결정한다고 주장한다. 아이디어가 더 많다는 건 아이디어가 더 좋다는 뜻이다. 그러나 어떤 테마를 가지고 단순히 그걸 변형해 수많은 '아이디어'를 생성하는 것도 충분히 가능하다. 긴 다리, 짧은 다리, 두꺼운 다리, 얇은 다리. 가장 유력한 방향 하나로 수렴되기 전에, 가능성을 모조리 탐색하기 위해서는 '다양한' 사고가 매우 중요하다.

다양한 아이디어를 생성하려면 창의적 인풋이 다양해야 한다. 튼튼한 아이디어플로를 만들어내기 위해서는 인풋의 양뿐만 아니라 다양성도 매우 중요하다. 동료나 협업 상대부터 고객, 의뢰인에 이르기까지, 문제에 대한 독특한 시각을 수집하는 것보다 더 중요한 일은 없다. 창의성이 충돌하면 참신한 사고가 나온다. 제록스 팰로앨토 연구소Xerox PARC나 벨 연구소Bell Labs 같은 혁신의 온상이 번창할 수 있는 이유는 해당 기업의 리더들이 전혀 다른 분야의 전문가들을 한자리에 모아놓았기 때문이다. 그들은 직원들이 서로 담을 쌓고 갇혀 지내면서 자기 밥그릇만 챙기는 문화를 거부했다. 실제로 이 리더들은 타 분야에 속한 사람들이 우연으로라도 서로 '교차'하게 만들기 위해 최선을 다했다.

성과가 좋은 혁신가는 동료나 협업자와 성단星團 같은 무리를 형성한다. 커리어 내내 배당금처럼 꼬박꼬박 도움을 줄, 다양한 시각을 지닌 사람들로 포트폴리오를 구성해 거기에 장기적으로 투자한다. 이런 인적人的 포트폴리오를 구성하는 데 시간과 에너지를 많이 투자하고 있지 않다면, 지금부터 시작하라. 결과에 깜짝 놀라게 될 것이다. 서로 다른 생각을 지닌 사람들과의 우연한 만남처럼 창의성을 높여주는 것은 없다. 로지텍의 CEO 브래컨 대럴은 우리가 만나본 리더 중에서는 보기 드물게 외부의 시각을 최우선에 놓는다. 그는 매일 아침 똑같은 레스토랑에서 아침 식사를 하면서, 두세 명의 스타트업 설립자를 초대해 일과 관련된 이야기를 나눈다. 비록 "이런 미팅의 90퍼센트는 시간 낭비, 아마도 세상에서 가장 비효율적인 일"일 테지만, 나머지 10퍼센트가 너무나 가치 있기 때문에 90퍼센트를 보상하고도 남는다고 그는 말했다. 스타트업 창립자들과 이야기를 나누면 업계 최일선에서 어떤 일이 일어나는지 알게 된다. 대럴은 이런 아침 식사 외에도 여러 '비효율적인' 인풋 수집 습관에 꼬박꼬박 상당한 시간을 투자하고 있다. 그런데도 그는 CEO로 일하는 동안 로지텍을 엄청난 성장 궤도에 올려놓았다. 지난 5년간 로지텍의 시가총액은 8배로 불어났다.

심리학자 하이디 그랜트Heidi Grant와 리더십 전문가 데이비드 록David Rock은 "동질적이지 않은 구성원으로 이루어진 집단이 더 똑똑하다는 것은 팩트다"라고 주장했다.[2] 그러면서 민족·인종·젠더의 다양성이 비즈니스에 긍정적 효과를 낸 설득력 있는 증거를 제시했다. 구성원이 다양한 팀은 더 좋은 성과를 내고, 실수를 더 적게 저지르면서도 효과적으로 혁신한다. 기업과 협업하고 스탠퍼드 디스쿨에서 학생들을 가르치며 우리가 경험한 내용도 동일하다. 다양한 시각이 공존할 때 혁신이 촉진된다는 사실에는 의문의 여지가 없다.

의견을 모으거나 팀이나 조직 등을 구성할 때 다양한 사람들로 포트폴리오를 구성하고 싶다면 굳이 인구통계적 요소에만 집착할 필요는 없다. 피자 체인의 임원은 핏줄이 어떻건, 젠더가 무엇이건, 여전히 피자 체인점 임원이다. 방 안에 피자 체인점 임원만 12명이 있다면 사실상 똑같은 시각 세 가지밖에 나오지 않는다. '스몰 치즈, 라지 치즈, 엑스트라 치즈' 말이다. 전혀 다른 분야 사람을 떠올려라. 다른 사고방식, 다른 문제 해결 방식을 지닌 사람 말이다. '내가 이 문제를 절대로 물어보지 않았을 사람이 과연 누굴까?'를 생각하라. 다양한 시각을 조합하려고 할 때 지름길이나 정해진 체크리스트는 없다. 시각을 넓혀보겠다는 용기만 있으면 된다. 당신과는 아주 다른 누군가와 대화를 시작하라.

의식적으로는 인식하지 못하더라도 당신에게 익숙한 것을 추구하는 편향이 있다는 사실을 가정하라. 그리고 그걸 거스르려고 노력하라. 어떤 문제에 대해 풍부하고, 깊이 있고, 폭넓은 시각으로 포트폴리오를 구성하려면 시간과 에너지가 들겠지만, 그만한 수고를 할 가치가 충분히 있다. 당신 생각에 반대할 것 같은 사람과 대화를 시작해보라. 그러려면 용기가 필요하다. 하지만 기꺼이 시도해보라. 당신의 사고 과정에 포함된 오류를 볼 수 있을 뿐만 아니라 전혀 엉뚱한 곳에서 대안을 찾아낼 수도 있을 것 같은 사람들을 '간절하게' 한번 찾아보라. 그렇다고 그 사람들이 하라는 대로 하라는 뜻은 아니다. 당연히 당신은 그럴 필요가 없다. 그렇지만 일단은 창의성에 불꽃이 튀어야 큰불을 낼 수 있을 것 아닌가.

동질적인 사람들로 구성된 팀은 단순한 과제는 효율적으로 해낼 수 있다. 아이스하키 팀 뉴욕 레인저스의 선수들이 농구 선수 르브론 제임스와 대화를 나눈다면 많은 것을 배울 수 있을 테지만, 르브론을 팀에 영입한다고 해서 스탠리컵Stanley Cup(북미 프로 아이스하키 리그 우승컵-옮긴이)을 들어 올릴 수는 없다. 그러나 천편일률적인 사람들로 구성된 팀은 참신한 해결책을 잘 내놓지 못한다. 반면 전문 영역과 삶의 경험이 다른 사람들은 서로의 의견을 놀라운 방식으로 해석할 수 있다. 이런 사람들은 서로의 아이디어를 예기치 못한 방식으로 발전시킬 수 있다. 더 넓게 유추할 수 있는 사람들로 구성된 팀은 지도에 없는 땅에 훨씬 먼저 도착한다. 서로 다른 세계관을 지닌 사람들이 만난다면 충돌할 수도 있다. 하지만 충돌도 하나의 '교차'다. 이런 충돌이 파괴로 이어지지 않고 '창의성'으로 남을 수 있느냐 하는 점은 바로 여러분, 리더의 몫이다. 충돌로 발생한 에너지가 서로를 향하지 않고 문제를 향하게 만들어라.

여러분도 자신과 다른 사람을 우연히 만날 기회를 극대화하라. 거기에 필요한 인내심과 아량을 키워라. 다양한 시각을 지닌 사람들로 포트폴리오를 구성하는 것은 실수를 미리 찾아내기 위해서가 아니다. 외부인을 데려오는 것은 팀원 절반이 나머지 절반의 관점을 감시하게 만들기 위해서가 아니다. 우리의 목표는 다른 식으로는 결코 얻지 못할 인풋을 수집하는 것이다.

다양한 시각을 발굴할 때 가장 흥미로운 보물이 발견된다.

파타고니아는 왜 서핑복 개발을
서핑 '초짜'에게 맡겼을까

1장에서 9·11 테러 이후 수요에 대한 우려 때문에 파타고니아의 아이디어 흐름이 막혔던 이야기를 했다. 실수를 깨달았을 때 페리는 신제품이, 그것도 빠르게 필요했다. 파타고니아 경영진은 성장의 활로를 찾기 위해 서핑복 시장에 진입하기로 결정했다.

당시에는 퀵실버Quiksilver나 빌라봉Billabong 같은 젊은이 취향의 혁신적인 브랜드들이 서핑복 시장을 장악하고 있었다. 어떻게 해야 그들과 차별화할 수 있을까? 무작정 뛰어들기 전에 최대한 많은 방향을 검토하기 위해 회사는 다양한 사람들로 팀을 꾸렸다. 그리고 멕시코로 직접 서핑을 가서 문제점을 조사하기로 했다. 페리를 비롯한 여러 경영진이 서핑을 아주 좋아했기 때문에 어느 정도 전문 지식을 가지고 있었다. 그러나 이는 그들 모두가 특정한 렌즈로 문제를 바라볼 것이라는 뜻이기도 했다. 전문 지식은 분명 중요하지만, 한편으로는 그 때문에 초보자라면 단번에 눈치챌 수 있는 문제를 보지 못할 수도 있다. 그들은 다양한 시각의 포트폴리오를 구성하기 위해 '초보자의 경험'을 활용하기로 했다. '우리에게 도움이 될 만큼 파타고니아의 사업을 잘 알면서도, 서핑에 관해서는 아무것도 모르는 사람이 누굴까?'

이처럼 중요한 초보자의 시각을 확보하기 위해 회사는 오하라 데쓰야Tetsuya Ohara를 골랐다. 오하라는 회사의 원자재 구매를 담당하는 말단 직원이었다. 그는 한 번도 서핑을 해본 적이 없었다. 실은 체온 유지 수영복을 처음 입어볼 참이었다. 나머지 사람들은 당연하게 생각할 것 중 서핑에 완전 초짜인 사람이 알아챌 문제점은 과연 뭘까? 참신한 시각처럼 중요한 것은 없다. 초보자 눈에는 새로운 경험의 면면이 구석구석 생생하게 보일 수밖에 없다. 이를 십분 활용하라.

오하라는 서핑에서 중요한 사항 하나를 즉각 눈치챘다. '물이 정말 차다'는 것. 페리와 나머지 팀원들은 정신이 번쩍 드는 그 불편함을 당연하게 여겼다. 차가운 물은 그들이 좋아하는 경험의 일부이고 익숙한 부분이었다. 그러나 초보자에게는 아니었다. 오하라의 생각으로는, 체온 유지 수영복 자체가 물속에서도 비교적 따뜻하게 있으려고 입는 것 아닌가 싶었다. 오하라의 기대치와 얼어 죽을 것 같은 현실의 격차는 바로 '비교적'이라는 단어에 있었다. 오하라가 엉덩이가 얼어서 떨어져 나갈 것 같다고 느낄 때도, 오랜 경험으로 차가운 물에 단련된 페리를 비롯한 나머지 팀원들은 즐겁게 파도를 탔다.

오하라는 물 온도에 대한 생각을 떨쳐내려고 섬유 전문가 시각에서 기술적 문제를 생각해보았다. 체온 유지 수영복에 흔히 쓰는 네오프렌은 좋은 점도 많았지만 몸을 그리 따뜻하게 유지해주지 못했다. 빨리 마르지 않았고, 편안하게 몸에 딱 맞지 않았으며, 냄새도 그다지 좋은 편이 아니었다. 실은 새 타이어 같은 냄새가 났다. 더 좋은 해결책이 있을 게 틀림없었다.

그리고 파타고니아의 원자재 담당자인 오하라는 석유계 섬유가 환경을 파괴한다는 사실도 알고 있었다. 설사 네오프렌이 다른 면에서는 모두 완벽하다고 하더라도, 전 세계에서 가장 환경을 소중하게 여기는 제조 기업인 파타고니아가 석유화학 제품을 만들어 팔 수는 없었다.

이 모든 점에 비춰 오하라는 아이디어를 촉진할 수 있는 질문을 하나 생각해냈다. '어떻게 하면 천연 재료로만 차가운 물에서도 편안하게 느낄 수 있는 서핑복을 만들 수 있을까?' 이리저리 고민하던 오하라는 자연 속에서 비슷한 예를 찾아보았다. 온혈동물에 속하는 수많은 포유류가 종일 춥거나 물기가 있는 야외에 살지만 몸이 차가워지지 않는다. 양을 봐도 그렇다. 오하라는 웨일스 지방 어느 시골에서 양 떼가 두꺼운 양털 덕분에 싸늘하고 축축한 겨울 날씨를 견디며 돌아다니는 모습을 상상해보았다. 게다가 양털은 네오프렌처럼 젖었다고 불쾌한 냄새를 풍기지도 않았다. 울 소재로 시작해 천연고무 소재의 안감을 덧대면 나무랄 데 없이 친환경적인 체온 유지 수영복을 만들 수 있을 것 같았다. 보온부터 냄새, 밀착력까지 어느 모로 보나 네오프렌보다 우수한 성능을 자랑할 수 있을 것이다.

오래지 않아 파타고니아는 오하라가 제기한 질문을 온전히 충족시키는 체온 유지 수영복을 개발했다. 그리고 다른 서핑용품까지 잇따라 출시하면서 서핑복 영역에 서서히 성공의 발판을 마련했다. 수년 후 파타고니아는 낭비를 더욱 최소화하기 위해 체온 유지 수영복의 울 소재를 재활용 폴리에스터로 대체했다. 이렇듯 거듭된 개발이 가능했던 것은 모두 오하라가 낸 의견 덕분이었다. 오하라는 나중에 파타고니아의 연구 팀장 자리까지 오른 다음, 다른 기회를 찾아 떠났다. 이후 의류 회사 갭GAP의 공급망 책임자로 일한 것을 비롯해 업계에서 아주 인상적인 커리어를 쌓은 후 지금은 친환경 혁신과 관련해 기업

컨설팅 일을 하고 있다.

멕시코 출장 당시를 떠올려보면, 대부분의 제조 회사에서는 오하라와 같은 위치의 직원은 출장 팀이 방법론을 결정한 후에야 제품 개발 프로세스에 합류했을 것이다. 그랬다면 그 같은 의견 제시는 너무 늦었을 것이다. 그러나 파타고니아는 서핑을 처음 접한 사람의 시각을 활용하기 위해 오하라를 함께 데려갔고, 이게 바로 게임의 판도를 바꾸는 아이디어로 이어졌다.

베테랑 서핑 애호가들이 파타고니아에서 네오프렌 체온 유지복을 구매했을 가능성도 있다. 하지만 애초에 그들이 브랜드를 바꿀 가능성이 얼마나 됐을까? 특히 해당 영역에 처음 진출한 브랜드로 갈아탈 확률은? 파타고니아 입장에서는 서핑 초보자들이 핵심 열쇠였고, 오하라의 눈에 띈 것이라면 무엇이든 다른 서핑 초보의 눈에도 띌 확률이 높았다. 페리를 비롯한 경영진은 기존 솔루션이 너무나 익숙한 나머지 거기 내재된 문제점을 또렷이 볼 수 없었다. 그들의 지식이 오히려 걸림돌이었던 것이다. '초보자의 경험' 덕분에 파타고니아는 돌파구를 마련할 수 있었다. 7장에서는 이런 초보자의 경험을 비롯해 다양한 시각을 활용할 수 있는 여덟 가지 툴을 소개한다.

그 어떤 대단한 사람도 절대 할 수 없는 일

아래에 소개하는 여덟 가지 툴은 여러분이 남의 시각을 아이디어플로에 활용할 수 있게 도와줄 것이다. 그렇지만 이 툴들이 기성품처럼 상자에서 꺼내자마자 완벽하게 작동할 거라고 기대하지 마라. 시각을 발굴하기 위해서는 연습이 필요하다. 사람은 우리가 인풋을 얻을 수 있는 훌륭한 원천임이 분명하지만, 독선적이거나 고집을 피우거나 때로는 짜증을 유발할 수도 있다. 무슨 말인지 다들 알 것이다.

툴 자체만 놓고 보면, 한두 가지는 여러분이 이미 사용 중일 수도 있다. 그래도 여러분이나 여러분이 속한 조직이 처음 보는 툴도 있을 것이다. 효과가 있는 툴은 계속 사용하라. 그렇지만 지평을 넓히기 위해 새로운 툴을 몇 가지 채용하는 것도 고려해보라. 여기에 소개하는 툴은 각종 업계의 크고 작은 기업을 통해 검증된 것들이다. 그것들은 분명 효과가 있다. 각 툴을 여러분의 아이디어플로가 멈칫거릴 때 당기면 되는 레버라고 생각하라. 시간이 지나면 각각의 문제에 적합한 레버가 무엇인지 감이 잡힐 것이다.

3장에서 이야기한 스탠퍼드대학교 즉흥 연극 동아리 심스의 수장 댄 클라인의 조언을 기억하라. '굳이 창의적으로 생각하려고 애쓰지 마라. 오히려 과감하게 뻔한 길로 가라.' 다양한 사람이 모여 있으면, 한 사람에게는 뻔한 것이 다른 사람들에게는 예상치 못한 도발적이고 흥미로운 아이디어일 수 있다. 의견을 내줄 사람들에게 최대한 분명하게, 그리고 직접적으로 본인의 생각을 말해달라고 이야기하라. 아무도 굳이 남들에게 깊은 인상을 주거나 '독창적인' 무언가를 내놓으려고 안간힘을 쓸 필요 없다. 모두가 자신의 의견이나 느낌, 첫인상을 그대로 고수하고 남들의 진짜 의견도 그대로 환영한다면, 그 모든 생각이 서로 교차해서 더 짜릿한 결과를 낼 수 있다.

노벨상을 수상한 경제학자 토머스 셸링은 언젠가 이렇게 썼다. '아무리 엄밀한 분석을 하고 대단한 상상력을 지닌 사람이라고 해도 절대로 할 수 없는 일이 하나 있다. 바로 자신에게는 절대로 생각나지 않는 것들을 목록으로 작성하는 일이다!'[3] 아이디어플로가 좋은 점은, 기꺼이 뻔한 의견을 낼 수 있는 용기를 가진 사람들이 한자리에 모이면 혼자서는 결코 생각해내지 못할 것을 다 함께 상상할 수 있다는 점이다.

40년간 이어진 '프랭클린 결사'

특정한 직책이나 프로젝트, 사업 등과 연관된 전략과는 달리, 학습 서클(정기적으로 연락하면서 아이디어를 공유하고 논의하는 집단)을 만들어두면 평생에 걸쳐 다양한 인풋을 제공받을 수 있다. 그래서 이 툴을 가장 먼저 제안하는 것이다. 나만의 학습 서클을 구축하고 유지하려고 노력한다면 커리어에 큰 도움이 될 것이다.

벤저민 프랭클린은 외교관이자 정치가로서 많은 업적을 남기기도 했지만 이중 초점 안경, 피뢰침, 그리고 본인의 이름을 딴 유명한 난로(프랭클린 난로)를 발명하기도 했다. 여러분이 도서관에서 (아마도 이 책을 포함해) 책을 빌릴 때마다 벤저민 프랭클린에게 감사해도 좋을 것이다. 그의 창의적 발명품 목록은 끝이 없다. 이처럼 대단한 창의적 결과물을 만들어내기 위해서는 분명 똑같이 대단한 창의적 인풋도 필요했을 것이다. 프랭클린은 사회 초년생 때부터 이런 인풋을 의도적으로 수집했다.

필라델피아의 젊은 인쇄업자였던 프랭클린은 지인들을 모아 서로의 발전을 도모하는 정기 모임을 만들었다. 모임의 구성원과 운영 방식은 세월이 지나면서 진화했지만, '프랭클린 결사^{結社}'를 만든 것은 지식을 교환하기 위해서였다. 지적인 토론을 벌이거나 전문 지식을 공유할 수도 있었다. 결사의 구성원은 직업이 서로 달랐지만 필라델피아가 상거래와 기업의 중심지로 성장하기를 바라고 자기 계발에 관심이 있다는 공통점이 있었다. 각자 개인 사업과 가정이 있는 바쁜 사람들이었으나 매주 시간을 내서 만났던 이유는 그만큼 이 결사가 가치 있었기 때문이다. '가죽 앞치마 클럽Leather Apron Club'이라고 알려진 최초 모임은 40년 가까이 지속됐고, 그 지류가 '미국철학협회American Philosophical Society'로 바뀌어 오늘날까지 이어진다.

18세기의 사회 풍습을 고려할 때, 프랭클린은 믿기지 않을 만큼 다양한 사람을 조합했다. 부자, 가난뱅이, 젊은이, 노인, 사무직, 상인을 가리지 않았다. 물론 모두 백인이었으나 시대를 감안하면 프랭클린은 장벽을 부수고 있었다. 금요일 저녁마다 이 결사는 한자리에 모여 구성원들이 각자 개인적으로 관심 있는 주제에 관해 쓴 글을 공유했다. 윤리적 문제 혹은 '과학 탐구'라고도 알려진 자연철학에 관한 논쟁이 뒤따르기도 했다. 서로 예의를 갖추기 위해 직접적 비난이나 인신공격을 했을 때는 소액의 벌금을 물었다. 다수가 고등교육을 받지 못했으나 호기심이 강하고 지적으로 대담하며 당연히도 열렬한 독서가들이었다. 프랭클린은 구성원을 선발할 때 이 부분을 확실히 했다.

프랭클린의 학습 서클은 그의 창의적 결과물이나 비즈니스 양쪽에, 때로는 동시에 유용한 것으로 증명됐다. 한 예로, 식민지 미국에서 상업을 활성화하려면 더 많은 지폐를 발행해야 한다는 요구가 있었을 때 결사는 토론을 벌였다. 토론 후 프랭클린은 이 아이디어를 지지하는 익명의 팸플릿을 발행했다. 인풋이 다양하면 아웃풋이 창의적이다. 팸플릿을 통해 이 발의안이 통과되자 실제로 지폐를 더 많이 찍어내야 했다. 큰 수익을 낼 절호의 찬스를 잡은 필라델피아의 젊은 인쇄업자가 누구였을지는 짐작이 갈 것이다.

장인이나 예술가, 과학자, 기업가는 학습과 혁신을 촉진하기 위해 늘 집단을 형성했다. 프랭클린의 결사가 매우 효과적이었던 이유는 구성원이 다양하게 섞여 있었기 때문이다. 이는 프랭클린의 겁 없는 호기심과 비교적 평등했던 식민지 미국 사회의 분위기 덕분에 가능했다. 이후 수백 년간 많은 사람이 프랭클린의 결사를 흉내 내보려고 했다. 예를 들어 오늘날 기업 리더들은 회사의 사고방식을 깨고 나와 아웃사이더의 시각을 되찾는 수단으로 '브레인 트러스트brain trust'를 결성하기도 한다. 마크 파커Mark Parker는 나이키의 CEO로 있을 당시 정기적으로 만찬 모임을 열었다.[4] 예술가와 창의적인 일에 종사하는 지인들이 모여 제품 아이디어에 대해 토론하고 잠재적 협업에 관해 브레인스토밍하는 자리였다. 파커는 디자이너로 커리어를 시작했고 여전히 영감을 갈망했다. 그는 "저는 괴이한 일이 좋습니다. 깜짝 놀라고 싶어요"라고 말했다. 파커는 많은 시간을 포틀랜드에 있는 나이키 본사에 갇혀 지냈음에도 이 만찬 덕분에 도시 문화(운동화 수집가, 힙합, 스케이트보더, 그래피티)와 연결될 수 있었다.

학습 서클에는 여러 형태가 있지만 핵심적인 특징이 있다. 첫 번째로 가장 중요한 특징은 반드시 조직 밖에 존재해야 한다는 점이다. 학습 서클의 목표가 다양한 시각과 경험을 한자리에 모으는 것인 만큼, 구성원들은 넓게 퍼져 있을수록 좋다. 게다가 같은 회사의 간부 집단이라면 틀림없이 더 큰 서클 내에서도 패거리를 형성하기 때문에 솔직한 토론이 이루어지기 힘들다. 둘째, 서클은 규칙적으로 만나야 신뢰와 친밀감이 커질 수 있고, 여러 번에 걸쳐 같은 주제를 논의할 수 있다. 셋째, 서클은 매번 모임이 옆길로 새지 않게 기본적인 가이드라인을 마련해야 한다. 프랭클린의 결사가 인신공격을 금지했던 것처럼 말이다. 마지막으로 서클은 오프라인이든 온라인이든 슬랙Slack(협업에 편리한 기업용 메신저 툴-옮긴이)처럼 시간차가 있는 소통 수단을 통해서가 아니라, 실시간으로 만나야 한다.

이런 핵심적 요소 외에도 학습 서클은 구조나 초점이 구성원의 개인적, 직업적 목표에 이바지하게끔 만들어져 있어야 한다. 특정한 업계(전자 제품, 배송, 교육)나 타깃 시장(밀레니얼, Z세대) 혹은 다른 어떤 구심점을 중심으로 모임을 꾸릴 수도 있을 것이다. 프랭클린의 결사가 필라델피아 및 식민지 전체의 문화적, 상업적 야망을 발전시키는 데 초점을 맞추었던 것처럼 말이다. 여러분의 학습 서클도 자체적으로 모임의 초점을 찾아야 한다. 우연한 발견이 가능할 만큼 열려 있고, 논의와 공유를 촉발할 수 있는 초점 말이다. 그리고 미팅이 사교 모임으로 변질되지 않을 만큼의 체계도 필요하다.

'공유'가 낳은 역사상 가장 혁명적인 지적 도약

찰스 다윈은 과학 연구에 우체국을 잘 활용했다. 그는 10여 개가 넘는 연구 분야에 걸쳐 수백 명의 협업자와 자주 서신을 주고받았다. 그는 해군 함선 비글Beagle호를 타고 항해한 다음 『종의 기원』이라는 기념비적 서적을 출판하기까지 중간의 수십 년 동안 진화론을 발전시켰는데, 이 과정에 편지가 큰 역할을 했다. 다윈은 연구 초기 결과물을 편지에 동봉해 보냈다. 다른 분야 전문가들의 시각을 얻고 싶었던 것이다. 이런 식으로 다윈은 역사상 가장 풍부한 상상력을 보여준 지적 도약을 이뤄냈다. 그리고 그 과정에서 과학계의 귀중한 정보 허브 역할까지 수행했다. 서신을 교환하는 습관은 그의 연구에 활력을 불어넣었을 뿐만 아니라, 결코 만날 일이 없는 여러 사람이나 아이디어를 서로 연결해주었다.

오늘날 우리는 이메일로, 소셜 미디어로, 그리고 온라인 영상이나 음성을 통해 끊임없이 서로 연락을 주고받는다. 그렇지만 대부분 쓸데없는 내용을 공유한다. 의미 있는 기여를 하기보다는 무리의 생각이나 관심사에 그저 동조한다. '펜팔' 툴은 깊이 생각하고 연락을 보냄으로써 그런 성향을 극복하려고 한다. 남들의 작업에 건설적인 의견을 주고, 당신의 작업에 대해서도 그들의 의견을 구하라. 전현직 동료와 같은 분야의 전문가, 멘토와 멘티의 관심사와 취미를 고려해 스스로 이렇게 물어보라. 이 논의에 내가 뭘 보탤 수 있을까? 당면한 주제와 관련해서 나는 어떤 점을 새로이 조명할 수 있을까? 남들이 하는 얘기를 되풀이하지 말고, 더 널리 알려야 할 새로운 생각을 옹호하는 습관을 키워라. 내가 가진 새로운 생각도 좋고, 그 과정에서 새로 발견한 내용도 좋다.

여러분의 인적 네트워크에 있는 사람 전부에게 모든 생각을 '방송'하기보다는 최대한 자주, 도움이 될 만한 사람에게만 직접적으로 의견을 보내라. 여러분의 '잡음 대비 신호 비율'을 극대화하도록 노력하라. 지인들은 여러분의 그런 세심함을 고맙게 생각할 테고, 그에 따라 여러분의 말도 더 무겁게 여길 것이다.

디스쿨 동료 레티샤 브리토스 카바그나로Leticia Britos Cavagnaro는 타인의 소중한 지혜를 구하기 위해 늘 진행 중인 미완성 작업물을 타 학과 동료들과 공유한다. 동료 교수나 학생들이 연구하는 주제와 관련해 무언가를 우연히 발견했을 때도 함께 보내준다. 레티샤는 팟캐스트에서 누군가 관심을 가질 만한 정보나 일화를 들으면 조깅을 멈추고 간단한 이메일을 보낸다. 귀찮은 일이지만 레티샤의 이런 친절 덕분에 서로 우연한 발견을 공유하는 문화가 서서히 형성되었고, 이는 디스쿨 밖으로 퍼져나가고 있다.

펜팔 툴을 가지고 세심하고 친절하게 무언가를 공유한다면, 여러분 자신의 창의적 인풋도 증가할 것이다. 남들에게 도움을 많이 줄수록 더 많은 인풋을 돌려받을 것이다. 그렇지만 내가 뭘 받게 될까보다는 뭘 줄 수 있을까를 더 걱정하라. 펜팔이 되려면 친구나 또래, 동료가 지금 무슨 일을 하려 하고, 어디에 관심을 두는지 잘 알아야 한다. 이 말은 곧 '공유'뿐 아니라 '경청'에도 진심을 다해야 한다는 뜻이다.

여러분의 인적 네트워크에 속한 사람들은 요즘 뭘 하고 있는가? 그들이 해결하고 싶어 하는 골치 아픈 딜레마는 무엇인가? 어찌 보면 그들의 문제점이 곧 하나의 틀이 되어 여러분이 소비하게 될 수많은 정보를 효과적으로 걸러주는 역할을 할 수도 있다. 정기적으로 연락을 주고받는 습관을 키운다면 여러분 혹은 타인에게 정말로 가치 있는 것에 주의를 집중할 것이다. 시간이 지나면 적극적인 펜팔이 된 게 여러분의 지각을 더 예리하게 만들어주고 학습 속도를 높여줄 것이다. 그리고 여러분의 인적 네트워크 전반에 걸쳐 '건설적 공유'라는 선순환을 만들어낼 것이다.

어린이 100명에게 자문받는 창업주

고객의 니즈를 이해하는 것은 어떤 비즈니스에서든 가장 중요한 활동이다. 하버드 비즈니스 스쿨 마케팅 교수 시어도어 레빗Theodore Levitt의 말처럼 "사람들은 1/4인치짜리 드릴을 사고 싶은 게 아니다. 사람들이 원하는 건 1/4인치짜리 구멍이다!"[5] 이 점을 이해했으면 비즈니스를 거의 다 이해했다고 해도 과언이 아니다. 디스쿨에서는 다른 어떤 리더십 자질보다 '공감'을 강조한다.

우리 프로그램을 수강했던 스탠퍼드 MBA 학생 중에 이 교훈을 가슴 깊이 새긴 두 사람이 미리 버클랜드Miri Buckland와 엘리 버킹엄Ellie Buckingham이었다. 두 사람은 '비주얼 큐레이션visual curation(큐레이션curation이란 콘텐츠를 의도에 맞춰 수집·분류·배치·공유하는 행위를 말한다–옮긴이)을 위한 디지털 공간' 랜딩Landing을 만들었다. 이 사이트는 무드 보드mood board(이미지나 텍스트, 질감의 샘플 등을 활용해 표현하고 싶은 분위기를 보여주는 프레젠테이션 도구–옮긴이)를 디자인할 수 있고, 좋아하는 제품부터 인생 목표에 이르기까지 무엇이든 공유할 수 있는 툴을 제공한다. 버클랜드와 버킹엄은 고객과 더 잘 공감하기 위해 40명의 '슈퍼 유저super-user'로 협의회를 구성했다. '랜딩 고객 협의회' 구성원은 회사가 새롭게 시작하는 서비스의 초기 버전을 미리 보고 피드백을 제안할 수 있다. 심지어 회사의 슬랙에까지 접속해 내부 토론에 참여할 수도 있다. 이런 형태의 협업은 잠재적 위험도 따르지만, 피드백 고리를 단축해준다는 측면에서 가치가 있다. 제품에 어떤 변화를 꾀하려고 할 때, 자사 제품을 가장 많이 사용하는 고객보다 더 잘 평가해줄 사람이 또 있을까? 그리고 그런 피드백이 아이디어의 구상 단계에서보다 더 반가울 때가 있을까?

영국의 교육 기술 스타트업 엑스플로렐름즈Xplorealms 설립자이면서 자녀를 둔 엄마이기도 한 리다 엘-사이에Reedah El-Saie는 질 높은 교육 앱이 필요하다는 사실을 알고 있었다. 그리고 본인이 '최종 사용자end user'가 아니라는 사실 또한 잘 알고 있었다. "저는 게임을 좋아한 적이 없어요. 해본 적도 없고요." 리다는 그렇게 말했다. "우리 게임의 사용자 집단이 될 '아이들'과 반드시 함께 게임 콘셉트를 디자인해야 한다는 걸 알고 있었어요." 아이들, 부모, 교육자 수십 명과 사용자 인터뷰를 하고 나서, 리다는 그런 인풋이 제품 개발 과정 전반에 걸쳐 얼마나 귀중한지 알게 됐다. "성인이 아니라 어린이 자문단을 꾸리기로 하고 '반짝이는 두뇌 집단Board of Brilliant Brains', 즉 BBB라고 불렀어요." 현재 BBB에 참여하는 인원은 100명이 넘는다. BBB는 사용자들의 의견을 구하는 창구 역할을 할 뿐만 아니라 브랜드 홍보 대사 역할까지 톡톡히 해내고 있다. "안전 문제 때문에 모든 아이는 부모와 함께 모바일 메신저 왓츠앱WhatsApp의 단체방에 속해 있어요"라고 리다는 설명했다. "그래픽이라든가 게임 플레이 관련 아이디어, 교육과정 콘텐츠 등에 대해 피드백을 해주고요. 아이들이 사는 지역이 각자 다르기 때문에 여러 국가에 빠르게 앱을 출시하는 데도 도움이 됐죠."

고객을 협업자로 참여시킨다는 것은 향후 사용자가 되어주길 바라는 사람들과 제품 및 서비스를 공유한다는 뜻이다. 해

당 제품이나 서비스를 크게 수정하기 어려워지기 '전에' 말이
다. 이렇게 하면 무엇보다 목표물을 빗맞히기 '전에' 새롭게 조
준할 수 있다. 이런 형태의 협업은 빠르면 빠를수록 더 큰 도움
이 된다. 시간이 지나면 회사의 고객 협의회는 '인풋의 화수분'
이 되어 회사가 고민하는 모든 행보에 귀중한 지혜를 나눠줄
수 있다.

그러나 이는 조직 내 '심리적 안전 확보'라는 어려운 작업을
완수하기 전에는 결코 무작정 뛰어들 일이 아니다. 최고의 고
객은 의견도 그만큼 강할 것이다. 그렇다면 이런 식으로 수문
을 개방하기 전에, 직원들부터 서로 허심탄회하게 피드백을 교
환할 수 있는 편안한 분위기를 조성해야 한다.

우리가 '고객 협의회' 툴을 사용해보라고 하면 리더들은 다
양한 핑계를 댄다. "못해요." 그리고 이렇게 말한다. "우리는 특
허등록을 해야 한다고요!" 실패한 제품에 특허를 내본들 대체
무슨 소용이 있을까. 19세기 독일의 군사전략가 헬무트 카를
베른하르트 폰 몰트케Helmuth Karl Bernhard von Moltke는 언젠가 이렇
게 썼다. "그 어떤 작전 계획도 적의 주력부대와 첫 교전을 해
보기 전에는 확실치 않다."[6] 그 어떤 아이디어도 고객을 만난
이후에 바뀌지 않을 수는 없다. 여러분이 하는 사업에는 랜딩
의 디자인 협의회처럼 투명한 고객 협의회는 불가능할 수도 있

다. 그러나 고객과 긴밀히 협업할 방법은 언제나 있다. '고객의 생각'이라는 귀중한 인풋을 절대 출시 이후로 미루지 마라.

'약한 유대'가 설레는 발견을 부른다

협업자나 동료와 유대 관계를 유지하는 것도 중요하지만, 여러분의 '모든' 에너지를 업무로 연결된 사람들에게만 쏟으면 혁신적 사고가 꽃피지 못할 수 있다.

듀크대학교의 사회학자 마틴 루프Martin Ruef에 따르면, 강한 유대strong tie에만 매몰되어 있으면, 다양한 인풋이 차단될 수 있고 해당 집단의 사고방식에 동조해야 한다는 압박을 받을 수 있다.[7] 평소에 늘 만나는 사람들을 벗어나 우연한 만남, 특히 전혀 다른 업계에서 일하는 사람들을 찾아본다면, 그런 영향을 상쇄하고 귀중한 발견을 하거나 지혜를 얻을 수 있다. 서로 다른 인적 네트워크에 속하는 약한 유대weak tie는 루프가 말하는 '쓸데없지 않은' 정보의 흐름을 열어준다. 간단히 말해 풍부한 창의적 결과물을 내는 데 필요한 다양한 인풋은 내 인적 네트워크 '밖에' 있는 사람들이 많이 갖고 있다.

루프는 새로운 사업을 시작하려고 하는 700개 이상의 창업

팀을 조사한 결과, 강한 유대와 약한 유대가 혼합된 사회 관계망을 갖춘 집단이 강한 유대만으로 구성된 고립된 관계망을 갖춘 경우보다 3배 가까이 더 혁신적이라는 사실을 발견했다. 즉 혼합된 인적 네트워크가 건강한 인적 네트워크다. 그래야 구성원들이 동시다발적으로 '다양한 출처의 정보에 접근'하고 '동조해야 한다는 압박을 피할' 수 있다.

알지도 못하는 사람과의 일회성 만남을 위해 가까운 사람들과의 관계를 포기하지는 마라. 사회적 뜨내기가 될 게 아니라 강한 유대와 약한 유대의 균형을 맞춰라. 교차 수분 툴을 활용하려면 여러분의 스케줄에 우연한 발견이 가능한 사회적 만남을 적절히 포함시켜야 한다.

새로운 습관을 키우도록 노력하라. 식사 시간이야말로 훌륭한 출발점이다. 리처드 파인먼은 원래 프린스턴대학교에서 동료 물리학자들과 함께 식사를 했다. 그러다가 어느 날 관계를 좀 확장해봐야겠다는 결심을 했다. "잠시 후 나는 생각했다. '나머지 세상은 뭘 하고 있는지 좀 알아봐도 괜찮겠는걸?'" 나중에 그는 이렇게 썼다. '그러면 나는 앞으로 1, 2주 동안 매번 다른 무리에 끼여 밥을 먹어보겠어.'[8] 이 만남은 파인먼의 호기심에 불을 붙였다. 철학자들과 식사를 한 파인먼은 철학자들의 주간 세미나에 구성원으로 합류했다. 생물학자들은 파인먼에게 생물학과 대학원 과정 수업을 들어보라고 했다. 파인먼의 다른 분야 학문 탐구는 그의 상상력을 자극하고 세계관을 넓혀주었다. 생물학자 제임스 왓슨James Watson은 하버드대학교 생물학과에 와서 강연을 해달라고 파인먼을 초대하기까지 했다. 전설적인 이론가였던 파인먼이 동료 물리학자들과 하루 1시간 더 대화를 나눴다고 해서 과연 이런 식의 지적 자양분을 얻을 수 있었을까?

마찬가지로 벨 연구소의 분과장이었던 빌 베이커Bill Baker 역시 카페테리아에서 제일 먼저 눈에 띈 사람과 함께 식사하는 습관이 있었다. '그 사람이 진공관 판매점에서 유리를 부는 사람이든, 반도체 연구소에서 일하는 금속공학자든 상관없이' 말이다.[9] 베이커는 상대방이 하는 일과 그의 가족생활, 아이디어 등을 다정하게 물어보곤 했다. 베이커는 기억력이 비상한 사람이어서 그런 이야기의 세세한 부분까지 기억할 수 있었고, 전혀 다른 연구 분야 사이에 존재하는, 모르고 지나쳤을 법한 중요한 연관성을 알아볼 수 있었다. 이 단순한 습관이 학문 간 벽을 허물었고 새로운 아이디어를 자극하는 회로를 완성했다.

만약 여러분에게 이렇게 편리한 카페테리아가 없다면 모임을 잡아라. 소프트웨어 스타트업 오피스 투게더Office Together 창립자이자 CEO 에이미 인Amy Yin은 '가장 재능 있는 친구들을 일부러 한자리에 모으기 위해' 정기적으로 저녁 모임을 열고 '교차 수분'을 장려한다. 에이미는 참석자들에게 사업상 지금 가장 신경 쓰이는 부분을 이야기해보라고 한다. 그리고 새로운 일자리나 투자자, 그 외 여러 기회를 연결해주면서 '놀라운 시너지 효과'를 찾아낸다. "제 '포트폴리오 친구들' 중에는 첫 고객 다섯 중 셋을 제가 소개해준 경우도 있어요." 만약 대기업에 다닌다면 다른 부서 동료들에게 손을 내밀어보라. 정기적으로 커피를 마시자고 해보라. 마리치 제과Marich Confectionery의 CEO 브래드 밴댐Brad van Dam은 디스쿨 프로그램 중 하나를 이수한 이후, 건물을 돌아다니면서 아무 직원이나 붙들고 아이디어를 구했다. 처음에는 직원들도 브래드의 이런 행동을 어떻게 받아들여야 할지 확신이 서지 않았다. 하지만 유지 보수 팀 기술자의 제안 하나가 신제품이 되는 걸 보고 나자 의견이 쏟아지기 시작했다. 브래드가 그냥 물어보는 '척하는' 게 아니라는 걸 직원들도 알게 된 것이다. CEO는 귀 기울여 듣고 있었다.

교차 지점을 찾아보라. 여러 영역에 걸쳐 일하는 사람에게 연락해보라. 유용한 발견을 할 가능성이 가장 높은 곳은 서로 다른 영역이 만나는 지점이다. 마찬가지로 여러분 자신이 교차 지점이 될 수 있게 최선을 다하라. 합동 프로젝트에 자원하라. 위원회에 합류하라. 회사 야구 팀에 들어가라. 여러분의 평소

궤도를 벗어난 곳에 있는 사람들과 교류할 기회가 있다면 무조건 붙잡아라. 다른 사람의 시각이 언제 또 새로운 가능성을 열어줄지 알 수 없다.

일을 완수하는 데는 강한 유대가 효율적이지만, 우연찮게 가장 설레는 발견을 하게 되는 것은 약한 유대를 통해서다.

액션 영화를 총괄한 스릴러 감독

신선한 시각이 필요하다면 다른 분야의 전문가를 초대하라. 한 분야에서 능력을 개발한 사람은 그 분야에 고유한 비유법이라든지 어림짐작법이라든지 기타 문제 해결에 쓸 수 있는 유용한 정신적 툴이 생긴다. 전문가가 본인이 익숙하지 않은 분야에 놓이면, 새로운 문제에 바로 그런 도구를 활용해 흥미로운 결과를 내놓을 수도 있다. 특정 문제에 접근하는 '옳은 방법'은 알지 못할 수 있지만, '자기 식으로' 문제를 풀려다 보면 탐색해볼 만한 근사한 방향을 발견할 수도 있다. 한 분야의 전문지식을 다른 분야에 적용해보면 믿기지 않을 만큼 좋은 결과를 낼 수도 있다. 파타고니아의 오하라 데쓰야가 보여준 것처럼 말이다. 어떤 문제가 평소의 전문 지식에 반응하지 않는다면 다른 분야의 전문가를 한번 불러보라.

자기 일은 잘하지만 특별히 이쪽 업계 방식으로는 해본 적이 없는 사람을 고용하면, 초보자의 경험을 활용할 수 있다. 영화사 마블은 슈퍼히어로 영화를 만들 때 코미디 감독(타이카 와이티티Taika Waititi에게 〈토르: 라그나로크〉를, 페이턴 리드Peyton Reed에게 〈앤트맨〉을 맡겼다)이나 스릴러 감독(존 와츠Jon Watts에게 〈스파이더맨: 홈커밍〉을 맡겼다)처럼 다른 장르 감독을 흔히 채용한다. 마블은 특수 효과 중심의 액션 영화를 만드는 데는 도가 텄는데, 똑같은 전문 지식을 지닌 사람이 왜 또 필요하겠는가?

뜻밖의 지혜를 활용할 수 있는 또 하나의 방법은 부서 간에 전문가를 뒤섞는 것이다. IBM은 1960년대에 '시스템/360 시리즈'라는 혁신적인 컴퓨터를 개발했다. CEO 토머스 J. 왓슨 주니어Thomas J. Watson Jr.에 따르면, 당시 '사람들이 편을 바꾸도록 강요'했다고 한다.[10] 소형 컴퓨터부와 대형 컴퓨터부가 날선 라이벌 관계에 있을 때 제품 개발 팀장은 각 부의 리더를 서로 바꿔버렸다. 왓슨에 따르면 직원들에게는 이 조치가 '마치 흐루쇼프를 대통령으로 선출한 것 같은' 기분이었다고 한다.

그러나 이 전략은 효과가 있었다. 소형 컴퓨터부에 있다가 대형 컴퓨터부로 넘어온 밥 에번스Bob Evans는 IBM의 '모든' 컴퓨터 제품을 호환 가능한 단일 시스템으로 바꾸면 얼마나 큰 도움이 될지 즉각 깨달았다. 그렇게 되면 회사 전체가 수고를 덜 수 있을 뿐만 아니라, 고객도 니즈가 늘어났을 때 소프트웨어를 몽땅 새로 작성할 필요 없이 소형 컴퓨터에서 대형 컴퓨터로 수월하게 옮겨 갈 수 있었다. 회사가 하는 일을 통합함으로써 소형 컴퓨터부의 전문가였던 밥 에번스는 메인프레임 컴퓨터부의 경쟁력을 획기적으로 높였고, IBM은 이후 수십 년간 비즈니스용 컴퓨터 시장을 장악할 수 있었다.

신참에게 주목하라

대부분의 경우 상식을 지키는 사람은 신뢰해도 좋다. 거의 언제나 옳기 때문이다. 그런데 가끔 경험의 무게가 전문가의 사고에 오히려 짐이 될 때가 있다. 혁신적인 아이디어와 터무니없는 아이디어를 구분하는 게 프로에게 오히려 훨씬 더 어려울 수 있다. 이 함정을 피하고 싶다면 조직 내 신참에게 질문을 하고 아이디어를 제시할 자리를 마련해줘라. 그 질문이 신참의 무지를 드러내고 신참이 낸 아이디어가 우스꽝스럽게 보인다고 하더라도 말이다. 신참은 잘 모르기 때문에, 바로 그 이유로 아주 귀중한 의견을 낼 수 있다. 만약 '신참에게 주목하라' 툴을 사용해도 아무것도 탐색할 수 없다면, 그 조직은 알려진 영역 외에는 그 어떤 새로운 기회도 찾아내지 못할 것이다.

메건 도일Meghan Doyle은 영국의 전설적인 경매 회사 크리스티 Christie's의 뉴욕 지부에서 말단 직원으로 일할 당시 '대체 불가능 토큰non-fungible token', 즉 NFT에 대해 처음으로 듣게 됐다. 비트코인을 비롯한 디지털 화폐처럼 블록체인을 기반으로 하는 NFT는 JPEG를 비롯해 고유한 디지털 미술품이나 디지털 자산을 판매할 수 있게 만들어준다. 정확한 설명은 아니지만, 말하자면 그렇다는 얘기다.

기술적 참신함은 제쳐두고 고객에게 NFT가 표방하는 가치를 설득하는 게 가능할까? 경매업계에서 오랜 일한 사람들에게 본능적으로 떠오르는 답은 '노no'였다. 그러나 미술업계 일을 한 지 얼마 되지 않았던 도일은 대체 뭐가 문제인가 싶었다. 2020년 말 물리적 작품에 NFT를 조용히 포함시킨 것이 기대 이상의 매출로 이어지자, 리더들은 더 조사해봐야겠다는 생각이 들었다. 그런데 이 단서를 추적할 적임자가 과연 누굴까? 도일이 딱이었다. 우선 도일은 부서의 고참들보다 업무 여력이 있었다. 또 하나, 도일은 NFT를 정말로 궁금해했다. 이렇듯 신참은 경험자가 지겹게 생각하거나 바빠서 알아볼 수 없는, 위험부담이 있는 탐구에 에너지와 열정을 불어넣는다.

시간과 에너지를 기꺼이 투자해 블록체인이나 NFT 플랫폼 전문가와 디지털 아티스트에 관해 대화를 나누고 싶었던 도일은 이 프로젝트를 열정적으로 환영했다. 신참에게는 실수가 그리 무겁게 느껴지지 않는다. 기대치가 낮고 한계는 없다.

NFT를 실험하면서 '암호 화폐 특강'을 준비 중이던 어느 플랫폼과 대화를 나눈 도일은 상사들에게 간단한 테스트를 제안했다. 2020년 판매 행사에서 물리적 구성 요소가 없는, 디지털만으로 된 미술품을 팔아보자고 말이다. 미술품이라고 부를 수 있을지 없을지도 모를 디지털 토큰에 물리적 요소가 전혀 없다면, 그래도 매출을 일으킬 수 있을까? 처음에 이 아이디어는 반대에 부딪혔다. 카탈로그에 들어갈 물리적 미술품만 해도 넘쳐났다. 그러나 도일은 신참 특유의 열정으로 고집을 피웠다. 그리고 실질적인 우려 요소를 해결해나가면서 사내 여러 부서에 열정을 전파했다.

"만약 전혀 관심을 끌지 못한다면 언제든지 뒤편으로 숨겨버리면 되잖아요." 도일은 그렇게 지적했다. 크리스티는 그냥 한 번 믿어보기로 했고, 결국은 비플Beeple이라는 예명으로 알려진, NFT업계의 떠오르는 스타였던 디지털 아티스트 마이크 윈켈먼Mike Winkelmann과 영상 대화를 나누게 됐다. 업계의 호응이 조금씩 커지면서 윈켈먼의 작품 〈일상: 첫 5000일EVERYDAYS: The First

5000 Days〉은 그 자체로 하나의 이벤트가 됐고, 2021년 초 단일 품목으로 온라인 경매 행사를 열게 됐다. 도일의 암호화 기법 전도가 성공했음을 엿볼 수 있는 또 다른 징후로, 회사는 업계 최초로 디지털 화폐를 받기로 했다. 〈일상〉의 입찰가는 100달러에서 시작했다. 어찌 되었건 아직도 실험적 시도였기 때문이다. 그렇지만 8분 만에 100달러가 100만 달러가 되자, 크리스티는 도일이 상상 이상의 귀중한 시각을 회사에 제공했다는 걸 깨달았다. 이 작품은 6,900만 달러에 팔렸고, 이로써 예술계는 완전히 딴 세상이 됐다.

록히드 마틴Lockheed Martin의 스컹크 웍스Skunk Works 팀이라는 신제품 개발 부서에 데니스 오버홀서Denys Overholser라는 젊은 수학자가 있었다. 어느 날 오버홀서는 러시아 과학자가 써놓은 10년도 더 된 기술 문서에서 공식을 하나 찾아냈다. 이 공식은 레이더 감지를 피할 수 있는 비행기를 설계할 방법을 시사하고 있었다. 그러나 안타깝게도 그 방법에 따라 비행기를 설계한다는 건 전통적인 공기역학에 정면으로 위배되었다. 록히드 마틴의 엔지니어들은 오버홀서의 아이디어를 비웃으며 그를 이단자로 화형에 처해야 한다고 (농담으로) 떠들었다. 그런데도 해당 프로그램의 신임 책임자였던 벤 리치Ben Rich는 오버홀서의 프로젝트를 승인해주었다.

"회사의 베테랑은 대부분 데니스 오버홀서보다 나이가 많은 계산자(곱셈, 나눗셈, 삼각비 등의 근사치를 계산해주는 옛날식 계산 기구-옮긴이)를 사용하고 있었죠." 리치의 회상이다. "이 젊은 애송이가 왜 갑자기 '팀장의 구루'라는 왕좌에 앉아 이래라 저래라 하는지 도무지 이해하지 못했어요. 제가 책임자가 되고 아직 검증도 안 된 상태에서 처음으로 시작한 대형 프로젝트였는데 말이죠. 저는 스텔스 기술이라는 게 아직 태동기이고 잘 아는 사람도 없는데 데니스가 우리에게 아주 유용한 이론을 찾아냈다고 최대한 설명해보려 했어요. 그래도 베테랑들은 믿지 않았죠."[11] 이 비행기의 최종 디자인은 레이더에 흔적을 거의 남기지 않았고, 덕분에 록히드 마틴은 큰돈을 벌어줄 계약을 국방부와 체결할 수 있었다. 그리고 스컹크 웍스라는 팀명은 항공우주산업 역사에 길이 남게 되었다. 오버홀서라는 신참의 직관은 곧장 록히드 마틴의 F-117A 나이트호크Nighthawk로 이어졌고, 이것이 바로 세계 최초의 실전용 스텔스기다. 이후 F-117A는 걸프전을 비롯한 여러 교전에서 결정적 역할을 수행했다.

경험 부족과 관련해 이야기할 것이 하나 있다. 새로운 피를 수혈하라. 예를 들어 하버드 비즈니스 스쿨의 린다 힐Linda Hill 교수는 새 책을 작업할 때마다 대학을 갓 졸업한 사람을 팀에 꼭 포함시킨다. 이전에 힐 교수가 어느 책을 쓸 때 함께 작업했던 스물네 살의 협업자가 조직 학습 이론을 문어에 비유해 알기 쉽게 설명하자고 제안한 적이 있었다. 이 아이디어는 유용한 걸로 증명됐고, 아직도 힐 교수의 책상 위에는 당시의 문어 그림을 끼운 액자가 놓여 있다. 신참의 시각이 얼마나 큰 가치가 있는지 잊지 않기 위해서다.

힐 교수는 이렇게 말했다. "책을 연거푸 쓰다 보면 일이 기계적으로 흘러가죠. 그런데 신참이 있으면 다시 뒤죽박죽이 돼요. 신참은 제가 하던 일을 멈추고 사물을 달리 보게 만들죠. 신참은 그런 문제들과 씨름하는 게 처음이기 때문이에요. 그러면 저도 오랫동안 갖고 있던 가정을 다시 생각해보게 돼요. 힘들기도 하지만 결과의 질을 높여주죠."

'신참에게 주목하라' 툴이 발휘하는 힘을 직접 목격한 사례를 마지막으로 하나 더 들어본다. 제러미의 아버지는 변호사다. 그분이 미국 대법원에서 가이코GEICO와 그 관계사들을 대변한 일이 있었다. 이때 결정적 주장을 도출할 수 있었던 것은 변호사가 된 지 18개월밖에 안 된 신참 덕분이었다. 그 신참이 제러미 어틀리의 사무실로 찾아와 '바보 같은 질문'을 했는데, 제러미의 아버지는 젊은 변호사의 얘기를 끝까지 들어보기로 했다. 그 질문은 노련한 변호사라면 즉각 묵살했을 내용이었고,

그 점에서는 바보 같은 질문이 맞았다. 하지만 그 과정에서 찾아보고 싶은 내용이 줄줄이 떠올랐다. 궁금한 것을 기꺼이 물어본 덕분에 젊은 변호사는 사건을 승리로 이끄는 데 도움을 줄 수 있었다. 현재 제러미의 아버지는 새로운 로펌을 세우고 있는데, 직원의 거의 전부를 신참 변호사로 채울 계획이다. 전문 지식과 경험은 본인이 가지고 있으니 중요한 것은 참신한 시각이기 때문이다.

전혀 다른 두 사람이 역사를 바꾼다

예술과 과학, 발명의 역사를 보면 사람들이 짝을 이뤘을 때 얼마나 놀라운 힘을 발휘할 수 있는지 알 수 있다. 존 레넌John Lennon과 폴 매카트니Paul McCartney. 스티브 잡스Steve Jobs와 스티브 워즈니악Steve Wozniak. 수전 B. 앤서니Susan B. Anthony와 엘리자베스 케이디 스탠턴Elizabeth Cady Stanton(미국의 사회 개혁가들). 세계적 업적이 이뤄진 곳에서 전혀 다른 두 사람의 협업을 이렇게 흔히 볼 수 있는 이유는 무엇일까? 단순히 정신적 의지의 차원은 아닐 것이다.

심리학 교수 케빈 던바Kevin Dunbar가 '분산 추론distributed reasoning'

이라 부르는 것(우리 논의에서는 '창의적 협업')이 중요한 이유는 협업자가 내 맹점을 볼 수 있게 도와주기 때문이다.[12] 자기 일을 아무리 잘하고 아무리 경험 많은 사람이라고 해도, 단일한 시각밖에 가질 수 없는 한계가 있다. 협업의 미덕은 우리의 맹점이 '서로 다르다'는 점에서 비롯된다.

던바의 연구에 따르면 협업이 혁신을 촉진하는 이유는, 내가 볼 수 없는 게 종종 다른 사람에게는 너무나 뻔히 보이기 때문이다(맨 클라인의 금언을 기억할 것이다. '과감하게 뻔한 길로 가라.'). 두 사람이 한 사람보다 나은 이유는, 두 사람이 똑같은 그림을 봐도 전혀 다른 결론을 내릴 수 있기 때문이다. 이렇게 전혀 다른 결론을 서로 조화시킨다면 (장님 셋과 코끼리를 기억해보라) 극적인 발견에 이를 수 있다. 던바는 똑같은 종류의 연구를 하더라도 과학자들이 동일한 데이터에 대해 서로 돌아가면서 각자의 설명을 제시하는 형태의 연구소는 그렇지 않은 연구소에 비해 더 많은 발전을 이룬다는 사실을 발견했다. 한 과학자의 추론이 다른 과학자에게 또 다른 추론을 유발하면서 아이디어의 연쇄반응이 일어나 창의적 결과물이 훨씬 더 많이 나온다는 것이다.

존 바딘John Bardeen과 월터 브래튼Walter Brattain은 벨 연구소에서 함께 반도체를 이용한 트랜지스터를 개발하고 있었다. 이론 물리학자인 바딘이 칠판에 방정식을 쓰면 실험 물리학자인 브래튼이 해당 아이디어를 회로판 위에 시제품으로 만들어보는 식이었다. 브래튼이 발견한 내용을 바딘에게 알려주면, 바딘은 다시 그 내용을 본인의 이론에 통합해 더욱 정교한 방정식을 만들었다.[13] 이렇게 칠판과 회로판을 왔다 갔다 하면서 이론 물리학자와 실험 물리학자는 세상을 바꿔놓을 기술혁신을 이뤄냈다.

우리 두 사람도 짝을 이뤄 활동하고 있고, 이런 전략을 아주 좋아한다. 우리가 함께 작업하지 않았다면 이 책도 존재하지 않았을 것이다. 파트너십을 이처럼 중시하는 것은 우리뿐만이 아니다. 자세히 살펴보면 인간이 이뤄낸 중대한 업적(책, 사업, 건물)마다 그 발단에는 거의 빠짐없이 아주 다른 유형의 두 사람이 있었다는 걸 알 수 있다. 창작을 할 때 혼자서는 자신의 시각에서 크게 벗어날 수 없다. 누구나 계산상의 착오를 저지른다. 누구나 맹점이 있다. 우리의 기벽奇癖은 혼자서 열심히 노력했던 무언가를 망쳐버릴 수도 있고, 협업자에게 풍부한 창의적 인풋이 될 수도 있다.

다른 수많은 창의적 전략과 마찬가지로 핵심은 '차이'를 활용하는 것이다. 훌륭한 파트너를 찾고 싶다면, 어떤 기준을 중심으로 나와는 최대한 다른 사람을 찾아라. 그 기준이 어떤 것이든 상관없다. 나와는 출신 배경이 다르다거나 성격이 달라도 되고, 똑같은 문제를 전혀 다른 방식으로 접근하는 사람도 좋다. 그런 차이가 서로를 보완하도록 도와줄 것이다. 생산적 협업에서 마찰은 필수다. 우리는 내가 뭘 모르는지 모른다. 던바는 이렇게 썼다. '한 사람에게 동일 데이터를 가지고 다르게 추론해보라고 하면 큰 어려움을 겪는다. 추론을 한정하거나 확대해보라고 했을 때도 마찬가지다.' 협업자가 없다면 개인이 성취할 수 있는 것에는 한계가 있다.

전통적인 조직 구조를 띠는 기업이라고 해도, 공식적으로든 비공식적으로든 '보완적 협업자'를 둘 수 있다. P&G의 내부 스타트업 책임자였던 클로디아 코치카Claudia Kotchka는 자신의 대담한 비전에 균형을 잡아줄 사람이 필요했다. 그래서 늘 약간의 현실성을 유지하기 위해 재무 팀장에게 의지했다.

재무 팀장은 종종 클로디아에게 이렇게 말했다. "클로디아, 매일 전략을 바꿀 수는 없어요." 물론 때로는 기회를 붙잡기 위해 방향을 바꿀 수도 있고 실제로도 그렇게 한다. 그러나 클로디아의 상대였던 재무 팀장은 정말로 귀중한 인풋을 제공했다. 똑같은 그림을 보더라도 재무 팀장은 클로디아가 절대로 하지 못했을 방식으로 아주 다르게 보았기 때문이다.

솔직할 수 있는 공간

우리는 하얏트의 의뢰로 하얏트 샌타클래라 지부에서 직원 교육용 파일럿 프로그램을 운영한 적이 있다. 프로그램이 끝나고 CEO 마크 호플러메이지언Mark Hoplamazian은 디브리핑을 받기 위해 직원들을 소집했다. 당시 우리는 하얏트의 사업 운영에 인간 중심 디자인을 도입하려고 했다. 그렇지만 이 교육 프로그램을 조직 전체로 확대하기 전에, 우리의 접근법이 하얏트의 고유한 니즈에 잘 맞는지 확인하고 싶었다. 호플러메이지언은 회의실을 가득 채운 30명의 직원들에게 물었다. "교육 프로그램이 어땠나요?"

"훌륭했어요." 한 사람이 말했다. 다른 사람은 이렇게 덧붙였다. "다들 아주 좋아했어요."

그리고 잠잠하더니 누군가 손을 들었다.

"말씀드리기가 뭐하지만, 이 교육 프로그램이라는 게 제 취향은 아니에요." 그녀는 자리에서 일어나 방 안에 있는 사람을 바라보며 말했다. "실은 과정 내내 불편했어요." 호플러메이지언은 걱정하지 말고 계속 이야기하라는 표시로 고개를 끄덕여주었다. 여자가 말했다. "솔직히 말하면 이제라도 그만하고 싶어요." 하고 싶은 말을 다 한 여자는 다시 자리에 앉았다.

세상에. 대단한 뱃심이었다. 다수에 동조하는 것은 어렵지 않다. 이 책 앞부분에서 보았듯, 심리 연구에 따르면 우리는 누구나 여론에 편승하고 싶은 강력한 무의식적 편향이 있다. 다른 직원들이 좋다고 말하면 다른 의견을 표명하기는 훨씬 더 어려워진다. 흔히 말하는 '동료 압박peer pressure' 때문만은 아니다. 여론이라는 게 무의식적으로 우리의 시각을 실제로 바꿔놓기 때문이다. 원래는 다르게 느꼈을지라도, 나도 모르게 고개를 끄덕이고 있는 자신을 발견한다는 얘기다.

우리의 목표는 최대한 폭넓은 시각을 만들어내는 것이므로 이런 본능을 적극적으로 제지하는 것이 반드시 필요하다. 그러려면 가장 중요한 툴이 바로 '솔직할 수 있는 공간'이다. 리더는 '심리적 안전'을 공공연하게 확보할 수 있게 힘을 실어주고 지원해야 한다. 누군가의 의견이 드넓은 스펙트럼의 어디쯤에 위치하든, 팀원 모두가 자신의 진짜 관점을 표현할 수 있게 해줘야 한다. 다른 의견이 나왔을 때 어떤 식으로든 그걸 좌절시킨다면, 심지어 응징한다면 모든 의사 결정은 그저 여론을 따라 우르르 몰려다니게 될 것이다.

샌타클래라 리젠시 하얏트Santa Clara Regency Hyatt에서 우리 파일럿 프로그램에 참여했던 30명이 안심하고 말을 할 수 있었던 것은 마크 호플러메이지언이 조직에서 심리적 안전을 확보하려고 노력한 덕분이었다. 파일럿 프로그램 기간에 마크 호플러메이지언은 경영진에게 이단적이거나 반체제적 행동을 장려하는 영상을 촬영하게 했다. 한 영상에서는 CFO(최고 재무 책임자)가 '부서뜨리는 걸 겁내지 마세요!'라고 적힌 표지판을 들고 있었다. 심지어 호플러메이지언은 교육에 참가한 모든 직원에게 (보드게임 '모노폴리'에서 볼 법한) '탈출권!'이라고 적힌 카드를 보내기까지 했다. 무언가 새로운 걸 시도했다가 커리어를 망칠지 모른다는 두려움이 혹시라도 남아 있다면 없애주기 위해서였다. 그랬기 때문에 그 결정적 순간에 의견이 달랐던 참석자가 안심하고 찬물을 끼얹을 수 있었던 것이다.

그리고 그녀가 그렇게 해준 것은 좋은 일이었다. 우리 중 누구도 프로그램에서 빠지는 것에 대해서는 생각조차 해보지 않았는데, 그녀의 의견 덕분에 귀중한 논의에 불이 붙었다. 이론적으로 하얏트의 직원들은 인간 중심 디자인 프로그램에 참여하지 않겠다고 요청할 수 있었다. 하지만 그렇게 할 수 있는 명시적인 프로세스가 있지 않고서야 마음 편히 빠질 수 있을까? 아마 힘들 것이다. 본인의 커리어에 미칠 파급효과가 걱정되지 않을 수 없을 것이다. 덕분에 우리는 새로운 생각을 해볼 수 있었다. 어떻게 하면 원치 않는 사람들이 빠지는 것을 사회적, 정서적으로 용인되게 만들 수 있을까? 이유야 무엇이었든 건성으로 참여하는 것은 다른 사람들에게도 전혀 도움이 되지 않을 것이다. 앞서 보았듯이 혁신이 진행되려면 '실험이 재미있다'는 인식이 필요하다. 누군가가 뒤편에서 혼자 이를 바득바득 갈고 있다면 흥만 깰 것이다. 샌타클래라에서 다른 목소리를 내준 한 사람 덕분에 우리는 직원들이 파급효과를 걱정하지 않고 프로그램에서 빠지는 방법을 궁리하게 됐고, 기꺼이 원해서 참여하는 사람의 비율을 크게 높일 수 있었다.

토론 말미에 호플러메이지언은 그 직원에게 이렇게 말했다. "고마워요. 목소리를 내주니 정말 좋네요."

솔직함은 아이디어플로에 아주 중요하다. 솔직할 수 있는 공간이 있을 때 사람들은 안심하고 중요한 피드백을 주고받을 수 있다. 아이디어를 생성할 때는 모든 사람의 시각이 귀중하다. 새로운 아이디어에 관한 한, 사실 두 사람, 다섯 사람, 열 사람이 아이디어에 동의한다고 해서 '정답'에 한발 더 가까워지지는 않는다. 아이디어 생성 과정에 참여자가 한 명 늘어나는 게 얼마나 가치 있는 일이 될 것이냐 하는 점은, 그 사람의 시각이 여론과 얼마나 다르냐에 달려 있다. 투표로 아이디어를 걸러내서는 안 된다. 아이디어를 걸러내는 것은 '실험'이 할 일이다.

창의적 과정에 비난은 발붙일 곳이 없다는 게 통념이다. 만약 모두가 같은 목표를 공유하고 있다고 느낀다면, 모두가 한

배를 타고 있다고 느낀다면, 서로를 공격하지 않아도 열정적으로 서로의 아이디어를 발전시키거나, 무너뜨리거나, 거기서 곁가지를 뻗어나갈 수 있다. 중요한 것은 아이디어플로를 늘리는 것이다.

제약 기술 기업 NNE의 CEO 예스페르 클뢰베Jesper Kløve는 직원들 공동의 목적의식을 강화해야겠다고 느꼈다. 그는 직원들을 야외로 데려갔다. 그냥 운동장 같은 곳이 아니라 숲으로 데려갔다. "한번은 직원들이랑 10미터 길이의 소나무 뗏목을 만들고 며칠간 거기에 몸을 의탁했어요." 클뢰베가 들려준 이야기다. 뗏목이 너무 커서 클뢰베의 엔지니어 팀은 강 아래까지 합심해서 노를 저어야 했다. 며칠간 자연의 장애물을 극복하려고 안간힘을 쓰며 각자 살아온 경험을 공유하고 나니, 팀원들 사이의 관계가 바뀌어 있었다. "마지막에는 저를 포함해서 우리 모두가 울고 있었죠."

비과학적으로 들릴지 몰라도 NNE의 CEO가 얻은 결과를 보면 이 방법의 효능이 증명된다. 뗏목은 사람들이 함께 노를 젓게 만들기 위한 하나의 비유였다. 만약 어느 팀이 물에 빠지지 않고 강을 정복할 수 있다면, 서로의 자존심을 멍들게 하지 않으면서 솔직한 브레인스토밍 회의를 갖는 것도 가능할 것이다. "이 세상에 돈으로 살 수 없는 유일한 것이 신뢰죠." 클뢰베는 그렇게 말했다. "신뢰는 노력해야만 얻을 수 있어요."

솔직할 수 있는 공간을 만들어내려면 행동으로 보여줘라. 팀원들을 숲으로 데려갈 수 없다면 다른 방식으로 심리적 안전을 확보하라. 아직 끝나지 않은 일을 공유하도록 팀원들을 격려하라. 아이디어에 대한 평가를 구하라. 당신부터 시작하라. 이런 행동을 꾸준히 계속해나가야만, 예컨대 마크 호플러메이지언이 했던 것처럼 반대 의견도 환영해야만 솔직함을 표준으로 만들고 조직 문화의 일부로 정착시킬 수 있다.

정기적인 행사도 도움이 된다. 애니메이션 제작 회사 픽사는 데일리즈 미팅dailies meeting(원래는 필름 영화를 제작할 때 하루 촬영분을 현상·인화해 확인하던 데서 유래한 회의명-옮긴이)을 정기적으로 실시하는데, 이 자리에서 감독은 작업 중인 작품을 조직 내 다른 사람들과 함께 검토한다. 데일리즈 미팅의 목적은 '건설적인 중간 피드백'을 구하는 것이다. 픽사 공동 설립자 에드 캣멀Ed Catmull에 따르면, 핵심은 피드백을 어떻게 다루느냐 하는 부분이라고 한다. "참석자들은 회의실에 들어설 때 자존심은 내려놓고 들어서야 한다는 걸 배우게 돼요. 불완전한 작업물을 상사나 동료들에게 보여줘야 하니까요. 여기에는 아주 적극적인 참여가 필요합니다. 그렇게 할 수 있도록 심리적으로 안전한 공간을 만드는 게 우리 같은 상사들이 할 일이죠."

미완성의 불완전한 작업물을 동료와 공유하고, 꾸미지 않은 솔직한 피드백을 받고, 그중 유용한 것만 받아들이는 능력은 자연스럽게 생겨나는 게 아니다. 픽사는 지적을 받으면 방어적인 태도를 보이는 데 익숙한 신입 사원에게 이런 행동을 적극 권장한다. 캣멀은 이렇게 썼다. "창피함이 사라지면 사람들은 더 창의적이 된다. 힘들게 문제를 해결해야 하는 상황을 안전한 논의의 장으로 만들면, 모두가 서로에게서 무언가를 배우고 서로에게 영감을 줄 수 있다."[14] 이렇게 되려면 공감과 인내, 그리고 무엇보다 내 약점을 기꺼이 드러낼 의향이 있어야 한다.

나와 다른 의견을 장려하고 환영한다는 게 곧 피드백을 받는 족족 그에 맞춰 내 마음을 바꿔야 한다는 뜻은 아니다. 하얏트의 경우 반대 의견이 귀중한 논의를 불러일으켰고 후속 조치로 이어졌다. 그러나 종종 다른 의견을 낸 사람이 어떤 이유에선가 혼자일 수 있고, 그런 시각을 묵살해도 될 때가 있다. 하지만 거기까지 이르려면 사심 없이 반대 의견을 경청해야 하고, 해당 의견에 귀담아들을 부분은 없는지 잘 판단해야 한다. 만약 아무도 안심하고 다른 관점을 이야기할 수 없다면, 애초에 고려해봐야 할 다른 의견이 있었는지조차 알 수 없을 것이다. 여러분이라면 과연 이러한 부분을 무시할 수 있겠는가?

이번 기회에 여러분이 기존에 다양한 시각을 발굴하는 데 쓰고 있던 방법이 괜찮은지 점검해보라. 그리고 7장에서 소개한 전략 중 혹시 추가할 만한 유용한 툴은 없는지 살펴보라. 하나의 영역에 초점을 맞춰라. 같은 업계에 있는 사람과 아이디어에 관해 의견을 주고받아라. 기존 프로젝트에 대해 예상치 못한 사람의 의견을 들어보라. 픽사의 데일리즈 미팅처럼 여러분의 팀에도 솔직해질 수 있는 정기적인 행사를 만들어보라. 어느 방법이 되었든, 여러분을 가장 압박하고 있는 문제에 새로운 시각을 도입해 어떻게 되는지 지켜보라.

어느 방법을 선택하든 일회성에 그치게 하지는 마라. 애써 도입한 전략이 도움이 되었다면 그걸 일상적 습관으로 만들어라. 앞서 소개한 전략은 모두 꾸준한 노력이 동반되어야만 제대로 결실을 거둘 수 있는 것들이다.

팀이나 조직의 리더가 아니라 하더라도 7장에서 살펴본 내용을 계기로 여러분의 인적 네트워크를 창의적 자원으로 볼 수 있기를 바란다. 학습 서클이나 펜팔을 이용하든, 다른 툴을 활용하든, 여러분의 아이디어플로를 한 차원 높여줄 귀중한 시각과 지혜를 제공할 협업자나 동료, 의뢰인, 고객을 발굴하라. 이제 많은 사람이 가상공간에서 일하는 시간이 늘어나거나 전적으로 가상공간에서만 일하는 쪽으로 바뀌어가고 있다. 이런 세상에서 더 이상 참신한 사고를 촉진하기 위해 정수기 앞이나 카페테리아에서의 우연한 만남에만 의존할 수는 없다. 다른 사람들과 연결되고 창의적인 작업을 함께 하기 위해 의도적으로 노력하는 것이 그 어느 때보다 중요하다.

8장

코앞에 숨어 있는
비상한 아이디어 알아채기

"새로운 아이디어가 그럴듯해 보이는 것은 오직 사후의 일이다. 처음에는 보통
얼토당토않아 보인다. 지구가 평평한 게 아니라 둥글다는 주장은 정신 나간
소리의 끝판왕처럼 들린다. 태양이 아니라 지구가 움직인다는 주장도
마찬가지다. 움직이는 물체를 계속 움직이게 하는 데 힘이 필요한 게 아니라
멈추게 하는 데 힘이 필요하다는 주장은 또 어떤가."[1]
– 아이작 아시모프Isaac Asimov, SF 작가

성공하려면 기회를 '낚아야' 한다고들 한다. 마치 기회가 저 어
디에 숨어 있어서, 세상에서 가장 부지런하고 통찰력 있는 발
명가나 기업가만이 발견할 수 있는 것처럼 말이다. 그러나 기
회는 코앞에서 우리를 뚫어져라 바라보고 있는 경우가 훨씬 많
다. 뭘 보아야 할지 나만의 예측에 정신이 팔려 그걸 통째로 놓
치는 것일 뿐이다.

페리도 파타고니아에 있을 때 이 교훈을 뼈아프게 배웠다.
실은 너무 아파서 아직도 틈만 나면 생각날 정도다. 페리가 그
이야기를 여기에 털어놓는 이유는 여러분만이라도 그런 운명

을 피할 수 있기를 바라기 때문이다. 8장에서는 여러분이 알아채주기만 기다리며 코앞에 놓여 있는 기회를 알아보는 법을 살펴보자.

※

여러분도 옷장에 플리스 조끼나 재킷, 풀오버가 하나쯤은 있을 것이다. 플리스는 대단한 직물이다. 심지어 고위 경영자들은 겨울에 코트 대신 양복 재킷 아래에 플리스 조끼를 입는 지경까지 갔다(부자들은 우리와는 좀 다르다).

눈치챘을지 모르겠지만(뭐 그리 자세하게 생각해본 적도 아마 없을 것이다) 플리스 의류에는 진짜 양털은 전혀 들어 있지 않다. 양은 한 마리도 관련이 없다는 게 팩트다. 수많은 혁신이 그렇지만, 플리스도 처음에는 의문 하나로 시작됐다.

'만약에 …라면 멋지지 않을까?'

1906년 헝가리 이민자 출신인 헨리 포이어스타인Henry Feuerstein이 미국 매사추세츠주 몰든에 방직공장을 세웠다. 포이어스타인의 공장에서 만든 모직은 스웨터나 재킷뿐 아니라 수영복에까지 사용됐다. 합성섬유가 부상하기 전에는 땀을 내거나 물에서 활동할 때 보온을 유지하는 데는 모직이 최고의 선택이었다. 다른 천연섬유와 달리 모직은 젖어도 망가지지 않았고, 수분을 증발시킬 수도 있었다. 그렇지만 모직은 무겁고 피부에 가려움을 유발했다. '만약에 모직이 부드럽고 가볍다면 멋지지 않을까?' 회사는 고민했다. 털이 더 가볍고 부드러운 양 품종을 만들어내려고 시도해볼 수도 있었지만, 그보다 먼저 탐구해볼 방향이 있었다. 바로 '합성섬유'였다.

1884년 프랑스의 과학자 일레르 드 샤르도네Hilaire de Chardonnet는 나무의 셀룰로스를 이용해 최초의 합성섬유인 비스코스를 만들어냈다. 나중에 미국의 화학 회사 듀폰DuPont이 석유를 원료로 한 합성섬유인 나일론을 개발했다. 탄성이 있으면서도 튼튼한 듀폰의 직물은 금세 칫솔의 솔에서부터 스타킹, 심지어 제2차 세계대전 중에는 낙하산에까지 온갖 곳에 사용됐다.

그사이 더 많은 합성섬유가 개발됐지만, 모직을 대체할 수 있는 섬유가 나온 것은 1979년 몰든 공장이 개발한 것이 최초였다. 몰든 공장은 폴리에스터 섬유에 빗질을 해서 천연 양털과 비슷한 털을 만들었다. 부드럽고, 가볍고, 물이 잘 스며들지 않는 몰든 공장의 신소재는 처음에는 '합성 친칠라synthetic chinchilla'라고 해서 '신칠라Synchilla'라고 알려졌는데, 모직보다 2배는 더 따뜻했다. 신칠라는 젖어도 모직처럼 냄새가 나지 않았고 체취를 흡수하지도 않았다. 빨래도 그냥 세탁기에 넣고 돌리면 됐다. 이런 편리한 특성 때문에 몰든 공장의 플리스는 거친 아웃도어 활동에 이상적이었다. 파타고니아가 플리스로 옷을 만들기 시작한 것도 이 때문이었다. 파타고니아의 플리스 풀오버가 보기에는 못생겼을지 몰라도(솔직히 인정하자. '이전에는' 분명히 못생겼다.), 등산을 하거나 스키를 타는 사람들 혹은 추운 곳에서 땀을 흘리는 사람들 사이에서는 대히트를 쳤다. 파타고니아의 플리스 풀오버는 금세 하나의 아이콘이 됐고, 몰든 공장과 파타고니아의 파트너십도 승승장구했다.

그동안 두 회사는 협업을 통해 플리스를 꾸준히 개선했다. 더 가볍고, 부드럽고, 따뜻하고, 물에 젖지 않는 플리스를 만들려고 했다. 비단 아웃도어 부문만이 아니라 빈백beanbag(자루 안에 충전재를 채워서 만든 강낭콩처럼 생긴 의자-옮긴이) 커버부터 크리스마스 때 걸어두는 양말, 스너기snuggie라고 부르는 소매 달린 담요에 이르기까지 온갖 종류의 제품은 물론 방풍 기능에 탄성을 갖춘 플리스가 속속 등장했다. 파타고니아는 몰든 플리스를 내복에 사용하면서 캐필린Capilene이라는 상표명을 사용했다. 캐필린 소재의 기능성 속옷은 암벽등반에서 스키에 이르기까지 아웃도어 활동의 필수 아이템이 됐다. 페리가 파타고니아의 부사장이 됐을 즈음 캐필린은 파타고니아의 안정적인 주요 수익원이었다. 바로 그때 훨씬 더 큰 기회가 찾아와 파타고니아의 현관을 쾅쾅 두드렸다. 나가보는 사람이 있었을까?

몰든 공장의 매니저 한 사람이 페리를 찾아와 귀중한 정보를 하나 주고 갔다. 새로운 제조업체 하나가 자꾸만 몰든의 플리스를 점점 더 많이 사 가고 있다는 것이다. 아웃도어 시장에 위험한 경쟁자가 진입하고 있는 걸까? 만약 그렇다면 페리는 경쟁 위협에 대처해야 할 것이다. 하지만 그럴 필요가 없었다. 알고 보니 이 신흥 기업은 운동복을 만드는 곳이었다. 휴우 이 '언더아머Under Armour'라는 곳이 파타고니아의 영역을 침범하고 있지 않았기 때문에 페리는 플리스를 마구 사들이는 이 새로운 브랜드를 무시하고 다시 일에 집중했다.

이 결정적 판단을 자세히 살펴보라. 페리 입장에서 보면, 파타고니아와 언더아머의 시장은 서로 완전히 달랐다. 물론 언더아머는 파타고니아와 똑같은 기술 및 공급 업체를 이용해, 실외에서 따뜻하고 쾌적하게 입을 수 있는 의류를 팔아 심상치 않은 성장을 거두고 있었다. 하지만 언더아머는 '스포츠' 브랜드였다. 체육관이나 운동장 밖에서도 언더아머를 입는 사람들이 늘어나고 있었음에도 파타고니아가 계속해서 언더아머를 무시한 이유는 스포츠 브랜드는 파타고니아의 경쟁 상대가 아니었기 때문이다. 이런 생각의 장벽 때문에 페리를 비롯한 파타고니아의 경영진은 파타고니아의 전체 사업보다도 몇 배나 더 큰 기회를 발견하지 못했다. 기억하라. 대응해야 한다는 생각이 들 만한 뚜렷한 문제는 아무것도 없었다. 삐걱거리는 소리조차 나지 않았고, 파타고니아의 캐필린 언더웨어는 여전히 잘 팔리고 있었다. 그러는 동안 몰든 공장의 생산 라인은 하나둘 언더아머 전용으로 바뀌었다.

유명한 심리학 실험이 있는데 알지 모르겠다. 실험 참가자들에게 여러 사람이 공을 서로 패스하는 영상을 보여주고 패스 횟수를 세도록 시켰다. 영상이 끝났을 때 실험 참가자들은 각자의 추정치를 공유했다. 그런 다음 참가자들에게 다음과 같이 간단한 질문을 하나 했다. "혹시 고릴라 보셨나요?" 참가자들이 영상을 다시 보았더니, 영상 중간쯤에서 고릴라 복장을 한 남자가 가운데로 걸어 들어와 가슴을 양손으로 치고는 다시 화면 밖으로 사라졌다. 대부분의 참가자는 패스 횟수라는 과제에 사로잡혀 이 남자를 알아채지 못했다.[2]

믿기지 않을지도 모르겠다. 그러나 눈앞에 뻔히 보이는 것을 놓치는 일은 항상 일어나고 있다. 페리의 경우 '언더아머'라는 고릴라가 파타고니아의 코앞에서 가슴을 두드리고 있었는데도 속옷을 파느라 바빠 그것을 알아채지 못했다. 그래, 언더아머는 스포츠 브랜드가 맞다. 하지만 암벽등반이나 스키, 스노보드, 등산이 아웃도어 스포츠가 아니라면 대체 뭐란 말인가? 만약 페리나 파타고니아가 좀 더 면밀히 살펴보았더라면 소비자는 애써 그런 구분을 짓지 않는다는 사실을 깨달았을 것이다. 아웃도어 시장은 운동복 같은 느낌으로 추세가 기운 지 오래였다. 1980년대의 전형적인 파타고니아 풀오버가 보여주었던 정신없는 패턴과 배색의 그런 펑키하고 히피스러운 느낌은 더 이상 트렌드가 아니었다. 고객들은 날씬하고 현대적인 느낌을 환영할 준비가 되어 있었고, 언더아머의 시장점유율 상승은 바로 그런 억눌린 수요를 반영한 것이었다.

파타고니아가 수요를 테스트해보기 위해 인접 시장을 타깃으로 하는 제품 라인을 작게나마 개발하려고 마음먹었다면, 그리 힘든 일은 아니었을 것이다. 그러나 파타고니아는 태평하게도 공급 업체의 경고를 무시해버렸다. 오늘날 언더아머는 파타고니아의 전체 사업보다 몇 배나 더 큰 회사로 성장했다. 파타고니아가 그 시장을 몽땅 차지할 수도 있었을까? 아니었을 것이다. 그러나 뼈아픈 실기失機임은 분명했다. 페리를 비롯한 파타고니아 경영진이 코앞에 놓인 것을 알아볼 방법을 찾아냈더라면, 파타고니아는 바로 옆에 있는 비슷한 시장으로 침투해 지금보다 훨씬 더 큰 회사로 성장했을지도 모른다.

기업은 매일 똑같은 실수를 저지른다. 혜성처럼 나타난 언더아머의 사례에서 우리가 배워야 할 교훈 중 하나는 전략적인 측면이다. '다른 회사가 내 뒷마당에서 사업을 하게 두지 마라.' 그러나 더 근본적인 교훈은 간단하면서도 어디에나 적용된다. '보고, 듣고, 주목하라.' 아이디어플로는 열린 마음을 지닌 사람에게 인풋이 들어오느냐에 달려 있다.

여러분을 수많은 정보에 노출시키는 것만으로는 충분치 않다. 만약 그걸로 충분했다면, 몇 시간씩 소셜 미디어만 스크롤하는 것도 시간을 생산적으로 쓰는 방법이었을 것이다. 보면서 알아채지 못하고, 들으면서 경청하지 않는 것이야말로 세상에서 가장 쉬운 일이다. 효과적인 관찰에는 요령이 있고 기술과 노력을 요한다. 그러나 그로 인한 보상은 어마어마하다. 8장에서는 창의적 결과물을 늘리고 풍부하게 만들 수 있는, 주변 세상을 관찰하는 방법에 관해 알아볼 것이다.

개인마다 지각이 얼마나 다를 수 있는지 충격적일 때가 있다. 몇 년 전에 화제가 되었던 '드레스 색깔 논쟁(한 사진 속 드레스 색깔에 대해 '흰 바탕에 금빛 줄무늬'라는 의견과 '파란 바탕에 검은색 줄무늬'라는 의견으로 갈렸던 논쟁)', 그리고 '로럴Laurel'과 '야니

Yanni의 발음을 둘러싸고 온라인에서 펼쳐졌던 열띤 논쟁은 똑같은 감각적 인풋에 대해서도 사람들의 지각이 놀라울 만큼 불일치한다는 사실을 보여주었다. 많은 사람이 감각적 인상을 해석하는 방식이 이토록 다르다는 사실은 오직 이야기의 시작에 불과했다. 예술가나 명상가는 오래전부터 알고 있었듯, '저기 저 밖에는' 우리가 말하는 '세상'이라는 게 있고, 우리 머릿속에는 360도로 펼쳐진, 감각기관과 상상력이 만들어낸 극장에서 영화를 상영 중이다. 지각이 나의 관점을 바꿔놓을 수도 있지만, 반대로 관점을 바꾸면 내가 지각하는 내용이 달라질 수도 있다.

코앞에 놓인 걸 보는 게 왜 그렇게 어려운 걸까? 이는 모두 우리의 뇌가 너무나 '효율적'인 탓이다. 어떤 단어를 듣거나 이미지를 보면 우리는 머릿속에서 관련된 이미지나 사실, 아이디어를 줄줄이 떠올린다. 뇌는 낯선 것을 처음 보면 언제든지 이런 연관성을 만들어내서, 모르는 것과 아는 것을 서로 엮는 방식으로 사고의 연결망을 끝없이 확장한다. 이렇게 관련된 사람이나 장소, 사물, 콘셉트를 가지고 고정된 패턴을 만들어두면, 앞으로 빠른 결정이 필요할 때 이를 활용할 수 있다. 그러면 매번 상황이 생길 때마다 새롭게 반응을 만들어내는 것에 비해 시간과 에너지가 절약된다. 극장에 가면 뭘 사야 할까? 팝콘.

팝콘이 아닌 다른 걸 연상하는 사람도 있을 수 있지만, 그런 사람도 디폴트로 연상하는 무언가가 '있다'는 사실만큼은 확실하다. 눈앞에 뻔히 숨어 있는, 예상치 못했던 것 혹은 상상하지 못했던 것을 알아채기 위해서는 이런 연상 작용이 만들어내는 장벽, 생각의 장벽을 낮추어야 한다.

8장에서는 코앞에 놓인 기회를 마침내 알아챌 수 있도록 여러분의 시각을 바꾸는 방법을 소개한다. 평소의 지각 모드를 강제로 종료시켜야 코앞에 숨어 있는 비상한 아이디어를 알아챌 수 있을 것이다.

'더 좋은 문제'를 찾아라

2장에서 뉴욕의 벤처 개발 회사 프리하이프의 창립 멤버 헨리크 베르델린에 대한 이야기를 했다. 투자자이자 회사 창립가이자 자문이기도 한 베르델린은 주의를 기울이는 게 곧 직업이다. 올바른 문제점을 알아채는 게 베르델린에게는 비즈니스 아이디어 생성의 첫 단계다. 베르델린 스스로는 자신이 아이디어 중심이라기보다는 문제 중심이라고 생각한다. 훌륭한 아이디어는 살아남지 못할 수도 있지만, 훌륭한 문제는 보통 뭐라도 연결해주기 마련이다.

해결해야 할 더 좋은 문제를 끊임없이 찾아다니는 베르델린은 디지털 세상을 헤매고 다닌다. 하지만 아무 생각 없이 소셜 미디어를 뒤지는 건 아니다. 베르델린에게는 새롭고 풍부한 광맥을 찾아내는 체계적인 방법이 있다. 주로 새로운 툴이나 기술이 그 열쇠가 된다. 베르델린은 늘 첨단 기술과 툴을 직접 써봄으로써 대부분이 아직 마주친 적은 없지만 틀림없이 곧 겪게 될 문제점을 알아낸다.

"NFT를 하나도 사보지 않고서 NFT와 관련된 아이디어를 생각해낼 수는 없죠." 그는 이렇게 말했다. "직접 해봐야 해요. 저는 일주일에 앱만 수십 개씩 직접 깔아봅니다. 새로운 툴을 시도할 때마다 그걸로 뭔가를 만들고 고쳐봐요." 베르델린이 효과적으로 관찰할 수 있는 이유는 그의 관심 범위가 명확하고 일관되기 때문이다. 베르델린의 뇌는 그가 정확히 뭘 찾는지 모른다고 해도, 이걸 왜 쳐다보고 있는지는 안다. "일단 뭐든 만들어보세요." 베르델린은 그렇게 조언했다. "아이디어를 생성하려면 그렇게 해야 돼요. 뭔가를 만들지 않으면 아이디어가 금방 고갈되어버릴 겁니다."

뇌는 눈앞의 목적에 집중하기 때문에 문제점을 피해 가는 경향이 있다. 심지어 의식적으로 인식조차 하지 않은 채 문제를 보정해버린다. 대문 앞에 보도블록이 하나 튀어나와 있더라도, 이걸 고쳐야겠다는 생각을 하려면 적어도 열 번쯤은 걸려 넘어져야 한다. 생활 속 짜증 나는 일을 우리가 이렇게 습관적으로 걸러내버린다는 사실은, 돈이 될 만한 문제점이 눈에 잘 띄지 않을 거라는 뜻이다. 여러분이 이 책을 읽고 있는 곳에도 돈이 될 만한 사업 거리가 두어 개는 있을 것이다. 베르델린 같은 기업가는 체계적인 접근법으로 세상을 있는 그대로 관찰한다. 그리고 개선이 필요한 부분을 알아채서, 아이디어를 가지고 문제를 공략한다.

2장에서 보았듯 베르델린의 프로세스에서 중심을 차지하는 것은 기록 원칙이다. 무언가를 적으려면 관찰할 수밖에 없다. 또 기록하면 실험에서 반드시 무언가를 배우게 된다. 베르델린은 간단한 세 단어로 본인의 호기심을 일깨운다. '…해서 너무 싫다.' 프리하이프의 사무실에는 이 문장을 새긴 포스트잇이 곳곳에 놓여 있다.

프리하이프가 준비하는 신사업은 모두 지긋지긋한 무언가에서 시작된다. 해결책이 필요한 문제점 말이다. 하지만 아무 문제나 사업 거리가 되는 것은 아니다. 쉽고 빠르게 해결할 수 있는 문제는 시시하다. 갈증이 나는가? 생수를 한 병 사라. 베르델린에게 흥미로운 문제란 깊이 있는 문제다. 그런 문제는 고객과 대화를 하게 만들고, 고객과의 유대를 강화해준다. "넷플릭스와 펠로톤은 고객과의 관계가 곧 자산인 기업이죠." 베르델린이 우리에게 했던 말이다. "그 회사들은 고객을 더 잘 이해할 방법을 찾아 열심히 다녀요. 그렇게 만든 제품으로 고객을 한층 잘 이해하려고 노력하죠." 내가 어떤 종류의 문제를 해결하고 싶은지 더 잘 알수록, 그런 문제를 찾아내는 것도 더 잘할 수 있다.

프리하이프가 투자했던 벤처 중에서 가장 성공한 회사는 강아지 간식과 장난감 박스를 매달 보내주는 구독 서비스 회사 바크다. 바크의 창립 파트너이기도 한 베르델린은 언제나 강아지 중심으로 문제점을 찾고 있다. 그리고 그 문제가 회사와 고객의 관계를 더 돈독하게 만들어줄지 고민해본다. '우리 강아지는 입냄새가 심해서 너무 싫어요.' 베르델린의 관점에서 이 문장은 대화로 이어질 수 없다. 강아지의 이빨을 닦아주든지 민트 향이 나는 간식을 줘라. 사실 바크는 이제 강아지 이빨과 관련된 제품도 선보이고 있다. 하지만 그게 끝이다.

반면 '제가 출근하면 강아지를 종일 혼자 둬야 해서 너무 싫어요'라는 문장은 흥미로운 여러 방향을 제시한다. 감정이 잔뜩 실려 있고 가능성도 많기 때문이다. 해결책을 제대로 내놓는다면 고객과 바크의 관계를 계속 이어줄지도 모른다. 이런 문제는 테스트해볼 수 있는 아이디어를 많이 촉발하고, 하나 이상의 성공적인 비즈니스를 낳을지도 모른다. 이렇게 여러 탐색로를 제시하는 문제는 좋은 문제다. 늘 테스트하고 배우고 있어야만 딱 들어맞는 무언가가 나타나기 때문이다.

바크는 실패한 실험 덕분에 소매 부문에서 큰 돌파구를 마련했다. 당시 문제는 '강아지들은 스스로 쇼핑을 할 수 없어서 너무 싫어요'였다. 반려견 보호자들과 충분히 대화를 나눌 수 있는 주제였다. "강아지 스스로 장난감을 고를 수 있게 준비했던 적이 있어요." 베르델린의 회상이다. "그렇지만 보호자들은 강아지가 고른 장난감을 사지 않더군요. 보호자들은 항상 본인 생각에 재미있을 것 같은 장난감을 샀어요." '강아지 쇼핑'은 좋은 아이디어였지만 사업성이 없었다. 실험은 실패였다. 엄밀히 따진다면 말이다. "오늘날 바크의 제품을 파는 상점이 2만 6,000개 정도 돼요." 베르델린은 말을 이었다. "하지만 우리가 그 실험을 하지 않았더라면 그 어떤 상점에도 입점하지 못했을 거예요. 대형 소매 체인점인 타깃Target이 우리가 하는 걸 보더니, 우리가 소매업에 새바람을 불러일으킬 수 있겠다고 판단했거든요. 우리를 타깃 전 매장에 입점시켜줬어요."

이게 바로 아이디어플로의 핵심이다. 문제를 언제나 처음부터 끝까지 다 헤아릴 수는 없다. 바크도 이런 식으로 빙빙 돌아 타깃 매장에 입점하겠다고 계획할 수는 없었다. 다만 문제의식은 아이디어를 촉발하고, 아이디어는 테스트를 하게 만들고, 테스트는 앞으로 나아갈 동력을 만들어낸다. "정답으로 가는 길은 직선이 아니에요." 베르델린은 우리에게 말했다. "이것저것 해봐야 되죠. 슈팅을 해야 골이 들어가죠."

요즘 베르델린은 가능성 있는 솔루션을 스프레드시트에 쓰고, 잠재적 시장의 크기라든지 기존 사업과 잘 어울리는지 등 요소에 따라 점수를 매긴다. 실험 프로세스가 아무리 효율적이라고 해도 떠오르는 아이디어를 모두 테스트할 수는 없다. 그래서 베르델린은 다음번 실험의 성과를 높이기 위해 최선을 다한다. 이 단계에서 베르델린은 문제 하나를 해결하기 위해 브레인스토밍으로 아이디어를 잔뜩 생성하기보다는 훨씬 더 많은 문제를 찾아낼 수 있는 알고리즘을 구축하려고 한다. 그렇지만 아이디어플로를 생성하는 AI가 생기기 전까지는, 모두가 코앞의 세상을 좀 더 잘 볼 수 있게 우리의 지각을 바꾸도록 노력해야 한다.

눈을 가리는 가정 뒤집기

2008년 주식시장이 붕괴된 후 수많은 밀레니얼 세대가 주식시장에 투자하는 것을 망설이게 됐다. 피델리티 인베스트먼트 Fidelity Investments는 젊은 고객에게 호소할 수 있는 참신한 방법을 상의하려고 우리를 찾아왔다.

자연히 우리가 처음 들른 곳은 어번 아웃피터스Urban Outfitters 였다. 그래, 어쩌면 '자연스럽지' 않아 보일 수도 있겠다. 하지만 어번 아웃피터스야말로 우리의 목적에 완벽히 들어맞는 곳이었다. 당시 피델리티가 똑같이 구애하고 싶어 하는 밀레니얼 세대에게 인기 있는 브랜드였기 때문이다. 더구나 피델리티 본사가 위치한 도로에서 조금만 내려가면 어번 아웃피터스 매장이 있었다. 값싸고, 빠르고, 불완전한 테스트를 하기에 안성맞춤이었다.

방문한 매장에서 피델리티의 경영진은 젊은 여성이 테이블 아래에 널브러진 옷 무더기를 뒤적이는 모습을 보았다. 매장 운영이 이렇게나 엉망이라니! 피델리티가 늘 전달하려고 애쓰는 깨끗하고, 정돈되고, 고객을 따뜻하게 맞이하는 분위기와는 정반대였다. 경영진은 어이없어했다.

비웃음이 가라앉고 아직까지 경멸적 태도를 취하고 있는 피

델리티 경영진에게 우리는 어떤 아웃피터스도 본인 분야에서
는 뛰어난 회사라고 가정해보라고 했다. 내가 놓치고 있는 게
무엇인지 알아내는 방법은, 내 가정이 무엇인지 의식적으로 찾
아내 일부러 그걸 뒤집어보는 것이다. 우리는 이 툴을 '가정 뒤
집기'라고 부른다. 무릎을 꿇고 내 손으로 직접 옷을 뒤적이는
게 '그 고객'에게는 혹시나 즐겁고 보람찬 경험이라면? 테이블
아래에 누군가 잊어버린 것처럼 보이는 옷 무더기가 실은 절대
로 우연이 아니었다면? 그 여성 손님이야말로 피델리티가 마
음을 얻고 싶어 하는 바로 그 인구 집단에 속하는 사람이었다.
여성 손님은 피델리티의 쉽고 깔끔한 앱으로 주식거래를 하는
대신, 널찍하고 환한 피델리티 지점에서 전문가와 상담하는 대
신, 매장 바닥에 무릎을 꿇고 구겨진 블라우스를 뒤지고 있었
다. 이 모든 게 계획된 일이라고 가정해보자. 어번 아웃피터스
는 대체 뭘 하려던 것이었을까?

그러자 모든 게 맞아떨어졌다. 우리 앞에 있던 고객은 단순
히 쇼핑을 하고 있는 게 아니었다. 그 손님은 '보물찾기'를 하
고 있었다. 뭔가 특별한 것, '보통'의 손님이라면 발견하지 못
했을 무언가를 찾아낼지도 모른다는 설레는 마음으로 직원이
정리하지 않은 옷 무더기를 열심히 뒤지고 있었다. 그 손님은
여느 매장이라면 테이블 아래에 그런 식으로 옷 무더기를 방치

하지 않을 테니 이건 반가운 우연이라고 생각했다. 그리고 무엇보다 인기 있는 패션 매장에서 가장 갖고 싶은 아이템은 금세 품절되기 마련이다. 뭔가 특별한 것을 찾아내는 최선의 방법은 예상치 못한 곳을 뒤지는 거라고 생각하는 것도 충분히 일리가 있었다. 테이블 아래 같은 곳 말이다.

가정을 뒤집은 다음, 다시 어번 아웃피터스 매장을 찬찬히 살펴본 피델리티의 경영진은 '숨어 있는' 옷들이 실은 의도적인 매장 전략의 일부임을 깨달았다. 어번 아웃피터스는 유행에 밝은 사람들이 찾는 중고 의류 부티크의 쇼핑 경험을 모방하고 있었다. 패션 안목이 있는 사람이 다른 쇼핑객을 도와줄 것 같은 매장 말이다. 밀레니얼 세대는 누가 자신을 천편일률적인 스타일로 몰아가는 것을 좋아하지 않았다. 그들은 자기만의 것처럼 느껴지기를 원했다. 비록 교묘한 옷 무더기와 숨은 '보물'이 전국의 어번 아웃피터스 매장마다 있다고 하더라도 말이다.

이 가정 뒤집기 덕분에 피델리티는 '본인의 경험'이라는 한계를 벗어날 수 있었다. 그들이 어번 아웃피터스에서 얻은 통찰은 수많은 창의적 아이디어에 불을 붙였고, 피델리티는 밀레니얼 세대에게 보다 직접적인 호소력을 발휘하는 고객 경험을 재창조할 수 있었다.

우리가 테일러메이드 골프TaylorMade Golf를 만나 젊은 골프 인구의 소비자 경험에 대해 의논했을 때도 이렇게 자문해봤다. '젊은 세대에게 멋진 쇼핑 경험을 제공하는 회사가 어딜까?' 다른 체인도 많지만 우리가 방문한 곳은 클레어즈 액세서리 Claire's Accessories였다. 물론 테일러메이드는 10대를 골프로 유혹하고 싶은 것은 아니었다. 다만 때로는 스펙트럼의 반대쪽 끝까지 살펴보면 유용한 차이점을 쉽게 알 수 있다.

피델리티와 마찬가지로 테일러메이드의 경영진도 자신들의 사업과 전혀 무관한 게 분명한 다른 사업을 연구해보자는 제안에 회의적이었다. 고급 골프 브랜드가 귀걸이를 하나 살 때마다 귀를 공짜로 뚫어주는 매장에서 대체 뭘 배운단 말인가? 우리의 구슬림에 넘어가 형형색색의 요란한 매장에 들어선 테일러메이드 경영진은 회의감이 더욱 깊어진 듯했다. 정신없어! 테일러메이드의 유통사가 이토록 정신없이 매장을 꾸밀 리 만무했다. 테일러메이드는 온라인이든 오프라인이든 제품 진열에 대단한 자부심을 갖고 있었다. 모든 제품이 기능별로 제자리에 위치했다. 드라이버 옆에는 드라이버, 퍼터 옆에는 퍼터, 웨지 옆에는… 무슨 말인지 알 것이다. 바로 그 자부심이 고객에 대한 깊은 이해를 가로막고 있었다. 가정 뒤집기가 필요할 때였다.

"클레어즈가 일을 정말로 잘하는 거라면 어쩌실래요?" 우리가 물었다. "고객들이 이런 진열 방식을 즐거워한다면요?" 골프야말로 인내심을 가르쳐주는 스포츠다. 한참을 서 있었더니 드디어 테일러메이드의 경영진도 본인들이 생각하는 대로만 보는 것에서 벗어나, 보이는 것을 있는 그대로 보기 시작했다. 클레어즈는 제품을 기능이 아니라 '맥락'에 따라 전시해놓았다. 학교에 갈 때 적합한 액세서리, 파티에 적합한 것, 주말여행에 적합한 것 등의 식으로 말이다. 갑자기 그 '정신없음'이 실은 아주 우아하게 조화를 이룬다는 걸 알 수 있었다. 어느 10대 소녀가 첫 데이트에 착용할 액세서리를 사러 클레어즈 매장에 들어섰다고 치자. 소녀는 요즘 친구들 사이에서 유행하는 디자인이 어떤 것인지, 특히 저녁에 영화를 보러 갈 때 딱 맞는 스타일이 어떤 것인지 전혀 모를 수도 있다. 그러나 이 진열 방식만으로도 클레어즈는 불안한 고객을 매력적이고 조화롭고 유행에 맞는 액세서리 세계로 안내할 수 있었다.

마찬가지로 젊은 골프 인구는 매장에 가지런히 줄지어 있는 아이언과 우드, 퍼터를 보면서 그대로 압도되어버릴지도 모른다. 그러면서도 본인의 무지를 인정하거나 매장 직원에게 도움을 청하고 싶지 않을 수도 있다. 골프에 대한 경험치별로 의류와 장비, 액세서리가 진열되어 있다면, 예컨대 한쪽 구석에 골프 초보에게 필요한 모든 아이템이 모여 있다면, 그런 고객들도 굳이 본인이 아마추어임을 고백하지 않고서도 필요한 것을 몽땅 찾을 수 있을 것이다.

테일러메이드의 경영진을 클레어즈 문 앞까지 데려오는 데는 18홀을 다 돌 정도의 노력이 필요했을지 몰라도, 자신들의 가정을 뒤집었을 때 어떤 혜안이 생기는지 경험해보고 나자 경영진은 시내에 있는 10대 중심의 매장이란 매장은 다 가보고 싶어 했다. 자신들처럼 종일 골프 생각만 하는 경쟁자를 연구해봤자 배울 수 있는 것은 한정적이었다. 반면 클레어즈는 종일 젊은이만 생각하는 브랜드였고, 이 관점은 더할 나위 없이 귀중한 것으로 증명됐다.

가정 뒤집기를 할 때는 내가 당연한 것으로 받아들이고 있는 게 뭔지를 알아내는 게 핵심이다. 그런 다음에 그 가정의 정반대가 진실이라고 일부러 가정해보아야 한다. 이 툴을 여러분 회사의 고객 경험에 적용해보고 싶다면, 여러분이 원하는 고객이 다니고 있는 곳을 방문해보라. 그리고 평소의 시각으로 해당 경험을 판단하지 말고 가정을 뒤집어보라. 고객이 거길 다니는 데는 이유가 있다. 아무리 거슬리게 느껴지더라도 절대로 나쁘기만 할 리 없다.

실은 당신이 '질 높은 경험'이라고 생각하는 걸 거스르는 요소가 그곳에 있다면 오히려 유심히 살펴보아야 한다. 고객은 거기 있는 무언가를 매력적이라고 느꼈기 때문이다. 그게 뭔지 알아내는 게 여러분의 과제다.

단순히 한번 추측해보고 그만두라는 게 아니다. 우리는 이런 매장들을 방문하고 나면 그 경험에서 중요한 사항을 뽑아냈다. 피델리티와 테일러메이드의 경영진은 자신들이 목격한 내용을 어떻게 해석해야 할지 수없이 많은 설명을 만들어냈고, 그걸 실제 고객을 상대로 검증했다. 가정 뒤집기를 할 때는 먼저 할당량을 정해라. 계속해서 이유를 캐물어라. 한 명도 빠짐없이 모든 팀원이 목격한 내용에 대해 각자가 생각하는 설명을 대여섯 개씩 만들어내야 한다. 할당량을 채우고 나면 고객을 상대로 각 설명을 테스트해보라. 고객도 그렇게 생각하는가?

제품 디자인부터 온라인 판매 경로에 이르기까지 어떤 문제에 대해서든 참신한 사고를 촉진하는 데 이 툴을 사용할 수 있다. 여러분이 창의성을 발휘하고 싶은 영역의 성공 사례를 찾되, 전혀 다른 분야에서 찾아보라. 여러분의 눈에 아무리 말이 안 되고 '옳게' 보이지 않더라도, 그 성공 사례의 모든 것이 의도적 설계라고 가정하라. 그런 다음 할당량을 정하고, 그것이 성공한 이유에 대해 그럴듯한 설명을 하라. 마지막으로 여러분의 추측을 현장에서 검증하라.

피델리티는 어번 아웃피터스에서 알게 된 것을 활용해 밀레니얼 세대를 위한 보물찾기처럼 느껴지는 투자 경험을 설계했다. 테일러메이드는 클레어즈 액세서리에서 알게 된 것을 활용해 도움을 청하고 싶지 않은 자의식 강한 초보자들의 의문에 답이 될 수 있는 매장 구조를 상상해보았다. 여러분의 눈을 가리고 있는 기존 가정을 치울 수만 있다면 새로운 풍경이 펼쳐질 것이다.

한 번의 '왜'는 충분치 않다

사용자나 고객에게서 뜻밖의 지혜를 수집하고 싶다면 열린 마음으로 그들의 생각을 탐구해야 한다. 그런데 상대가 이야기하는 주제가 여러분의 제품이나 서비스, 전문 분야처럼 여러분이 잘 아는 내용일 때는 그렇게 하기가 쉽지 않다. 우리는 듣게 되는 모든 이야기를 자신의 필터를 통해 해석할 수밖에 없다. 다른 사람의 말과 행동을 정말로 이해하고 싶다면 '구체적 인터뷰'라는 툴을 이용해 인터뷰 상대의 말을 완전히 새롭게 받아들여라. 그러면 여러분의 선입견을 강제 종료시키고 타인의 진짜 감정과 믿음, 선호를 알아내는 데 도움이 될 것이다. 들리는 대로 듣는 것과 듣고 싶은 것만 듣는 것은 전혀 다르다.

미국 최대의 치과 보험업체인 델타 덴탈Delta Dental은 3,900만 명 이상의 미국인이 가입해 있다. 델타 덴탈과 그 네트워크에 속한 치과 수천 곳은 종종 고객의 행동을 도무지 이해할 수 없었다. 평범한 치과 의사들이 종일 치료하는 질환은 환자가 매일 조금씩만 신경 쓰면 쉽게 예방할 수 있는 것들이다. 치과 치료는 고통스럽고 비용도 많이 든다. 결국 깨닫겠지만 늦은 감이 있다. 노인 10명에게 인생의 가장 큰 후회가 뭐냐고 물어보면, 절반 이상이 치아 관리를 꼽을 것이다. 평균적인 중년 미국인의 달력은 치과 치료 일정으로 얼룩덜룩하다. 양치를 꼼꼼히 하지 않는 습관은 충치 치료와 크라운, 신경 치료로만 이어지는 게 아니다. 치아 건강은 환자의 건강 전반에 중요한 역할을 한다. 다시 말해 젊을 때 조금만 더 신경 쓰면 나중에 건강상의 어마어마한 보상을 받을 수 있다.

델타 덴탈은 '미국인의 구강 건강'이라는 미션의 일환으로 구강 관리를 독려하는 캠페인을 지속적으로 벌이고 있다. 그러나 안타깝게도 이런 시도는 대부분 별 효과를 보지 못했다. 델타 덴탈은 (이메일, 포스터, 소셜 미디어 등을 통해) 끈덕지게 시도했으나 공중 보건의 위기를 조금도 개선하지 못했다. 젊은이들이 꾸준히 양치와 치실을 사용하도록 설득하지 못했다.

델타 덴탈이 치과 보험에 전혀 가입되어 있지 않은 1억

1,400만 미국인이 구강 관리를 잘할 수 있게 도와달라고 우리를 찾아왔을 때는 아이디어가 바닥난 상태였다. '겁주기 전략'은 완전 실패였다. '치아에 온통 크라운을 한, 저기 저 광고에 나오는 남자는 과거 자신의 선택을 후회할지도 모르지. 하지만 노인이잖아. 나한테는 너무 먼 미래의 일이야. 나도 내 삶이 좀 한가해지면 치실을 사용할 거야.'

이 문제로 씨름하던 델타 덴털의 고위 경영진 중 두 사람, 즉 케이지 할린Casey Harlin과 리즈 블랙Liz Black은 디스쿨의 경영자 교육 프로그램을 이수한 적이 있었다. 두 사람은 우리 대학원생 안드레와 앤디의 도움을 받아 우리의 지도 아래 이 문제를 혁신해보기로 했다. 그렇지만 본격적으로 아이디어를 생성하기 전에 이 영역을 더 잘 이해할 필요가 있었다. 델타 덴털은 일반적으로 여유가 있고 나이가 많은 고객의 태도나 생각에 대해서는 데이터를 가지고 있었지만, 그들이 가장 접근하고 싶어 하는, 보험에 가입하지 않은 젊은이들에 대해서는 상대적으로 아는 게 거의 없었다. 우리는 세세한 인터뷰 툴을 사용해보기에 이상적인 경우라는 생각이 들었다.

이 툴을 가지고 사용자나 고객과 대화를 나눌 때는 상대의 경험을 정서적 수준에서 이해하겠다는 목표를 세워야 한다. '공감'이나 '정서' 같은 추상적 언어가 암시하는 것과는 정반대로 '구체성'이 핵심이다. "우리 제품을 어떻게 생각하시나요?"라고 묻지 마라. 모든 질문은 구체적 경험의 형태로 물어보라. "우리 제품을 마지막으로 반품했던 상황을 이야기해주세요."

고객은 거의 항상 "어, 보통은…"이라고 말할 것이다. 그러나 '보통은'은 쓸모없다. "구체적으로 부탁드려요"라고 말하라. 이야기가 일반론으로 흐르지 않게 하라. "가장 최근에 무언가를 반품했던 것에 관해 이야기해주세요"라고 말하거나 상대가 겪었던 최고의 반품 경험에 대해 물어보라. 아니면 최악의 경험이거나. 어떻게든 인터뷰 상대가 기억에서 구체적인 예를 끄집어내게 하라. 그런 다음 그 여정을 상대와 함께 되짚으면서 기분이 좋고 나빴던 지점을 자세하게 그려내라. 구체적으로 묻지 않으면 몇 가지 경험이 조합된 흐릿한 인상밖에 얻지 못할 것이다. 상대가 특정 경험을 떠올리면, 차근차근 안내하면서 계속해서 각 순간에 기분이 어땠는지 물어보라. 이야기 속에서 상대가 어떤 행동을 했다면, 이유를 물어보라. 그런 다음 기분이 어땠는지 물어보라.

우리가 찾고 있는 것은 '깜짝 놀랄' 발언이다. 우리가 기존에 알던 것과 상충하는 부분 말이다. 제품이나 서비스가 우리 것이기 때문에 우리는 고객 경험을 잘 안다고 생각한다. 하지만 새로운 아이디어가 나오지 않는다는 건 우리가 무언가를 확고히 잘못 믿고 있다는 방증이다.

구체적 인터뷰는 그런 확신에 구멍을 뚫어준다. 예상치 못한 이야기가 나오면 더 자세히 물어보라. "더 자세한 얘기를 들을 수 있을까요." 이유를 물어보고 상대가 이유를 말하면, 그건 또 왜 그런지 물어보라. 엔지니어 오노 다이이치大野耐一는 토요타 생산 시스템Toyota Production System 내용 중 '왜'를 다섯 번 물어보라고 한 것으로 유명하다.[3] 문제를 진단할 때는 진짜 원인에 최대한 가까이 가야 하기 때문이다. '왜'를 반복적으로 질문하는 것은 식스 시그마Six Sigma 같은 이후에 나온 경영 시스템에서도 표준으로 자리 잡았다. '왜'를 물어보는 정확한 횟수가 중요할까? 아니다. 다만 알아야 할 것은 한 번의 '왜'로는 충분하지 않다는 사실이다. 첫 번째 설명은 항상 충분하지 않으며 오해의 소지도 있다. 단서를 찾을 때는 뻔한 대답 아래에 놓여 있는 진실을 찾아내야 한다.

친구나 가족과 이야기 나눌 때는 호응을 해주고 싶다. "세상에나, 무슨 말인지 알아." 그러나 구체적 인터뷰를 할 때는 이렇게 호응해주고 싶은 편향을 철저히 참아내야 한다. 호응은 학습의 흐름을 끊어놓기 때문이다. 호응은 여러분이 상대의 말을 이해한다는 뜻이다. 그렇지만 실제로 여러분은 상대를 이해하지 못하고 있다. 이게 핵심이다. 여러분의 가정과 현실의 간극, 바로 거기에 우리가 찾는 지혜가 있다. 인터뷰 대상의 경험에 어떤 식으로든 호응함으로써 학습의 흐름을 끊어놓지 마라. 물어볼 수 있는 건 모두 물어보라.

단어 선택에서도 마찬가지다. 사람들은 종종 흔히 쓰는 단어조차 우리와는 다른 뜻으로 사용한다. 평소 대화에서는 이런 사소한 차이가 저절로 해결된다. 그러나 구체적 인터뷰에서는 상대의 말을 곧이곧대로 받아들이다가 아주 중요한 것을 놓치기 쉽다. 어느 단어가 중요하다고 느껴지면, 사용자에게 그 뜻이 무엇이냐고 묻거나 그 생각을 다른 단어로 표현해달라고 하라. "'도전적'이라고 하셨는데, 정확히 무슨 뜻인가요?" 여러분의 마음속에서는 도전적이라는 게 부정적인 의미를 띨지 몰라도 인터뷰 상대는 그걸 좋은 점으로 생각하고 있을 수도 있다. 예컨대 퍼즐이 도전적이어서 재미난 것처럼 말이다. 상대가 말하게 만들어라. 힘들더라도 판단은 유보하라.

추상적 아이디어를 구체적으로 만드는 데는 스토리도 도움이 된다. 만약 고객이 '안도감'을 경험했다고 하면, 이렇게 말하라. "'안도감'을 이야기하셨는데, 선생님 인생에서 그런 식의 안도감을 느낀 적이 또 있었다면 말씀해주실 수 있을까요? 지금 이것과는 무관한 일이어도 괜찮아요." 이런 식으로 정상적인 대화의 흐름을 따르지 않는 게 부자연스럽게 느껴지겠지만,

여러분이 가지고 있는 가정을 계속해서 의심하라. 더 파고들어라. 그러면 얼마나 깊은 것까지 알아낼 수 있는지 놀라게 될 것이다.

구체적 인터뷰가 끝나면 사용자 경험의 긴 여정을 그림으로 나타내라. 왼쪽에서 오른쪽으로 길게 선을 그어라. 이 선은 지금 문제가 되는 경험(여러분의 웹사이트를 처음 사용한 경험 혹은 여러분의 매장에서 마지막으로 무언가를 구매한 경험 등)의 처음과 끝을 나타낸다. 선 위에 여정 속 각 사건을 표시하라. 표시할 때는 그때 느낀 감정을 세로축에 맞춰라. 예컨대 제품을 반품하는 여정이라면, 경험이 시작될 때 쓰레기통에 버린 영수증을 뒤졌을 것이다. 이때 스트레스받는 마음은 화이트보드 왼쪽에 푹 꺼진 지점으로 표시한다. 소란 없이 전액 환불받은 것은 오른쪽에 긍정적인 산 모양을 이룰 것이다.

가능하다면 구체적 인터뷰를 진행할 때는 '극단적인' 사용자를 선택하라. 가장 어린 사용자, 가장 나이 많은 사용자, 가장 키가 큰 사용자, 가장 키가 작은 사용자, 가장 자주 이용하는 사용자, 가장 비판적인 사용자 등으로 말이다. 어떤 스펙트럼이든 극단에 있는 사용자와 대화를 나눠보면 탐색해야 할 길이 드러난다. 평균적인 사용자였다면 계속 숨어 있었을지 모를 길 말이다.

예를 들어 리바이스Levi's의 경영진이 고객을 인터뷰했는데, 하필 그 고객이 임신 중이었다. 고객이 늘어나는 허리 사이즈에 맞춰 2, 3주마다 청바지를 사야 한다고 언급하는 순간, 번뜩 떠오르는 아이디어가 있었다. 경영진 중 한 명이 청바지에 구독형 서비스를 제안했다. 비단 임신부뿐만 아니라 청바지 생산이 환경에 미치는 영향을 걱정하는 고객이라든가, 스타일을 자주 바꾸는 고객, 다이어트 중인 고객 등에게 호소력을 발휘할 수 있는 제안이었다.

그러나 분명히 말하지만, 여러분이 극단적 사용자를 찾는 것은 틈새시장을 개발하기 위해서는 아니다. 전반적 시사점을 통해 새로운 사고를 자극하는 게 목적이다. 미국 해군 특수부대 네이비 실Navy SEALs 출신인 랜디 헤트릭Randy Hetrick은 전문 운동선수들을 위해 서스펜션 트레이닝suspension training(끈을 매달아 본인의 체중을 이용해 근력과 유연성 등을 키우는 운동법-옮긴이)의 일종인 TRXTotal Resistance Exercises 시스템을 고안했는데, 곧 이것이 일반인에게도 도움이 되리라는 걸 알았다. 헤트릭은 "프로 선수부터 동네 아저씨까지"라고 했다.

델타 덴털이 실시한 구체적 인터뷰를 통해 분명해진 사실이 하나 있었다. 구강 건강은 델타 덴털이 접근하려고 하는 사람들의 '레이더망 밖에' 있다는 사실이었다. 우리는 구체적인 경험을 떠올리게 하려고 "가장 최근에 본인 치아에 관해 생각했던 때를 이야기해주세요"라고 질문했다. 그러나 대답은 외모와 관련된 것뿐이었다. 치아 보험에 가입하지 않은 젊은 사람들도 본인의 치아를 걱정하기는 했으나, 그 걱정은 오직 건치 미소와 관련된 것뿐이었다. 치아 미백 시술을 받으면 인스타그램이나 틴더에 더 예쁘게 나올까요? 교정은 얼마나 힘든가요? 투명 교정기 들어보셨나요? 그런 식이었다. 신경 치료는 먼 미래 이야기였다. 건치 미소에 관해 이야기하면 귀를 쫑긋 세우고 경청했다.

이 구체적 인터뷰 결과를 가지고 델타 덴털이 뭘 했는지는 9장에서 다시 이야기하자.

1제곱미터 땅에서 발견한 경이로움

과학자는 끈질기고 주의 깊게 관찰해야만 무언가를 발견할 수 있다. 그렇지만 이 원칙이 극단까지 간 사람들도 있다. 생물학자 데이비드 해스컬David Haskell은 테네시주의 어느 숲을 꼬박 1년간 관찰한 적이 있다. 퓰리처상 후보작이었던 그의 책 『우리가 모르는 숲The Forest Unseen』에서 해스컬은 숲 생태계의 복잡한 그

물망처럼 얽힌 관계에서 얻은 놀라운 교훈을 기록해놓았다. 반전은 그가 관찰 범위를 땅 1제곱미터로 한정했다는 점이다.

만약 어느 생물학자가 땅 한 평에서 일어난 동식물 사이의 서사로 책 한 권을 쓸 수 있다면, 여러분도 고객이 여러분의 온라인 페이지를 돌아다니는 모습을 관찰하는 데 몇 분 정도는 더 써도 좋을 것이다. 1년간 매일 지켜볼 필요는 없다. 그렇지만 이 정도면 충분히 봤지 않느냐고 주장하는 머릿속 목소리를 믿어서는 안 된다. 관찰에 대한 보상은 보통 지루함의 건너편에 있다. 의심스러울 때는 조금 더 오래 지켜보라.

무언가를 정말로 보기 위해서는 집중적인 노력이 필요하다. 우리의 감각 지각은 대부분 의식적인 주의력보다 낮은 수준을 돌아다닌다. 우리는 보고 있어도 보이지 않는 경우가 수두룩하다. 현재는 자동 주행 모드에 맞춰놓고 과거를 반추하거나 미래를 걱정한다.

어른이 되면 글 읽는 게 물 흐르듯 자연스러워져 단어 자체는 별로 의식적으로 인식하지 않아도 읽고 있는 내용의 의미가 마음에 들어온다. 하지만 같은 단어를 읽고 또 읽어보라. 단어 모양은 의미를 상실하고, 글자는 구불구불한 추상적 선이 되어버릴 것이다. 심리학자들은 이 현상을 '의미 포화semantic satiation'라고 부른다. 여러분도 당장 시도해볼 수 있다. 이 페이지에 있는 아무 단어나 골라서 해보라. 의미 포화는 물 흐르듯 자연스러운 '읽기'라는 과정을 강제로 종료시킴으로써, 눈앞에 놓인 것은 특정 순서로 배치된 특정 모양에 불과하다는 구체적 현실을 실감하게 해준다.

이것이 우리 두뇌의 필터를 가장 간단하고 직접적으로 강제 종료시키는 방법이다. 인내심을 갖고 상황을 충분히 지켜본다면, 마침내 현실을 있는 그대로 볼 수 있을 것이다. 1초, 1초 지날 때마다 미처 몰랐던 소소한 부분이 드러날 것이다. 그리고 이는 여러분이 볼 만큼 다 봤다고 확신하는 그 지점을 훨씬 지나서까지 계속될 것이다. 더 이상 알아챌 게 도저히 없다고 완벽히 확신하더라도 1분은 더 기다려라. 정말로 중요한 세부 사항이 마지막으로 하나는 더 남아 있을 것이다. 수많은 아이디어를 제공할 세부 사항 말이다. 그리고 그다음에도 또 있을 것이다.

3장에서 우리는 브레인스토밍을 할 때 뇌가 '아이디어가 동이 났다'고 우리를 설득하려 하는 것을 보았다. 그리고 아이디어 할당량을 정해두고 지키면 그런 '창의성 절벽'을 훨씬 넘어서까지 새로운 아이디어가 계속 떠오른다는 사실도 알았다. 여기도 비슷한 현상이 작용한다. 타이머를 켜라. 어떤 상황(상점에 들어서는 고객 또는 신제품을 만져보는 사용자 등)을 관찰할 때는 얼마나 오래 지켜볼지 미리 정하라. 불편할 만큼으로 정하라. 무언가가 일어나는 상황을 5분간 지켜보는 게 이상하게 느껴진다면 타이머를 10분으로 맞춰라. 그리고 제대로 자리를 잡아라.

관찰하고 있으면 여러분의 뇌가 거의 즉각 '오늘은 이만하면 충분히 봤다'라고 말할 것이다. '여기서 볼 만한 건 눈에 뻔히 보이는 것뿐'이라고 주장할 것이다. 그 충동을 격려의 신호로 받아들이고 다시 현재에 주의를 집중하라. 여러분이 알아채기도 전에 뇌는 다급하게 주장할 것이다. '여기는 볼 게 없어. 가자고.' 하지만 타이머를 준수하라. 그러면 결국 알려지지 않은 것과 예상하지 못한 것을 걸러내는 뇌의 능력도 지칠 것이다. 여러분이 항복하는 바로 그 순간, 그동안 보지 못했던 지혜가 모습을 드러낼 것이다. 그걸 제대로 인식하게 되면, 해석한 내용을 적어라. 다시 한번 말하지만 핵심 질문은 '왜'다. 저 고객이 왜 저렇게 하고 있는가? 왜 지금 눈에 보이는 게 내가 예상했던 것과 다른가? 아이디어 할당량 채우기를 할 때처럼, 여러분이 관찰한 것에 대한 해석을 최대한 많이 써 내려가라. 그렇게 하면 귀중한 아이디어의 재료가 생겨날 뿐만 아니라 관찰이라는 절차에 계속 몰입할 수 있다.

눈에 보이는 것에 몰입하는 또 하나의 방법은 그림을 그리는 것이다. 그림을 잘 못 그리는 사람에게도 똑같이 해당되는 애기다. 아주 기초적인 방식이라도 좋으니 그냥 종이에 연필을 대고, 대상을 단순히 쳐다보는 게 아니라 의식적으로 알아채도록 스스로를 강제하라. 픽사에서는 아티스트가 아닌 직원들에게도 기초적인 드로잉 기술을 가르친다. '관찰'이라는 중요한 능력을 위한 기초 교육으로 간주되기 때문이다. 픽사의 공동 설립자이자 회장 에드 캣멀은 다음과 같이 설명했다. "연습만 하면 선입견이 발동하기 전에 무언가를 분명하게 관찰하도록 뇌를 가르칠 수 있습니다."[4]

하버드대학교 건축 및 예술사 교수 제니퍼 L. 로버츠Jennifer L. Roberts는 예술사 수업을 듣는 모든 학생에게 각자 작품을 하나 선택해 연구 보고서를 쓰도록 요구한다. 그녀는 이렇게 설명했다. "학생들에게 연구를 시작하면서 가장 먼저 하라고 요구하는 건 해당 작품을 고통스러울 만큼 오랫동안 바라보라는 것입니다."[5] 실은 3시간을 꼬박 바라보라고 요구한다. 많은 학생이 이 과제에 저항한다. 그림 한 장이나 조각품 하나에 그렇게까지 볼 게 많을 수가 없다면서 말이다. 그러나 학생들은 늘 본인이 발견한 것에 경이로움을 느끼게 된다. "무언가가 시야에 즉각 들어왔다고 해서 그게 의식적으로도 즉각 인식되는 건 아니죠." 로버츠의 설명이다. 이는 꼭 예술품에만 해당되는 얘기는 아니다.

우리 두 사람의 멘토이기도 한 데이비드 켈리David Kelley는 디자인 회사 아이디오IDEO 설립자다. 언젠가 그는 탄산음료 자판기를 몇 시간 동안 관찰한 적이 있었다. 처음에는 예상했던 모습밖에 눈에 들어오지 않았다. 한 사람, 한 사람 동전을 넣고 자판기에서 캔 음료를 꺼내 갔다. 그러나 잠시 후 번뜩 스치는 것이 있었다. 켈리는 여태 자신이 뭘 보고 있었는지 마침내 깨달았다. 사람들이 캔을 꺼내려 허리를 구부리고 있었다. '구부림.' 왜지? 캔 꺼내는 곳이 무릎 높이에 있었기 때문이다. 사람들이 허리를 굽혀야 할 만큼 저렇게 낮은 곳에 칸을 만든 이유는 뭐지? 아마도 전기를 사용하지 않았던 최초의 자판기가 중력으로 캔을 움직였기 때문일 거라고 켈리는 추측했다. 그런데 전기가 발명됐는데도 왜 탄산음료 자판기의 디자인은 진화하지 않았을까? 캔 음료를 편안한 높이에서 꺼낼 수 있는 자판기를 왜 아무도 설계하지 않았을까? '좋은 질문'이었다.

여기 이 크고 값비싼 장비는 전 세계 거의 모든 사무용 건물과 경기장, 기차역, 학교, 호텔에서 찾아볼 수 있는 물건이다. 약간의 참을성이면 이 장비의 근본 디자인을 크게 향상시킬 수 있었다. 전기가 발명된 지 100년이 되었으니 기술 발전의 문제는 아니었다. 그냥 사람들이, 심지어(혹은 특히) 자판기 회사에 근무하는 사람들이, 이 기계를 더 이상 있는 그대로 보지 않은 게 문제였다. 그들은 뇌가 예상한 것만 보았다. 기계에 적힌 글씨를 바꾸고, 캔이 걸리는 것을 줄이려고 기계를 손보았을지는 몰라도 그게 다였다. 많은 사람이 대부분의 경우 효율성을 향해 최적화한다. 우리는 하던 일을 더 잘하게 된다. 진짜 혁신을 위해서는 기초부터 다시 생각하는 게 필요하고, 그러려면 먼저 '볼' 수 있어야 한다.

관찰력을 개발하는 게 늘 억지로 노력해야 하는 일은 아니다. 원칙이나 의지는 힘으로 우리를 밀어붙인다면, 호기심은 앞에서 손을 잡고 우리를 끌어준다. 그런데도 대부분이 호기심을 적극적으로 개발하는 습관은 갖고 있지 않다. 보통은 그냥 호기심이 이끄는 대로 졸졸 따라다닌다. 인터넷 검색을 하다가 끝도 없는 늪에 빠져본 경험이 있다면, 이토록 목적지도 없고 원칙도 없는 호기심이 얼마나 강력하면서도 쓸모없는지 알 것이다.

여러분의 창의성 도구 상자에 넣어두든, 아니면 타인에게 영감을 주거나 방향을 제시할 때 사용하든 호기심을 의도적이고 전략적으로 관리하면 혁신을 이끄는 강력한 힘이 될 수 있다.

호기심은 사람들이 더 자세히 관찰하고, 깊이 생각하고, 더 열심히 상상하게 만들 수 있는 방법 중 하나다.

다음 장에서는 호기심에 박차를 가하는 방법과 그를 통해 호기심의 자석 같은 힘을 위대한 혁신을 달성하는 데 활용할 수 있는 방안을 설명한다.

9장

의도적이고 전략적으로
호기심 관리하기

"문제만 잘 제시해도 반은 해결된 거라는 말은 자주 듣지만
이는 매우 중요한 이야기다."[1]
— 존 듀이John Dewey, 철학자 겸 교육학자

8장에서 이야기한 구체적 인터뷰를 끝낸 델타 덴털은 3장에서 설명한 아이디어 생성 과정에 불을 붙이기 위해 도발적인 질문이 필요했다. 모두의 호기심을 자극할 수 있는 질문 말이다. 인터뷰 결과를 토대로 확실한 질문이 하나 나왔다.

'어떻게 하면 외모에 관심이 많은 사람이 구강 건강도 챙기게 만들 수 있을까?'

방 안에 모인 사람들의 눈이 반짝였다. 외모에 대한 관심을 트로이 목마로 쓰자는 얘긴가? '엄청' 흥미로운걸! 금세 아이디어가 홍수처럼 쏟아졌고, 델타 덴털에는 테스트해볼 여러 아

이디어의 포트폴리오가 생겼다. '미소 진단 앱을 만들어서 셀카 사진을 치과 의사에게 보내 피드백을 받게 하자' 같은 내용이었다. 논의를 자극할 수 있는 훌륭한 프레임 하나로 델타 덴털은 '창의성의 궁지(겁주기 전략)'를 탈출할 수 있었고, 이전에 한 번도 생각해보지 못한 가능성의 세계가 펼쳐졌다.

6주 후 델타 덴털은 우리 론치패드 프로그램을 통해 대즐 바 Dazzle Bar라고 이름 붙인 시범적 콘셉트를 내놓았다. 최고급 미용 서비스를 표방한 첫 번째 대즐 바는 팝업 스토어 형태였다. 소독약 냄새를 풍기며 사람을 주눅 들게 하는 전형적인 치과와는 거리가 먼, 편안하고 캐주얼한 분위기로 꾸민 대즐 바는 빠르고 편리하며 저렴한 가격으로 클리닝과 미백, 입냄새 제거 서비스를 제공했다. 이 미용 시술을 받으려고 고객이 의자에 앉으면, 패키지 상품의 일부로 기초적인 약간의 치과 진료를 제공하고, 심각한 문제에 대해서는 가까운 치과를 소개해주었다. 이 시범 콘셉트를 통해 외모에 대한 관심에 호소하는 것이 실제로 전반적 치아 건강 개선으로 이어진다는 게 확인됐다. 고객 피드백도 이 전략이 성공했음을 알려주었다. 치과에 다녀온 다음에 '상쾌하고, 빠르고, 간편하다'거나 '재미있고 편안하다' 같은 평가를 내리는 경우는 드물기 때문이다. 대즐 바 팝업 스토어가 워낙 성공한 덕분에 델타 덴털에는 다른 형태의 혁신적인 시범 콘셉트와 혁신 담당 팀이 생겼다. 경영진 한 명은 우리에게 60년 회사 역사에서 이렇게 혁신적인 아이디어가 나온 것은 처음이라고 했다.

답이 궁할 때는, 더 좋은 질문을 하라.

뇌를 100% 활용하는 질문법

뇌가 더 유용한 쪽으로 힘을 쓰게 만들려면 프레임을 잘 짜야 한다. 노다지를 캘 수 있는 뇌의 비범한 능력을 활용하고 싶다면, 뇌의 관심을 끌고 주의력을 활성화할 수 있는 질문을 해야 한다.

좋은 질문은 구체적이다. 예를 들어 흰색 물건을 생각해보라. 뭐가 떠올랐는가? 얼마나 빠르게 떠올랐는가? 그러면 이번에는 냉장고에서 흔히 찾을 수 있는 흰색 물건을 생각해보라. 차이를 알겠는가? 첫 번째 질문에는 털털거리면서 드문드문 아이디어가 떠오른다. 눈. 흠…. 북극곰. 종이? 두 번째 질문에서는 아이디어가 줄줄이 이어진다. 우유, 치즈, 요거트, 코티지 치즈, 일회용기, 달걀, 흰 빵도 흰색으로 쳐야 되나? 등이다. 프레임이 구체적일수록 떠오르는 아이디어의 흐름도 더 강해진다. 좋은 프레임은 호기심을 부추긴다. 일단 관심이 생기면 뇌는 열심히 문제를 해결하려 하고 아이디어플로가 증가한다. 매력적인 질문은 새로운 아이디어가 떠오르는 걸 '멈추기' 어렵게 만들 수도 있다. 반면 따분한 질문은 아무 결과도 내지 못한다. 호기심은 가짜로 지어낼 수 없다. 어느 문제에 정말로 관심이 가는 게 아니라면 창의적인 해결책은 크게 기대하지 마라.

때로는 프레임이 말 그대로 '프레임'일 수 있다. 전설적인 예술가이자 교육자 코리타 켄트Corita Kent는 학생들에게 사물을 '맥락 밖으로 끄집어낼 수 있는' '파인더finder'라는 것을 만들게 했다.[2] 파인더는 마분지로 만든 '프레임'이다. 파인더는 '보는 것 자체를 위해 볼 수 있게 해주었고, 빠르게 보고 결정을 내릴 수 있는 기술을 향상시켜' 주었다. 휴대전화에 있는 카메라도 파인더로 사용할 수 있다. 아니면 카메라 감독을 위한 뷰파인더로 나오는 물건도 있다. 그렇지만 마분지로 만든 사각 틀 하나면 충분하다. 여러분의 문제(제품, 매장, 오프라인 경험의 어느 측면)를 파인더를 통해 보려고 노력하라. 그리고 프레임 하나면 어떻게 숨은 것들이 모습을 드러내는지 지켜보라.

아무리 도발적인 질문으로 시작해도 한 각도에서만 문제를 바라본다면 할 수 있는 일이 많지 않다. 아이디어플로가 약해지면 프레임을 옮겨라. 3장에서 이야기한 것처럼 팝콘이 튀는 것을 멈추면 분위기를 환기해야 한다. 아이디어플로가 꾸준하다는 말은, 좋은 질문을 많이 만들어 아이디어를 생성할 때 질문을 바꿔가면서 한다는 뜻이다. 다른 질문을 했더니 여러분이 해결하려는 문제의 새로운 측면이 드러났다면, 다시 관심이 제고된다. 분위기가 시들해지고 나서야 새로운 질문을 생각하지 말고, 처음부터 체계적으로 프레임을 많이 생성하라. 아이디어플로가 줄어들면 재빨리 프레임을 바꿔 에너지가 낮아지지 않게 하라. 답변(아이디어)에 앞서 질문(프레임)을 생성하면 테스트할 아이디어를 극적으로 늘릴 수 있다.

9장에서는 아이디어의 홍수가 나도록 호기심을 부추길 수 있는 질문을 설계하는 방법을 살펴본다. 이는 사람들을 방에 모아놓고 단번에 아이디어를 우수수 쏟아내자는 게 아니다. 3장에서 이야기한 것과 같은 회의가 때로는 도움이 되지만, 여러분 자신을 위해 흥미로운 문제 프레임을 만들고 기억해두었다가 아이디어 할당량 채우기의 연료로 사용하는 습관을 키워라. 4장에서 소개했던 '버그 리스트'와 '코르크 보드 R&D 팀'을 떠올려보라. 설득력 있고 구체적인 질문을 자주 수집하고 검토하라. 흥미로운 생각이 계속해서 들끓게 해준다면, 여러분의 뇌는 세계 최고 수준의 창의적 결과물을 만들어낼 인풋을 찾아다니면서 늘 보이지 않는 곳에서 여러분을 위해 일하고 있을 것이다.

완벽한 질문 하나를 찾아다니지 마라

'스스로에게 충분히 흥미로운 질문을 던져라. 그리고 거기에 딱 맞는 해답을 찾으려 노력한다면 틀림없이 어딘가에는 도착해 있을 것이다. 그곳은 아주 외롭다는 걸 이내 알게 되겠지만, 지금보다는 흥미로운 곳일 것이다.'[3]

– 척 클로스Chuck Close, 화가

좋은 프레임은 거의 똑같은 방식으로 시작된다. '어떻게 하면 …할 수 있을까?' 훌륭한 '어·할' 질문은 수많은 탐색을 가능하게 하면서도 논점을 벗어나지 않을 만큼의 뼈대를 남겨둔다. "어떻게 하면 녹아서 뚝뚝 떨어지지 않는 아이스크림콘을 만들 수 있을까?" 같은 질문은 예상치 못한 아이디어가 나올 여지를 주지 않는다. 아주 구체적이고 특수한 공학적 이슈로 주의가 집중되게 만든다. 이처럼 초점이 너무 좁은 질문은 초점이 너무 좁은 해답만 생성한다. 그런가 하면 너무 광범위한 질문도 있다. "어떻게 하면 신세대를 위한 디저트를 재발명할 수 있을까?" 만약 아이스크림 가게 주인이라면 이 질문으로는 아무런 유용한 결과도 얻을 수 없다. 제약 조건이 필요하다. 뇌는 '디저트를 재발명'하는 방법을 모른다. 너무 추상적이다. 그런데도 기업들은 '소통을 재발명'하고 '도시교통을 다시 상상'하려고 한다. 그러면서 '왜 아무 일도 안 일어나지?'라고 생각한다.

우리의 목표는 다양한 프레임으로 커다란 포트폴리오를 구성하는 것이다. 완벽한 질문 하나를 찾아다니지 마라. 단일 프레임은 아무리 잘 설계한다고 해도 우리의 사고를 제한한다. 각 질문은 다양한 탐색의 가능성을 열어줘야 한다. 좋은 질문을 던지면 호기심에 불이 붙는다. 심지어 모든 참석자가 해당 문제에 대해 아이디어란 아이디어는 몽땅 훑었다고 확신할 때조차 말이다. 질문을 더 많이 준비해둘수록 더 오래 아이디어 플로를 유지할 수 있다. 아이디어 생성 프로세스를 시작하기 '전에' 언제나 질문부터 충분히 준비하라.

하나의 질문 또는 통찰을 중심으로 유용한 '어·할' 질문을 만들어내는 방법에는 여러 가지가 있다. 예를 들어 여러분이 '새로운 디저트를 발명'하지 못하고 있는 아이스크림 가게 주인이라고 치자. 여러분은 고객들이 친구의 아이스크림콘을 맛본다는 사실을 눈치챘다. 그리고 남의 아이스크림을 맛보는 행동이 너무나 친밀하고 다정하다는 느낌을 받는다. 그때 번뜩 생각이 스친다. 함께 아이스크림을 먹는 행동에는 샌드위치나 스테이크에는 없는 어떤 사회적인 측면이 있는 것 같다. 마찬가지로 혼자 아이스크림을 먹으면 왠지 외로운 느낌이 든다. 왜일까? 이 아이디어의 씨앗으로 대체 뭘 할 수 있을까? 어느 문제에 몰입하다가 이런 식의 통찰을 하나 얻었다면, 다음에 소개하는 '다이얼' 세트를 이용해 강력한 '어·할' 질문을 만들어내라.

① 범위

줌 다이얼을 사용한다. 찰스 임스와 레이 임스Ray Eames가 만든 고전 단편영화 〈10의 거듭제곱Powers of Ten〉을 보면, 한 남자와 여자가 호수 옆에서 피크닉을 즐기는 모습이 보이다가 갑자기 카메라가 엄청난 속도로 줌아웃zoom out된다. 주변의 공원 풍경이 나타나고, 그다음에는 시카고 전체, 그다음에는 지구, 그 다음에는 태양계 등이 나타난다. 그렇게 우주 전체가 나타난 후 카메라는 다시 줌인zoom in된다. 지구, 도시, 커플이 보이기 시작하더니, 줌인은 멈추지 않고 계속되어 남자의 손과 피부 세포, 분자, 원자까지 보인다.

범위가 바뀌면 모든 게 바뀐다. 세상 모든 일에는 더 큰 그림과 작은 그림이 있다. 배율에 따라 다른 배율에서는 볼 수 없는 무언가가 드러난다. 당면한 문제를 작은 어느 한 측면으로 좁혀보면 어떨까? 프레임을 넓혀 주변 상황을 포함시키면 어떨까? 범위를 좁혔다 넓혔다 하면서, 더 많은 아이디어가 흐르는 것을 지켜보라.

- 어떻게 하면 아이스크림콘이 녹아서 뚝뚝 떨어지는 것을 오히려 축하할 수 있을까?
- 어떻게 하면 한입, 한입이 새로운 경험이 되게 할 수 있을까?
- 어떻게 하면 한 번에 20명 이상이 모여야만 경험할 수 있는 고객 경험을 만들까?
- 어떻게 하면 수천 명이 소셜 미디어에 아이스크림콘을 포스팅하게 만들 수 있을까?

② 수준

처음 그 통찰에서 훌륭한 측면을 골라 2배로 강화하라. 아니면 해당 문제에 대해 더 값싸고, 빠르고, 불완전하게 접근할 수 있는 질문은 무엇인지 탐색하라. 일부러 '나쁜' 아이디어를 찾으면 완벽주의적인 경향을 누그러뜨릴 수 있다. 미국 역사상 가장 많은 앨범을 판매한 록 밴드 중 하나인 에어로스미스 Aerosmith는 매주 '형편없는 아이디어 내기dare to suck' 모임을 가진다. 밴드 멤버들은 각자 끔찍하다고 생각하는 아이디어를 가져온다. 결과가 실제로 끔찍한 경우도 종종 있지만, 가끔은 '두드 Dude(Looks Like a Lady)' 같은 히트작을 건지기도 한다.[4] 그럴 만한 가치가 없었다면 에어로스미스 멤버들이 여태 이걸 계속하고 있을까?

마찬가지로 시카고의 전설적인 즉흥 코미디 극장 '세컨드 시티Second City'는 한 달에 하루를 평소 같으면 절대로 공연하지 않을 아이디어에 할당한다. 이 '터부 데이Taboo Day'에 코미디언들은 과격하고, 비용이 많이 들고, 비실용적인 아이디어를 얼마든지 제안해도 된다. 평소 같으면 웃어넘겼을 만한 아이디어 말이다. 이 유명한 극단의 리더 켈리 레너드Kelly Leonard는 '틀린 아이디어'를 제안하려고 의도적으로 노력하면, 언제나 풍부하고 유용한 소재가 나온다고 했다.

그러니 '수준'이라는 다이얼을 이쪽 끝까지 돌리고 반대쪽 끝까지 돌려보라. '이래야 한다'라는 생각을 좀 늦추고, 바보 같거나 이상하거나 놀랍거나 과격한 생각을 허용하라. 그래 봤자 뭐, 무슨 큰일이 일어나겠는가?

- 어떻게 하면 아이스크림콘을 '2인용'으로 만들 수 있을까?
- 어떻게 하면 아이스크림콘의 녹는 성질을 '에러'가 아니라 '특장점'으로

만들 수 있을까?

- 어떻게 하면 아이스크림을 먹지 못하게 방해하는 콘을 만들 수 있을까?

- 어떻게 하면 아이스크림콘 가게를 첫 데이트에 꼭 맞는 장소로 디자인 할 수 있을까?

- 어떻게 하면 아이스크림 가게에 가는 것을 하루 중 최고의 경험으로 만들 수 있을까?

③ 감정

그 통찰은 어떤 감정을 유발할까? 그리고 그건 어디로 이어질까? 스펙트럼 전체를 고려하라. 행복이나 기쁨 같은 긍정적 감정뿐 아니라 슬픔이나 외로움은 물론 두려움까지 고려하라. 상황에 적절하다고 생각되는 감정이라면 무엇이든 다이얼을 반대로 돌려보라. 이렇게 간단한 뒤집기를 통해 새로운 방향이 얼마나 자주 나타나는지 알면 깜짝 놀랄 정도다.

- 어떻게 하면 아버지가 자녀에게 아이스크림으로 '사랑'을 보여주게 할 수 있을까?

- 어떻게 하면 '잘 가'라고 말하는 아이스크림콘을 디자인할 수 있을까?

- 어떻게 하면 아이스크림으로 '미안해'라는 경험을 만들어낼 수 있을까?

- 어떻게 하면 아이스크림이 당신을 웃게 만들 수 있을까?

④ 사건의 무게

사건의 무게를 키우거나 줄여 당신의 시각을 뒤흔들어보라. 가끔은 겉으로 사소해 보이는 어떤 측면이 의미심장한 무언가를 숨기고 있을 때도 있다. 반대로 아주 심각한 맥락에서 발랄함이나 가벼움이 발견될 수도 있다.

- 어떻게 하면 애도를 중심으로 아이스크림 경험을 디자인할 수 있을까?
- 어떻게 하면 결혼식에 아이스크림이 녹아들게 할 수 있을까?
- 어떻게 하면 아이스크림을 헤어졌을 때 먹는 음식으로 혹은 프러포즈 음식으로 만들 수 있을까?
- 어떻게 하면 아이스크림으로 결혼 생활을 구제할 수 있을까?
- 어떻게 하면 아이스크림으로 사려 깊은 대화를 시작할 수 있을까?
- 어떻게 하면 아이스크림으로 승진을 확정 지을 수 있을까? 혹은 어려운 협상을 완결 지을 수 있을까?

⑤ 당연한 가정

해당 문제와 관련해 당신이 당연하게 여기는 것은 무엇인가? 해당 제품이나 솔루션의 작동 방식과 관련해 여러분이 가정하는 내용을 전부 목록으로 작성해보면 도움이 될 수도 있다. 그런 다음 각 가정을 정반대로 바꿔보라.

- 어떻게 하면 콘이나 컵 없이도 아이스크림을 나눠 먹을 수 있을까?

- 어떻게 하면 아이스크림을 뜨겁게 만들 수 있을까?

- 어떻게 하면 아이스크림을 디저트가 아니라 애피타이저로 만들 수 있을까?

- 어떻게 하면 아이스크림을 먹고 나서 밀려오는 슈거 크래시sugar crash(고탄수화물 음식을 먹고 나서 일정 시간이 지나면 혈당이 뚝 떨어지면서 무기력이나 짜증 등이 밀려오는 현상-옮긴이)를 없앨 수 있을까?

- 어떻게 하면 아이스크림이 '19금'이 될 수 있을까?

⑥ 비유

비유는 창의성을 발휘할 때 쓸 수 있는 가장 강력한 툴 중 하나다. 비유가 지닌 힘에 관해서는 10장에서 더 깊이 파고들 것이다. 여기서는 다이얼 한쪽 끝에 있는 비슷한 맥락과 반대쪽 끝에 있는 전혀 무관한 맥락을 생각해보라. 훌륭한 비유를 떠올리고 싶다면 의도하는 결과에서부터 시작해보라. 아이스크림을 더 빨리 만들고 싶다면 '스피드를 위해 만든 사람이나 물건에는 뭐가 있지?'라고 생각해본다. 고객을 기쁘게 하고 싶다면 '사람들을 기쁘게 하는 사람이나 물건에는 뭐가 있지?'라고 생각하라. 뇌는 새로운 문제를 바로 이런 식으로 해결한다. 즉 익숙한 주제에 관해 알고 있는 내용을 활용해서 겉으로는 전혀 달라 보이는 것과 씨름한다.

직장에서 처음 팀장이 됐다면 고등학교 운동부에서 배운 교훈을 활용할 수도 있을 것이다. 또 신제품을 출시하면서 나폴레옹이 전쟁터에서 사용한 전략을 적용할 수도 있다. 의식적으로 혹은 무의식적으로 우리는 관찰한 내용에서 원리를 추출한 다음, 그 원리가 다른 곳에도 혹시 들어맞지 않을까 하고 살펴본다.

– 어떻게 하면 아이스크림을 심리 치료 시간처럼 만들 수 있을까?

– 올림픽 단거리 선수라면 아이스크림콘을 어떤 식으로 서비스할까?

– 애플이었다면 아이스크림 스프링클(아이스크림 위에 뿌리는 색색의 자잘한 설탕 과자—옮긴이) 용기를 어떻게 디자인했을까?

– 어떻게 하면 아이스크림을 먹는 게 롤러코스터 타는 것처럼 느껴질까? 마술 쇼처럼 느껴질까? 공포 영화처럼 느껴질까?

'어·할' 질문은 바보 같을 수도 있고 진지할 수도 있다. 중요한 것은 다양한 아이디어가 나오기 힘들 만큼 지나치게 구체적이거나 아무 아이디어도 나오지 못할 만큼 지나치게 폭넓은 것 사이에서 중도를 찾는 것이다.

'어·할' 질문을 만드는 과정과 해결책을 생각해내는 과정은 따로따로 진행해야 한다. 즉각 아이디어부터 생성하고 싶은 충동을 억제하라. 질문을 생성하는 동안 매력적인 솔루션이 생각난다면, 오히려 그게 닻이 되어 좋은 질문이 떠오르는 흐름을 끊어버릴 수 있다. '확산적 사고'로 돌아가고 싶다면 기존 아이디어로 해결 중인 그 문제를 새로운 '어·할' 질문으로 만들어라. 이렇게 자문하라. '만약 우리가 이 아이디어를 구현한다면 실제로 사용자나 고객, 회사를 위해 무슨 일을 하게 될까?' 그런 다음 이렇게 자문하라. '똑같은 것을 달성할 수 있는 다른 방법은 뭘까?'

여러분이 아이스크림 가게에 새로운 구독형 사업 모델을 도입하는 아이디어를 생각해냈다고 치자. 그런데 이제 여러분은 흥미로운 프레임을 더 많이 생성하는 게 아니라 구독형 모델의 구조를 고민하기 시작한다. 고객은 어떤 간격으로 얼마를 지불할까? 멤버십 카드가 필요할까, 아니면 앱을 사용해야 할까? 아이스크림을 무제한으로 해야 할까, 아니면 매달 콘 몇 개로 정해야 할까?

어느새 여러분은 구렁텅이에 빠져 있다. 이런 식으로 생각이 벌써 '수렴'되고 있다는 걸 눈치챘다면, 지금 무슨 문제를 해결하고 있는지 보라. 아이스크림 구독 서비스는 뭘 달성하는 방법이지? '어, 고객이 우리와 정기적으로 만날 접점을 만들어주지.' 이게 '이유'다. 이 '이유'를 달성할 다른 방법은 없을까? 그러면 유용한 프레임이 생겨난다. '어떻게 하면 고객들과 정기적으로 만날 접점을 만들 수 있을까?'

그러면 다시 아이디어의 흐름이 이어진다. 친구 소개 보너스를 제공할 수도 있다. 다음 주에 다시 올 경우 무료 토핑 쿠폰을 나눠주는 방법도 있다. 새로운 맛이 나왔다고 알리는 월간 뉴스레터를 보낼 수도 있다. 당초의 아이디어와 똑같은 효과를 내는 다른 방법을 계속해서 생성하라. 너무 빨리 범위를 좁히면 최고의 아이디어를 놓칠 위험이 있다.

'어·할' 질문은 아이디어 생성 과정에서 에너지가 떨어지지 않게 해주고 확산적 사고를 촉진한다. 아이디어플로를 꾸준히 유지할 수 있게 프레임을 만들고, 탐구하고, 버리는 습관을 길러라. 각 프레임과 질문은 캐내야 할 새로운 광맥과 같다. 대부분의 광맥은 금세 고갈되겠지만 그중 몇 가지는 깊고 풍부해서 깜짝 놀랄 것이다. 파보기 전에는 누가 알까.

탈압박 키워드

'어·할' 질문을 만드는 게 호기심을 자극할 수 있는 강력한 방법이긴 하지만, 아이디어플로가 줄어들었을 때, 특히 압박을 받고 있을 때 시도할 수 있는 유일한 접근법은 아니다. 고려해볼 만한 몇 가지 툴을 더 소개하면 아래와 같다.

① 빼기

빼기 툴은 단순하고도 강력한 제약을 하나 추가해보는 것이다. '그림에서 무언가를 제거하는 것만으로 이 아이디어를 더 발전시킬 수는 없을까?' 이 방법은 결을 거스르는 방식이기 때문에, 그리고 바로 그 이유로, 실제로 해보면 강력한 효과를 볼수 있다.

고인이 된 미국의 만화가 루브 골드버그Rube Goldberg는 간단한 문제에 복잡하고 난해한 해결책을 내놓은 것으로 유명하다. 골드버그가 수십 년간 그린 가상의 발명품이 전국의 신문에 실렸다. 그가 그린 자동차 '안전'장치 편에는 이런 캡션이 달려 있다. "무단 횡단자가 자동차 앞으로 걸어오면, 그 사람을 들어올려 널찍한 깔때기 속에 던져 넣는다. 깔때기 밑에는 대포가 기다리고 있고, 미끄러져 들어간 무단 횡단자가 탁구채에 닿으면 끈이 당겨지면서 무단 횡단자가 발사된다. 이제 세 블록 떨어진 곳에 떨어진 무단 횡단자는 더 이상 당신을 귀찮게 하지 못할 것이다."[5] 무단 횡단 문제 해결 완료(골드버그의 아이디어를 앞서 언급한 미쉐린의 필리프 바로드에게 보내주어야 할 것 같다).

골드버그의 필요 이상으로 복잡다단한 기계장치가 우습기도 하지만, 우리가 고개를 끄덕이며 웃게 되는 이유는 일반적으로 문제를 해결할 때 우리도 이런 식으로 접근하는 면이 있기 때문이다. 길에 장애물이 있으면 그냥 치우면 될 것을, 우리는 그 위에 현수교를 설치하려고 한다. 학술지 《네이처Nature》에 발표된 한 논문에서 연구자들은 우리에게 골드버그 같은 경향이 있다는 사실을 확인해주었다. "사람들은 무언가를 변형할 때 기본적으로 뭔가를 추가하려는 성향이 있다. 그 결과, 무언가를 빼서 변형하는 방법은 간과된다."[6]

해당 논문의 공동 저자이자 엔지니어 라이디 클로츠Leidy Klotz가 이 점을 알아챈 것은 두 살짜리 아들 에즈라와 함께 레고 조각으로 다리를 만들고 있을 때였다. 만들고 보니 다리가 평평하지 않아서 고쳐야 했다. "레고 조각을 하나 찾아서 짧은 기둥에 추가하려고 몸을 돌렸어요." 클로츠는 어느 인터뷰에서 이렇게 말했다. "그런데 다시 돌아왔더니 그사이 벌써 에즈라가 긴 기둥에서 조각을 하나 빼냈더라고요."[7] 아이는 엔지니어도

보지 못한 것을 보았다. '적은 게 좋은 것이다.'

중요한 것은 우리에게 '더하기'가 기본으로 장착된 게 '빼기'가 더 어렵거나 복잡해서가 아니라는 사실이다. 그냥 그 순간에 빼기가 생각나지 않을 뿐이다. 연구자들은 일련의 실험을 통해 다음과 같은 사실을 발견했다. '실험 참가자들은 과제에서 … 빼기를 고려하라고 힌트를 주지 않는 이상, 빼는 방식의 변형이 더 이익이라는 사실을 잘 알아채지 못했다.'

뇌가 더하기 쪽으로 기우는 것은 이상한 일이다. 잘 생각해보면 더하는 게 좋은 경우보다 빼는 게 좋은 경우가 훨씬 많기 때문이다. 사실 어느 분야의 전문가라는 사실을 가장 확실히 알려주는 징표는 전체 프로세스에서 어느 단계를 건너뛸 수 있는지 아느냐 하는 점이다. 그렇다면 뇌는 항상 빼기 쪽으로 방향을 잡을 것 같은데, 실제로는 정반대다. 특히 직장에서는 더 그렇다. 직장에서는 얼마나 수고하는 것처럼 보이느냐가 조직에 대한 나의 가치와 직결된다. 일을 적게 해서 승진하기는 어렵다. 미니멀리스트처럼 접근하는 편이 더 효율적이거나 효과적인 경우에조차 말이다. 빼기는 일터에서 혁신이 특히 불편하게 느껴지는 또 하나의 영역이다.

클로츠와 동료는 '더하기'를 하려는 우리의 본능이 특히 더 강해지는 때가 '압박'을 받을 때라는 사실을 발견했다. 마감 시한이 촉박할 때 빼기가 아주 유용한 힌트가 될 수 있는 것은 바로 이 때문이다. 급한데 아무리 당겨도 문이 열리지 않아 한참을 씨름하다가, 뒤늦게야 '미시오'라는 팻말을 발견했다고 생각해보라. 방법이 막혔는데 시간은 똑딱똑딱 흐르고 있을 때, '빼기'라는 글씨를 크게 써서 붙여놓고 모든 팀원의 얼굴에 안도감이 피어나는 것을 지켜보라.

② 빨리 감기

5장에서 경영진이 실험에 반대할 때 이를 극복할 전략으로 '빨리 감기'라는 툴을 소개했다. 우리 경험에 비춰보면, 어느 문제에 대해 '터널 시야tunnel vision(터널 속에 들어온 것처럼 시야가 몹시 좁아지는 것-옮긴이)'가 생긴다고 느껴질 때는 언제나 빨리 감기 툴이 유용하다.

앞에서 언급했듯 빨리 감기 툴을 사용할 때는 내가 미래에 와 있고 실패를 목격했다고 생각하면서 프로젝트를 되돌아보아야 한다. 그 시점에서 뭐가 잘못됐는지 자문해보라. 그러면 눈앞의 목표를 위해 내일의 문젯거리를 경시하거나 무시하려는 뇌의 성향을 피해 갈 수 있다.

빨리 감기를 키워드로 사용하려면 최대한 비관적으로 시나리오를 전개해야 한다. 이미 나와 있는 솔루션에 대해 머피의 법칙이 최대한 작용한다고 상상하라. 모든 게 시계처럼 딱딱 맞춰 '잘못되는' 것이다. 그런 다음 연필을 꺼내 아이디어가 잘 못 전개된 부분(스스로에게 솔직하다면 분명히 그럴 가능성이 있는 것)을 몽땅 철저히 목록으로 만들어라. 예상치 못하게 많은 비가 몇 달간 줄기차게 내렸는데, 그 금속 볼트들은 잘 버텨냈는가? 제품 홍보를 맡긴 유명인이 공개적으로 망신을 당했는데, 우리가 준비한 대형 출시 행사는 차질 없이 진행됐는가? 혁신가들은 습관처럼 "됐어, 그리고…"를 외치지만, 이 연습을 할 때만큼은 모든 팀원의 마음속 평론가가 모습을 드러내고 "아니, 그렇지만…"을 외치게 하라.

목록이 완성되면 이 잠재적 실패 요인을 힌트 삼아 숙고에 숙고를 거듭하라. 그렇지만 '더하기 함정'에 빠지지는 마라. 빨리 감기 툴을 빼기 툴과 함께 사용하는 것은 가능하다. 실패를 초래한 요소를 제거해도 핵심 아이디어가 여전히 작동하는지 살펴보면 된다. 만약에 그 금속 볼트들이 눈에 보이지 않는 녹슨 자국을 만든다면, 추가로 금속학적 조사를 하기 전에 과연 그 볼트들이 꼭 필요한지부터 물어보라. 만약 실수를 저지를 수도 있는 한 명의 인간을 브랜드와 연결시키는 게 험난한 소셜 미디어 세상에 상당한 위험 요소가 된다면, 추가로 그 사람의 배경을 조사하기 전에 과연 그런 유명인의 홍보가 반드시 필요한지부터 물어보라.

앞서서 생각하고 뒤를 돌아보라. 이렇게 간단히 관점만 바꿔도 명백히 눈에 들어오는 것들이 있다. 뒤돌아보면 훤히 알 수 있는데, 왜 이 방법을 쓰지 않는가?

③ 형편없는 아이디어

아타리Atari 창립자 놀런 부슈널Nolan Bushnell은 창의성을 활성화하는 방법으로 사람들에게 자신의 아이디어를 가장 좋은 것부터 최악의 것까지 순위를 매겨보라고 했다. 그리고 '바닥에 있는' 여섯 가지를 골라보라고 했다. "어떻게 하면 이 아이디어들을 실현할 수 있을까?" '형편없는' 것으로 꼬리표가 붙은 아이디어는 더 나빠질 길이 없다. 더 나아질 길만 있을 뿐이다. 부슈널은 '이 방법은 사람들이 평소에 가지고 있는 사고방식을 뒤집어놓았다'라고 썼다. '이렇게 되면 잘못된 점을 찾아내려고 하는(이는 비판 본능을 일깨운다) 대신 옳은 점이 뭔지 찾아내야 한다. 그리고 이게 사람들의 창의적 본능을 일깨운다.'[8] 부슈널에 따르면 아타리에서 이 방법을 쓸 때마다 6개의 형편없는 아이디어 중 적어도 하나는 실현하는 데 성공했다고 한다.

주어진 문제와 관련해 제자리만 맴돌고 있을 때 벗어나는 방법은 예정에 없던 일을 일부러 하는 것이다. 지갑을 찾아야 할 때 주머니만 뒤지지 마라. 바닥에 정해진 수의 구슬을 쏟아놓고 다 찾을 때까지 멈추지 마라. 어떤 식으로든 뇌를 흔들어 깨워 쳇바퀴를 벗어나게 하라. "우리 물류 문제와 초장거리 마라톤 사이에 비슷한 점이 있다면 뭘까?"

중요한 것은 확산적 사고다. 당면한 문제와 정반대되는 것을 생각해보려고 노력하라. 미팅이 다가오고 있다면 미팅을 잘 치를 방법을 고민하지 말고 정반대로 생각해보라. "미팅을 망치는 경우가 어떤 거지?" 커피가 차갑거나 오디오 또는 비디오 시스템에 문제가 있을 수도 있다. 사람들이 발표자를 보지 않고 휴대전화를 들여다볼 수도 있다. '아이디어가 아닐 것 같은 것' 목록은 끝이 없다.

'아이디어가 아닐 것 같은 것'을 모두 수집했다면, 그 각각을 더 많은 아이디어 생성을 위한 씨앗으로 활용하라. COO(최고 운영 책임자)가 매일 늦는다면 그걸 어떻게 좋은 일로 만들 수 있을까? 예상할 수 있는 모든 문제를 활용하라. 뇌가 균형을 되찾기 위해 이리저리 움찔움찔하는 것을 지켜보라. 우리가 가장 창의적이 되는 순간은 무언가가 이해되지 않을 때다.

'아이디어가 아닐 것 같은 것'을 만들어내려면 당면한 문제와 정반대되는 문제를 위한 프레임을 만들어라. 그러면 참신한 사고가 자극될 뿐만 아니라 늘 하던 방식으로 문제와 씨름한

후에 마음이 좀 쉬어 갈 수 있을 것이다.

④ 관찰하기와 흉내 내기

현장 탐사를 대체할 수 있는 것은 아무것도 없다. 실제 고객과 구체적 인터뷰를 실시하라. 당신의 웹사이트에서 당신의 물건을 구매해보라. 당신의 식당에서 식사를 해보라. 어떻게든 고객 경험에 가까이 가보라.

우리가 협업했던 어느 자동차 제조업체의 경영진은 자동차 대리점을 방문해본 적도, 자동차 구매 과정을 처음부터 끝까지 경험해본 적도 없었다. 해마다 신형 모델 자동차가 본인 집 앞으로 배달되었기 때문이다. 주유소에 차를 세워본 적도 거의 없었는데, 회사 주차장에서 자동으로 기름이 가득가득 채워졌기 때문이다.

우리는 이렇게 말했다. "그렇게 하면 고객이 겪는 경험 중에 괴로운 부분은 차단해버리는 거나 마찬가지예요. 바꾸셔야 해요." 아이디어는 솔루션 '사이'의 틈바구니에서 자란다. 마찰이 일어나는 곳 말이다. 대부분은 생활 속 작은 불편을 그냥 참고 지나가든지 어떤 식으로든 무시하려고 한다. 그러나 혁신가라면 문제를 기회로 인식할 수 있어야 한다.

4장에서 밥 매킴이 제안한 것처럼 '버그 리스트'에 무언가를 추가하고 나면 혹시나 솔루션이 이미 나와 있지 않은지 찾아보라. 이는 또 하나의 '가정 뒤집기'다. 경쟁자가 정답을 찾았다고 가정하고, 그게 뭘지 생각해보라.

본인이 직접 뭔가 문제를 겪으면서 해결해보겠다고 마음먹은 것이 계기가 되어 회사의 창업으로 이어진 사례가 그토록 많은 데는 다 이유가 있다. 음식 배달 앱이 인기가 있다고 하니 덩달아 음식 배달 앱을 만들고 싶을 수도 있다. 하지만 앱으로 직접 음식을 주문해본 적이 한 번도 없다면, 기존에 나와 있는 솔루션을 또 만드느라 많은 시간을 허비할 것이다. 그리고 어쩌면 기존 솔루션이 지니고 있을지 모를 수많은 문제점도 결코 알아챌 수 없을 것이다.

설령 당신이 직면한 문제에 대한 이상적인 솔루션이 존재하지 않는다고 하더라도, 같은 문제를 겪는 다른 사람들도 그걸 해결하기 위해 '무언가'는 하고 있다. 그 무언가에 관해 남들과 얘기를 나눠보라. 남들은 당장 이 문제에 어떻게 대처하고 있는가? 그들은 자신의 방법에 만족하는가? 그 방법의 단점은 무엇인가? 가능하다면 직접 해보라. 그 방법의 장점은 무엇인가? 어디가 부족한가? 연습 삼아 경쟁자의 판매 직원처럼 행동해보라. 기존의 방법을 잠재적 고객에게 설명하면서 그 방법의 장점으로 고객을 설득할 수 있는지 살펴보라. 설득하지 못하더라도 기존의 방법은 어디가 부족한지 귀중한 교훈을 배우게 될 것이다. 그리고 어쩌면 더 나은 해결책이 될 만한 방법도 알게 될지 모른다.

2장에서 귀뚜라미 단백질 식품 스타트업 '첩스'의 창립자 로라 다사로를 만나봤다. 환경에 대한 관심으로 육류 대체 식품에 대한 수요가 증가할 당시, 다사로는 곤충이 대표적인 환경친화적 단백질 공급원이라는 사실을 깨달았다. 문제는 다른 나라 사람들은 오래전부터 애벌레나 귀뚜라미를 먹어왔지만 미국인은 아직까지 오도독거리는 곤충을 삼키지 못한다는 점이었다. 본인의 식사가 환경에 미치는 영향을 최소화하기 위해 소고기를 애벌레로 바꾸고 싶은 사람이 있다고 해도, 현재 선택 가능한 방법이라고는 애벌레용 레시피를 시도해보는 것뿐이었다. 물론 많은 미국인이 기후변화를 걱정하지만, 그게 과연 전갈 볶음을 시도해볼 정도일까? 앞서 보았듯 사람들에게 단순히 "오렌지를 곁들인 곤충을 먹어보시겠냐"라고 물어보는 걸로는 아무것도 증명하지 못한다. 그래서 다사로는 가까운 반려동물 가게의 파충류 코너에서 식용 곤충을 종류별로 조금씩 샀다. 그리고 다양한 방식으로 요리해보았다. 굽고, 찌고, 후추를 치고, 마늘을 넣고… 가족이나 친구에게 먹일 수 있는지 알아보려고 했다.

다사로의 우려대로 그녀가 만든 음식을 먹는 사람은 아무도 없었다. 그렇지만 거부하는 이유를 탐문하던 중 귀중한 통찰을 하나 얻었다. 미국인은 통상 동물의 어느 부위인지 식별 가능한 경우에는 먹지 않았다. 타 문화와 달리 동물을 통째로 구매하는 경우가 별로 없었기 때문이다. 미국인은 조각난 고기를 받는 경우가 많다. 다사로는 미국인이 정말로 좋아하는 건 '전혀 음식처럼 보이지 않는 음식'임을 깨달았다. 예를 들면 파우더나 보충제 같은 것들 말이다. 환경친화적인 곤충 단백질을 스무디 속에 숨길 수 있다면 제품이 될 수 있을지도 몰랐다. 도덕적이면서 입도 즐거운 음식 말이다. 사람들에게 곤충을 먹어보라고 설득을 시도(하고 실패)하는 과정에서 아이디어가 떠올랐고, 이게 첩스의 귀뚜라미 프로틴 파우더로 이어진 것이다.

다시 말하지만 조사하고, 생각하고, 계획만 짜면서 시간을 보내면 안 된다. 아이디어를 현실에서 검증해봐야 한다. 나가서 직접 지형을 파악하라. 다사로가 중요한 통찰을 얻게 된 것도 직접 곤충 요리를 해서 가족과 친구에게 권해본 후라는 사실에 주목하라. 우리가 여러 탐색을 하는 것은 테스트할 수 있는 아이디어를 생성하기 위해서다. 나를 괴롭히는 문제를 사용자나 고객이 어떻게 해결하는지 알고 있다면, 거기서부터 시작하라. 모른다면 이렇게 물어보라. "지난번에 이 문제가 생겼을 때는 어떻게 하셨어요?" 거기서부터 하나씩 발전시키면 된다.

기존의 해결책을 바탕으로 접근한다는 게 '모방'처럼 보일 수도 있지만 상관없다. 우리는 흉내 내기를 통해서 배운다. 독창성이라는 게 운전을 하러 갈 때마다 바퀴를 새로 발명해야 한다는 얘기는 아니다. 기존의 솔루션을 기본 틀로 활용해 최대한 발전시켜라. 기존의 솔루션이 사용자를 실망시키는 지점에 도달하면 거기서부터 실험을 하라. 혁신은 무언가가 고장나는 마찰 지점에서 시작된다.

간단히 말해 어떤 문제에 몰입할 때는 사업 계획을 짜거나 시장조사를 하는 게 중요하지 않다. 내가 가장 큰 가치를 보탤 수 있는 지점, 즉 지렛대를 설치할 수 있는 지점을 찾아내는 게 중요하다. 자세히 살펴보면 효과가 있는 것과 없는 것 사이 경계선이 보인다. 그 균열 지점을 프레임으로 삼으면 최고의 아이디어를 생성할 수 있다.

호기심을 부추기는 도발적 질문을 설계하는 것은 아이디어 플로의 측면 중 하나일 뿐이다. 수백 가지 혹은 수천 가지의 다양한 아이디어를 생성하려면 다양한 인풋을 계속 '섭취'해야 한다. 새로운 아이디어, 새로운 방법론, 새로운 기술 같은 것들 말이다. 남들과 똑같은 걸 섭취해서는 예상 가능하고 익숙한 아이디어밖에 나오지 않는다.

다음 장에서는 진정으로 독창적인 사고를 가능하게 하는 재료를 수집하는 확실한 방법을 알아보자.

10장

창의성의 충돌을
유발하라

페어차일드 반도체Fairchild Semiconductor는 한때 '창의성의 충돌'이라는 측면에서 세계 최고인 회사였다. 회사의 출발부터 그랬다.

1956년 미국의 물리학자 윌리엄 쇼클리William Shockley는 트랜지스터 분야에 이바지한 업적으로 다른 두 과학자와 함께 노벨상을 받았다(트랜지스터는 정보화 시대를 구축하는 벽돌과 같다). 그해 쇼클리는 탁월한 혁신의 온상이던 벨 연구소를 떠나 캘리포니아주 마운틴 뷰에 쇼클리 반도체 연구소Shockley Semiconductor Laboratory를 설립했다.

쇼클리가 마운틴 뷰를 고른 건 편찮은 어머니와 가까이 있기 위해서였다. 그런데 기술혁신이라는 측면에서 마운틴 뷰는 마치 다른 행성과도 같았다. 이전 동료들 중 함께 서부로 와주려고 한 사람은 아무도 없었기 때문에 쇼클리는 공대를 갓 졸업한 젊은이들을 영입해야 했다. 굶주린 젊은 인재들이 세기를 정의할 신기술과 '충돌'하게 된 것이다. 이렇게 젊은 에너지가 유입된 것은 창의적 조직 문화를 정착시키는 데 결정적 역할을 했고, 그 덕분에 우리는 PC를 비롯한 수많은 기술혁신을 보게 되었다.

노벨상을 수상한 게 쇼클리에게는 좋은 일이 아니었다. 그렇지 않아도 까다로운 사람이었던 쇼클리는 분노와 편집증이 오히려 악화됐다. 쇼클리 반도체 연구소에서 일하는 것은 결코 녹록지 않았다. 쇼클리는 이해할 수 없는 행동을 하곤 했다. 그는 회사 전화 통화 내용을 몽땅 녹음하겠다고 우기는가 하면, 한번은 직원 하나가 알 수 없는 작은 부상을 당하자 범인을 색출하겠다며 모든 직원에게 거짓말탐지기 조사를 받을 것을 요구하기도 했다. 리더로서 수많은 결점이 있었음에도 쇼클리는 인재를 보는 안목 하나만큼은 탁월했고, 전 세계 최고 수준의 젊은 엔지니어를 한자리에 모으는 데 성공했다.

쇼클리 반도체 연구소의 직원들은 대장의 독재적 경영 스타일을 대체로 참아주었으나, 쇼클리가 돌연 실리콘 기반 반도체 연구를 종료하겠다는 이해할 수 없는 선언을 하자 이제는 자신들도 행동해야 할 때라고 결론 내렸다. 이 신기술의 진짜 가능성이 이제 막 베일을 벗기 시작하고 있었다(이상하게도 사람들은 창의적 돌파구가 마련되기 직전에 프로젝트를 그만두곤 한다). 어찌 보면 그다음에 벌어진 일 또한 '창의성의 충돌'이었다. 쇼클리의 연구 금지 조치는 최고의 젊은 문제 해결사 집단과 정면으로 충돌했다.

젊은 엔지니어들은 자신이 최첨단 분야에서 한 자리를 차지하게 된 게 행운임을 알고 있었다. 실리콘 기반의 트랜지스터는 전자 컴퓨터 분야에 엄청난 도약을 불러왔다. 마운틴 뷰에 나와 있으니 주류 물리학이나 공학 커뮤니티의 생각에 구애받을 필요도 없었고, 어쩌면 하지 못할 일이 없을지도 몰랐다. 그렇지만 이렇게 인생에 한 번뿐인 기회도, 그걸 추구할 수 있을 때만 의미가 있는 것이다. 나중에 '8인의 배신자'로 불리게 되는 8명의 직원은 결국 쇼클리 반도체 연구소를 떠나 '페어차일드 반도체'를 창립하기로 한다. 윌리엄 쇼클리는 의도치 않게 '실리콘밸리'를 탄생시킨 것이다.

이후 페어차일드 반도체는 혁신의 인큐베이터이자 우연한 만남과 발견의 장으로서 정보화 시대의 여명을 밝히는 데 중추적인 역할을 한다. 창립자 다수는 나중에 다른 핵심적인 연구소를 설립했고, 그중 하나가 바로 컴퓨터칩업계의 거물 '인텔'이다. 나중에 '페어칠드런Fairchildren'으로 알려지게 되는 이들 기업은 1970년대와 1980년대 실리콘밸리의 주도 세력이었다. 페어차일드 반도체는 기술 발전에 큰 영향을 미쳤으나 회사 자체가 중년기에 접어들면서 다소 고루한 반도체 제조사가 되어 있었다. 그들이 우리를 초대했을 때는 진공관 제조 회사들이 트랜지스터를 만났을 때 그랬던 것처럼 혁신에 큰 어려움을 겪고 있었다. 전문 기술이 부족하거나 R&D 투자가 충분하지 않아서는 아니었다. 기술적으로 페어차일드 반도체는 여전히 업계 최고 수준이었다. 다만 그사이 사업의 초점이 너무 좁아져 실리콘이 직접적으로 관련되지 않은 문제에 대해서는 원활히 대처하지 못하고 있었다.

페어차일드의 세일즈 조직은 대형 고객의 요구에 철저히 맞추고 있었다. 이해가 가는 일이었다. 몇 안 되는 거대 기업이 반도체 사업의 상당 부분을 견인하고 있었기 때문이다. 이들 고객에게 조금만 신경 써도 큰 효과를 볼 수 있었다. 그러나 이렇게 대형 거래처를 강조하다 보니 중소 업체에 대한 매출이 줄어들었다. 페어차일드 반도체는 우리의 도움을 받아 '중소 업체의 고객 경험을 재창조'하고 싶어 했다.

우리 두 사람은 책에서 자주 읽었던 페어차일드 반도체라는 회사와 협업할 기회를 얻은 게 뛸 듯이 기쁘기도 했지만, 의뢰받은 역할도 우리에게 제격이었다. 그 소형 고객들(그중에는 테슬라라는 특이한 신규 자동차 스타트업도 끼어 있었다)은 큰 어려움을 겪고 있었다. 우리는 이들 기업의 대표를 모아 구체적 인터뷰를 진행했다. 페어차일드도 깜짝 놀란 사실이지만 인터뷰를 하고 보니 대기업에는 별 영향이 없었던 반도체업계의 고질적인 공급망 문제가 중소기업들의 입지를 완전히 흔들어놓고 있었다. 자본금이 탄탄했던 스타트업 한 곳은 반도체업계에서는 일상이나 마찬가지인 단 한 번의 선적 지연 때문에 중요한 매출 시즌을 통째로 날려버렸다고 했다. 이런 사례가 수없이 많았다. 그래서 위험을 분산하기 위해 소형 고객들은 페어차일드의 경쟁사들에 예비 주문을 넣어놓았다. 도무지 미덥지 않은 공급 업체 중 적어도 한 곳이라도 필요한 걸 제때 공급해주길 바라면서 말이다.

우리가 놀란 건 이런 발견 내용에 대한 페어차일드 측의 반응이었다. 회사는 문제점을 인정했지만 어쩔 수 없는 일로 치부했다. 이 업계에서 예기치 못한 생산과 유통 지연이 벌어진다고 해도 '사는 게 다 그런 것' 아니겠냐는 식이었다. 고객은 모든 공급 업체와 똑같은 문제를 겪고 있었다. 그러니 페어차일드 반도체의 명성이나 재무제표에 어떤 영향을 미치든 말든 추가로 뭔가 더 할 일은 없었다(이 안타까운 터널 시야는 8장에서 언더아머가 알려준 기회를 파타고니아가 볼 수 없게 만든, 바로 그 '생각의 장벽'의 또 다른 예다).

짐작이 가겠지만 페어차일드 반도체에서는 아이디어플로가 완전히 줄어들어 있었다. 페어차일드에 아이디어의 흐름이 다시 이어지게 하려면 대체 뭐가 필요할까?

오이만 먹는 사람이 피클 사업에서
성공하지 못하는 이유

신경생물학자 모튼 프리스-올리배리어스Morten Friis-Olivarius에 따르면 '뇌는 완전히 처음부터 새로운 걸 만들어내지 못한다'고 한다. 그는 창의성을 '이미 알고 있는 무언가를 새로운 방식으로 결합하는 것'이라고 정의한다.[1] 소설가 아서 케스틀러Arthur Koestler는 창의성이 겉으로는 무관해 보이는 두 '참조할 수 있는 프레임frames of reference'의 종합이라는 이론을 펼치기도 했다.[2] 여러분이 창의성을 정확히 어떻게 정의하든 간에 핵심은 우리는 아무것도 없는 데서 뭘 만들어낼 수는 없다는 점이다. 우리는 이미 가진 것을 서로 연관 짓고, 두 가지 이상의 요소를 새롭게 결합한다. 풍부한 아이디어플로를 생성하기 위해서는 어마어마한 양의 원재료가 이렇게 예상치 못한 결합을 더 많이 만들어내야 한다.

안타깝게도 대부분의 리더에게는 인풋을 수집하는 행동이 전통적인 업무처럼 보이지 않는다. 소네트와 발라드, 빌라넬르(세 가지 모두 시詩의 한 형식이다. 저자가 제품명처럼 사용하면서 비유법에 동원하고 있다.-옮긴이)를 제조해 전 세계에 공급하는 '스탠자Stanza(원래는 시의 기초 단위인 절이나 연을 뜻하는 말-옮긴이)'라는 회사의 CEO는 자주 화가 난다. '시詩' 공장에서 이상한 행동이 관찰되기 때문이다. 직원들이 업무 시간 중 산책을 한다. 직원들은 몇 시간씩 화가나 사진가, 조각가, 영화 제작자의 작품을 구경한다. 직원들은 시가 '아닌' 것을 읽는다. 다들 정신 차리고 다시 시를 들여다봐야 한다. 그렇게 해서 다음 분기分期 시가 저절로 써지겠냐고!

인풋은 중요하다. 인풋이 다양하고 많을수록 그걸 조합한 결과물도 더 좋을 것이다. 직원들이 시를 짓든, 특허를 내든, 성장 전략을 선택하든, 뭘 하든지 말이다. 창작을 직업으로 하는 사람들은 이 점을 이해하고 있기 때문에 끊임없이 영감을 줄 수 있는 일을 찾는 것이다. 하지만 그들은 여기서 멈추지 않는다. 인풋이 확보되면, 그 인풋들이 창의성의 충돌 속에서 합쳐질 기회를 주어야 한다. 뒤에서 보겠지만 이를 위해서는 종종 문제에서 한발 떨어져 그동안 수집한 내용을 백그라운드에서 마음이 혼자 처리할 수 있게 해주어야 한다. 스탠자의 CEO에게는 이것 역시 도통 업무처럼 보이지 않겠지만 말이다.

스위스에 있는 유럽 입자물리 연구소CERN, European Organization for Nuclear Research는 세계 최대의 입자물리학 실험실을 운영한다. 제네바에 있는 거대한 시설에서 전 세계 과학자와 기술자들은 우주의 비밀을 풀기 위해 끊임없이 애쓰고 있다. 유럽 입자물리 연구소는 입자가속기를 사용해 원자가 서로 초고속으로 충돌하게 만든다. 어마어마한 힘으로 이렇게 충돌하면 아주 작은 입자가 더 작은 입자로 산산조각 난다. 그 과정에서 관찰자들은 '현실을 구성하는 벽돌'을 아주 잠깐 엿볼 수 있다.

비록 창의성의 충돌은 유럽 입자물리 연구소에서 충돌하는 원자들만큼 격한 결과를 내지 않겠지만, 그렇게 해서 생겨나는 아이디어는 훨씬 더 강력할 수도 있다. 예를 들어 유럽 입자물리 연구소는 월드 와이드 웹World Wide Web의 인큐베이터 역할을 했다. 팀 버너스 리Tim Berners Lee가 그곳 연구자들 사이에 정보를 편하게 공유하도록 하기 위해 설계한 툴이 바로 월드 와이드 웹이기 때문이다(다행히 팀 버너스 리의 상사는 팀이 하이퍼텍스트를 가지고 노는 것을 보았음에도 '업무'로 돌아가라고 지시하지 않았다. 여러분 같으면 참아줄 수 있었을까?). 이후 웹은 이전에는 상상하지 못했던 규모의 창의성 충돌을 또다시 만들어내는 원동력이 되었다.

입자가속기가 제 기능을 하기 위해 입자가 필요하다면, 아이디어플로는 팩트와 패턴, 암시, 경험, 시각, 인상 등이 필요하다. 유럽 입자물리 연구소는 입자가 속도를 낼 수 있는 공간을 만들기 위해 '강입자 충돌기Large Hadron Collider'라는, 26킬로미터에 달하는 터널을 만들었다. 이보다 짧았다면 입자들이 충분한 힘으로 부딪히지 못했을 것이다. 마찬가지로 아주 다양한 비유가 있어야 더 흥미롭고 유용한 '교차'가 일어날 수 있다. 아이디어가 진부하다 싶으면 초점을 넓혀봐라.

영국 가수 데이비드 보위David Bowie는 프로그래머 타이 로버츠Ty Roberts의 도움을 받아 '버바사이저Verbasizer'라는 것을 설계했다. 텍스트를 임의로 분할하고 재배치해 새로운 가사를 쓸 수 있는 아이디어를 촉진하는 프로그램이다. 그렇다고 글자 그대로 잘라내는 것을 의미하는 '데쿠페découpé'라는 기법을 보위가 발명했다는 얘기는 아니다. 데쿠페는 적어도 다다이스트dadaist(20세기 초에 유행했던, 기존의 예술 형식을 부정하는 예술 사조인 다다이즘dadaism을 실천했던 사람들-옮긴이)까지는 거슬러 올라가야 하고, '자르기 기법cut-up method'을 통해 이를 더 많이 대중

화한 사람은 미국 작가 윌리엄 S. 버로스William S. Burroughs다. 그렇지만 보위는 유명 팝 음악가 중에서는 최초로 컴퓨터를 사용해 편곡한 사람 중 한 명이다. 보위는 키보드를 두드리면서 이렇게 말한다. "결국에는 각종 의미, 주제, 명사, 동사의 만화경 같은 게 만들어지죠. 온갖 것이 서로 부딪치는 거예요."[3]

보위와 자주 협업했던 브라이언 이노Brian Eno는 확산적 사고를 불러일으키는 아날로그적인 방법을 개발했다. 1970년대에 이노와 그의 협업자는 '우회 전략oblique strategies'이라고 쓰인 카드 한 벌을 만들었다. 각 카드에는 수평적 사고를 촉진하는 질문이나 지시, 격언 등이 적혀 있었다. 장애물을 마주치면 카드를 한 장 빼서, 거기에 쓰인 암호 같은 지시를 따르면 됐다. 예를 들면 카드에는 '아래위를 뒤집어라' 혹은 '절대 안 할 것 같은 일은?' 같은 글이 적혀 있었다. 수십 년간 인기를 끌면서 이후에도 많은 버전이 나온 우회 전략 카드는 아직도 전 세계 작가나 예술가, 음악가, 창의적 업무에 종사하는 사람들이 애용하는 툴이다.

10장에서 소개하는 인풋 수집 방법을 가지고 실험을 할 때 중요한 것은 다양성임을 항상 기억하기 바란다. 예상치 못한 인풋을 찾아 더 멀리 나갈수록 더 흥미롭고 가치 있는 충돌이 일어날 것이다.

그러면 아이디어에 인풋을 공급하는 습관은 어떻게 키울까? 나 자신을 일부러 새로운 것, 예상치 못한 것에 노출하면 된다.

어릴 때는 이런 일이 자연스럽게 일어난다. 다섯 살짜리는 살아온 세월이 짧다 보니 예상할 것도 별로 없다. '모든 게' 새롭다. 나중에는 대학이 바로 그런 창의성이 풍부한 시기가 된다. 다시 한번 새로운 상황에 놓이고, 낯선 아이디어가 쏟아지기 때문이다. 그러나 교육을 마치고 직장인 세계에 들어서면 이런 다양한 인풋의 흐름이 느려진다. 루틴을 만들고 따르며, 주어진 업무를 처리하는 방법도 정교해지고, 대부분의 시간을 익숙한 곳에서 보내면서, 뇌는 더 이상 일상의 사소한 것을 관심 있게 지켜보지 않게 된다. 나이가 들면서 시간이 더 빨리 지나가는 것처럼 느껴지는 데는 이유가 있다. 더 많은 것을 당연시하고 더 적게 '보기' 때문이다.

대기업에서는 더욱더 그렇다. 조직이란 구체球體와 같다. 구가 크면 부피 대비 면적이 좁아진다. 그 큰 덩치와 형식적 관료주의 때문에 어쩔 수 없이 외부와 단절된다. 스타트업이나 중소기업에 비해 대기업에서는 한 명의 직원이 고객이나 경쟁자, 공급 업체와 이어질 수 있는 접점이 훨씬 적다. 접점이 있으면 유용한 인풋을 제공할 텐데 말이다.

30년 이상에 걸쳐 40명의 과학자를 인터뷰한 연구가 있다.

인터뷰 대상 중에는 나중에 노벨상을 수상한 사람도 넷이나 있었다. 연구진은 개인의 버릇부터 연구 기법에 이르기까지, 장기간에 걸쳐 문제 해결과 창의성에 도움을 주는 요소가 무엇인지 알아보고자 했다. 결국 연구진이 장기적 성공과 강력한 상관관계가 있다고 찾아낸 요소는 이들 과학자가 연구소 '밖에서' 시간을 보내는 방식이었다.[4] 취미 생활, 여행, 예술 추구 같은 것 말이다. 인풋이 더 많으면 아웃풋이 더 좋다.

하루 종일 오이만 먹어서는 피클 사업에 혁신을 일으킬 수 없다. 인풋의 출처가 '동떨어질수록' 더 가치 있고 흥미로운 조합이 나온다. 의미 있는 것을 발견하려고 애쓰지 말고('보는 순간 알 수 있다'고 생각하지 말고), 모든 것에 의미가 있다고 생각하라. 편견 없이 세상을 자세히 보고, 마음이 알아서 연결점을 만들어내게 하라.

매킨토시를 탄생시킨 산책

경이로운 산책은 간단하지만 인생을 바꿀 수 있는 습관이다. 발품을 팔아 인풋을 얻고 싶다면 자극을 줄 수 있는 환경에서 산책을 하라.

연구에 따르면 혼자 걷는 것은 창의성 증진에 큰 도움이 된다고 한다. 스탠퍼드 연구진은 트레드밀 위에서 걷기만 해도 실험 참가자의 81퍼센트에서 창의적인 확산적 사고가 증가하는 것을 발견했다. 그리고 이 증가 추세는 자리에 앉은 후에도 지속됐다. 연구진은 '밖에서 걷는 것이 가장 참신하고 질 높은 비유를 생산했다'고 결론 내리면서, 몸만 조금 움직여도 '아이디어의 자유로운 흐름이 생겨난다'고 덧붙였다.[5]

그러니 최소한 자리에서 일어나기라도 해라. 밖으로 나갈 수 있다면 나가라. 단순히 한 바퀴 도는 행위를 '경이로운 산책'으로 바꾸고 싶다면 프레임을 골라라. 의도적으로 경이로운 산책을 하고 싶다면 우선 좋은 질문을 골라라. 움직이면서 여러분이 고른 질문과의 연결점을 일부러 찾아보라. 주위에 귀중한 단서가 널려 있다고 상상하라. 참신한 자극을 마주칠 때마다 이렇게 자문하라. "이게 내 문제와 어떤 관련이 있을까?"

레이밴Ray-Ban 선글라스를 쓴 사람을 보았거나 의류 브랜드 룰루레몬Lululemon 매장 옆을 지나친다면, 그 브랜드들이었다면 내 질문에 어떻게 접근했을지 자문해보라. 해당 브랜드가 여러분의 브랜드와 동떨어질수록 더 생산적인 시도가 될 것이다. 특정한 물건(소화전, 농구대, 우편함)이 눈에 띈다면 그걸 하나의 은유법으로 만들어보라. '기본적으로 소화전이 하는 일이 뭘

까? 그게 내 문제에는 어떻게 적용될 수 있을까? 우리가 놓치고 있는 게 소화전인가?'

회의실에서는 두어 개 이상의 비유도 떠올리기가 힘들다. 그렇지만 경이로운 산책으로 다양한 인풋에 노출되고 나면, 새로운 아이디어가 저절로 모습을 드러낸다. 예를 들어 사람들에게 금방 신뢰를 사는 사람이 누구인지 알아내야 한다고 치자. 아, 그것 참 쉽지 않네⋯. 회사 밖으로 나가보라. 잠깐만 도심을 걸어도 유치원 선생님, 조산사, 금융 상담사, 예술가, 크로스핏 트레이너, 영양사 등을 비롯해 수없이 많은 사람이 떠오를 것이다.

스티브 잡스가 최초의 매킨토시 컴퓨터에 대한 영감을 얻은 것은 백화점 가전제품 코너에 있을 때였다. 쿠진아트Cuisinart에서 나온 다용도 채썰기 기계를 보는 순간, 무언가 딱 하고 떠오르는 게 있었다. '월요일 아침 잡스는 경쾌한 발걸음으로 맥 사무실에 들어섰다.' 월터 아이작슨Walter Isaacson은 고인이 된 애플 창업자의 전기에서 이렇게 회상했다. '그리고 디자인 팀에 그 기계를 하나 사 오라고 한 다음, 채썰기 기계의 선과 곡선, 사선을 기초로 새로운 디자인 안을 잔뜩 내놓았다.'[6]

경이로운 산책을 할 때도 '양'이 핵심이다. 각종 의문과 접점을 생각나는 대로 적으면서 계속 걸어라. 그렇게 한 번의 산책으로 나올 수 있는, 아이디어 생성을 도와줄 귀한 질문의 예를 들어보면 다음과 같다.

- 학교 운동장: 운동장에 가면 다른 집 아이들 장난감을 쇼케이스 행사장처럼 볼 수 있어. 우리 고객들이 제품을 사용하는 모습을 남들에게 쇼케이스처럼 보여줄 수 있는 곳은 과연 어디일까?

- 고급 자동차: 고급 자동차는 구매자가 인테리어를 주문할 수 있잖아. 우리도 구매자에게 맞춤형 '옵션 패키지'를 내놓을 방법은 없을까?

- 아마존 택배 차량: 아마존은 각 고객의 물건 조회 이력을 활용해 제품을 추천한다지? 우리 같은 오프라인 매장에서도 그런 테크닉을 응용할 방법은 없을까?

- 신호등: 우리도 고객들한테 제품이 다 떨어지기 전에 '경고등'을 켜줄 방법이 없을까?

- 네일 숍: 계산대 옆에 저렇게 매니큐어를 진열해놓으니까 끌리잖아. 우리 제품도 색상과 디자인이 다양한데, 저런 식으로 활용할 방법은 없을까?

경이로운 산책을 하면 제멋대로 들어오는 인풋에 따라 이런 저런 정신 모형을 수없이 가동해보게 된다. 핵심은 아무런 정신적 제약 없이 자유롭게 지혜를 일깨우는 것이다. 작가이자 의사 에두아르 드 보노Edward de Bono는 이렇게 썼다. '최고를 찾기 위해 대안을 두루 살피는 것은 우리의 타고난 성향이다.' 인풋을 찾을 때는 솔루션 자체가 얻어걸릴 거라고 기대하지 마라. 드 보노의 말처럼 '이것저것 찾아보는 목적은 경직된 패턴을 풀고 새로운 패턴을 일깨우기 위해서다.'[7]

산책이 창의성에 필수일까? 아리스토텔레스에서 푸치니, 스티브 잡스에 이르기까지 역사상 수많은 위대한 사상가와 예술가, 기업가가 그렇다고 말할 것이다. 하지만 꼼짝없이 비행기를 타고 있거나 병원에서 진료 순서를 기다리고 있을 때도 경이로움을 일깨울 방법은 있다.

- 책: 책이나 잡지를 아무거나 하나 집어라. 표지를 찬찬히 살펴보라. 아무 페이지나 펼쳐라. 당신의 문제 해결에 대한 단서로 누군가가 이 페이지를 미리 골라놓았다고 상상해보라. 무슨 이유에서였을까?

- 인터넷: '위키백과' 사이트로 가서 메뉴에 있는 '임의의 문서로'를 클릭하라. 그러면 크라우드소싱으로 완성된 수백만 개의 표제어 중 하나로 연

결될 것이다. 그런 다음에는 그게 '임의의' 것이 아닌 척하라. 위키백과가 당신에게 하려는 말은 무엇인가(임의의 웹사이트나 영상 등으로 연결해주는 다른 온라인 툴도 있다)?

아무 장소에서나 '단서'를 찾는다는 게 무슨 초자연적 행위인가 싶을지도 모르겠다. 하지만 타로 카드 읽기와 달리, 지금 우리는 뇌의 패턴 찾기 능력을 최대한 활용해 아이디어에 인풋을 제공하려는 것이다. 뇌는 에너지를 절약하기 위해 인지적 지름길을 선호한다. 있는 그대로 보기보다는 생각하는 대로 보려 하고, 그냥 귀를 기울이기보다 생각하는 대로 들으려고 한다. 이런 모드를 '강제 종료'시키려면 경이로운 산책을 시작할 때 의도를 지니고 있어야 한다. 그리고 무작위로 들어오는 인풋을 관찰하면서 뭔가 연관성을 찾으려고 노력해야 한다. 접점이 있다고 일단 가정하고, 뇌가 그걸 찾아내게 하라.

같은 고민을 하는 사람을 찾아라

경이로운 산책은 인풋을 수집하고 유용한 잠재적 비유를 떠올릴 수 있는 편리한 방법이다. 무언가 막혔을 때 뭐라도 하나 가지고 책상으로 돌아가고 싶을 때는 언제든지 활용할 수 있는 방법이다. 그러나 종종 더 깊고 집중적인 탐색이 필요한 문제도 있다. 그럴 때는 단순히 내 사업과 예컨대 커피숍 사이의 비유를 떠올리는 데 그칠 것이 아니라, 그 매장 안으로 들어가라. 커피를 사서 테이블에 앉고, 고객이나 직원과 얘기를 나눠보라. 의도를 가지고 작업하면 해당 경험에서 더 많은 정보를 추출할 수 있고, 여러분이 가진 문제의 돌파구까지 불꽃이 튀기를 바라볼 수 있다. 이렇게 되면 경이로운 산책은 '유추 탐색'으로 진화한다.

우리는 페어차일드 반도체와 작업할 때 이 툴을 활용할 기회를 포착했다. 페어차일드 반도체 경영진은 실망한 소형 고객에 대한 솔루션을 본인들 말고 다른 사람들이 알 수도 있다는 사실을 믿지 못했다. 무엇보다 자신들이 바로 반도체 납품의 전문가였기 때문이다.

우리는 페어차일드 경영진에게 비유의 가치를 알려주기 위해 비유를 활용했다. 비록 아이디어가 컴퓨터 램RAM 메모리처럼 손에 잡히지 않을지 몰라도, 아이디어 역시 원재료가 있어야 만들 수 있다. 실리콘이 없으면 반도체 칩을 만들 수 없듯, 인풋이 없으면 아이디어를 만들 수 없다. 마지못해 우리 방법에 동의한 경영진에게 우리는 다음과 같은 질문을 생각해보라고 했다. '어떻게 하면 공급망이 불확실함에도 소형 고객에게 믿음을 줄 수 있을까?' 이를 유추 탐색으로 전환했더니 질문이 이렇게 바뀌었다. '공급망이 불확실함에도 고객에게 믿음을 주는 사업체가 대체 어디일까?' 반도체업계는 아직 해결하지 못한 문제였다. 해결한 업계가 있을까?

우리는 경영진을 건물 밖으로 데리고 나와 경이로운 산책을 시작했다. 몸을 좀 움직이자 마음도 과제를 처리할 준비가 됐다. 하얏트 호텔 옆을 지날 때였다. "호텔은 예약 손님 중에서 누가 실제로 나타날지 알 수가 없죠." 경영진 중 한 명이 말했다. 식당 옆을 지나게 되자 다른 경영진이 거들었다. "셰프는 그날 어떤 생선이 잡힐지 정확히 모르죠." 비유가 될 만한 것이 계속 나타났다. 꽃집. 향신료 가게. 카페.

그대로 사무실로 돌아가는 대신 우리는 관심을 불러일으킨 상점을 대상으로 심층 유추 탐색을 시작했다. 호텔에서는 큰 행사가 있어 초과 예약을 받았을 경우 고객이 방을 못 잡는 사태가 벌어지지 않도록 경쟁사들과 예약 데이터를 공유한다는 사실을 알게 됐다. 한 블록 아래에 있던 꽃집 주인은 배송업체와 긴밀한 소통을 통해 트럭별로 상황을 알 수 있다고 했다. 또 농부들과는 현재 수확하고 있는 종이 뭔지, 지금 심고 있는 꽃이 무엇인지까지 이야기를 나눈다고 했다. 공급망에 속하는 협력사와 이렇게 투명하게 소통하면 각종 명절이나 큰 행사를 앞두고 계획을 짤 때 도움이 된다고 했다. 우리가 탐사에 나선 거의 모든 상점이 현재 어려움을 겪는 반도체업계와 뜻밖의 공통점이 한두 가지는 있었다.

이 유추 탐색을 계기로 페어차일드 반도체는 소형 고객들의 고객 경험을 개선하기 위해 대대적인 변화를 꾀했다. 한 예로 호텔 안내원에게서 받은 영감을 토대로, 예상치 못하게 수요가 급증했을 때 소형 고객들이 여전히 중요 부품을 확보할 수 있도록 경쟁사들과 협력하기로 했다. 해당 고객들은 어차피 위험을 분산하기 위해 주문을 여러 군데에 넣고 있는데, 그렇게 번거롭게 만들 필요가 뭐가 있단 말인가? 페어차일드 반도체는 또 꽃집의 방식을 확대 적용해, 본인들의 최대 유통 협력사와 획기적으로 새로운 정보 공유 협약을 맺었다. 공급망을 더 투명하게 만들기 위해서였다. 나중에 들은 바로는, 이것이 50년 역사의 반도체업계에서 일어난 가장 큰 공급망 혁신 중 하나라고 한다. 동네 한 바퀴 산책치고는 나쁘지 않은 수확이었다.

페어차일드 반도체의 COO는 경쟁 상황을 너무 가까이서 지켜본 게 함정이었다고 나중에 이야기했다. 경쟁사들 역시 공급망 문제의 해결책을 모르기는 마찬가지였다. 일부러 예상치 못한 출처에서 영감을 찾은 덕분에 페어차일드 반도체는 일련의 혁신을 시작할 수 있었고, 창의적인 조직 문화를 되찾을 수 있었다.

그동안 우리는 유추 탐색을 여러 곳에 적용해보았다. 그중 놀라웠던 조합을 몇 개만 예로 들어보면, 호주의 어느 금융 서비스 기업은 타투 숍에서 교훈을 얻었고, 이스라엘의 어느 기술 기업은 농산물 직판장에서 깨달음을 얻었다. 뉴질랜드의 수산업 기업은 찻집에서 힌트를 얻었고, 일본의 대형 기업은 실내 암벽등반 스튜디오에서 배움을 얻었다. 이 모든 경우에 해당 기업이 문제 해결에 어려움을 겪은 이유는 참신한 아이디어를 일깨울 수 있는 인풋이 부족했기 때문이었다.

'의도'의 중요성을 기억하라. 언제나 프레임을 가지고 시작하라. 영감을 찾아 모험을 떠나기 전에 내가 지금 해결하고자 하는 문제를 '어·할' 질문 형태로 명확히 정의하라. 그런 다음에 그 질문을 유추 탐색을 위한 질문으로 바꿔라. 이렇게 물어보라. "X를 정말 잘하는 사업체가 어딜까?" 그리고 회의실을 벗어나 산책을 시작하라.

마주치는 사람들에게 조언을 구할 게 아니라, 해당 경험으로 직접 들어가 그들은 문제를 어떻게 해결하는지 눈으로 보라. 가능하다면 직접 고객이 돼라. 아니면 남들이 고객과 대화를 나누는 모습을 관찰하라. 예컨대 이발사에게 신뢰를 어떻게 형성하냐고 물어보면, 아마 그냥 어깨를 으쓱하고 말거나 정답처럼 '들리는' 얘기를 쏟아낼 것이다. "저는 고객과 눈을 맞추고 고객의 이야기를 경청하는 것 같아요"처럼 말이다. 현실은 전혀 다를 수도 있다. 우리가 어느 이발사를 지켜보았더니, 그는 고객에게 아주 대놓고 의견을 이야기했다("제가 머리를 어떻게 만져드려도 브래드 피트처럼 보이지는 않을 거예요."). 이 말은 고객이 의자를 박차고 일어나게 만든 게 아니라, 이발사의 솔직함을 증명했고 고객의 신뢰를 얻게 해주었다. 예상치 못한 전략이었으나 효과적인 전략이었다. 우리가 직접 보지 않았다면 이런 식의 전략은 상상도 하지 못했을 것이다.

다시 한번 말하지만 프레임을 잊지 마라. 업무 시간에 밖에 나오면 활기는 되찾겠지만, 내가 뭘 알아내려고 나왔는지 정작 목적을 잊어버리기 쉽다. 탐색에 나서기 전과 탐색하는 동안, 그리고 이후에도 내가 정확히 뭘 알아내려고 하는지 나 자신과 협업자들에게 끊임없이 상기하라. 모든 사람의 머릿속에 있는 '패턴을 찾아 헤매는 기계'의 주파수가 제대로 맞춰져 있는지 확인하라.

관찰한 내용을 다 모았으면 테스트할 수 있는 아이디어가 잘 떠오르도록 새로운 프레임을 만들어라. 자신에게 '어떻게 하면 이발사처럼 자비 없는 정직함을 이용해 새로운 고객에게 신뢰를 얻을 수 있을까?'라고 질문하는 편이, 그냥 '어떻게 하면 빠르게 신뢰를 쌓을 수 있을까?'라고 묻는 것보다 훨씬 풍성하고 흥미로운 질문이 될 것이다.

※

아이디어플로는 문제 하나를 해결하려고 그 자리에서 즉각 가동할 수 있는 무기가 아니다. 필요할 때 새로운 아이디어가 꾸준히 공급되게 하려면, 미리미리 뜻밖의 인풋에 나 자신을 자꾸 노출하는 습관을 키워야 한다. 솔루션은 의식적으로 어느 문제를 해결하려고 끙끙대고 있을 때 나타나지 않는다. 샤워를 하고 있을 때 혹은 출근길 운전을 하다가 '불현듯' 어디선가 나타난다. 문득 떠오른 솔루션의 출처를 추적해보면, 배우자와 대화를 나누다가 혹은 어디선가 읽은 내용에서 또는 운동하며 듣고 있던 팟캐스트에서 비롯됐다는 걸 깨닫게 될지도 모른다. 바로 그 '인풋'이 백그라운드에서 처리되고 있었고, 아직 솔루션으로 응결되지 못하다가 가볍게 다른 작업에 몰두하는 순간 '딱' 정리가 되어버린 것이다. 이게 바로 아이디어가 작동하는 원리다. 만약 다음번 위기가 닥쳐서야 허겁지겁 인풋을 수집하려고 든다면 아웃풋이 제때 나올 수 없을 것이다.

인풋 수집에 시간을 투자하는 게 프로페셔널하지 못한 것처럼 보인다면, 역사상 최고의 비즈니스 리더들도 열심히 인풋을 수집했다는 사실을 기억하라. 최고의 혁신가들은 예상치 못하는 상황을 스케줄에 포함시킨다. 아무리 바쁜 관리자도 일주일에 1시간을 떼서 동네 한 바퀴 정도는 돌 수 있다. 임원이라면 2시간을 목표로 할 수 있다. CEO라면 5시간 이상을 목표로 해야 한다. 아마존 초창기에 제프 베이조스는 월요일과 목요일에는 스케줄을 잡지 않으려고 최선을 다했다. 그래야 그 시간에 '아이디어를 찾아내고, 본인의 사이트를 돌아다니고, 가끔은 그냥 웹 서핑'할 수 있었기 때문이다.[8] 미래에 대한 비전이 필요한 분야에 종사한다면 오늘의 아이디어가 내일의 실적을 결정할 것이다. 그러니 당신이 하는 일과 완전히 무관한 주제의 책을 읽어라. 한낮에 영화를 봐라. 지역 박물관을 방문하라. 시내를 돌아다녀라. 기계가 제대로 작동하길 바란다면 연료를 주입하라.

루틴을 조금씩 바꾸는 것도 도움이 된다. 평소와 다른 길로 출근하라. 양치를 다른 손으로 하라. 단순히 사무실에 들어설 때 오른쪽으로 도는 대신 왼쪽으로 돌기만 해도 뭔가를 깨닫게 될지 모른다. '습관을 바꾸는 습관'을 들여라. 무슨 수를 써서든 약간이라도 뇌가 균형을 잃게 만들어라. 그러면 어쩔 수 없이 틀에 박힌 사고를 벗어날 수밖에 없다. 우리는 원래 균형을 잡으려고 애쓸 때 가장 창의적이 된다.

외부의 인풋을 수집하는 것에 대해 사람들은 왜 그토록 완강히 저항할까? 익숙한 게 마음이 편하기 때문이다. 우리가 사무실에 들어설 때 늘 왼쪽이 아니라 오른쪽으로 도는 데는 이유가 있다. 하던 대로 하면 마음이 안정된다. 역설적이게도 압박을 받고 있고 새로운 사고가 필요할 때 우리는 가장 완강히 루틴에 매달린다. 루틴을 따르면 마음은 놓일지 몰라도 절대로 안전하지 않다. 진정한 혁신가들이 당신의 노력을 훌쩍 뛰어넘는 결과물을 만들어내면, 그제야 루틴이 쳇바퀴 돌기의 또 다른 말에 불과했음을 깨닫게 될 것이다.

11장

엉킨 머릿속을
정리하는 방법

"대다수의 비즈니스맨은 독창적 사고 능력이 없다. '이성'이라는 폭군을
벗어날 수 없기 때문이다. 그 사람들은 상상력이 꽉 막혀 있다."[1]

— 데이비드 오길비David Ogilvy, 광고의 아버지

"좀 지나면 절망적 단계가 올 것이다." 광고사 임원 제임스 웹
영James Webb Young은 창의성을 발동시키는 과정을 이렇게 설명했
다. "머릿속은 온통 뒤죽박죽이고, 아무 데서도 분명한 힌트를
찾을 수가 없다."[2] 어쩌면 여러분도 이 기분을 알지 모르겠다.
제임스 웹 영에 따르면 이 압도적인 절망감이 실은 아이디어가
진화하는 데 반드시 필요한 단계라고 한다. 그러니 당연한 일
로 예상해야 하고, 소중히 여기기까지 해야 한다. 물론 쉽지 않
을 수 있다.

생각을 하다가 종종 막힐 거라는 걸 '아는 것'과 거기에 효과

적으로 '대처'하는 것은 서로 다른 문제다. 11장에서는 창의성을 발휘하는 과정에서 생각이 꽉 막히는 게 왜 불가피할 뿐만 아니라 매우 중요한 부분인지, 그리고 다음번에 그렇게 막혔을 때는 어떻게 해야 하는지 설명한다.

알베르트 아인슈타인도 중대한 발견을 앞두고 좌절했다. 빛의 움직임이라고 알려져 있던 내용과 본인의 특수상대성이론을 더 이상 조화시킬 수 없는 지점에 도달했던 것이다. 하지만 그는 칠판만 뚫어져라 쳐다보고 있지는 않았다. 장애물을 만난 아인슈타인은 문제 곁을 잠시 떠나기로 했다. '아인슈타인은 친한 친구인 미셸 베소Michele Besso를 찾아갔다. 베소는 아인슈타인이 취리히에서 공부할 때 만난, 기발하지만 산만한 엔지니어였다. 아인슈타인은 함께 일하자며 베소를 스위스 특허청에 영입했다.' 아인슈타인의 전기에서 월터 아이작슨은 이렇게 썼다. 아인슈타인은 베소에게 길이 막혔다고 말했다.

"포기하려고." 아인슈타인이 말했다.

어려운 문제에 의식적으로 항복을 선언했더니, 아인슈타인의 무의식이 끼어들었다. 다음 날 아인슈타인은 다시 베소를 찾아가 이렇게 말했다. "고마워. 문제를 완전히 해결했어."[3] 엉킨 매듭과 거리를 둔 다음에야 아인슈타인의 '마음'은 실마리를 찾아낼 수 있었다. 친구와 산책하며 문제에 휴식을 준 덕분에 아인슈타인은 특수상대성이론에서 일반상대성이론으로 도약하는 것이 필요함을 직감할 수 있었다.

제임스 웹 영은 '그 어떤 직접적인 노력도 기울이지 마라'라고 생각하는 데 어려움을 겪는 이들에게 조언했다. '해당 주제를 완전히 내려놓고, 그 문제를 최대한 마음에서 몰아내라.' 다른 영역에서 우리가 장애물을 만났을 때 해결책은 보통 더 오래 매달리거나, 더 세게 밀어붙이거나, 아니면 그냥 공황 상태에 빠지는 것이다. 하지만 아이디어와 관련해서는 잘 가다가도 막히는 게 '구상'이라는 프로세스의 자연스러운 일부다. 공황 상태에 빠지지 마라. 경험이 많은 사람들은 창의성이 필요할 때 중간에 막히게 될 것을 당연히 예상하며 심지어 환영한다. 이제 막 돌파구가 나타날 거라는 신호이기 때문이다. 가수이자 예술가이면서 시인인 패티 스미스Patti Smith는 '컨디션이 별로'일 때 특히 더 느긋해지려고 한다. "길게 산책하거나 뭐 그러려고 노력은 하지만, TV에서 뭔가 재미있는 걸 할 때까지 그냥 시간을 죽이고 있어요."[4] 수십 년간 많은 작품을 내놓은 예술가인 스미스는 '시간을 죽이는' 게 말 그대로 시간 낭비가 절대 아님을 잘 알고 있다. 아는 방법이 다 떨어지면 그동안 수집한 인풋을 무의식이 백그라운드에서 그러모아 이리저리 조합해보다가 그중 하나가 탁 들어맞기를 바라는 수밖에 없다.

발전하고 싶다면 한 걸음 물러나라. 제임스 웹 영은 이렇게 썼다. '사건을 한창 해결하던 도중에 셜록 홈스가 왓슨을 끌고 연주회에 가곤 했던 것을 알 것이다. 실용적이고 매사에 곧이곧대로 행동하는 왓슨에게는 그게 너무나 짜증 나는 절차였다. 하지만 코넌 도일은 창작을 하는 사람이었고, 창의성이 어떻게 발동되는지 잘 알고 있었다.'

'미루기'의 미덕

마이클 루이스Michael Lewis가 『생각에 관한 생각 프로젝트』에 쓴 것처럼, 이스라엘의 심리학자 대니얼 카너먼과 아모스 트버스키가 행동 경제학을 함께 발명할 당시, 긴 산책을 하며 서로 농담을 주고받는 것이 큰 역할을 했다. 동료 중에는 두 사람이 일은 하지 않고 그처럼 즐거워하는 걸 못마땅하게 여기는 사람들도 있었다. 그러나 두 사람은 그렇게 걷고, 이야기를 나누고, 함께 웃으면서 믿기지 않을 만큼 생산적이 될 수 있었다. 협업한 기간에 두 사람은 정교하고 통찰 넘치며 영리한 일련의 실험을 착착 진행했고 전통적 경제학계의 넋을 빼놓으며 결국에는 노벨상까지 수상했다. 언젠가 트버스키는 이렇게 말했다.

"연구를 잘하는 비결은 항상 약간 일이 없는 상태로 지내는 것이다. 몇 시간을 버리지 못해 몇 년을 허송세월하게 된다."

아인슈타인과 마찬가지로 프랑스의 수학자 앙리 푸앵카레 Henri Poincaré도 언제 자리에서 일어나야 하는지 알고 있었다. '수학 문제를 들여다보고 있었는데 별로 성과가 없었다'라고 푸앵카레는 썼다. 그는 자책하기보다 며칠 해변에서 시간을 보냈다. 어느 날 아침 절벽을 따라 걷다가 '갑자기 간결하면서도 즉각 확신이 드는' 해결책이 떠올랐다.[5] 장애물이 앞을 가로막았을 때 당면한 문제를 손에서 놓으려고 노력하는 게 얼핏 이해가 안 될 수도 있지만, 사실 이는 창의성을 발휘하는 데 아주 중요한 기술이다.

2장에서 창의성을 키우는 중요한 전략으로 스케줄을 여유 있게 짜는 습관을 기르라고 한 바 있다. 이제 그런 전략적 접근법을 전술 수준으로 끌어내려보자. 전술적 후퇴는 결코 미루는 게 아니다. 미루는 것은 필요한 걸 알게 될 때까지 뒤로 물려두는 기술이다. 그러나 뭘 해야 할지 모른다면 미룰 수가 없다. 사실 진짜 시간 낭비는 이렇게 막다른 골목에 다다랐는데도 하던 일에 계속 매달리는 것이다. 창의적인 해결책 하나면 며칠, 몇 주, 심지어 몇 달의 고생을 덜 수도 있다. 창의력을 발휘하지 못할 만큼 바쁘다면 우선순위를 다시 생각해보라. 여러분의 직책이 무엇이든, 무슨 일을 하려고 하든, 창의성이야말로 여러분이 발휘할 수 있는 가장 가치 있는 능력이다.

혁신이나 창의성과 관련된 조언 중에는 '더 많이 하라'로 귀결되는 게 많다. 더 많은 방법을 동원하고, 더 많은 습관을 키우고, 더 많은 기법을 익히라고 말이다. 그러나 덜 중요한 일에 쓰는 시간을 줄여 숙고와 사색의 여지를 마련하지 않는다면 (당면한 문제와 거리를 두지 않는다면), 아이디어플로를 증가시키려는 노력은 빛을 발하기 힘들 것이다. 일상에 붙들려서 상상력이 꽉 막힐 것이다. 11장 앞부분에서 데이비드 오길비가 경고한 것처럼 말이다. '이성이라는 폭군'에서 벗어나기 위해서는 다양한 인풋을 수집할 때 혹은 아이디어를 테스트하려고 할 때, 지고 있는 전투에서는 물러나는 전략적 선택도 할 수 있어야 한다. '광고의 아버지' 데이비드 오길비는 창의적 아웃풋을 만들어내는 멘털 게임을 아주 잘했다. 그는 더 많은 아이디어를 생성하려면 무언가를 조금 '덜' 하는 것도 필요하다는 걸 직관적으로 이해하고 있었다.

'나는 내 무의식과 소통하는 라인을 언제나 열어두는 테크닉을 개발했다. 어수선한 기억 보관소에서 혹시 내게 뭔가 할 말이 있을지도 모르니 말이다.' 오길비는 이렇게 썼다. '나는 음악을 많이 듣는다…. 나는 뜨거운 물에 몸을 오래 담근다. 정원을 가꾼다. 아미시Amish 교도들(기술 문명을 거부하고 아직도 농경 사회처럼 살고 있는 집단-옮긴이)이 사는 곳으로 휴가를 떠난다. 새들을 지켜본다. 시골에서 오랫동안 산책을 한다. 그리고 휴가도 자주 낸다. 그래야 뇌가 쉴 수 있기 때문이다. 골프나 칵테일파티, 테니스, 카드 게임은 일절 하지 않는다. 유일하게 자전거만 탄다.' 아이디어가 계속 떠오르길 바란다면 집중하지 말고 긴장을 이완하라.

긴장을 풀라는 이야기는 최고의 성과를 내는 사람들이 곧잘 하는 이야기다. 시간이 무한정 있는 사람들이 아닌데 말이다. 사실 CEO나 기업가들과 이야기를 나눠보면 머리를 비울 수 있는 시간과 공간을 의도적으로 확보한다는 이야기가 반복적으로 나온다. 이는 주말에 이메일을 열어보지 않는다고 해서(잘 이해는 안 되지만 '아미시 교도들이 사는 곳으로 휴가'를 떠난다고 해서) 해결되는 문제가 아니다. 이는 매일 실천해야 할 부분이다.

앞서 7장에서 언급한 마크 호플러메이지언은 20년 가까이 하얏트 호텔의 CEO 겸 회장으로 있었다. 수만 명의 직원을 둔 대기업의 리더라면 누구라도 그렇겠지만, 호플러메이지언의 하루도 미팅이 많은 부분을 차지한다. 사실 그의 스케줄은 '꽉 꽉 차' 있다. 모든 걸 챙긴다는 게 보통 일이 아니기 때문에 호플러메이지언은 어디든 노트 한 권을 가지고 다닌다. 전화 통화나 미팅에 앞서 그는 소통하고 싶은 내용 서너 가지에 대해 본인이 생각하는 요점을 적어둔다. 이렇게 하면 회의를 효과적으로 진행하고 초점을 벗어나지 않을 수 있다. 하지만 그는 이따금 바쁜 와중에도 특정한 문제에 관해 혼자서 곰곰이 숙고해 본다. 그는 우리에게 이렇게 말했다. "이런 식으로 여러 번 돌파구를 마련했어요. 이제 전략이 되었죠."

그런데 정확히 '언제' 그 심사숙고를 할까? 다급해 보이는 일을 거절하고 조용히 혼자 생각할 때인지 아닌지를 CEO들은 어떻게 결정할까? CEO 정도의 책임을 지고 있는 사람이 그런 공간을 찾기는 매우 힘들 것이다. 특히 이는 호플러메이지언의 성향과도 맞지 않는다. 그는 이렇게 말했다. "압박을 받을 때 저는 기본적으로 소매를 걷어붙이고 더 열심히 일하는 편이에요." 그러나 소매를 걷어붙인다고 해서 '아이디어 문제'가 해결되는 건 아니라는 사실을 그는 알고 있다. 그는 이렇게 말했다. "정말로 막히면 한 걸음 크게 물러나서 마음을 놓아줘야 해요."

조용한 곳으로 가서 어려운 문제를 숙고한다는 게 듣기에는 좋아 보일 수 있다. 회의나 전화 통화, 이메일 확인이 끝날 때마다 그렇게 할 수 있는 사람은 없다. 호플러메이지언이 '이제는 후퇴할 때'라는 걸 알아차리게 하는 신호는 두 가지다. 첫 번째는 터널 시야다. "내가 뇌를 괴롭히고 있는 거죠. 다른 건 아무것도 안 하고 그 문제만 생각하고, 멈출 수도 없고." 그렇게 앞이 안 보이는 상태가 지속되면, 호플러메이지언은 자신이 지금 꽉 닫혀 있고 힌트가 될지도 모를 다양한 인풋을 받아들일 수 없는 상태임을 깨닫는다. 두 번째 신호는 뭘까? 생각을 정리하려고 노트를 펼쳤는데 아무것도 떠오르지 않을 때다. "핵심 사항을 어떻게 정리해야 할지조차 모르겠다면 마음이 정리되지 않은 상태인 거죠. 요점이 정리되지 않는다면 한 걸음 물러서야 할 때예요."

길이 막히면 문제와 거리를 좀 두라는 게 당연한 소리처럼 들릴지도 모르겠다. 그러나 실제로 이렇게 하는 경우가 얼마나 자주 있는가? 우리는 대부분 문제를 풀다가 막히면 생각에 생각을 거듭하면서 터널 시야에 갇힌 채 더 버둥댄다. 1장에서 이야기한 것처럼 이것저것 마구잡이로 시도해봐도 아무 소득이 없다는 것이야말로 아이디어에 문제가 생겼다는 전형적인 신호다. 제자리를 맴돌고 있다는 사실을 깨달았다면 먼저 전술적 후퇴를 해보라. 조용한 장소를 찾아 몇 분간 생각해보라. 가볍게 주의를 뺏을 수 있는 다른 일을 하면 더 좋다. 그러면 무의식이 제 할 일을 할 수 있기 때문이다.

후퇴를 꼭 '전술'이라고 특정해줘야 한다는 게 역설적인 일이다. 왜 자연스럽게 그럴 생각이 들지 않는 걸까? 우리가 여러 기업의 리더와 협업해보니, 문제로부터 한 걸음 벗어난다는 게 평상시의 사업 운영과는 정반대되는 일이어서 그럴 생각조차 하지 못하는 듯했다. '해결책을 찾으려면 일보 후퇴가 최선'임을 알고 있을 때조차 말이다. 그냥 내키지 않아 했다. 다른 일은 모두 한곳에 노력을 집중시키면 반응이 오기 때문이다. 이와 결이 다른 것은 오직 창의성뿐이다. 창의적 돌파구는 우리가 끙끙대는 걸 그만두었을 때 나타난다. 문제를 적절히 정의하고 가볍게 다른 일을 하고 있거나 그냥 멍을 때리며 휴식을 취하고 있을 때 직관은 가장 잘 작동한다.

팀 내에서는 특히 전술적 후퇴가 더욱 어려울 수 있다. 상황에 따라서는 아이디어플로를 북돋으려는 게 남들 눈에는 그냥 할 일을 미루거나 게으른 것처럼 보일 수도 있다. 또 위기에 봉착한 리더가 잠시 손을 멈춘다면 의사 결정이 마비된 상태처럼 보일 수도 있다. 그보다 더 팀의 사기를 떨어뜨리는 일도 없을 것이다. 리더들은 잘못된 메시지를 보내느니 그냥 하던 대로 밀고 나가는 실수를 저지른다. 돌파구가 생기는 데 필요한 시간을 주지 않는 것이다.

DNA의 이중나선 구조부터 행동 경제학에 이르기까지, 혁신적 아이디어는 연구자가 일부러 딴청을 피우고 있을 때 쓱 하고 나타났다. 이런 행동을 휴식이나 도피라고 생각하지 말고,

'나는 지금 전술적 후퇴를 하는 것이다'라고 프레임을 새롭게 짜라. 이런 개념을 팀 문화에 이식해 모든 팀원에게 더 큰 미션을 위해 때로는 잠깐 멈춰야 하고 그게 가치 있는 일이라는 걸 이해시켜라. 여러분부터 몸소 그런 행동을 보여준다면 전술적 후퇴를 정상적인 일로 인식시키고 장려할 수 있을 것이다.

딴청도 '똑똑하게' 피워라

후퇴하는 전술은 여러 가지다. 많이 들어보았을 것이다. 혼자서 혹은 누군가와 산책을 해도 좋고, 일과 무관한 분야의 글을 읽을 수도 있다. 다른 분야의 전문가 강연에 참석하거나 게임을 하는 방법, 심지어 낮잠을 자는 방법도 있다. 어느 방법이 되었든 진전을 보고 싶다면 직접적으로 문제에 매달리지 말고 그동안 수집한 인풋을 무의식이 조용히 정리할 수 있게 해줘라.

하지만 딴청을 피우는 것에도 요령이 필요하다. 스마트폰을 꺼내 중독성 있는 모바일 게임을 몇 판 하면 긴장이 좀 풀리는 것처럼 느껴질지 몰라도, 그걸로 돌파구를 찾을 수는 없을 것이다. 아무 생각 없이 넷플릭스만 주야장천 보는 것도 마찬가지다. 텔레비전을 보다가 훌륭한 아이디어가 떠오른다는 건 좀처럼 없는 일이다. 고도의 집중이 필요하거나 요란하거나 정신없는 일에 빠진다면, 혹시나 의식적 사고의 뒤편에서 돌아다니고 있을지도 모를 '희미한 인상'마저 떠내려가고 말 것이다.

미디어 이론가 마셜 매클루언Marshall McLuhan은 '핫 미디어hot media'와 '쿨 미디어cool media'를 구분했다. 텔레비전 같은 핫 미디어는 정보는 풍부하지만 행위자를 수동적인 흡수 상태로 만든다. 반면 책 같은 쿨 미디어는 그보다 덜 압도적이어서 행위자에게 더 적극적인 참여를 요구한다. 짐작이 갈지 모르겠지만 핫 미디어는 마음이 작업하는 데 필요한 공간을 내주지 않는다.

어쩌면 여러분은 창의성이 막혔을 때 사용하는 후퇴 전술을 가지고 있을지도 모른다. 만약에 그렇다면 본인에게 맞는 방법을 사용하면 된다. 그런 게 없다면 우리가 추천할 수 있는 방법은 다음과 같다.

① 물

잘 모르겠다 싶을 때는 몸을 적셔라. 샤워나 목욕을 해도 되고, 수영을 하러 가도 좋다. 몸을 적시는 것은 창의적 문제 해결에 아주 적합한 '주의 분산' 수단이다.[6]

서핑도 좋다. 미국의 이론 물리학자 개릿 리시Garrett Lisi는 창의적 사고가 막히면 서핑을 하러 간다. 리시는 2007년 「보기 드물게 간단한, 모든 것의 이론An Exceptionally Simple Theory of Everything」
이라는 급진적 논문으로 과학계에 파란을 일으켰다. 입자물리
학과 아인슈타인의 중력 이론을 참신한 방식으로 조화시킨 논
문이었다. 실험을 통해 리시의 이론이 검증이 되든 안 되든, 그
가 물리학의 '끈 이론string theory'에 나오는 개념을 짜릿하게 흔
들어놨다는 데는 의문의 여지가 없다. 서핑은 그의 창의적 사
고에 중요한 역할을 한다.

"많이 놀고 나면 어려운 문제와 씨름할 때 더 유연한 사고를
할 수 있어요." 리시가 어느 인터뷰에서 한 말이다. "어려운 문
제를 상대하다 보면 벽에 부딪힐 때가 있죠. 뭘 시도해도 안 되
는 거예요. 두어 시간 완전히 다른 격렬한 활동에 푹 빠졌다가
돌아오면, 그 문제를 참신한 시각으로 생각할 수 있어요. 하던
대로 계속했다면 생각지도 못했을 새로운 접근법이 떠오를 수
있어요."[7]

문제를 해결하려고 서핑을 하는 혁신가는 리시만이 아니다.
아일랜드에 있는 어느 고위 경영진은 우리에게 이렇게 말했다.
"서핑을 할 때 노트를 가져갈 수 있다면 얼마나 좋을까요. 패들
링을 하고 있으면 정말로 많은 돌파구가 떠올라요."

② 업무 전환

주의가 분산될 일이 전혀 없이 업무에 푹 빠지는 것도 창의성을 발휘하는 과정 중 어느 단계에서는 중요할 수 있다. 하지만 길이 막혔다면 다른 업무로 주의를 돌려 막힌 길을 뚫을 수도 있다. 특히 다른 모드로 작업하는 게 필요한 업무라면 더욱 그렇다.

전혀 다른 프로젝트에 속한 업무도 있을 테고, 지금 하는 프로젝트지만 완전히 다른 능력이 필요한 업무도 있을 것이다. 미국의 심리학자 하워드 그루버Howard Gruber에 따르면 창의적인 일에 종사하면서 결과물을 많이 내는 직원은 항상 관련 프로젝트를 여러 가지 엮어서 생각한다고 한다. 그러면서 시인 존 밀턴John Milton을 예로 들었다. 밀턴은 거의 30년간 『실낙원』을 작업했지만, 거기에 본인의 창작 에너지를 몽땅 써버리지는 않았다. 오랫동안 밀턴은 짧은 시와 산문, 그리고 정치적 작품도 썼다. 그 덕분에 밀턴은 주된 프로젝트에서 고전하고 있을 때도 아이디어의 흐름만큼은 유지할 수 있었다. 그루버는 이렇게 결론 내렸다. '추진 중인 일이 하나 멈추더라도 생산적 작업은 계속된다.' 밀턴에게는 장편에서 단편으로 또는 시에서 산문으로 바꾸는 게 전술적 후퇴였다. 마찬가지로 4장에서 보았듯 베티 네스미스 그레이엄은 부업으로 간판 그림을 그린 덕분에 '리퀴드 페이퍼'라는 오타 수정액을 발명할 수 있었다.

'언제든지 나는 최소한 세 가지 프로젝트는 명확히 정해두고 추진하려고 한다.' 작가 스티븐 존슨Steven Johnson은 이렇게 썼다. '프로젝트를 정해두면 연관성이 더 뚜렷이 보인다. 우연히 뭔가를 발견했을 때 '아하, 이건 어디로 보내야 할지 알겠군' 하고 생각하게 된다.'[8]

노력이 많이 필요한 다른 프로젝트로 갈아타는 것(예컨대 밀턴이 시를 쓰다가 산문을 쓴 것처럼)보다 한층 효과적인 방법은 '큰 노력이 필요 없는 업무로 바꿔 마음이 최대한 자유롭게 돌아다니게' 하는 것이다. 심리학자들이 발견한 바에 따르면 '생각이 정리되는 시간 동안에는 쉬지 않고 일하거나, 노력이 많이 필요한 다른 과제를 하거나, 단순히 쉬는 것보다는 가벼운 작업을 하는 편이 이전에 마주쳤던 문제에 대한 해결력을 훨씬 높여준다.'[9]

③ 취미 생활

벨 연구소의 머빈 켈리Mervin Kelly 소장은 집 뒷마당에서 '수천 송이의 튤립과 수선화'를 가꾸었다. '어찌나 꼼꼼한지 거의 말도 안 되는 수준'의 노력을 기울였다고 존 거트너Jon Gertner는 『벨 연구소 이야기』에 썼다.[10] 그러나 이 작업이 매년 위대한 성과를 올린 켈리에게 중요한 역할을 했다고도 가정해볼 수 있다. 원예에 꿈이 있는 사람이라면 이보다는 훨씬 적은 규모여도 될 테고, 또 사실 그래야만 할 것이다. "손에 흙을 묻히면 차분해지죠." 7장에서 소개한 혁신 및 전략 책임자 클로디아 코치카는 그렇게 말했다. "잡초를 뽑는 게 제일 좋아요. 일 생각을 하고 있는 건 아닌데도 아이디어가 줄줄이 생각나죠. 사람들이 흔히 샤워를 할 때 최고의 아이디어가 떠오른다고 하잖아요. 저는 정원 일을 할 때가 그래요."

정원 일에 관심이 없다면 악기를 연주하는 방법도 있다. 아인슈타인이 바이올린을 연주했던 것처럼 말이다. 목공 같은 공예도 좋다. 작가들은 키보드 옆에 기타를 두고 연주한다. 과학자들은 엔진을 손보고 모형 기차를 조립한다. 기업가들은 루빅 큐브 맞추기를 한다. 머빈 켈리의 벨 연구소 동료 클로드 섀넌 Claude Shannon은 외발자전거를 타고 공 4개를 저글링하면서 복도를 돌아다녔다고 한다. 작업 환경과 관심사, 스스로 균형을 찾는 방법에 따라 각자 대안을 마련하면 된다. 중요한 것은 의식적인 생각이 쉬면서 회복할 수 있게 해주고, 뇌의 다른 부분이 문제를 해결하게 만드는 일이다.

④ 낮잠

2장에서 밤에 잘 자는 게 창의력 향상에 중요하다고 했다. 밤잠에 더해 오후의 낮잠도 문제를 새로운 각도에서 해결하는 데 도움을 줄 수 있다. 텍사스 뇌척추 연구소Texas Brain and Spine Institute의 조너선 프리드먼Jonathan Friedman 박사에 따르면 '아주 짧게라도 낮잠을 자면 인지 기능이 크게 향상된다는 과학적 증거가 드러나고 있다.'[11] 낮잠은 특히 창의성을 높여줄 수 있다. 한 논문에 따르면 낮잠은 알고 있는 사실을 유연한 틀로 묶고 일반 원칙을 끌어내는 능력을 키워준다고 한다.[12] 이런 추상화 과정은 창의성의 중요한 구성 요소다. 조지타운대학교 메디컬 센터의 안드레이 메드베데프Andrei Medvedev 박사에 따르면, MRI를 관찰해보면 낮잠을 자는 동안 뇌의 우반구에서 이례적일 정도로 통합적이며 동기화된 활동이 나타난다고 한다. 그는 '뇌가 유용한 청소 작업을 하면서 데이터를 분류하고 기억을 견고하게 만드는 중일 수 있다'고 했다.[13]

루트비히 판 베토벤에서 살바도르 달리 및 토머스 에디슨에 이르기까지 창의성이 필요한 작업을 한 사람들은 낮잠을 통해 정신을 맑게 하고 통찰을 얻었다(에디슨은 자신이 낮잠을 자곤 하던 의자를 '생각하는 의자'라고 불렀다). 아직도 여러분의 직장은 누가 사무실에서 잠을 자면 인상을 찌푸릴 수도 있지만,

이 툴의 가치를 이해하는 리더가 점차 늘어나고 있다. 구글은 물론 신발 브랜드 자포스Zappos, 아이스크림 브랜드 벤&제리 Ben&Jerry's, 미국 항공우주국에 이르기까지 여러 조직이 직원들에게 낮잠 전용 공간을 제공하고 있다. 어쩔 수 없는 경우에는 누구나 사무실 의자 정도는 뒤로 젖힐 수 있을 것이다.

⑤ 쿨 미디어

핫 미디어를 끄고 쿨 미디어를 활용하라. 독서나 팟캐스트, 예술품 감상 등도 지나치게 혼을 쏙 빼놓거나 고민하는 문제 자체를 완전히 지워버리지는 않으면서, 전술적 후퇴에 딱 맞을 정도의 몰입감을 제공할 수 있다. 특별히 추상화를 아주, 아주 좋아하는 사람이 아니라면 말이다.

"저는 제 분야가 아닌 분야의 글을 읽습니다." 글로벌 전략 컨설팅 회사 인시그니엄Insigniam의 CEO 네이선 로젠버그Nathan Rosenberg는 우리에게 이렇게 말했다. "예를 들면 저는 디자인 매거진《월페이퍼Wallpaper》를 구독해요. 억지로라도 다른 걸 보고 다르게 생각하려고요."

⑥ 대화

론 하워드Ron Howard 감독과 함께 수많은 히트 영화를 제작해

150억 달러 이상의 박스 오피스 매출을 올린 브라이언 그레이저Brian Grazer는 대화 약속을 잡아주는 것만 전담하는 직원이 있다. 과학자부터 예술가, 정치가에 이르기까지 온갖 분야의 흥미로운 인물과 정기적으로 '호기심 대화'를 나누기 위해서다.[14]

이런 미팅에서 그레이저는 전통적 의미의 '자료 조사'를 하는 게 아니다. 그의 대화 상대는 그레이저가 진행 중인 영화나 TV 프로젝트와는 아무런 관련이 없는 사람들이다. 오히려 그레이저는 이 대화를 당면한 문제의 압박에서 한 걸음 벗어나 더 큰 그림을 얻을 기회로 본다. 자연히 시간이 지나 뒤돌아보면 이런 대화들이 본인의 창작물에 영향을 미쳤음을 알 수 있지만, 대화를 시작할 때의 의도만큼은 항상 본인의 문제를 해결하려는 게 아니라 문제에서 벗어나는 것이다.

여러분도 스스로 쳇바퀴를 돌고 있다고 생각된다면 친구에게 전화를 걸어 잡담을 나눠라. 이전 동료를 만나 즉석에서 커피를 한 잔 나눠라. 아니면 그냥 저녁 식사를 할 동안 전화기를 내려놓고 배우자나 자녀와 진짜 대화를 나눠라. 이때 유일한 규칙은 당면한 문제에 관해 이야기하지 않는 것이다. 마음에서 그 문제가 차지하고 있는 부분은 좀 쉬도록 하고, 예상치 못한 이야기에 마음을 열어라.

⑦ 몸 움직이기

산책의 가치에 대해서는 충분히 이야기했다. 창의적인 일을 하는 사람들의 도구 상자에서 이보다 더 본전을 뽑는 도구는 없다. 다만 기억할 것은, 지루한 게 싫어서 스마트폰을 꺼내지 말고 지루함을 기꺼이 환영하라. 갑자기 이메일을 확인하고 싶거나 소셜 미디어를 읽고 싶은 충동이 느껴진다면, 마음 뒤편에서 위밍업이 잘되고 있다는 확실한 신호다. 안타깝게도 한눈을 팔 만한 여러 디지털 수단이 유행하면서 수많은 획기적 아이디어가 사라지고 있다. 불편하고 초조한 기분을 참고 계속 몸을 움직인다면 뇌가 결국 항복할 것이다. 여러분이 동네를 산책하는 동안 뇌는 당면한 문제로 관심을 돌려 여러 인풋을 이리저리 정리해볼 것이다.

정말로 전화기를 확인하고 싶다면 속도를 높여라. 엄청난 다작 작가인 조이스 캐럴 오츠Joyce Carol Oates는 80대가 된 지금도 달리기가 본인의 창작 과정에 필수 불가결한 일부라고 생각한다. "매일 나가서 달리기를 하지 않으면 글쓰기도 잘 안 돼요. 이렇게 운동으로 에너지를 방출하는 게 아주 중요해요." 클로디아 코치카도 새로운 아이디어가 필요할 때 달리기를 하지만 종종 노트를 챙기는 것을 깜빡한다. "돌아올 때까지 달리는 내내 아이디어를 기억하고 있어야 하죠."[15]

전술적 후퇴에는 허락이 필요하다. 타인의 허락이 아니라 여러분 자신의 허락 말이다. 우리가 이 툴을 제안하면 사람들은 상사나 동료 때문에 계속 바쁠 수밖에 없다고 말한다. 아니면 적어도 그렇게 보인다. 그러나 실제로 전술적 후퇴에 저항하는 것은 본인의 내면이다. 눈앞에 보이는 과제는 불확실성이나 정서적 위험이 거의 없이 완료할 수 있기 때문에 해야 할 일 중 가장 먼저 하려고 하는 게 우리의 기본 성향이다. 성가신 아이디어 문제는 불편한 감정을 불러일으킨다. 잠깐이라도 오늘의 걱정거리를 옆으로 치우고 더 큰 미래를 그려보기 위해서는 용기가 필요하다. 조용히 잠깐 앉아 있는 간단한 행동조차 극단적 행위처럼 느껴질 수 있다.

전술적 후퇴는 업무와 관련해서 할 수 있는 가장 가치 있는 일에 투자하는 것이다. 길이 막혔을 때 잠깐 물러나도 좋다는 허락을 스스로에게 해준다면, 그렇게 참을성이 있는 것에 대한 보상을 받을 것이다. 전혀 기대하지 않은 순간, 창의적인 해결책이 '느닷없이' 떠올랐을 때의 안도감은 무엇과도 비교할 수 없다. 여기서 소개한 전술의 공통점은 적어도 사색이나 공상을 할 기회를 준다는 점이다. 오늘의 단거리달리기를 강조하다 보면 아이디어를 내기 위해서는 구상 단계가 중요하다는 사실을 망각하기 쉽다. 한 가지 문제에만 온통 집중하면 시야가 좁아지고, 획기적 돌파구가 될 수 있는 해결책이 눈 밖으로 숨어버린다. 그걸 다시 눈으로 보고 싶다면, 그 끝없는 집중을 좀 느슨하게 해줘라.

1970년 〈딕 캐빗 쇼The Dick Cavett Show〉에서 폴 사이먼Paul Simon은 〈브리지 오버 트러블드 워터Bridge Over Troubled Water〉라는 명곡을 쓰게 된 과정을 설명했다. 곡의 도입부는 바흐의 어느 합창곡에서 영감을 받았다고 한다. 사이먼은 이렇게 말했다. "거기서 막혀 있었어요. 멜로디가 거기까지밖에 나오지 않았어요."

"무엇 때문에 막혀 있었던 건가요?" 캐빗이 물었다.

"어떻게 써도, 써놓고 보면 결국 마음에 안 들더라고요." 사이먼이 답했다. "그래서 꼼짝을 못했죠." 관객들은 웃음을 터뜨렸지만 사이먼은 진심이었다.

사이먼은 무의식이 돌파구를 찾아낼 기회를 주려고 미완성 곡을 옆으로 밀쳐두고 본인의 장르가 아닌 음악을 듣기 시작했다. 그러다가 어느 가스펠 앨범에 푹 빠진 스스로를 발견했다.

"집에 오면 언제나 그 레코드를 틀고 귀를 기울였어요." 사이먼은 캐빗에게 설명했다. "그게 무의식적으로 저한테 영향을 준 게 틀림없어요. 가스펠의 코드 진행을 사용하게 됐거든요."[16]

예상치 못한 음악적 영향이 결합해서 (그리고 본인의 문제를 기꺼이 옆으로 밀쳐둘 의향이 있었기 때문에) 사이먼은 길이길이 고전으로 남을 명곡을 쓸 수 있었다.

아이디어를 홍수처럼 쏟아내라

창의성이란 가능성의 예술이다. 딜레마와 데드라인을 마주했을 때, 그냥 늘 하던 대로 밀고 나가고 싶은 충동이 일지 않는 사람이 누가 있을까? 우리가 압박감을 느낄 때 가장 원치 않는 일이 아마도 '더 많은 선택지를 고려하는 일'일 것이다. 그렇지만 이 책 앞부분에서 중학교 1학년생이 말했듯, 창의성이란 '머리에 제일 먼저 떠오르는 게 있지만, 더 많은 걸 해보는 것' 이다. 사업이 됐든 뭐가 됐든 위대한 걸 성취하고 싶다면 우리도 바로 그렇게 해야 한다. 창의성이란 단순히 문제를 해결하는 방법이 아니라 내가 낼 수 있는 최고의 의견을 내는 길이다.

세계적인 창작가나 최고의 성과를 내는 기업을 보면, 문제가 생겼을 때 이런 테크닉을 동원해 아이디어의 홍수를 퍼붓는다. 그리고 결국 돌파구를 찾아낸다. 압박을 받을 때조차 하나의 아이디어로 수렴되고 싶은 충동을 이겨내고 이쪽 끝에서 저쪽 끝까지 모든 가능성을 탐색한다. 프로세스를 믿기 때문이다. 그 노력이 그만한 가치를 할 거라고 믿기 때문이다.

이는 그들이 극적인 상황이나 혼돈을 좋아해서가 아니다. 그들은 결과가 중요하고 타이밍이 생명이라는 사실을 알고 있다. 위대한 혁신가 중에는 아주 실용적인 사람이 많다. 그들이 아이디어플로를 중시하는 이유는 게임에서 이기고 싶기 때문이다. 이 책에 소개한 방법들은 시간과 노력을 요구하지만, 노력이 낭비되는 것은 극도로 줄여준다. 불확실성을 줄여주고 성공 확률을 10배는 높여준다. 만약 이 방법들이 대단한 결과를 내지 못했다면 우리가 자문했던 개인이나 기업이 이 방법을 반복적으로 사용하지 않았을 것이다.

2,000개의 아이디어를 생성하기 위해 시간과 에너지를 투자하는 것은 결코 위험한 전략이 아니다. 문제에 아이디어의 홍수를 퍼붓고 엄격한 검증 프로세스로 걸러내는 것은 새로운 시도에 수반되는 위험을 '줄여' 준다. 세상에서 제일 위험한 전략은 몇 개 되지도 않는 아이디어로 시작해서 상사가 좋아하는

하나로 결정하는 것이다. 그리고 올인하듯 그 아이디어를 대대적으로 추진하는 것이다. 이런 전략은 아마도 대부분의 기업이 채택하고 있겠지만 헬멧 없이 오토바이를 타는 것만큼, 아니 낙하산 없이 스카이다이빙을 하는 것만큼 위험하다.

우리 두 사람은 상상할 수 있는 거의 모든 업종의 분야에서 수천 가지 실험이 진행되는 과정을 처음부터 끝까지 지켜보았다. 그러니 우리 말을 믿어라. 회의실에서 얘기했던 그대로 현실에서 고스란히 펼쳐질 만큼 '확실한' 것은 세상에 거의 없다. 기업의 새로운 전략이나 과대광고된 신제품이 결국 값비싸고 창피하고 실망스러운 실패작으로 끝나는 경우가 그토록 많은 것은 이 때문이다. 대부분의 기업은 시제품이 아니라 완제품을 가지고 세상에서 가장 위험한 실험을 진행한다.

아이디어플로로 다시 돌아가보자. 공식은 아래와 같았다.

$$\frac{\text{아이디어 양}}{\text{시간}} = \text{아이디어플로}$$

아이디어플로가 낮으면 회의실이 조용하다. 눈들이 게슴츠레하고 시간만 흘러간다. 화이트보드에는 평범한 해결책 두어 개가 휘갈겨져 있다. 반면에 아이디어플로가 높으면 힘들이지 않아도, 심지어 즐겁게 놀라운 의견이 쏟아져 나온다. 방 안에 있는 사람들이 한 사람도 빠짐없이 그 상상과 변형과 통합 과정에 온전히 참여한다. 흐름이 열려 있을 때 창의성은 두렵고 귀찮은 일이 아니라 즐거운 게임이 된다. 회사가 그렇게 재미날 수가 없다(정말이다. 경험에서 나온 말이다.). 하지만 필요할 때마다 이렇게 힘들이지 않아도 되는 상태로 손쉽게 진입하려면 연습이 필요하다. 위기가 시작될 때까지 기다리지 마라. 좋을 때나 나쁠 때나 이 책에 나오는 테크닉을 사용하라. 시간이 지나면 새로운 사고방식이 형성될 것이다. 그리고 문제에 더 효과적으로 대처하게 될 것이다.

이 책을 혼자서만 읽어서는 소용이 없을 것이다. 모든 기술이 그렇듯 매뉴얼을 마스터했으면 매뉴얼 책은 버려도 된다. 나만의 창의적 습관을 개발하고 유지하라. 이 책의 테크닉을 활용해 지속적으로 한 차원 높은 결과를 만들어내라. 언젠가 지금을 되돌아보면 옛날에는 어떻게 그런 방법으로 문제를 해결할 수 있었는지 이해가 가지 않을 것이다.

교육을 업으로 삼는 우리 두 사람에게는 누군가 마침내 어떤 걸 이해했을 때만큼 기쁠 때가 없다. '한 번도 창의적이었던 적이 없는' 왜 그런 '군일'을 하는지 이해하지 못했던 궁지에 빠진 어느 매니저가 마침내 빛나는 아이디어로 이 프로세스가 빛을 발하는 것을 봤을 때처럼 말이다. 갑자기 사람들이 100만 가지 아이디어를 뿜어내기 시작한다. "이봐, 이게 돼!" 하지만 이런 변화가 지속되기 위해서는 그 이후가 중요하다. 습관을 유지하고 리더로서 행동으로 모범을 보여주지 못한다면, 나머지 팀원들과 조직 전체로 전파되지 못할 것이다. 다행히 여러분의 창의력을 튼튼하게 유지하는 데는 약간의 유지·관리만 정기적으로 해주면 된다. 다른 건 못하겠다면 '아이디어 할당량 채우기'만이라도 매일 아침 루틴에 포함시켜라. 거기서부터 시작하라.

그동안 숙제를 잘해왔다고 치고 여러분의 아이디어플로를 다시 한번 측정해보자. 종이와 펜을 꺼내라. 1장에 나온 것과 똑같은 과제를 해서 일대일로 비교해볼 것이다. 이메일 수신함에서 회신이 필요한 이메일을 하나 골라라. 2분 동안 제목을 최대한 많이 써보라. 생각하지 말고, 멈추지도 말고, 평가하거나 수정하지도 마라. 그냥 제목을 최대한 빨리 적어라. 진지해도 되고 바보 같아도 된다. 변형 버전도 모두 포함시킨다. 오로지 '양'에만 초점을 맞춰라.

이제 몇 개인지 세어보라. 몇 개의 제목을 만들어냈는가? 처음 시도했을 때와 비교하면 어떤가? 분명히 숫자가 늘었을 것이다. 이 결과는 여러분이 그동안 아이디어플로를 늘리기 위해 투자한 노력에 비례할 것이다. 어떤 식으로든 계속해서 노력하라. 창의적 습관에 더 의도적으로 더 많은 에너지를 투입할수록 다른 문제까지 모두 더 쉽게 해결할 수 있을 것이다. '세상 모든 문제는 아이디어 문제'이기 때문이다. 해결법을 알고 있다면 그건 문제가 아니라 '일'이다.

창의성이 작동하는 원리를 이해하는 것과 직접 실천하는 것은 서로 다른 문제다. 생각과 행동은 별개다. 여러분의 도구 상자를 키울 수만 있다면 무엇이든 하라. 그렇게 해서 아이디어 플로를 한층 높이 끌어올려라. 한 예로, 제러미는 원래 결코 낮잠을 자는 사람이 아니었다. 하지만 이 책을 집필하려고 낮잠의 이점에 관한 증거를 모으고 나서는 기꺼이 실험해볼 의향이 생겼다. 낮잠에 관한 내용은 창의성에 관련된 문헌 전반에 나타난다. 예술가, 과학자, 철학자는 일상적으로 잠들기 직전과 직후의 달라진 상태를 활용해 더 큰 통찰을 얻곤 했다. 낮잠이 흥미로운 효과를 낸다는 점은 분명하다. 에디슨이 오직 낮잠 자는 데만 사용하던 안락의자를 '생각하는 의자'라고 부른 데는 이유가 있다.

최근 제러미가 대형 워크숍에 참석했을 때였다. 12분 후면 수백 명의 청중에게 강연자를 소개해야 하는데, 머릿속이 몽롱해졌다. 제러미는 낮잠을 자기로 하고 타이머를 7분에 맞췄다. 그렇게 되면 정신을 차리고 다시 강연장으로 돌아갈 시간이 5분밖에 남지 않았다. 기분이 좀 이상했지만, 낮잠이라는 걸 한번 시도해보지 않을 이유도 없었다.

히야, 기껏해야 깜빡 잠이 든 수준이었는데도 깨고 나니 디스쿨에서 고민하던 어느 문제에 대한 잠재적 해결책이 번뜩 떠올랐다. '책에 쓴 그대로군'이라고 제러미는 생각했다.

이 글을 쓰는 현재 제러미는 규칙적으로 낮잠을 잔다. 또 생각나는 아이디어는 섣불리 판단하지 않고 모조리 적어두기로 결심하고 포스트잇을 가까이 놓아두고 있다. 기록 원칙은 반드시 지켜야 한다. 잠들기 직전이나 한밤중에 잠이 깼을 때조차 말이다.

그렇다고 해서 제러미가 기록보다는 달콤한 잠을 선택하고 싶은 유혹을 느끼지 않는다는 뜻은 아니다. 얼마 전 밤에는 막 불을 껐는데 어느 문제에 대한 잠재적 해결책이 떠올랐다. 포기하고 그냥 자고 싶은 충동이 먼저 일었다. 그래서 해당 아이디어를 적는 대신 마음속으로 몇 번 되뇌었다. 그렇게 하면 아침에도 분명히 기억이 날 것 같았다. 그렇지만 이내 위선적으로 느껴져 더듬더듬 펜을 찾아 휘갈겨 써두었다.

제러미는 아침에 일어나자마자 그 아이디어가 가장 먼저 생각나자 쾌재를 불렀다. '기억날 줄 알았어! 기록에 대해 그렇게까지 엄격할 필요가 없나 봐.' 그러고 나서 포스트잇에 휘갈겨 놓은 것을 보았다. 그런데 거기에 적힌 것은 '전혀 다른' 아이디어였다. 메모를 확인하지 않았다면 같은 내용이라고 확신했을 것이다. 신기한 일이었다.

페리의 경우에는 이 책을 작업한 덕분에 아날로그적 사고의 가치를 한층 더 확실히 자각하게 됐다. 이제 마트에 가는 것은 더 이상 잡일이 아니라 기회가 됐다. 페리는 마트에 들어가면 우유에 달걀만 사는 게 아니라 '비유'까지 쇼핑한다. 이렇게 탐색 작업을 하면 줄 서기부터 주전자의 물 끓는 걸 기다리는 것까지 그 어떤 짜증 나는 일도 단숨에 기회로 바뀐다. 인내심이 바닥난다 싶으면 페리는 즉각 프레임을 바꾼다. 마음을 짓누르는 문제를 하나 떠올리고 이 순간을 예상치 못한 연관성을 찾을 기회로 삼는다.

혼자 일하는 사람은 없다

우리는 아이디어플로, 즉 그 어떤 문제에 대해서도 참신한 해결책을 생각해내는 능력이 21세기의 비즈니스 지표 중 가장 중요한 것이라고 믿는다. 우리 두 사람이 여러 기업에 자문을 제공한 경험에 비춰보면 혁신 능력은 팀 및 조직의 성공과 직결된다. 따라서 리더는 그 어느 핵심 성과 지표 못지않게 아이디어플로를 면밀히 모니터링해야 한다. 혁신의 프로세스를 그냥 지켜만 보는 것으로는 충분치 않다. 리더라면 프로세스를 개선하고 긍정적 행동에 인센티브를 줄 수 있도록 시간과 노력을 투자해야 한다. 혁신은 시장점유율을 끌어올리고, 이윤을 늘리고, 회복 탄력성을 키워준다. 혁신은 기업이 경쟁 우위에 설 수 있는 최고의 무기다.

창의성에 대한 여러분만의 접근법을 확고히 다졌다면 팀과 조직에도 이런 접근법을 도입해야 한다. 앞서 말했듯 완전히 혼자 일하는 사람은 아무도 없다. 창업가도, 프리랜서도, 소위 '디지털 노마드digital nomad'도 예외가 아니다. 더 큰 포부를 이루고 싶다면 남들과 더불어 혁신하는 능력을 키워야 한다. 따라서 꼭 팀장이나 조직의 리더가 아니더라도 다음에 설명하는 내용은 모든 사람에게 해당된다.

무엇보다 혁신에는 주인의식이 필요하다. 유력한 아이디어가 되느냐, 몽상으로 끝나느냐는 혁신의 순환 고리를 완성하느냐 여부에 달려 있다. 문제를 해결하려고 할 때 회의실에 모인 사람이 몇 명이냐는 중요하지 않다. 다음 회의 때까지 이 문제를 책임지고 챙길 '한 명'이 있어야 한다. 여러분의 팀에 이런 습관이 아직 정착되지 않았다면 이제부터라도 정착시켜라.

어느 문제와 관련해 정보가 불충분할 때 사람들은 보통 어떻게 할까? "다음에 다시 회의를 하시죠." 그러나 새로운 정보가 없다면 결국은 똑같은 얘기밖에 나눌 수 없을 것이다. 해결책에 이르는 길이 좀 더 짧아질 뿐. 이래서 혁신이 자꾸 멈칫거리게 된다.

조직 문화에 이런 습관이 있다면 오늘로 끝내라. 결정된 사항은 끝까지 챙겨야 한다는 걸 프로세스에 각인시키고 늘 주시하라. 모든 구성원이 주인의식을 갖게 하려면 끊임없이 반복하고 강조해야 한다. 팀원들이 같은 문제를 또다시 논의하자고 하면 브레이크를 걸어라. 다음번에는 지금과 '다른' 대화를 나누려면 어떤 데이터가 필요한지 명확히 이야기하라. 그런 다음 해당 데이터를 수집할 사람을 정하고 권한을 주어라. 물론 그 데이터가 현장 실험을 통해 나온 것이라면 가장 좋을 것이다.

앞서 10장에서 페어차일드 반도체 경영진이 꽃집을 방문한 일을 기억할 것이다. 공급망의 투명성과 관련된 그 논의 덕분에 경영진은 유통업체들과 정보를 공유한다는 아이디어를 얻었다. 심지어 난초에도 적용할 수 있는 방법이었으니 말이다. 당시 누군가 이 아이디어를 냈을 때 공기가 달라지는 게 느껴졌다. 거기 있던 모든 사람이 이 방법이면 페어차일드의 소형 고객사에도 도움이 되리라고 직감했다.

문제는 유통업체들이 이런 협약에 동의해줄까 하는 점이었다. 이 빠진 정보가 채워지지 않으면 페어차일드 반도체는 더 이상 앞으로 나아갈 수 없었다. "아이고, 시간이 벌써 이렇게 됐네. 10분 뒤면 다음 회의 시작이에요." 누군가 긴장 상태를 깨고 이 문제를 다음 회의로 미뤄버리기 전에, COO 비제이 울랄Vijay Ullal이 말했다.

"이 문제는 누가 맡을까요?"

울랄은 유통업체에 연락해 정보를 공유할 수 있는지 알아볼 사람을 정했다. 그런 다음 연락 결과를 공유하면서 이 문제만 검토하게 될 다음번 회의 날짜를 정했다. 후속 회의가 실제로 열렸을 때 이 문제를 챙기기로 했던 사람은 새롭게 알게 된 내용을 전달했다. "유통사 열 곳에 이메일을 보냈는데 다섯 곳이 동의했고, 나머지 다섯 곳은 다음과 같은 세 가지 우려 사항을 이야기했습니다."

그러면 이제 새롭게 논의할 사항이 생겼다. 동의하지 않은 사람들의 우려 사항 말이다. 챙기기로 한 사람이 있었기 때문에 해당 아이디어는 이제 실험으로 변했다. 그리고 그 실험은 새로운 사내 프로세스로 진화했다. 이 프로세스는 페어차일드 반도체의 소형 고객사들의 고객 경험을 극적으로 향상시켰다. 처음의 문제가 해결된 것이다.

페어차일드 반도체의 COO는 이 아이디어가 그대로 사장死

藏되게 두지 않았다. COO는 그 자리에서 책임자를 정하고, 다음번 단계를 진행할 일정을 잡았다. 이는 여러 사람이 함께 일할 때 중요한 습관이다. 모든 문제에는 '책임자'가 필요하다. 그 책임자는 다른 이해 관계자들과 함께 해당 계획에 동의해야 한다. 어떤 단계를 거칠 것인가? 어떤 테스트를 진행할 것인가? 결과는 언제 검토하고 이후의 진행 방향은 언제 결정할 것인가? 혁신에 대한 진심이 부족할 때 자주 그러듯, 새롭게 알게 된 사항을 의사 결정자와 함께 검토하지 않는다면 실험은 무용지물이다. 언제나 구체적으로 시간을 정해 후속 논의를 하라. 일을 진행하는 데 필요한 사람을 모두 논의에 포함시켜라. 그 회의를 너무 먼 미래로 미루지 마라. 뭐가 되었든 당장 작게라도 한 단계 나아가기 위해 필요한 정보가 무엇인지 판단하라. 그런 다음 다시 뒤로 돌아가 그 정보를 얻으려면 책임자에게 시간이 어느 정도 필요할지 결정하라.

책임자를 정할 때는 그에 상응하는 다른 업무를 덜어주어야 한다. 처음 해보는 일은 쉽지 않다. 기존 업무나 일상 업무를 하는 것보다 훨씬 더 많은 시간과 에너지, 자원이 필요하다. 회의를 끝내기 전에 그 사람이 여력을 확보할 수 있도록 이제부터 중단하거나 다른 사람에게 넘겨줄 일을 결정하라. 마찬가지로 책임자에게는 프로젝트를 추진하는 데 필요한 권한과 자원을 주어라. 다 함께 동의해서 맡는 일에 대해 다시 승인을 구하기 위해 이해관계자를 소집할 필요 없다.

아마존에서는 이런 원칙을 논리적 극단까지 밀어붙인다. 하나의 솔루션을 추진할 때는 '단 한 명의 리더'가 '100퍼센트 전담하고 책임'지는 것이다. 아마존 웹 서비스Amazon Web Services에서 사업 전략을 담당하는 톰 고든Tom Godden은 이렇게 썼다. '새로운 전략적 시도를 망치는 가장 확실한 방법은 그 일을 누군가의 부업으로 만드는 것이다. 그런데도 사람들은 아직도 이 방법을 선호하는 듯하다. CIO(최고 정보 책임자)가 새로운 전략적 시도가 중요하다고 선언해도, 그 일을 처음부터 끝까지 챙길 권한을 받은 사람이 아무도 없다. 모두가 나 말고 다른 누군가가 그 일을 할 거라고 생각한다. 그렇기 때문에 단일의 리더가 필요하다.'[1] 여러분이 누군가를 특정 문제 하나에만 올인할 수 있게 만들어줄 권한까지는 없다고 하더라도, 최소한 그 사람이 해결책을 추진할 수 있게 어느 정도의 여력은 확보해주어야 한다.

렌드리스의 혁신 팀장 재스나 심스Jasna Sims는 직원들이 아이디어를 추진하는 데만 집중할 수 있게 공식적으로 여력을 확보해주는 방법으로 '탐색 기간'이라는 것을 정착시켰다. 만약 여러분의 조직에 비슷한 것이 없다면 한번 만들어보라. 사람들은 시간이 있어야 뭔가를 시도해볼 수 있다. 직원들에게 시간이 없으면 돌파구도 마련되지 않을 것이다. 여러분의 미래가 달린 일이다.

당신은 팀의 창의성을 끌어올리는 리더인가

프로젝트에 일찍 개입할수록 결과물에 더 큰 영향을 미칠 수 있다. 당연한 얘기 아니겠는가? 그런데도 대부분의 조직에서 리더는 중요한 사항이 어느 정도 결정된 후에야 프로젝트에 참여한다. 만약 여러분의 회사도 그렇다면 오늘 당장 바꿔라. 혁신 과정에 최대한 일찍 참여하라.

이는 아직 완성되지 않은 업무나 겨우 형태만 갖춰진 아이디어도 서로 공유하는 것을 표준으로 만든다는 뜻이다. 앞서 이야기했던 픽사의 데일리즈 미팅을 떠올려보라. 만약 직원들에게 완벽하게 정리된 상태를 요구한다면, 가장 효과적으로 참여할 수 있는 시점이 이미 지나버린 후에야 뭐라도 구경할 수 있을 것이다.

팀이나 조직의 리더로서 혁신을 효과적으로 추진하고 싶다면 다음 질문에 스스로 답해보라.

1. 팀이나 조직에 혁신과 관련된 지표가 있는가?

새로운 아이디어가 제품이나 서비스, 솔루션으로 발전하는 비율을 알아보고 있는가? 해당 지표에 따라 보상이나 인센티브가 주어지는가? 창의적 문제 해결을 위해 위험을 부담하는 것과 관련한 지표가 없다면, 혁신이 회사의 다른 핵심 기능(세일즈나 고객 서비스 등)만큼 높은 가치를 인정받지 못하고 있다는 명확한 신호다.

2. 창의적 행동의 모범을 보이고 있는가?

당신은 창의적인 습관을 꾸준히 실천하고 있는가? 아웃풋을 만들어내기 전에 인풋을 찾아다니는가? 실험을 통해 걸러내기 전에 아이디어부터 많이 생성하자고 주장하는가? 말하는 내용을 실천하지 않는다면 남들에게 전파되지 않을 것이다.

3. 새로운 아이디어를 그저 환영하는 수준이 아니라 새로운 아이디어가 반드시 필요한 사업 전략을 짜는가?

전략적 차원에서 새로운 아이디어가 필요하다는 사실조차 인정하지 않는다면, 어서 시대에 뒤지게 해달라고 비는 것이나 마찬가지다.

4. 직원들이 다른 방식으로 일할 여지를 주는가? 평소의 업무 말고 아이디어를 탐색할 여유를 만들어주는가?

모든 직원이 어느 정도는 자신의 시간과 에너지를 탐색이나 실험에 사용할 수 있는가? 당장 필요한 일 때문에 미래의 아이디어가 위태로워지지 않도록 보호 장치가 마련되어 있는가?

5. 실패한 혁신에 참여했던 이력이 해당 직원의 커리어에 도움이 되는가, 마이너스가 되는가?

"우리는 엑스x를 실패해도 안전한 곳으로 만들기 위해 열심히 노력하고 있습니다." 구글 모회사 알파벳Alphabet의 연구 개발 시설 '엑스'의 수장 아스트로 텔러Astro Teller가 테드TED 강연에서 한 말이다. "우리 직원들은 아니라는 증거가 확보되면 곧장 그 아이디어를 폐기합니다. 보상을 받고 동료들에게 찬사를 받을 테니까요. 상사가, 특히 제가 안아주고 하이파이브를 해줄 테니까요. 우리는 그걸로 승진을 합니다. 엑스에서는 프로젝트가 종료되면 모든 팀원에게 보너스를 줍니다."[2]

텔러가 이렇게 하는 것은 엑스의 모든 직원에게 메시지를 전하기 위해서다. '혁신을 실험하는 과정에서 개인적으로 실패했다고 생각되더라도 잊어버려라.' 원대한 꿈을 가졌다가 실패한 다손 치더라도, 그로 인해 더 많은 탐색의 기회가 생겼다면 머지않아 수많은 혁신이 등장할 것이다. 여러분의 회사에도 실패를 축하하는 절차가 있는가?

6. 답을 찾기 위해 사람들이 당신을 찾아오는가?

리더의 임무는 직원들이 스스로 답을 찾을 수 있게 힘을 실어주는 것이다. 노하우를 알려줘라. 그래야 리더가 병목현상을 유발하는 게 아니라 팀의 힘을 증폭시킬 수 있다. 방법을 알려주고 스스로 답을 찾게 하라.

미쉐린의 필리프 바로드는 처음부터 혁신을 '회사가 돌아가기 위해 필요한 또 다른 힘'이라고 설명하려고 했다. 혁신에는 투자가 필요하다. 시간, 돈, 에너지가 필요하다. 바로드의 경우에는 이 투자를 정당화할 때 '지금 약간의 손해를 보는 대신 미래의 리스크를 줄인다'는 논리로 설명하는 게 가장 효과 있었다. 미쉐린은 회사가 지금의 위치에서 미래에 그들이 바라는 위치로 가는 데 고객 혁신 연구소가 큰 역할을 해주기를 기대하고 있다.

로지텍의 CEO 브래컨 대릴은 늘 '씨앗/화분/나무'라는 단순한 틀을 이용해 회사가 성장을 멈추지 않게 노력한다. 실제로 로지텍은 오랫동안 어마어마한 속도로 성장해왔다. 씨앗이란 지금 탐색하고 있는 새로운 트렌드와 기회다. 화분은 적극적으로 키우고 있는 새로운 비즈니스이고, 나무는 이미 다 성장한 사업이다. 대럴이 처음에 이렇게 틀을 짰을 때는 열 가지 이상의 씨앗이 있었고, 각 씨앗 사업의 리더는 대럴에게 직접 보고했다. 이후 회사가 성장하면서 씨앗 사업들의 리더는 분야별 사업 수장에게 보고하는 체제로 바뀌었다. 분야별 수장으로서는 본인의 핵심 사업 말고 이런 씨앗 사업에 적절한 자금을 지원하는 게 쉬운 일은 아니다. 대럴은 "지금까지는 다들 잘하고 있어요"라고 말한다. 지금의 사업과 미래를 위한 혁신 사이에 균형을 잡는 게 쉽지는 않지만, 노력할 가치가 있는 일은 원래 쉽지 않은 법이다.

대럴은 이렇게 말한다. "이 씨앗 사업들은 대부분 실패합니다. 그렇지만 제가 단념하기 전까지는 절대 포기하지 않아요." 마찬가지로 대럴은 '꾸준히 가지치기'를 하는 데도 신경 쓴다. 가지치기를 할 때는 실패를 축하하며, 직원들에게 보너스도 주고, 승진시켜서 다른 씨앗이나 화분, 나무 사업으로 보내기도 한다. "어느 씨앗 사업에 참여하는 게 그 사람의 커리어를 제한하는 것처럼 보이면 안 되니까요." 대럴의 말이다.

우리가 새로운 테크닉을 소개하면 누군가는 꼭 이렇게 말한다. "제가 늘 써왔던 방법이에요. 그런데 남들은 도저히 설득이 안 되더라고요. 저에게는 분명히 효과가 있는데 말이에요." 동료들에게 설명할 방법은 많다. "나 좀 믿어줘. 바보같이 느껴질지 몰라도 이렇게 한번 해봐. 그러면 더 창의적이 될 수 있어."

나만의 방법을 동료들에게 소개하면서 이런 내부 저항에 부딪혀본 적이 있다면, 이 책이 여러분의 설명을 돕는 자료가 되길 바란다. 여러분이 사용하는 창의적 접근법의 기본 원리를 설명하고, 그 설명을 뒷받침하는 연구 결과 및 사례를 제시하는 데 쓰이길 바란다. 많은 경우 사람들은 대학교수 2명이 쓴 책을 보기 전까지는 창의적 습관을 받아들이는 데 저항한다. 자, 여기 있다. 별말씀을.

스탠퍼드대학교 교수임에도 우리 역시 이런 테크닉을 소개하면 많은 저항에 부딪힌다. 그럴 때 우리는 어떤 방법을 쓸까? 권위의 무게나 실제 사례 증거로도 설득이 안 되면 보통은 통계 몇 가지나 논문을 들이대면 통한다. 하지만 여러분에게 꼭 필요한 것은 사람들이 무언가를 한 번만 시도해보게 만드는 것이다. 그 어떤 정식 연구보다 결과로 보여주는 게 더 설득력 있다. 이 책을 이용해 사람들이 한번 시도해보게 만들어라.

뭐가 되었든 여러분의 목표는 창의성에 관련된 팩트를 잔뜩 암기하는 게 아니라 본인의 창의력을 키우는 것이다. 그렇다면 각종 테크닉을 아는 데서 그치지 않고, 창의성이 막힌 부분을 진단하는 방법이나 도구 상자에서 어떤 도구를 꺼내 써야 할지도 알아야 한다. 지금은 확산적 사고를 해야 할 때인가, 수렴적 사고를 해야 할 때인가? 지금 당장 더 좋은 솔루션을 찾아봐야 하는가, 아니면 더 좋은 문제부터 먼저 찾아 나서야 하는가? 창의력은 연습을 통해 큰다. 그러니 계속 연습하라. 시간이 지나면 매번 딱 맞는 툴을 고를 수 있을 것이다.

창의성이 작동하는 방식은 모든 사람의 뇌에서 거의 동일하게 적용된다. 그렇지만 모든 학생의 창의성을 개발해줄 정식 교과과정이 없는 상황에서, 우리는 각자 시행착오를 통해 문제 해결에 대한 나만의 접근법을 터득하는 수밖에 없다. 어떤 것은 효과가 있고, 어떤 것은 없겠지만, 이 둘을 구분하기는 어렵다. 우리가 이 책에서 설명한 내용이 여러분에게 논리적이고 기억할 만한 체계를 제공했다면 좋겠다. 그 체계가 여러분이 선호하는 방법을 인증해줌과 동시에 여러분의 무기고에 새롭고 강력한 테크닉을 추가해주었기를 바란다. 다음번에 새로운 문제가 대두되어 여러분이 또다시 두려운 마음이 들었을 때는 이것들이 기억날 것이다. 정확히 무엇(수많은 아이디어)이 필요하고, 어디서 그걸 구할 수 있는지 알 수 있을 것이다.

이 책이 가치 있다고 생각한다면 친구나 동료, 심지어 경쟁자와도 공유하길 바란다. 창의성이란 우리 각자가 자기 안에 숨어 있는 최고의 모습을 끌어내 모두를 위해 더 좋은 세상을 만드는 방법이다. 혁신에 통용되는 공용어가 있다면 서로 소통하고 조율하는 과정이 훨씬 더 쉬울 테고, 다 함께 획기적이고 창의적인 결과물을 만들어낼 수 있을 것이다. 시작하자.

인트로. 지금 당신의 조직에 창의성의 핵분열이 절실하다면

1. Jeff Bezos, *Invent and Wander: The Collected Writings of Jeff Bezos* (Boston: Harvard Business Press, 2020).

2. Tim Appelo, "How a Calligraphy Pen Rewrote Steve Jobs' Life", *Hollywood Reporter* (blog), October 14, 2011, www.hollywoodreporter.com/business/digital/steve-jobs-death-apple-calligraphy-248900.

1장. 세상의 모든 문제는 아이디어 문제다

1. Victor Hugo, *The History of a Crime* (Tavistock, UK: Moorside Press, 2013).

2. Brad Stone, *The Everything Store: Jeff Bezos and the Age of Amazon* (New York: Back Bay Books, 2014).

3. Arnaldo Camuffo, Alessandro Cordova, Alfonso Gambardella, and Chiara Spina, "A Scientific Approach to Entrepreneurial Decision-Making: Evidence from a Randomized Control Trial", *Management Science* 66, no. 2 (February 2020): 564-86, https://doi.org/10.1287/mnsc.2018.3249.

4. Amy C. Edmondson, "Strategies for Learning from Failure", *Harvard Business Review*, April 2011, https://hbr.org/2011/04/strategies-for-learning-from-failure.

5. Nicholas Bloom et al., "Are Ideas Getting Harder to Find?", *American Economic Review* 110, no. 4 (April 2020): 1104-44, https://doi.org/10.1257/aer.20180338.

2장. 아이디어풀로 늘리기의 첫걸음

1. Maria Popova, "How Steinbeck Used the Diary as a Tool of Discipline, a Hedge Against Self-Doubt, and a Pacemaker for the Heartbeat of Creative Work", *Brain Pickings* (blog), March 2, 2015, www.brainpickings.org/2015/03/02/john-steinbeck-working-days.

2. Alan William Raitt, *Gustavus Flaubertus Bourgeoisophobus: Flaubert and the Bourgeois Mentality* (New York: P. Lang, 2005).

3. Paula Alhola and Päivi Polo-Kantola, "Sleep Deprivation: Impact on Cognitive Performance", *Neuropsychiatric Disease and Treatment* 3, no. 5 (October 2007): 553-67.

4. Alli N. McCoy and Yong Siang Tan, "Otto Loewi (1873-1961): Dreamer and Nobel Laureate", *Singapore Medical Journal* 55, no. 1 (January 2014): 3-4, https://doi.org/10.11622/smedj.2014002.

5. Ut Na Sio, Padraic Monaghan, and Tom Ormerod, "Sleep on It, but Only if It Is Difficult: Effects of Sleep on Problem Solving", *Memory & Cognition* 41, no. 2 (February 2013): 159-66, https://doi.org/10.3758/s13421-012-0256-7.

6. Alhola and Polo-Kantola, "Sleep Deprivation."

7. Franziska Green, "In the 'Creative' Zone: An Interview with Dr. Charles Limb", *Brain World* (blog), August 22, 2019, https://brainworldmagazine.com/creative-zone-interview-dr-charles-limb.

8. Gabriel A. Radvansky, Sabine A. Krawietz, and Andrea K. Tamplin, "Walking Through Doorways Causes Forgetting: Further Explorations", *Quarterly Journal of Experimental Psychology* 64, no. 8 (August 1, 2011): 1632-45, https://doi.org/10.1080/17470218.2011.571267.

9. Mason Currey, ed., *Daily Rituals: How Artists Work* (New York: Knopf, 2013).

10. David Lynch, *Catching the Big Fish: Meditation, Consciousness, and Creativity*, 10th anniversary ed. (New York: TarcherPerigee, 2016).

11. Diane Coutu, "Ideas as Art", *Harvard Business Review*, October 1, 2006, https://hbr.org/2006/10/ideas-as-art.

3장. 아이디어가 쏟아지는 팀의 비밀

1. Kevin Kelly, "99 Additional Bits of Unsolicited Advice", *The Technium* (blog), April 19, 2021, https://kk.org/thetechnium/99-additional-bits-of-unsolicited-advice.

2. Michael Diehl and Wolfgang Stroebe, "Productivity Loss in Brainstorming Groups: Toward the Solution of a Riddle", *Journal of Personality and Social Psychology* 53 (September 1, 1987): 497-509, https://doi.org/10.1037/0022-3514.53.3.497.

3. Runa Korde and Paul B. Paulus, "Alternating Individual and Group Idea Generation: Finding the Elusive Synergy", *Journal of Experimental Social Psychology* 70 (May 1, 2017): 177-90, https://doi.org/10.1016/j.jesp.2016.11.002.

4. A. W. Kruglanski and D. M. Webster, "Motivated Closing of the Mind: 'Seizing' and 'Freezing'", *Psychological Review* 103, no. 2 (April 1996): 263-83, https://doi.org/10.1037/0033-295x.103.2.263.

5. Dean Keith Simonton, "Creative Productivity: A Predictive and Explanatory Model of Career Trajectories and Landmarks", *Psychological Review* 104, no. 1 (1997): 66-89, https://doi.org/10.1037/0033-295X.104.1.66.

6. Robert I. Sutton, *Weird Ideas That Work: 11½ Practices for Promoting, Managing, and Sustaining Innovation*, illustrated ed. (New York: Free Press, 2002).

7. J. Bennett, "Behind the Scenes in Taco Bell's Insane Food Development Lab", *Thrillist*, March 2, 2017, www.thrillist.com/eat/nation/taco-bell-insane-food-development-lab.

8. Madison Malone-Kircher, "James Dyson on the 5,126 Vacuums That Didn't Work and the One That Finally Did", *The Vindicated* (blog), November 26, 2016, https://nymag.com/vindicated/2016/11/james-dyson-on-5-126-vacuums-that-didnt-work-and-1-that-did.html.

9. Frank Lewis Dyer and Thomas Commerford Martin, E*dison: His Life and Inventions* (original pub: New York: Harper & Brothers, 1910; Frankfurt: Outlook, 2019), 368.

10. Brian J. Lucas and Loran F. Nordgren, "The Creative Cliff Illusion", *Proceedings*

of the National Academy of Sciences 117, no. 33 (August 18, 2020): 19830-36, https://doi.org/10.1073/pnas.2005620117.

11. Amos Tversky and Daniel Kahneman, "Judgment under Uncertainty: Heuristics and Biases", *Science* 185, no. 4157 (1974): 1124-31, https://doi.org/10.1126/science.185.4157.1124.

12. Justin Berg, "The Primal Mark: How the Beginning Shapes the End in the Development of Creative Ideas", *Organizational Behavior and Human Decision Processes* 125 (September 2014): 1-17, www.sciencedirect.com/science/article/pii/S0749597814000478.

13. Merim Bilalić, Peter McLeod, and Fernand Gobet, "Why Good Thoughts Block Better Ones: The Mechanism of the Pernicious Einstellung (Set) Effect", *Cognition* 108, no. 3 (September 2008): 652-61, https://doi.org/10.1016/j.cognition.2008.05.005.

4장. 최고의 아이디어를 가려낼 검증 프로세스

1. Richard Feynman, *The Character of Physical Law*, with new foreword (Cambridge, MA, and London: MIT Press, 2017).

2. Laura Sky Brown, "GM's Car-Sharing Service, Maven, Shuts Down After Four Years", *Car and Driver*, April 22, 2020, www.caranddriver.com/news/a32235218/gm-maven-car-sharing-closes.

3. Justin M. Berg, "When Silver Is Gold: Forecasting the Potential Creativity of Initial Ideas", *Organizational Behavior and Human Decision Processes* 154 (September 2019): 96-117, https://doi.org/10.1016/j.obhdp.2019.08.004.

4. Tim Ferriss, "Sir James Dyson-Founder of Dyson and Master Inventor on How to Turn the Mundane into Magic", September 2, 2021, in *The Tim Ferriss Show* (podcast), 1:35:57, https://tim.blog/2021/09/02/james-dyson.

5. Zachary Crockett, "The Secretary Who Turned Liquid Paper into a Multimillion-Dollar Business", *The Hustle*, April 23, 2021, https://thehustle.co/the-secretary-who-turned-liquid-paper-into-a-multimillion-dollar-business.

5장. 시장의 목소리를 이끌어내는 테스트 설계하기

1. Corita Kent and Jan Steward, *Learning by Heart*, 2nd ed. (New York: Allworth Press, 2008).

2. Michael Leatherbee and Riitta Katila, "The Lean Startup Method: Early-Stage Teams and Hypothesis-Based Probing of Business Ideas", *Strategic Entrepreneurship Journal* 14, no. 4 (December 2020): 570-93, https://doi.org/10.1002/sej.1373.

3. Tom Wujec, "Build a Tower, Build a Team", February 2010, TED2010, Long Beach, CA, TED video, 6:35, www.ted.com/talks/tom_wujec_build_a_tower_build_a_team/transcript.

4. Phil Knight, *Shoe Dog: A Memoir by the Creator of Nike* (New York: Scribner, 2016).

5. Nathan Chan, "How Henrik Werdelin Built a 9-Figure Subscription Box Business for Dogs", June 9, 2020, in *Foundr* (podcast), 1:05:37, https://foundr.com/articles/podcast/henrik-werdelin-barkbox.

6장. 온 세상을 실험실로 만들어라

1. Robert Grudin, *The Grace of Great Things: Creativity and Innovation* (Boston: Mariner Books, 1991).

2. *2021 Alzheimer's Disease Facts and Figures* (Chicago: Alzheimer's Association, 2021), 18-19, www.alz.org/media/documents/alzheimers-facts-and-figures.pdf.

3. "Peloton: Child Killed in 'Tragic' Treadmill Accident", BBC News, March 18, 2021, www.bbc.com/news/business-56451430.

7장. 신선한 시각을 발굴해줄 여덟 가지 도구들

1. Oliver Wendell Holmes, *The Poet at the Breakfast-Table* (Boston: James R. Osgood and Company, 1872).

2. David Rock and Heidi Grant, "Why Diverse Teams Are Smarter", *Harvard Business Review*, November 4, 2016, https://hbr.org/2016/11/why-diverse-teams-are-smarter.

3. Ashton B. Carter, *Managing Nuclear Operations* (Washington, D.C.: Brookings Institution, 1987).

4. Ellen McGirt, "How Nike's CEO Shook Up the Shoe Industry", *Fast Company*, September 1, 2010, www.fastcompany.com/1676902/how-nikes-ceo-shook-shoe-industry.

5. Clayton M. Christensen, Scott Cook, and Taddy Hall, "Marketing Malpractice: The Cause and the Cure", *Harvard Business Review*, December 1, 2005, https://hbr.org/2005/12/marketing-malpractice-the-cause-and-the-cure.

6. Helmuth Graf von Moltke, *Moltkes m-ilitärische Werke: Die Thätigkeit als Chef des Generalstabes der Armee im Frieden* (Hamburg: E. S. Mittler, 1900).

7. Martin Ruef, "Strong Ties, Weak Ties and Islands: Structural and Cultural Predictors of Organizational Innovation", *Industrial and Corporate Change* 11 (June 1, 2002): 427–49, https://doi.org/10.1093/icc/11.3.427.

8. Richard P. Feynman, *"Surely You're Joking, Mr. Feynman!"*: *Adventures of a Curious Character* (New York, London: W. W. Norton, 1997).

9. Jon Gertner, *The Idea Factory: Bell Labs and the Great Age of American Innovation* (New York: Penguin Books, 2012).

10. James W. Cortada, "Building the System/360 Mainframe Nearly Destroyed IBM", *IEEE Spectrum*, April 5, 2019, https://spectrum.ieee.org/building-the-system360-mainframe-nearly-destroyed-ibm.

11. Ben R. Rich, *Skunk Works: A Personal Memoir of My Years at Lockheed* (New York: Little, Brown, 1996).

12. Kevin Dunbar, "How Scientists Think: On-line Creativity and Conceptual Change in Science", *in The Nature of Insight*, ed. Robert J. Sternberg and Janet E. Davidson (Boston: MIT Press, 1997), 461.

13. Gertner, *Idea Factory*.

14. Ed Catmull and Amy Wallace, *Creativity, Inc.: Overcoming the Unseen Forces That Stand in the Way of True Inspiration* (New York: Random House, 2014).

8장. 코앞에 숨어 있는 비상한 아이디어 알아채기

1. Isaac Asimov, "Isaac Asimov Asks, 'How Do People Get New Ideas?': A 1959 Essay by Isaac Asimov on Creativity", *MIT Technology Review*, October 20, 2014,

www.technologyreview.com/2014/10/20/169899/isaac-asimov-asks-how-do-people-get-new-ideas.

2. Christopher Chabris and Daniel Simons, *The Invisible Gorilla: How Our Intuitions Deceive Us* (New York: Harmony, 2011).

3. Taiichi Ohno, "Ask 'Why' Five Times About Every Matter", Toyota Myanmar, March 2006, www.toyota-myanmar.com/about-toyota/toyota-traditions/quality/ask-why-five-times-about-every-matter.

4. Ed Catmull and Amy Wallace, *Creativity, Inc.: Overcoming the Unseen Forces That Stand in the Way of True Inspiration* (New York: Random House, 2014).

5. Jennifer L. Roberts, "The Power of Patience", *Harvard Magazine*, October 15, 2013, www.harvardmagazine.com/2013/11/the-power-of-patience.

9장. 의도적이고 전략적으로 호기심 관리하기

1. John Dewey, *Logic: The Theory of Inquiry* (New York: Henry Holt, 1938).

2. Corita Kent and Jan Steward, *Learning by Heart* (New York: Allworth Press, 2008).

3. Joe Fig, *Inside the Painter's Studio* (Princeton, NJ: Princeton Architectural Press, 2012).

4. MasterClass, "Dare to Suck", January 9, 2020, Facebook video, 1:04, www.facebook.com/watch/?v=2544715345762983.

5. Jennifer George, ed., *The Art of Rube Goldberg: (A) Inventive (B) Cartoon (C) Genius* (New York: Harry N. Abrams, 2013).

6. Gabrielle S. Adams, Benjamin A. Converse, Andrew H. Hales, and Leidy E. Klotz, "People Systematically Overlook Subtractive Changes", *Nature* 592 (2021): 258-61, https://doi.org/10.1038/s41586-021-03380-y.

7. Nature Video, "Less Is More: Why Our Brains Struggle to Subtract", April 7, 2021, YouTube video, 6:19, https://www.youtube.com/watch?v=1y32OpI2_LM.

8. Nolan Bushnell and Gene Stone, *Finding the Next Steve Jobs: How to Find, Keep, and Nurture Talent* (New York: Simon & Schuster, 2013).

10장. 창의성의 충돌을 유발하라

1. Morten Friis-Olivarius, "Stimulating the Creative Brain", June 20, 2018, TEDxOslo, Oslo, YouTube video, 14:00, www.youtube.com/watch?v=hZCcVk8-RVQ.

2. Arthur Koestler, *The Act of Creation* (London: Hutchinson, 1964).

3. *Inspirations*, directed by Michael Apted (Clear Blue Sky Productions, 1997), 1:36.

4. Robert S. Root-Bernstein, Maurine Bernstein, and Helen Garnier, "Correlations Between Avocations, Scientific Style, Work Habits, and Professional Impact of Scientists", *Creativity Research Journal* 8, no. 2 (April 1, 1995): 115-37, https://doi.org/10.1207/s15326934crj0802_2.

5. Marily Oppezzo and Daniel L. Schwartz, "Give Your Ideas Some Legs: The Positive Effect of Walking on Creative Thinking", *Journal of Experimental Psychology: Learning, Memory, and Cognition* 40, no. 4 (2014): 1142-52, https://doi.org/10.1037/a0036577.

6. Walter Isaacson, *Steve Jobs* (New York: Simon & Schuster, 2021).

7. Edward de Bono, *Lateral Thinking: Creativity Step by Step* (New York: HarperCollins, 2010).

8. Chip Bayers, "The Inner Jeff Bezos", *Wired*, March 1, 1999, www.wired.com/1999/03/bezos-3.

11장. 엉킨 머릿속을 정리하는 방법

1. David Ogilvy, *Confessions of an Advertising Man* (1963; repr., Harpenden, UK: Southbank, 2013).

2. James Webb Young, *A Technique for Producing Ideas* (Victoria, BC: Must Have Books, 2021).

3. Walter Isaacson, *Einstein: His Life and Universe* (New York: Simon & Schuster, 2008).

4. Mason Currey, *Daily Rituals: Women at Work* (New York: Knopf, 2019).

5. Dean Keith Simonton, *Origins of Genius: Darwinian Perspectives on Creativity* (Oxford: Oxford University Press, 1999).

6. Howard E. Gruber, "The Evolving Systems Approach to Creative Work", *Creativity Research Journal* 1, no. 1 (December 1988): 27-51, https://doi.org/10.1080/10400418809534285.

7. Greg Bernhardt, "Interview with Theoretical Physicist Garrett Lisi", *Physics Forums Insights* (blog), March 12, 2016, www.physicsforums.com/insights/interview-theoretical-physicist-garrett-lisi.

8. Steven Johnson, "Dan Pink Has a Folder for That Idea", *Medium* (blog), January 31, 2018, https://medium.com/s/workflow/dan-pink-has-a-folder-for-that-idea-84252c35ddb.

9. Benjamin Baird et al., "Inspired by Distraction: Mind Wandering Facilitates Creative Incubation", *Psychological Science* 23, no. 10 (October 2012): 1117-22, https://doi.org/10.1177/0956797612446024.

10. Jon Gertner, *The Idea Factory: Bell Labs and the Great Age of American Innovation* (New York: Penguin Books, 2012).

11. Amanda Gardner, "'Power Naps' May Boost Right-Brain Activity", *CNN Health*, October 17, 2012, www.cnn.com/2012/10/17/health/health-naps-brain/index.html.

12. Hiuyan Lau, Sara E. Alger, and William Fishbein, "Relational Memory: A Daytime Nap Facilitates the Abstraction of General Concepts", *PLOS ONE* 6, no. 11 (November 16, 2011): e27139, https://doi.org/10.1371/journal.pone.0027139.

13. "Might Lefties and Righties Benefit Differently from a Power Nap?", *Georgetown University Medical Center* (blog), December 11, 2013, https://gumc.georgetown.edu/news-release/people-who-like-to-nap.

14. Brian Grazer and Charles Fishman, *A Curious Mind: The Secret to a Bigger Life* (New York: Simon & Schuster, 2016).

15. Tim Ferriss, "Joyce Carol Oates-A Writing Icon on Creative Process and Creative Living", February 10, 2021, in *The Tim Ferriss Show* (podcast), 1:13:00, https://podcasts.apple.com/us/podcast/497-joyce-carol-oates-writing-icon-on-creative-process/id863897795?i=1000508500903.

16. "Paul Simon on His Writing Process for 'Bridge over Troubled Water'", *The Dick Cavett Show*, uploaded January 27, 2020, YouTube video, 10:45, www.youtube.com/watch?v=qFt0cP-klQI&t=143s, originally aired April 9, 1970, *The Dick Cavett Show*.

결론. 아이디어를 홍수처럼 쏟아내라

1. Tom Godden, "Two-Pizza Teams Are Just the Start, Part 2: Accountability and Empowerment Are Key to High-Performing Agile Organizations", *AWS Cloud Enterprise Strategy* (blog), March 18, 2021, https://aws.amazon.com/blogs/enterprise- strategy/two-pizza-teams-are-just-the-start-accountability-and-empowerment-are-key-to-high-performing-agile-organizations-part-2.
2. Astro Teller, "The Unexpected Benefit of Celebrating Failure", TED2016, February 2016, Vancouver, TED video, 15:24, www.ted.com/talks/astro_teller_the_unexpected_benefit_of_celebrating_failure.

Ideaflow

옮긴이 **이지연**

서울대학교 철학과를 졸업 후 삼성전자 기획팀, 마케팅팀에서 일했다. 현재 전문 번역가로 활동 중이다. 옮긴 책으로는 『시작의 기술』, 『돈의 심리학』, 『결심이 필요한 순간들』, 『인간 본성의 법칙』, 『수도자처럼 생각하기』, 『룬샷』, 『아이디어 불패의 법칙』, 『제로 투 원』, 『위험한 과학책』, 『평온』, 『다크 사이드』, 『포제션』 외 다수가 있다.

스탠퍼드대 디스쿨의 조직 창의성 증폭의 과학

아이디어 물량공세

초판 1쇄 발행 2024년 4월 5일

지은이 제러미 어틀리, 페리 클레이반
옮긴이 이지연

발행인 이봉주 **단행본사업본부장** 신동해
편집장 김예원 **책임편집** 김보람 **편집** 조승현
교정 이정현 **디자인** 초코북 **조판** 데시그
마케팅 최혜진 신예은 **홍보** 송임선
국제업무 김은정 김지민 **제작** 정석훈

브랜드 리더스북
주소 경기도 파주시 회동길 20
문의전화 031-956-7363(편집) 031-956-7087(마케팅)
홈페이지 www.wjbooks.co.kr
인스타그램 www.instagram.com/woongjin_readers
페이스북 www.facebook.com/woongjinreaders
블로그 blog.naver.com/wj_booking

발행처 ㈜웅진씽크빅
출판신고 1980년 3월 29일 제406-2007-000046호

한국어판 출판권 ⓒ 웅진씽크빅, 2024
ISBN 978-89-01-28042-4 03320

리더스북은 ㈜웅진씽크빅 단행본사업본부의 브랜드입니다.

∘ 책값은 뒤표지에 있습니다.
∘ 잘못된 책은 구입하신 곳에서 바꾸어 드립니다.